U1006564

齐文化简明读本

——齐文化知识100问

主　编　任传斗
副主编　武振伟　李钟琴

齊魯書社

《齐文化简明读本——齐文化知识100问》编委会

主　　任　毕荣青

副 主 任　任传斗

委　　员　马国庆　陈　泉　谢丽洁　武振伟　李钟琴

学术顾问　（排名不分先后）

王培源（山东大学教授）

孙聚友（山东社会科学院研究员）

李梅训（山东师范大学教授）

王京龙（山东理工大学教授）

于孔宝（山东理工大学编审）

郭　丽（山东理工大学教授）

魏成敏（山东省文物考古研究院研究馆员）

张光明（淄博市博物馆研究馆员）

刘　洁（中共淄博市委党校副教授）

主　　编　任传斗

副 主 编　武振伟　李钟琴

编写组成员　任传斗　马国庆　武振伟　李钟琴

王　锋　石志丹　刘东祥　杨　洋

张　浩　王田田　张晓彤

姜太公像

姜太公衣冠冢

陈庄遗址发掘现场

陈庄遗址祭坛

陈庄遗址出土铜器

陈庄遗址出土铜器“齐公”铭文拓片

齐国故城城墙遗迹

齐国故城排水道口

齐景公墓殉马坑

高子戈

国子鼎

陈侯午敦

汉代“丙午”带钩

管仲墓

晏婴墓

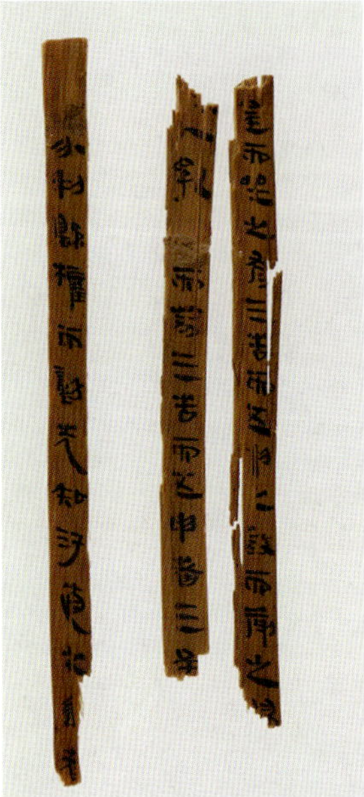

银雀山《孙子兵法》残简

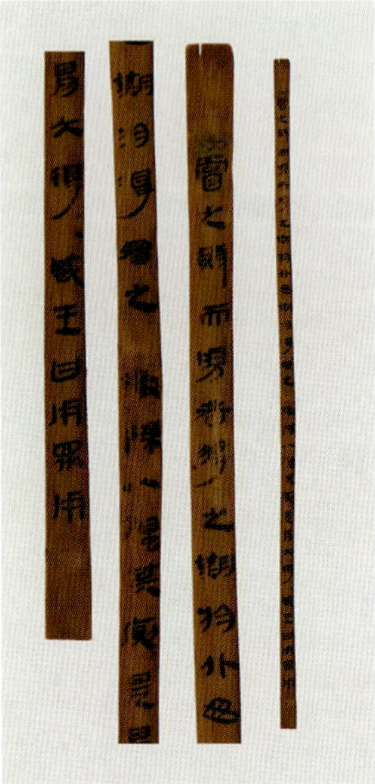

银雀山《孙膑兵法》残简

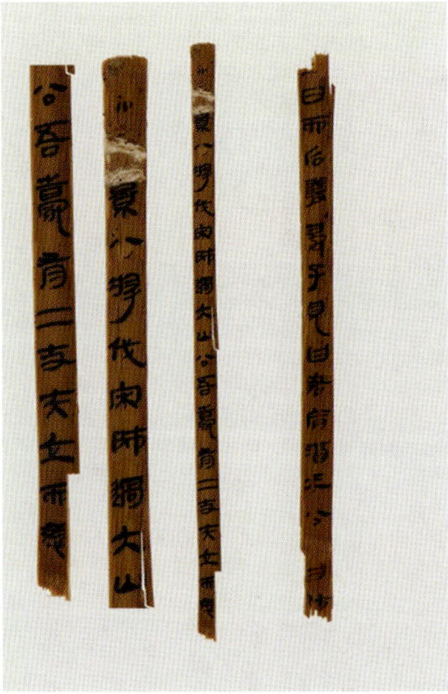

银雀山《晏子春秋》残简

战国“右里”铜量

齐国故城遗址出土赛马瓦当

郾王剑

郾王剑铭文

四王陵

二王冢

西汉齐王墓陪葬坑出土银盘

西汉齐王墓陪葬坑出土金樽铜戈

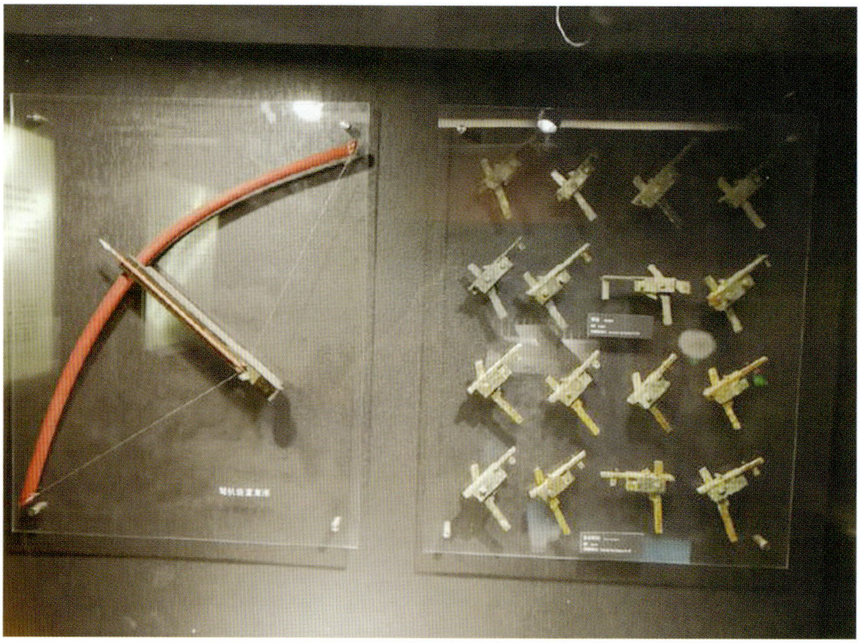

西汉齐王墓陪葬坑出土铜弩机

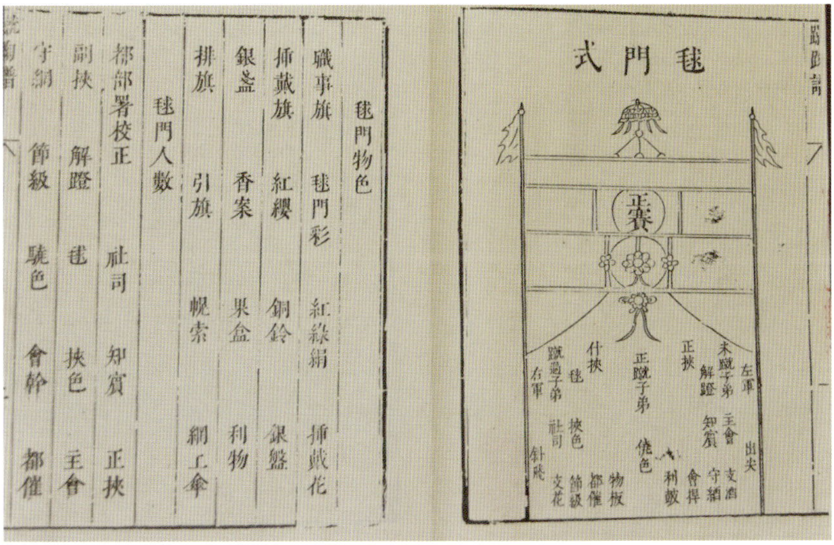

蹴鞠譜

毬門物色

職事旗　毬門彩　紅綠絹　插戴花
插戴旗　紅纓　銅鈴　銀盤
銀盞　香案　果盒　利物
排旗　引旗　幌索　綢工傘

毬門人數

都部署校正　社司　知賓　正挾
副挾　解蹬　毬　挾色　主會
守網　節級　驍色　會幹　都催

蹴鞠譜

毬門式

《蹴鞠图谱》书影

汉画像石蹴鞠图

临淄后李遗址发掘现场

后李文化遗址之春秋车马坑

前 言

习近平总书记在党的十九大报告中指出:“文化是一个国家、一个民族的灵魂。文化兴国运兴,文化强民族强。”中华民族在五千年的辉煌历史中,创造了源远流长、博大精深的传统文化,积淀着中华民族最深沉的精神追求,代表着中华民族独特的精神标识,是一座取之不尽、用之不竭的精神富矿。深入挖掘中华优秀传统文化的精神内涵,展现中华文化的永久魅力和时代风采,对我们传统文化研究者来说,义不容辞,责无旁贷。

淄博是齐文化的发祥地。齐文化源于上古时期的东夷文化,经历了发源、形成、成熟、发展、融合五个阶段:第一是先齐文化(东夷文化)阶段,此乃齐文化形成的源头,时间为姜太公建立政权之前的漫长历史时期;第二是形成阶段,自公元前十一世纪中叶姜太公封齐建立政权开始,这是齐文化奠基、形成的标志;第三是成熟阶段,以桓管改革、春秋首霸为代表,这是齐文化大放异彩的时期,是齐文化兴盛的第一次高峰;第四是发展阶段,以威宣盛世为代表,是齐文化兴盛的第二次高峰;第五是融合阶段,自战国后期齐国衰微、灭亡,到汉武帝罢黜百家、独尊儒术。西汉之后,齐文化作为一种独具特色的地域文化虽然不复存在,但它通过对儒文化等传统文化的渗透、融合,成为中华优秀传统文化的重要组成部分,深深地影响着中华民族的历史和未来,在改革开放的新时代,日益焕发出勃勃生机和旺盛活力。

齐文化在八百多年的发展历程中,形成了许多独特、鲜明的精神品质和核心要义,主要有以下几个基本特征:变革创新,开放包容;以人为本,尊贤尚功;以法治国,崇商重工;维护统一,务实共赢。齐文化这些优秀精神,使其不仅在中华传统文化史上占有重要地位，而且对于我们实现中华民族伟大复兴的中国梦，依然具有不可估量的当代价值。宣传齐文化，普及齐文化，弘扬齐文化，让淄博人民了解齐文化，是齐文化研究者的责任和义务。按照市委、市政府的要求，在市委宣传部的具体指导下，我们齐文化研究院编写了这本《齐文化简明读本——齐文化知识100问》，以期为广大读者提供一个简明扼要的齐文化读本。

作为齐文化普及读物，本书具有以下几个特点：

一、各篇独立成文。我们撷取了一百余个读者可能关心的专题，标题采取问句的形式，题目开宗明义，各篇独立成文，以便读者阅读。

二、编排以历史年代为序，便于读者检索。就本书的编写体例而言，在征求专家意见时，有专家提出最好按"历史编""文化编"等分类进行；但也有专家认为，分类打乱了历史次序，会对读者的阅读、查询造成不便，不如大体上按历史年代为序，更适于读者阅读、查询。综合考虑，我们采纳了各篇以历史年代为序的建议。

三、以史为据，行文严谨。本书虽然不是严谨的学术论文汇编，但我们在撰写时，严格做到以史为据，行文严谨，重要引文都注明文献出处，书后列参考文献，以作鸣谢，并供读者检索核查。

四、吸收最新研究成果。本书在编写过程中，参阅了大量国内外专家学者的著作和学术论文，吸纳了有关专家、学者的最新研究成果，特别是考古学成果。

五、坚持古为今用、推陈出新。传统文化中有精华，也有糟粕。我们以历史唯物主义和唯物辩证法为指导，注重对历史经验和历史教训的客观分析，不泥古，不守旧，存精华，去糟粕，展现时代精神，做到古为今用。

六、注重知识性、趣味性、可读性。本书是一本面向普通读者的齐文化普及读物，因此我们尽量将学术性与知识性、趣味性、可读性有机统一起来，做到雅俗共赏。

七、集体策划，分工撰写。我们集体讨论题目，分工撰写，互相审校，每周开一次讨论会，如切如磋，如琢如磨。每篇文末署作者姓名，以示文责。

齐文化研究院自2016年底成立以来，已经出版《淄博书院史》和《泱泱齐风》两部文化专著，另外，我们还组织编纂了两部重点著作：一是参与王志民先生担纲总编纂的大型类书《历代诗咏齐鲁总汇·淄博卷》的编纂工作。共组织我市二十余位学者参与编纂，历时两年完工，收录历代近千名作者咏淄博的诗、词、曲近五千首，可谓洋洋大观！二是与山东理工大学以及各区、县部分文化专家合作编纂《文化淄博》丛书，共九卷本，三百万字，目前也已基本完稿。如果说，《淄博书院史》和《泱泱齐风》带有个人创作的风格，《历代诗咏齐鲁总汇·淄博卷》和《文化淄博》丛书是借助社会力量进行编纂，那么，《齐文化简明读本——齐文化知识100问》则是我们齐文化研究院同仁集体创作的成果。

需要特别说明的是，2018年12月27日，我们召开专家咨询会，聘请相关专家学者审阅初稿，指谬匡正，使我们获益良多。值本书出版之际，特向给予我们支持、帮助、鼓励的各级领导、专家学者以及各界人士表示衷心感谢！

由于我们的学识所限，本书肯定还存在种种错误和不足，希望读者不吝指正，以便再版时修订完善。

齐文化研究院

2019年2月26日

目 录

前 言 …………………………………………………………………… (1)

齐地为什么以“齐”为名？ ……………………………………… 李钟琴(1)
齐文化是怎样形成的？ ………………………………………… 李钟琴(5)
齐文化与鲁文化有哪些不同？ ………………………………… 李钟琴(8)
齐文化有哪些历史贡献？ ……………………………………… 李钟琴(11)
社会主义核心价值观与齐文化有哪些渊源？ ………………… 李钟琴(14)
齐文化的当代价值有哪些？ …………………………………… 任传斗(20)
齐国国君是什么爵位？齐国国君称王是在什么时候？ ……… 刘东祥(24)
周代齐国的建立者姜太公是一个什么样的人？ ……………… 李钟琴(27)
“姜太公”的“太公”是什么意思？ ………………………… 刘东祥(31)
齐国历史上的两位“太公”是谁？ …………………………… 刘东祥(34)
姜太公钓鱼的故事,历史上确有其事吗？ …………………… 李钟琴(37)
姜太公封齐建国采取了怎样的治国方略？ …………………… 李钟琴(41)
姜太公活了多少岁？去世后葬在哪里？ ……………………… 李钟琴(44)
《六韬》是姜太公写的吗？ …………………………………… 王田田(48)
齐国为什么被称为“海王之国”？ …………………………… 李钟琴(51)
齐国是如何灭掉世仇纪国的？ ………………………………… 王 锋(54)
齐国前期为何数次迁都？ ……………………………………… 王 锋(58)
齐国第一个都城营丘在哪里？ ………………………………… 武振伟(61)
齐国都城临淄的城市格局是怎样的？ ………………………… 武振伟(65)
庄僖小霸是怎么回事？ ………………………………………… 王 锋(69)

齐国历史上的两位“庄公”是谁？ …………………………………… 刘东祥(73)
齐襄公之乱是怎么一回事？ ………………………………………………… 王　锋(77)
齐襄公与齐襄王是同一个人吗？ ………………………………………… 刘东祥(79)
文姜与颜文姜是同一个人吗？ …………………………………………… 张晓彤(83)
《诗经·齐风》反映了齐国哪些社会现象？ …………………………… 张晓彤(89)
齐桓公是如何当上国君的？ ……………………………………………… 王　锋(92)
齐国历史上的两位“桓公”是谁？ …………………………………… 刘东祥(95)
管鲍之交是怎么回事？ …………………………………………………… 王　锋(98)
管仲、鲍叔牙，谁的年龄大？ …………………………………………… 李钟琴(101)
管仲是怎样从囚徒一步登上宰相之位的？ …………………………… 王　锋(103)
管仲是如何大刀阔斧地进行改革的？ ………………………………… 王　锋(106)
“尊王攘夷”是怎么回事？ ……………………………………………… 王　锋(110)
齐桓公“九合诸侯，一匡天下”的霸业是如何形成的？ ………… 王　锋(113)
齐国春秋首霸的功业是如何中衰的？ ………………………………… 王　锋(119)
管仲“病榻论相”说明了什么道理？ ………………………………… 李钟琴(122)
孔子对管仲的三次评价有何不同？ …………………………………… 李钟琴(125)
《管子》是管仲写的吗？ ………………………………………………… 王田田(128)
齐顷公至齐庄公时期齐国有哪些失误？ ……………………………… 张　浩(131)
齐灵公灭莱有何重大意义？ ……………………………………………… 张　浩(135)
齐景公复霸是怎么回事？ ………………………………………………… 张　浩(138)
如何评价齐景公？ ………………………………………………………… 张　浩(141)
齐景公与晏婴君臣之间的著名故事有哪些？ ………………………… 张　浩(144)
晏婴有哪些能言善辩的故事？ …………………………………………… 张　浩(148)
如何评价晏婴的廉政思想？ ……………………………………………… 李钟琴(152)
“和而不同”的思想是谁提出来的？ ………………………………… 李钟琴(155)
“二桃杀三士”是怎么回事？ …………………………………………… 张　浩(158)
《晏子春秋》是怎样一部书？ …………………………………………… 王田田(162)
《司马法》是司马穰苴写的吗？ ………………………………………… 王田田(166)
孔子与齐国有哪些故事？ ………………………………………………… 杨　洋(170)
墨子与齐国有哪些故事？ ………………………………………………… 武振伟(174)

齐宣公和齐宣王是同一个人吗？ …………………………………… 刘东祥(178)
为什么说周代有两个齐国？ ……………………………………………… 杨　洋(183)
田氏代齐经历了怎样的过程？ ………………………………………… 杨　洋(186)
成语“一鸣惊人”说的是哪位齐国君主？ …………………………… 石志丹(190)
齐威王改革的措施有哪些？ …………………………………………… 石志丹(192)
威宣盛世是怎样形成的？ ……………………………………………… 石志丹(196)
田忌赛马的故事是怎样的？ …………………………………………… 张晓彤(201)
为什么魏国大将庞涓埋葬于淄川？ ………………………………… 武振伟(204)
《孙子兵法》和《孙膑兵法》是一部书吗？ ………………………… 王田田(208)
稷下学宫建立于何时？由何人建立？ ……………………………… 刘东祥(212)
稷下学宫经历了怎样的发展历程？ ………………………………… 刘东祥(215)
发生在稷下学宫的“百家争鸣”是怎么回事？ …………………… 刘东祥(220)
稷下学宫的著名学者有哪些？ ……………………………………… 刘东祥(222)
孟子与齐宣王有哪些故事？ …………………………………………… 杨　洋(233)
荀子与齐国有哪些故事？ ……………………………………………… 武振伟(236)
大九州学说为什么产生于齐地？ …………………………………… 张晓彤(240)
稷下学术对后世有何影响？ …………………………………………… 刘东祥(243)
屈原到过临淄吗？ ………………………………………………………… 石志丹(247)
为什么淄川有个苏秦墓？ ……………………………………………… 武振伟(251)
苏秦发奋苦读的《太公阴符》是什么书？ …………………………… 刘东祥(256)
齐湣王为什么称“东帝”？ …………………………………………… 石志丹(258)
乐毅是如何率领五国联军破齐的？ ………………………………… 石志丹(263)
战国四公子中的孟尝君是一个怎样的人？ ………………………… 刘东祥(269)
田单是如何光复齐国的？ ……………………………………………… 石志丹(272)
齐国为什么最后亡于秦国？ …………………………………………… 石志丹(278)
姜氏齐国和田氏齐国的最后一任国君结局如何？ ………………… 石志丹(284)
为什么田齐国君之墓称为冢，又称为陵？坟、墓、冢、陵
　　有什么区别？ ………………………………………………………… 武振伟(287)
齐长城始建于何时？ ……………………………………………………… 武振伟(291)
齐长城的起止点在哪里？是怎样修筑的？ ………………………… 武振伟(296)

齐长城是齐、鲁两国的边界吗？ …………………………… 武振伟(300)
孟姜女哭倒的是哪个长城？ ……………………………… 武振伟(303)
徐福东渡是怎么回事？ ………………………………… 张 浩(306)
秦末田氏齐国复国了吗？ ……………………………… 张 浩(309)
田横五百士是怎么回事？ ……………………………… 张 浩(312)
临淄有个韩信岭，与韩信有关吗？ ………………………… 武振伟(316)
西汉齐国与先秦齐国有什么不同？ ………………………… 武振伟(320)
临淄大武汉墓的墓主人是谁？ …………………………… 武振伟(324)
西汉齐国在中央政权的稳固中起到了什么作用？ …………… 武振伟(328)
西汉经学传承中齐人发挥了什么作用？ …………………… 杨 洋(332)
齐地有哪些著名的孝子？ ……………………………… 杨 洋(336)
齐派医学有哪些代表人物？他们有哪些贡献？ ……………… 张晓彤(339)
齐地在后世有哪些著名人物？ …………………………… 杨 洋(344)
后世与临淄有关的名人有哪些？ ………………………… 杨 洋(351)
《考工记》是一本什么书？ ……………………………… 王田田(355)
齐地兵学的代表人物和代表著作有哪些？ ………………… 王田田(359)
《齐民要术》是记载齐国人农业技术的书吗？ ……………… 王田田(365)
齐地在后世有哪些著名作品？ …………………………… 杨 洋(369)
齐国音乐有哪些特点？ ………………………………… 张晓彤(373)
先秦齐地都有哪些风俗？ ……………………………… 张晓彤(376)
蹴鞠为什么诞生在齐都临淄？ …………………………… 马国庆(383)
蹴鞠运动的发展历程是怎样的？ ………………………… 马国庆(388)
蹴鞠为什么会在元、明、清时期逐渐暗弱？ ………………… 马国庆(393)
二十世纪九十年代以来齐地有哪些重大考古发现？ ………… 武振伟(397)
中国古代以齐为国号的政权有哪些？ ……………………… 武振伟(404)

参考文献 ………………………………………………………… (407)
附录一 ………………………………………………………… (418)
附录二 ………………………………………………………… (421)
附录三 ………………………………………………………… (423)

齐地为什么以“齐”为名?

周武王在姜太公的辅佐下灭掉商朝、建立周朝之后,大封功臣,第一个封赏的人便是姜太公,“封尚父于营丘,曰齐”(《史记·周本纪》)。那么,齐国为什么以“齐”为国名呢?

很多学者认为,早在殷商之时,山东半岛就有以“齐”为名的部落方国。《左传·昭公二十年》晏婴总结齐地沿革时说:“昔爽鸠氏始居此地,季萴因之,有逢伯陵因之,薄姑氏因之,而后太公因之。”但晏婴并未说明“此地”名为齐。《路史·国名纪六》:“爽鸠,齐地,今之青州,季萴继之。”爽鸠氏是少昊的司寇,可见齐地作为部落方国,早在夏朝之前就已存在。爽鸠氏是否以“齐”作为国名,则不见史料记载。

谭其骧先生主编的《中国历史地图集·商时期中心区域图》,标注“齐”为城邑。殷商卜辞中就有“在齐”“在齐帅”等语,郭沫若《卜辞通纂》云:“齐当即齐国之前身,盖殷时旧国,周人灭之,别立新国而仍其旧称也。春秋时齐地颇广大。殷代之‘齐’,当指齐之首都营丘附近,今山东临淄县也。”也就是说,在姜太公封疆建立政权之前,营丘一带就以“齐”为名。齐国的国名源自齐地之“齐”。郭沫若认为,营丘就是后来的临淄。

根据殷商卜辞,可以确定姜太公的封地在殷商时期就已经叫“齐”。周王朝封赏姜太公,其国名便沿用“齐”。那么,我们还会进一步发出疑问:齐地为什么叫“齐”呢?

目前,学术界对齐地、齐国之“齐”字的解释,有六七种之多,主要的有以下四种:“箭束说”“麦穗说”“济水说”“天齐说”。

到底哪一种说法更合理呢?下面我们做简要分析。

一、"箭束说"。这个说法的依据是"齐"字在甲骨文和金文中很像三枚箭头。齐地是夏商时期东夷人的居住地，东汉许慎《说文解字》这样解释"夷"字："东方之人也，从大从弓。"东夷人善射，所以"夷"的小篆字形是"一人负弓"。甲骨文和金文"齐"字，颇像三枚箭头，后人便推测，尚箭善射的齐地之人乃将象征箭头的"齐"作为地名。姜太公被封到齐地，就沿用"齐"作为国名。

汉字是象形文字，人们常常根据字形来分析字的含义。这个办法虽然有一定的道理，但也只适于一小部分汉字。"齐"字在甲骨文和金文中像三枚箭头，但"齐"字除了地名、姓氏之外，并没有与弓箭有关的含义。如果用字形代表字义，"箭""镞"等字用箭头形象来表达才对。"齐"字缘于箭束说，有一定的道理，但仍证据不足。

甲骨文"齐"字

二、"麦穗说"。此说亦源自望字形而生义。甲骨文、金文"齐"字的字形，很像三个麦穗，所以许慎《说文解字》解释道："禾麦吐穗上平也，象形。"段玉裁注曰："从二者，象地有高下也。禾麦随地之高下为高下，似不齐而实齐，参差其上者，盖明其不齐而齐也。引申为凡齐等之义。古假为脐字。"意思是麦子成熟时都长得差不多高，看起来非常整齐。为什么组成"齐"字的三个麦穗有高有低呢？那是因为地势有高有低，因此麦穗也有高有低，好像不整齐，但其实很整齐。所以"齐"字引申为"齐等"之义。

"麦穗说"比较牵强附会，不如"箭束说"有理。由"禾麦吐穗上平"引申为"整齐"之义，与"齐"成为地名并无逻辑关系。有学者认为，临淄一带是小麦种植区，因此用麦穗符号的"齐"字作为地名。这也只不过是猜测之言。实际上，商周时期的齐地，并不适合种植小麦。《史记·货殖列传》记载："故太公望封于营丘，地潟(xì)卤，人民寡，于是太公劝其女功，极技巧，通鱼盐，则人物归之，繦(qiǎng)至而辐凑。"潟卤意思是盐碱地。姜太公初创时的齐国，因为濒临大海，盐碱地比较多，不便农耕，人口稀少。因此，姜太公采取了崇商重工的经济政策，大力发展纺织业、渔盐业，使齐国繁荣富裕起来。这说明，在商周时，齐地并非著名的小麦产区。如果不适合农耕的齐地用形似三个麦穗的"齐"字来命名，那么，鲁国以及其他北方更适合小麦生产的地方为什么不以"齐"来命名呢？

三、"济水说"。此说出自河南大学教授李玉洁所著《齐国史》一书。李玉洁教授认为：“太公望受封于齐，齐地在济水之侧。齐、济一声之转，韵声相同。因此，齐地之得名，应与济水有关。西周时期，黄土高原上的一些部族，如周部族因长期生活在周原，故其部族以周为号，所建的国家也称周王朝。又因周族生活在姬水边，故以姬为姓；姜族生活在姜水边，以姜为姓，即所谓‘因生以赐姓’。姜姓部族带着西北黄土高原的习俗传统，被封在济水之滨来封土殖民，建立国家。他们把新建立的国家亦以济水为名，称为齐，是极有可能的。故笔者认为，齐国之得名，应与济水有关。”

如今山东境内的黄河入海河道，在先秦时期是古济水的河道。临淄在济水之东，所以李玉洁教授猜测齐国得名与济水有关，但其理由并不足以使人信服。“齐”与“济”虽然发音相近，但并不同音，而且“韵声”也不相同。“齐”为平声，“济”为仄声，不在一个韵部。字分四声，平仄分明，音韵不同的字不能通假，古代从来就没有“齐”“济”通用的例子。

四、“天齐说”。此说出自西汉著名史学家司马迁。司马迁在《史记·封禅书》里解释说：“齐所以为齐，以天齐也。其祀绝，莫知起时。八神：一曰天主，祠天齐。天齐渊水，居临菑南郊山下者。”“天齐”是什么呢？司马迁认为是临淄南郊山下的天齐渊。唐司马贞《史记索隐》引《齐记》的记载说：“临菑城南有天齐泉，五泉并出，有异于常，言如天之腹齐也。”甲骨文的“齐”字，也可以视为三股泉水涌动。

天齐渊是临淄城南一个由泉水生成的潭，被齐地人视作天下的中心，如同天之肚脐，于是得名天齐渊。《史记集解》引苏林说：“当天中央齐。”“齐”，通“脐”，即肚脐的意思。王筠之《说文释例》说：“齐国以天齐渊得名。天齐者，如天之脐也。”段玉裁注《说文》：“脐，人脐也。凡居中曰脐。”“天齐”的意思是天的肚脐，即天的中心。古代的齐人把自己生活的地方视作“天之中心”，因此以“齐”为名。新兴的周王朝在分封诸侯的时候，多以当地约定俗成的地名作为诸侯国的名称，于是便以“齐”作为姜太公封国的名称。

“天齐说”以古人的文献记载为依据，大概是种种解释中最有道理的一个。司马迁素称良史，他生活在西汉时期，更接近齐国的历史，所记必有根据，相较于后人的猜测也更准确。在临淄境内淄河南岸、牛山西北麓刘家终村北就有著名的天齐渊遗址。秦始皇和汉武帝都曾在此祭祀过天主。因地下水开采过度，天齐渊已于1972年干涸。

天齐渊

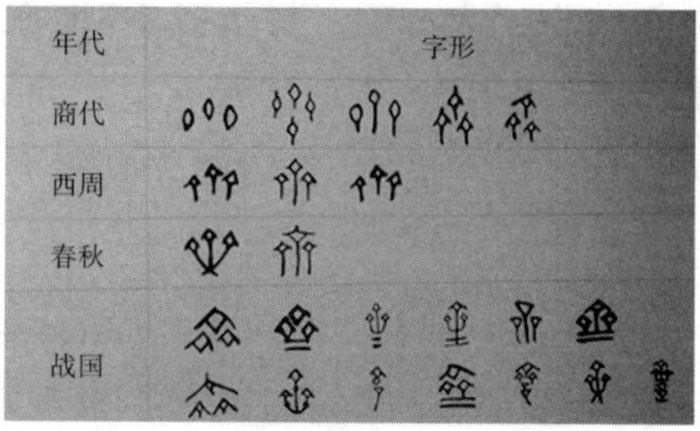

商代至战国时期“齐”字的演化

除以上四种解释外，还有“齐”“已”通假说、“齐”“斋”通假说等，牵强附会，不足为训。

当然，认为“天齐说”最合理，也只是相对而言。若想为学界公认，还有待于考古新发现和专家学者的进一步研究。

（李钟琴）

齐文化是怎样形成的?

什么是文化?这是一个极为广泛、非常难以准确定义的概念。有学者统计,关于文化的定义达一百六十余种。文化,从广义上讲,指人类在社会实践过程中所获得的物质、精神的生产能力和创造的物质、精神财富的总和;从狭义上讲,指精神生产能力和精神产品,包括一切社会意识形式:自然科学、技术科学、社会意识形态。

齐文化是人类历史发展过程中产生于周代齐国的一种地域文化。每一种地域文化的产生,必然受到自然和社会两大因素的深刻影响,齐文化也不例外。

考古发现证明,早在四五十万年前,齐地就已有人类活动。齐地进入新石器时代的标志,以后李文化为代表,其距今约有八千年的历史。此后的北辛文化、大汶口文化、龙山文化、岳石文化遗址,证明先民们早就在山东半岛繁衍生息,创造了源远流长的文化。

从夏朝开始,齐地以及渤海、黄海沿岸地区被称为东夷。东夷地区的文化,自然被称作东夷文化。姜太公封齐建立政权之后,这个地区的文化被称为齐文化,而齐国建立之前的文化为东夷文化,亦可称为“先齐文化”。由于齐地处于大海与泰山之间,因此也被称作“海岱文化”。

公元前十一世纪中叶,姜太公被分封到齐地建立政权,定都营丘。据《史记·齐太公世家》记载,姜太公建立政权之初,便实行“因其俗,简其礼”的开明政策。俗,指东夷的风俗。东夷风俗是怎样的呢?

东汉学者许慎《说文解字》:“夷俗仁,仁者寿,有君子不死之国。”意思是东夷人温柔敦厚,崇尚仁义,寿命较长,有“君子之国”“不死之国”的美誉。《后汉书·东夷列传》也记载:“《王制》云:‘东方曰夷。’夷者,柢也,言仁而好生,万物柢地而出。故天性柔顺，易以道御，至有君子、不死之国焉。”但东夷人也并不总是“天性柔顺”，还有尚武之风。“夷”字，由“大”和“弓”组成，清代朱骏声《说文通训定声》云：“夷，东方之人也。东方夷人好战好猎，故字从‘大’持‘弓’会意，大人也。”《史记·货殖列传》载：“齐带山海，膏壤千里，宜桑麻，人民多文彩布帛鱼盐。临菑亦海岱之间一都会也。其俗宽缓阔达，而足智，好议论，地重，难动摇，怯于众斗，勇于持刺，故多劫人者，大国之风也。其中具五民。”说明东夷民俗宽厚豁达而又足智多谋，喜发议论，乡土观念重，不愿迁徙，怯于聚众斗殴，却敢于持刀剑，因此经常有人抢劫。齐人“勇于持刺”即对东夷人尚武之风的继承。

姜太公“因其俗，简其礼”，首先就是尊重东夷人的风俗。一个地方的风俗的形成，乃经过了长期的社会实践和约定俗成，是一种比较稳定的文化现象，短时间内不能改变。所以，姜太公并没有急于在齐地推行周礼，而是因袭东夷风俗，不强行移风易俗。所谓“简其礼”，指简化东夷的君臣之礼，删除繁文缛节，这无疑会受到当地人民的欢迎。“平易近民”的政策，是对东夷文化的合理扬弃，奠定了独具特色的齐文化的发展基础。

“因其俗，简其礼”的政策，说明姜太公对东夷文化既有继承，又有发展，形成了齐文化“务实”的价值观。

在政治方面，姜太公实行“尊贤尚功”的政策。《汉书·地理志》载：“初太公治齐，修道术，尊贤智，赏有功。”尊重贤才，崇尚政绩，举贤任能，唯才是举。这一重要政策使齐国人才辈出，为齐国富强提供了人才支持和政治保障。

在经济政策上，姜太公实行“商工立国”的方略，“通商工之业，便鱼盐之利”（《史记·齐太公世家》）。姜太公根据齐国的自然条件，大力发展商业和手工业，形成了齐文化重商、开放的显著特色。《史记·货殖列传》载：“故太公望封于营丘，地潟卤，人民寡，于是太公劝其女功，极技巧，通鱼盐，则人物归之，繦至而辐凑。故齐冠带衣履天下，海岱之间敛袂而往朝焉。”意思是姜太公被封于营丘，这地方多是盐碱地，人口稀少，于是姜太公鼓励女功，提高纺织技术水平，向其他诸侯国销售鱼、盐等海产品，其他国家的人民纷纷移民齐国，财富也滚滚而来。因此，齐国成为当时的服装生产大国，海岱之间的诸侯们都恭恭敬敬地到齐国朝拜。

“通商工之业，便鱼盐之利”的政策，形成了齐文化崇商重工的显著特色。

在农耕文明时期,吃饱饭是排在第一位的,各国都采取重农抑商的政策,只有姜太公建立的齐国,自建国伊始便实行“商工立国”,使齐文化具有商业文明的特色,这在中国古代是绝无仅有、弥足珍贵的文化现象。

姜太公之后,经过齐庄公、齐僖(釐)公的励精图治,出现了“庄僖小霸”的局面。著名的桓管改革,为齐文化注入了新的活力,齐国成为春秋首霸,标志着齐文化的成熟。

总体来讲,齐文化经历了发源、形成、成熟、发展、融合五个阶段:第一是先齐文化(东夷文化)阶段,此乃齐文化形成的源头,时间为姜太公政权建立之前的漫长历史时期;第二是形成阶段,自姜太公封齐建立政权开始,这是齐文化奠基、形成的标志;第三是成熟阶段,以桓管改革、春秋首霸为代表,这是齐文化大放异彩的时期,是齐文化兴盛的第一次高峰;第四是发展阶段,以威宣盛世为代表,一般认为这个时期是齐文化兴盛的第二次高峰;第五是融合阶段,自战国后期到齐国灭亡,代表着齐文化的融合。当然,田齐政权灭亡之后,齐地还在,人民还在,文化也不会立即随之灭亡。自秦始皇统一六国,到汉武帝罢黜百家、独尊儒术,这一阶段,齐文化作为一种独具特色的地域文化虽然不复存在,但它通过对儒文化等传统文化的渗透、融合,成为中华优秀传统文化的重要组成部分,深深地影响着中华民族的历史和未来。

(李钟琴)

齐文化与鲁文化有哪些不同?

众所周知,在三千年前的齐鲁大地,产生了两种风格迥异的文化:齐文化和鲁文化。每一种地域文化的形成,主要受两大因素的影响:一是自然环境,二是治国政策。

在西周之前,齐、鲁两地同属东夷文化区域,齐文化与鲁文化都发源于东夷文化,具有许多共同点,如"夷俗仁",因此无论是齐国还是鲁国,人民都注重仁义,民风淳朴。孔子曾说:"齐一变,至于鲁;鲁一变,至于道。"(《论语·雍也》)意思是齐国的民风只要改变一些,就与鲁国差不多;而鲁国的风俗,更接近于"道"。这也说明,齐文化与鲁文化相比,有点"离经叛道"。孔子还说:"知者乐水,仁者乐山。知者动,仁者静。知者乐,仁者寿。"(《论语·雍也》)有学者认为,这是孔子在比喻齐、鲁文化的不同。齐国濒临大海,水性活泼,属智者型文化(乐水);鲁国拥有泰山,大山稳重,属仁者型文化(乐山)。

从自然环境因素来看,齐国临海,多盐碱地,虽有"鱼盐之利",但不适合农耕;鲁国则属于内陆国家,既有山陵,亦有平原,适合发展农业。齐国因为农业不发达,所以"人民寡",经济基础差,在姜太公刚刚建立政权之时,还算不上是大国、强国;鲁国农业发达,人口繁盛,而且"殷民六族"(《左传·定公四年》),经济基础比齐国要好。

自然环境的影响,使两地的民风也有显著差异。司马迁在《史记·货殖列传》中对齐、鲁两国的民风有过对比。他这样描写齐国的民风:"其俗宽缓阔达,而足智,好议论,地重,难动摇,怯于众斗,勇于持刺,故多劫人者,大国之风也。其中具五民。"意思是齐国民风宽厚豁达,而又足智多谋,喜发议论,乡土观念重,不愿迁徙,怯于聚众斗殴,却敢于持刀剑,因此经常有人抢劫,这是大国之风尚。这里士、农、工、商、贾五民俱全。

对于鲁国的民风,他写道:“而邹、鲁滨洙、泗,犹有周公遗风,俗好儒,备于礼,故其民龊龊。颇有桑麻之业,无林泽之饶。地小人众,俭啬,畏罪远邪。及其衰,好贾趋利,甚于周人。”意思是邹、鲁两地濒临洙水、泗水,还保存着周公留传的风尚,民俗喜好儒术,讲究礼仪,所以百姓都很拘谨。当地颇多桑麻产业,而没有丰富的山林水泽资源。土地少,人口多,人们节俭吝啬,害怕犯罪,远避邪恶。等到国势衰败之时,人们比周地的百姓还喜欢经商逐利。

司马迁认为,齐人足智多谋、豁达大度、尚武好勇;鲁人注重礼仪、小心谨慎、勤俭节约。但这些并不足以代表齐、鲁风俗文化差异的全部。

姜太公与周公的长子伯禽分别主政齐、鲁两国之后,不同的制度文化对两国的物质文化和精神文化(包括风俗文化)产生了深刻影响,齐、鲁两地的文化特征这才真正开始泾渭分明。

第一,两国的用人理念不同,形成了两种不同的人才价值观。姜太公实行“尊贤尚功”的用人政策,促使许多人才脱颖而出、干事创业。而周公和伯禽崇尚以血缘关系为基础的“尊尊亲亲”的用人办法,任人唯亲,虽然家族统治得以巩固,但不利于人尽其才,不利于国家发展。当姜太公听说鲁国采取“尊尊亲亲”的用人政策时,不禁慨叹道:“鲁从此弱矣!”

第二,两国的治国理念不同,形成了两种不同的治国价值观。姜太公“因俗简礼”,充分尊重东夷人的文化传统,不强制推行周文化(周礼),实行宽松的文化政策,得到了齐地人民的拥护,仅过了五个月的时间便向周王朝报告政绩;而伯禽在鲁国强力推行周礼,革其俗,变其礼,用了三年的时间才使鲁国稳定下来。姜太公治国,实际上就是把人民拥护不拥护、赞成不赞成、高兴不高兴、答应不答应作为衡量工作得失的标准。

第三,两国的经济发展道路不同,形成了两种不同的发展价值观。姜太公实行“商工立国”的方略,“通商工之业,便鱼盐之利”,齐国的渔盐业和纺织业快速发展,使齐国成为当时的盐业生产基地和服装生产大国,其他国家的人民纷纷移民齐国,财富也滚滚而来。崇工重商,使齐文化呈现出商业文明的风采,是齐文化有别于鲁文化以及其他地域文化的最为显著的特征。鲁国则坚守以农为本,崇尚礼仪,严格等级界限,使人民都安守本分,形成了鲁文化尊重传统、固守礼仪、重义轻利、宽厚仁爱的特点。

第四,两国的社会风俗不同,形成了两种不同的国民性格。一是齐国尚武,鲁国尚文。齐国延续了东夷民族的尚武之风，人民勇武好斗；鲁国由于推行周礼，人民变得文质彬彬、谨小慎微。二是齐国尚侈，鲁国尚俭。由于齐国经济发达，人民生活富裕，所以齐人崇尚奢侈豪华。齐桓公与管仲就带头追求奢侈生活，“齐桓公宫中七市，女闾七百”（《战国策·东周策》）。“管仲富拟于公室，有三归、反坫，齐人不以为侈。”（《史记·管晏列传》）齐国人民生活得也很富裕、幸福，苏秦曾这样说：“临菑甚富而实，其民无不吹竽鼓瑟，弹琴击筑，斗鸡走狗，六博蹋鞠者。临菑之途，车毂击，人肩摩，连衽成帷，举袂成幕，挥汗成雨，家殷人足，志高气扬。”（《史记·苏秦列传》）而鲁国因为“地小人众”，资源匮乏，工商业不发达，民风“俭啬”，形成了节俭的传统美德。

第五，两国政治、经济、文化政策的不同，形成了两种不同的文化价值观。姜太公实行“尊贤尚功”“因俗简礼”“崇商重工”的政策，使齐文化呈现出务实、变革、创新、开放、包容的特点，各地人才纷纷来到齐国创业。“而人民多归齐，齐为大国。”（《史记·齐太公世家》）齐国人才荟萃，也带来了各具特色的思想文化。田齐时期，稷下学宫的设立，吸引了各国学者前来游学授徒，各种思想观点互相辩驳批判、互相交流融合，出现了百家争鸣的文化盛况，形成了齐文化开放包容的突出特色。鲁国则只出现了儒家这一根独苗，我们现在所说的鲁文化，其实主要指儒家文化。经过汉武帝“罢黜百家，独尊儒术”的政策，儒家一枝独秀，成为影响中国两千多年的正统主流文化。

需要说明的是，齐文化与鲁文化也有交流与融合。春秋后期，孔子曾到齐国游历，留下了“在齐闻《韶》，三月不知肉味”的美谈。博大精深的齐文化，无疑对孔子儒家思想的形成产生了重要影响；战国之时，孟子、荀子等儒学大师就曾长期在齐国讲学，为齐、鲁文化的融合做出重要贡献。汉武帝之后，虽然齐文化表面上已经消泯，但其许多成分已融入儒文化，与儒文化的优秀部分共同成为中华优秀传统文化的主脉。

（李钟琴）

齐文化有哪些历史贡献?

中华民族在五千年的发展历程中,曾经创造了辉煌的古代文明,中国也被称为世界四大文明古国之一。公元前十一世纪中叶,以姜太公封齐建立政权为标志,发源于东夷文化的齐文化得以初步形成,历经西周、春秋、战国时期的成熟、发展,消泯于西汉武帝时期的"罢黜百家,独尊儒术"。齐文化在长达千年的发展过程中,对中国历史、中华传统文化,特别是中国早期文明的形成与发展,做出了极大的历史贡献。

据王志民先生《齐文化的内涵、发展历史及其贡献》一文,齐文化对中国早期文明的历史贡献比较突出,主要有如下几点:

第一,齐地是中华文明最早的发祥地之一。著名考古学家夏鼐先生在《中国文明的起源》一书认为:黄河流域是早期文化发展的一个中心,长江下游是另一个中心,"山东地区史前文化的发展自有演化的序列",是与黄河中游相对的另一个文化圈。这三个地区的晚期新石器文化与中国文明起源关系最密切。黄河下游地区的齐国腹心地带,是学术界公认的中华文明最早的起源地之一,对中华文明的发源贡献巨大。

第二,齐文化对商代文化的贡献。商代文化是中华文明形成期的一个重要阶段,学术界有一种意见认为,包括齐地在内的渤海湾地带,是先商文化的一个来源地;也有学者认为,山东龙山文化是殷商文化的一个基础。二十世纪三四十年代,在淄水、潍水之间的苏埠屯,出土了大量商代文物,证明当时这一带的文化水平很高,实际上是一个高文化中心区,对商文化发展贡献巨大。

第三,桓管称霸对于中华民族统一的贡献。齐桓公在管仲的辅佐下,"九合诸侯,一匡天下",成为春秋时期第一个霸主。桓管称霸的道义基础是"尊王攘夷”,这对于维护中华民族的统一起到了巨大的推动作用。齐国还多次会盟诸侯,强化了中原各国的经济文化交流与融合,为后来汉民族的形成做出了很大贡献。孔子曰:“管仲相桓公,霸诸侯,一匡天下,民到于今受其赐。微管仲,吾其被发左衽矣。”(《论语·宪问》)说明如果没有管仲、齐桓公,当时的人们都会披散着头发、衣襟向左边开着成为野蛮之人。

第四,稷下学宫的贡献。战国时期是齐文化发展的高峰期,最主要的标志就是稷下学宫在齐国的出现,各种思想都得以产生、发展和成熟于这个时代。儒家、道家、墨家、法家、阴阳家、纵横家、名家、杂家、农家和小说家等诸子百家成为中华思想文化发展的源头和基础,形成了中华优秀传统文化的主脉。

第五,齐文化对先秦兵学的贡献。中国的兵学文化在先秦时期已达到极高的水平,中国历史上的十大兵书,有六部产生于先秦时期,而在这六部兵书中,《六韬》《孙子兵法》《孙膑兵法》《司马法》是齐国人写的。姜太公被誉为“兵家鼻祖”,孙武被誉为“兵圣”,《孙子兵法》被称作“兵学圣典”。齐地兵学,对后代军事学影响深远。

第六,齐文化对秦朝统一的影响。这个影响主要体现在三个方面:一是齐国盛行的阴阳五行思想和驺衍的“五德终始说”成为秦始皇立国的理论依据;二是秦始皇对齐文化的迷恋,促使齐国方士们入海寻求“不死之药”,徐福东渡,成为传说中日本人的祖先;三是齐国方士是“焚书坑儒”事件的直接诱因和主要对象,是秦朝文化政策发展和转折的重要因素。

第七,齐文化对汉朝的影响。汉朝统治者吸取秦二世而亡的教训,“与民休息”,发展生产,出现了著名的“文景之治”。王志民先生认为,“文景之治”实际上就是齐文化之治。曹参担任齐相后,采用师承齐国稷下学宫黄老思想的学者盖公的主张,以黄老思想治国,无为而治。所谓“无为而治”,并不是无所作为,而是不去折腾、干扰老百姓,让人民休养生息、自我发展,结果使齐国大治,人民安居乐业。后来,曹参回到中央政府接替萧何为相国,仍推行“无为而治”,其影响延及文帝和景帝。几十年间,西汉王朝出现了文景盛世,这是齐文化在治国理政方面的辉煌成就,对西汉王朝的巩固和发展居功至伟。

除了这七大历史贡献,齐文化对汉代经学也影响很大;齐国故都临淄在中国早期城市建设史上具有重要地位,其城市布局、排水系统、功能区划等都匠心独运;临淄还被世界足联宣布为世界足球起源地……

汉武帝实行“罢黜百家,独尊儒术”政策之后,儒家文化一枝独秀,齐文化逐渐消泯。但是,齐文化通过对儒家文化的渗透、融合,成为中华传统文化的主要来源之一和重要组成部分,影响中国古代社会达两千年之久。直到今天,齐文化仍具有巨大的魅力,是我们实现中华民族伟大复兴的宝贵历史文化资源。

(李钟琴 整理)

社会主义核心价值观与齐文化有哪些渊源？

党的十八大提出，倡导富强、民主、文明、和谐，倡导自由、平等、公正、法治，倡导爱国、敬业、诚信、友善，积极培育和践行社会主义核心价值观。富强、民主、文明、和谐是国家层面的价值目标，自由、平等、公正、法治是社会层面的价值取向，爱国、敬业、诚信、友善是公民个人层面的价值准则，这二十四个字是社会主义核心价值观的基本内容。

社会主义核心价值观汲取了中华优秀传统文化的思想精华和道德精髓，使中华优秀传统文化成为涵养社会主义核心价值观的重要源泉。可以说，社会主义核心价值观是优秀传统文化精髓与时代精神深度契合的产物。齐文化作为中华优秀传统文化的重要组成部分，与社会主义核心价值观有诸多渊源，二十四字中，富强、文明、和谐、公正、法治、爱国、敬业、诚信、友善等核心价值观，都可以从齐文化中找到根据，其中富强、和谐、公正、法治、诚信这五个词语，就直接见于《管子》《晏子春秋》《六韬》等齐文化经典著作。

一、富强。该词语出自《管子·形势解》："主之所以为功者，富强也。故国富兵强，则诸侯服其政，邻敌畏其威。虽不用宝币事诸侯，诸侯不敢犯也。"《晏子春秋·内篇谏上》也有"固于富强"之语。无论是姜太公"尊贤尚功""通商工之业，便鱼盐之利"的治国方略，还是桓管改革，抑或齐威王励精图治，都是为了实现国家富强。《史记·管晏列传》说得很明白："管仲既任政相齐，以区区之齐在海滨，通货积财，富国强兵，与俗同好恶。"

富强，是社会主义核心价值观在国家层面的第一个关键词，是自古以来仁人志士追求的永恒主题。自姜太公建立齐国之后，齐桓公、管仲、晏婴、齐威王、齐宣王等一大批齐国杰出人物，为了实现国家富强做出了不懈的探索和努力。

以姜太公为例,他根据齐国的实际情形,在政治上,实行“尊贤尚功”的政策,尊重贤才,崇尚政绩,举贤任能,唯才是举;在经济上,实行“商工立国”的方略,“通商工之业,便鱼盐之利”;在文化上,实行“因其俗,简其礼”的开明政策,使齐国迅速富强起来,成为东方的泱泱大国,奠定了之后齐庄公、齐僖(釐)公称“小霸”的基础。国家富强起来,人民生活也必定得到改善。战国时期,齐国霸业虽然中衰,但仍是东方大国,名列战国七雄。

二、文明。这个词语有多种含义,从社会学角度来讲,文明是人类所创造的物质财富和精神财富的总和,是使人类摆脱野蛮状态的所有社会行为和自然行为构成的集合。而社会主义核心价值观所倡导的“文明”,则指一种社会进步状态,与“野蛮”一词相对立。

“文明”一词最早见于《易传·乾·文言》:“见龙在田,天下文明。”乃文采光明之义。亦见于《管子·侈靡》:“美垄墓,所以文明也。”意思是修筑高大美观的坟墓,美化其明器。“文”,意为修饰、美化;“明”,即明器,指随葬器物。此处的“文明”与我们现在讲的“文明”毫不相干。但是,《管子》书中对达到一定的进步状态的文明社会有着诸多描述。如管仲施行的“九惠之教”,无疑是对文明的具体诠释。《管子·入国》载:“入国四旬,五行九惠之教。一曰老老,二曰慈幼,三曰恤孤,四曰养疾,五曰合独,六曰问病,七曰通穷,八曰振困,九曰接绝。”这九种惠民之政,是中国古代社会最完善的社会保障措施,也是齐国发展到一定文明程度的反映。

如何实现社会文明呢?经济发展是社会文明的基础,因此管子认为:“仓廪实则知礼节,衣食足则知荣辱。”(《管子·牧民》)在引导社会走向文明的过程中,统治者的示范、教化作用不可小视。他说:“夫君人之道,莫贵于胜。胜故君道立,君道立然后下从,下从故教可立而化可成也。夫民不心服体从,则不可以礼义之文教也,君人者不可以不察也。”(《管子·正世》)文明之道,要从小事做起,“凡牧民者,欲民之修小礼、行小义、饰小廉、谨小耻、禁微邪,此厉民之道也。民之修小礼、行小义、饰小廉、谨小耻、禁微邪,治之本也”(《管子·权修》)。管仲认为,礼、义、廉、耻,乃国之四维。“四维不张,国乃灭亡。”(《管子·牧民》)如果人们都不讲礼、义、廉、耻,很难想象这样的族群会组成一个文明社会。

三、和谐。虽然在齐文化经典中找不到“和谐”一词,但《管子·五辅》有“和协辑睦以备寇戎”之语,“协”与“谐”通假,“和协”即“和谐”。《管子·兵法》云:“畜之以道则民和,养之以德则民合。和合故能谐。”“和合故能谐”,这是对“和谐”一词的概括与解释。中国传统文化历来倡导“和为贵”,社会和谐是国家富强、民族振兴、人民幸福的重要保证。在齐文化经典著作中,“和”字比比皆是,如“上下和同而有礼义”(《管子·五辅》),“举错得则民和辑,民和辑则功名立矣”(《管子·五辅》),“和则能久”(《管子·白心》)。齐景公时期的名相晏婴则以烹调、音乐为例,论述“和”与“同”的区别,提出了“和而不同”的思想。(《晏子春秋·外篇》)

四、公正。该词语见于《管子·任法》:“上以公正论,以法制断,故任天下而不重也。”在《管子·桓公问》中,管仲在回答齐桓公“吾念有而勿失,得而勿忘,为之有道乎?”的问话时,再次提到“公正”,他说:“勿创勿作,时至而随,毋以私好恶害公正,察民所恶,以自为戒。”

管仲特别强调公正的重要性,他说:“政者,正也;正也者,所以正定万物之命也。是故圣人精德立中以生正,明正以治国,故正者,所以止过而逮不及也。”(《管子·法法》)“政不正,则事不可理也。”(《管子·乘马》)政府行政,最重要的就是公正,如果为政有失公正,则“事不可理”。

晏子也多次论及“公正”,他说:“廉之谓公正,让之谓保德。”(《晏子春秋·内篇杂下》)有一次,齐景公问晏婴:“古之圣王,其行若何?”晏婴回答说:“其行公正而无邪,故谗人不得入。”(《晏子春秋·内篇问上》)又有一次,齐景公问晏婴:“为君何行则危?为臣何行则废?”晏婴再次谈及“公正”,他说:“为君,厚藉敛而托之为民,进谗谀而托之用贤,远公正而托之不顺,君行此三者则危;为臣,比周以求进,逾职业,防下隐利而求多,从君,不陈过而求亲,人臣行此三者则废。”(《晏子春秋·内篇问上》)

五、法治。此词见于《晏子春秋·内篇谏上》:“昔者先君桓公之地狭于今,修法治,广政教,以霸诸侯。”讲的是齐桓公通过“修法治,广政教”称霸诸侯。其实在《管子》一书中,就直接提出了“以法治国”。《管子·明法》:“威不两错,政不二门。以法治国,则举错而已。”相对于周文化注重礼治,管仲更加重视法治。《管子》一书中,论述法治的言论较多,如:“法者民之父母也。”(《管子·法法》)“法者,天下之至道也,圣君之实用也。……有生法,有守法,有法于法。夫生法者,君也。守法者,臣也。法于法者,民也。君臣上下贵贱皆从法,此谓为大治。”(《管子·任法》)管仲的法治思想,直接影响了后来法家学派的确立,以至后人将管子归为法家。

六、爱国。爱国体现了人们对自己国家的深厚感情,爱国精神是人们对故土家园、民族和文化的归属感、认同感与荣誉感的统一。在中华民族五千年文明史中,爱国精神是中华民族继往开来的重要精神支柱和优良传统。在齐文化中,爱国精神表现得尤为突出。在《管子》一书中,“国”字出现了一千多次。如《管子·四称》:“若有事必图国家。”“忠于国家,上下得体。”管仲本人,就是坚定而且清醒的爱国主义者,他在解释为什么没有为公子纠殉葬时说:“夷吾之为君臣也,将承君命,奉社稷,以持宗庙,岂死一纠哉! 夷吾之所死者,社稷破,宗庙灭,祭祀绝,则夷吾死之。非此三者,则夷吾生。夷吾生则齐国利,夷吾死则齐国不利。”(《管子·大匡》)管仲将国家利益放在至高无上的位置,他表示,他只为国家而死,但不会为某个人而死。后人根据管仲为了齐国利益不为公子纠个人而死的典故,总结出了“生死利齐”这一成语。

七、敬业。姜太公封齐建立政权伊始,“通商工之业,便鱼盐之利”,并将农、工、商三个行业视为国家的“三宝”,《六韬·文韬》云:“大农、大工、大商,谓之三宝。农一其乡,则谷足;工一其乡,则器足;商一其乡,则货足。三宝各安其处,民乃不虑。……三宝完,则国安。”所谓“一其乡”,就是让同行业的人们在一个地方居住、工作,这样便于他们交流经验、互通信息、提高工艺,有利于各个行业昌盛发达,这实际上就是在倡导敬业精神。管仲继承、完善了姜太公农、工、商“一其乡”的思想,提出“四民分业定居”的思想,“士农工商四民者,国之石民也……处农必就田壄,处工必就官府,处商必就市井”。让同行业的人们居住在一起,有利于培养他们的敬业精神、竞争意识,做到“少而习焉,其心安焉,不见异物而迁焉”(《管子·小匡》)。管仲还提出,对“明于农事者”“能蕃育六畜者”“通于蚕桑”等种植能手、养殖大户以及名医(能已民疾病者)等各行各业的能工巧匠,各奖励“黄金一斤,直食八石”;对“五官技”(指诗人、气象专家、史学家、地理学家、易学家)中的优秀者给予“一马之田,一金之衣”的奖励。

体现齐文化敬业精神的典范作品,当属《考工记》。有学者认为,《考工记》是齐国制定的指导、监督和考核官府手工业、工匠劳动制度的官书,是中国目前所见年代最早的记录手工业技术的文献,记述了“攻木之工”“攻金之工”“攻皮之工”“设色之工”“刮摩之工”“抟埴之工”等六大类三十个工种的内容,反映出当时中国所达到的科技及工艺水平。它更是一部具体诠释“工匠精神”的著作,体现了齐国人民认真负责、一丝不苟、精益求精的敬业精神。

八、诚信。诚信是中华民族的传统美德，先秦诸子论述颇多，齐国的建立者姜太公就非常重视诚信。据《六韬·文韬》记载，周文王问太公曰："王人者何上何下？何取何去？何禁何止？"太公曰："王人者上贤，下不肖；取诚信，去诈伪；禁暴乱，止奢侈。"并强调"士不诚信，非吾士也"。

"诚信"这个词语在《管子》一书中曾多次出现，如《管子·枢言》："先王贵诚信，诚信者，天下之结也。"《管子·立政》："好恶形于心，百姓化于下，罚未行而民畏恐，赏未加而民劝勉，诚信之所期也。"《管子·势》："故贤者诚信以仁之，慈惠以爱之。端政象，不敢以先人。"《管子·揆度》："天下宾服，有海内，以富诚信仁义之士。故民高辞让，无为奇怪者。"《晏子春秋·内篇谏下》也出现了"诚信"一词，原文曰："为子之道，以钟爱其兄弟，施行于诸父，慈惠于众子，诚信于朋友，谓之孝。"

齐国的仁人志士关于诚信的言论和故事，极大地丰富了诚信这一传统美德的内涵。公元前663年，山戎攻打燕国，燕国向齐桓公求救，齐桓公出兵击退山戎。燕庄公非常感激，亲自送齐桓公到齐国境内。按照周礼，诸侯相送不得出境，于是齐桓公把燕君所到的地方割让给了燕国。诸侯们听说此事，为齐桓公的诚信所感动。(《史记·齐太公世家》)公元前681年，齐桓公与鲁庄公在柯地(今山东东阿)会盟，鲁国司马曹刿手持匕首劫持齐桓公，要求齐国退还侵占鲁国之地，齐桓公被迫答应。过后，齐桓公对曹刿的行为非常愤怒，想毁约，管仲劝道："不可！夫贪小利以自快，弃信于诸侯，失天下之援，不如与之。"于是齐桓公信守承诺，退还了侵占鲁国的地域。(《史记·刺客列传》)正因为齐桓公与诸侯交往时以诚信服人，所以成为令诸侯们折服的春秋首霸。

九、友善。友善指人与人之间友爱亲善，这是处理人际关系的基本准则，也是当今公民的基本道德规范。齐文化经典中虽然没直接出现"友善"这个词语，但对人与人之间的关系讲得比较详细。如《管子·小匡》云："今夫士群萃而州处闲燕，则父与父言义，子与子言孝，其事君者言敬，长者言爱，幼者言弟。""人与人相保，家与家相爱，少相居，长相游，祭祀相福，死丧相恤，祸福相忧，居处相乐，行作相和，哭泣相哀。"《管子·五辅》："为人父者慈惠以教，为人子者孝悌以肃，为人兄者宽裕以诲，为人弟者比顺以敬，为人夫者敦懞以固，为人妻者劝勉以贞。"《管子·小称》："管子修恭逊敬爱辞让，除怨无争，以相逆也，则不失

于人矣。尝试多怨争利,相为不逊,则不得其身。大哉恭逊敬爱之道。”

待人友善的外在表现是彬彬有礼。晏子对齐景公说:“凡人之所以贵于禽兽者,以有礼也,故《诗》曰:‘人而无礼,胡不遄死。’礼不可无也。”(《晏子春秋·内篇谏上》)晏子倡导人与人应该互相友爱,他说:“行教尚相爱,故民不以相恶为名。”(《晏子春秋·内篇问上》)

“管鲍之交”的故事,为“友善”作了形象的注解。管仲与鲍叔牙合伙做生意,挣了钱,管仲多分钱给自己,而鲍叔牙知道管仲家里穷,需要钱,也从不计较。后来管仲曾慨叹道:“吾始困时,尝与鲍叔贾,分财利多自与,鲍叔不以我为贪,知我贫也。吾尝为鲍叔谋事而更穷困,鲍叔不以我为愚,知时有利不利也。吾尝三仕三见逐于君,鲍叔不以我为不肖,知我不遭时也。吾尝三战三走,鲍叔不以我怯,知我有老母也。公子纠败,召忽死之,吾幽囚受辱,鲍叔不以我为无耻,知我不羞小节而耻功名不显于天下也。生我者父母,知我者鲍子也。”(《史记·管晏列传》)

总之,社会主义核心价值观十二个关键词中,有九个与齐文化有较深的渊源,其中五个关键词直接出自齐文化经典。齐文化作为博大精深的优秀传统文化的重要组成部分,积淀着中华民族最深沉的精神追求,是我们最深厚的文化软实力。古为今用,继往开来,对于我们实现中华民族伟大复兴的中国梦具有重要的现实意义。我们在传承、弘扬传统文化的同时,还要以科学理性的态度对待传统文化,取其精华,去其糟粕,合理扬弃,与时俱进,弘扬具有当代价值的传统文化精神。

(李钟琴)

齐文化的当代价值有哪些?

八百年泱泱齐风,汇集了许多治国理政的思想,形成了独具特色的齐文化,凝聚成了《六韬》《管子》《晏子春秋》《孙子兵法》等许多不朽的圣典和《考工记》《齐民要术》等农耕文明的重要著述。其中《管子》被誉为中国第一部百科全书,《孙子兵法》被誉为中国古代兵学圣典。齐文化中以经济建设为中心的治国方略,改革开放的发展理念,尊贤尚功的人才观,礼法并重的法治思想,构建和谐社会的战略思想,务实创新的社会治理思想,为民爱民的廉政思想,构建睦邻友好关系的外交思想等,对当今社会有着重要的启发和借鉴意义。齐文化经过去粗取精,加以挖掘提炼,必将为繁荣中华优秀传统文化,推动中国特色社会主义文化建设,实现中华民族伟大复兴中国梦,做出积极贡献。

具体讲,齐文化的当代价值主要体现在以下五个方面。

一、为社会主义核心价值观提供了历史渊源

齐文化中尊贤尚功、干事创业的精神,改革创新、争创一流的精神,兼容并包、海纳百川的精神,尊王攘夷、维护统一的精神,以及“礼义廉耻”“和而不同”的思想观念,可视为社会主义核心价值观的渊源之一。法制思维和诚信思想,也较早地在齐文化中得到阐释和实践。例如《管子・枢言》明确讲“先王贵诚信。诚信者,天下之结也”。战国末期,荀子也曾说过:“诚信生神,夸诞生惑。”(《荀子・不苟》)我们传承优秀传统文化,就要汲取其思想精华,古为今用,牢固树立并努力践行好社会主义核心价值观,循着古人的足迹创新而前行。

二、为践行新时代发展理念提供了历史经验

习近平总书记提出的“创新、协调、绿色、开放、共享”五大发展理念,不仅实

现了我们党对发展规律认识的深化和升华,实现了我们党治国理政思想理论的新飞跃,而且成为今日中国马克思主义方法论的集中体现。齐文化中以经济建设为中心的思想,特别是创新、开放的发展理念,为我们树立“五大”发展理念提供了历史经验,更为我们践行“五大”发展理念增强了信心。

三、为治国理政提供了传统理论支持

齐文化中的民本思想、廉政思想、法治思想、和谐思想、礼法并重思想,如:“天下非一人之天下,乃天下之天下也。同天下之利者,则得天下;擅天下之利者,则失天下。”(《六韬·文韬·文师》)“凡治国之道,必先富民,民富则易治也,民贫则难治也。”(《管子·治国》)“意莫高于爱民,行莫厚于乐民。”(《晏子春秋·内篇问下》)“威不两错,政不二门。以法治国,则举错而已。”(《管子·明法》)“法者,天下之程式也,万事之仪表也。”(《管子·明法解》)这些经典语句为当今治国理政提供了传统理论依据。

四、为当代智库建设提供了历史借鉴

稷下学宫作为战国时期著名的高等学府、学术研究中心,不仅在学术上造就了辉煌的百家争鸣景象,也因“不治而议”这一特有的决策询议机制,被视为现代智库的雏形,拥有了聚才、启智、资政、强国等功能,扮演着类似现代智库的角色,曾促成了田齐政权的一度强盛。当代智库建设应积极借鉴稷下学宫以询议、讲学、著书、育人为一体的发展模式,努力加强智库独立性建设、健全人才贮备制度、畅通智库建言渠道、培育智库思想市场、创新智库管理模式等,从这些角度和方向汲取宝贵的建设经验。

五、为中外文化交流提供了多彩的文明成果

每个民族都有自己独特的文化和文明,“夫物之不齐,物之情也”(《孟子·滕文公上》)。“不同文明没有优劣之分,只有特色之别。要促进不同文明不同发展模式交流对话,在竞争比较中取长补短,在交流互鉴中共同发展,让文明交流互鉴成为增进各国人民友谊的桥梁、推动人类社会进步的动力、维护世界和平的纽带。”(习近平主席在博鳌亚洲论坛2015年年会上的主旨演讲)博大精深、底蕴深厚的齐文化,在对外文化交流中,极大地丰富了中华民族的文明成

果。首先,稷下精神的研究与交流。战国时期的稷下学宫与希腊“柏拉图学园”几乎同一时期诞生,是东西方哲学思想集中爆发的时代,被称为世界文明的“轴心时代”。以此为文明线索,北京大学与淄博市人民政府定期举办“齐文化与稷下学高峰论坛”,淄博市人民政府、山东理工大学与希腊雅典大学推出了“稷下学宫与柏拉图学园——中希(希腊)古典文明高峰论坛”。一系列文化交流活动,将稷下精神推向了世界。其次,《孙子兵法》的研究与交流。《孙子兵法》是我国古代最著名的兵书,是世界现存最早的兵学圣典,被认为是世界三大兵书之一(另外两部是《战争论》《五轮书》),其博大精深的内容、精邃富赡的思想、缜密严谨的逻辑,在世界军事史上具有重要的划时代意义。各国专家和政要,都十分重视对《孙子兵法》的研究和谋略思想的运用,无疑也是我国对外文化交流的重要内容之一。再次,蹴鞠的研究与交流。《史记》和《战国策》都记载,在当时的齐国故都临淄,蹴鞠已发展成一种成熟的体育和娱乐活动项目,而且在民间广为盛行。国际足联组织专家反复论证,2004 年正式宣布:中国临淄是足球的起源地。2015 年 10 月 23 日,国家主席习近平访问曼彻斯特,并在参观英格兰国家足球博物馆时向英方赠送了中国临淄蹴鞠。从 2016 年 10 月开始,一年一度的国际足球论坛在中国淄博临淄和英国曼彻斯特轮流举办,成为国家重要的文化交流项目,也成为淄博独特的历史文化名片。

六、为领袖统领全局、治国理政提供了古代哲学思想和文化经典

在对优秀传统文化的学习、传承和运用方面,毛泽东、习近平等领袖人物,为我们做出了典范。尤其是习近平总书记,他在一系列重要讲话、文章、访谈中,经常引用我国经史典籍中的华章佳句,其中引用了大量齐文化经典著作《管子》《晏子春秋》《六韬》《孙子兵法》《司马法》中的经典语句。例如:“政之所兴,在顺民心;政之所废,在逆民心。”(《管子·牧民》)“橘生淮南则为橘,生于淮北则为枳。”(《晏子春秋·内篇杂下》)“以戒为固,以怠为败。”(《六韬·虎韬·金鼓》)“兵无常势,水无常形。”(《孙子兵法·虚实第六》)在引用时,习近平总书记不仅对中华优秀传统文化的精髓有准确的阐释,而且赋予了它们新的时代内涵,闪烁着新时代的思想光芒。用典背后是“治世”,用什么、如何用、效果如何,既是领导能力、治理思想、执政风格的折射,也是把古人治理智慧运用于治理当代社会的具体实践。同时,也让我们看到了齐文化的历史地位、齐文化研

究的重要责任和齐文化创造性转化、创新性发展的广阔未来。

总之，博大精深的齐文化作为中华优秀传统文化的重要组成部分，是我们最深厚的文化软实力，是我们文化发展的母体，积淀着中华民族最深沉的精神追求，是当前我们实现中华民族伟大复兴"中国梦"的最宝贵的文化资源。正确认识、提炼、传播齐文化的当代价值，对于促进人的全面发展、引领社会全面进步，对于全面建成小康社会、实现中华民族伟大复兴的中国梦，具有重要的现实意义和深远的历史意义。

（任传斗）

齐国国君是什么爵位？齐国国君称王是在什么时候？

《礼记·王制》说："王者之制禄爵，公、侯、伯、子、男，凡五等。"意思是天子制定俸禄与爵位共分"公、侯、伯、子、男"五个等级。

周王室按照"公、侯、伯、子、男"五等爵位分封诸侯，在周王室分封的众多诸侯中，齐国吕尚、鲁国姬旦与宋国微子启地位最为尊贵。其中微子启作为商王帝乙的庶长子、商王帝辛（商纣王）的庶长兄，是周王室借以统治殷商遗民的核心人物，身份特殊；周公旦作为周文王之子、周武王之弟，长期辅佐周武王处理政务，为周武王心腹之臣，在同姓诸侯中与周王室关系最为亲密；吕尚作为周武王的"师尚父"、岳父兼开国第一功臣，在异姓诸侯中与周王室关系最为亲密。因此，微子启凭借其殷商遗民领袖的特殊政治身份、姬旦凭借其与周王室的亲密血缘关系都受封为公爵，吕尚虽然是周王室开国第一功臣兼周武王岳父，但终因与周王室异姓只能受封为侯爵，不过他建立的齐国获得了周王室赐予的"五侯九伯，女实征之"的军事征伐权，因此齐国在诸侯国中仍然是举足轻重的大国。

齐国自太公吕尚立国，其君主便世袭"侯"爵，称"齐侯"，如《尚书·顾命》称齐国第二任君主吕伋为"齐侯吕伋"，《左传》称齐国历任君主均为"齐侯"。战国初期，齐国政权被田和篡夺，田和为尽可能降低篡权夺国行为的恶劣影响，避免成为众矢之的，一面大肆贿赂各诸侯国，一面借助魏文侯的力量迫使周天子承认其"齐侯"的合法地位，以此表明自己继承的是吕氏齐国的法统，仍然是周天子的臣属。因此，田氏齐国君主世袭的仍是得自吕氏齐国的"侯"爵，田齐君主也被称作“齐侯”或“田(陈)侯”(在出土的青铜器铭文中多作“陈侯”),如《史记·田敬仲完世家》有“(齐)康公之十九年,田和立为齐侯,列于周室,纪元年”的记载;古本《竹书纪年》称田剡(田齐第二任君主)与田午(田齐第三任君主)为“田侯剡”“田侯午”;青铜器“陈侯因齐敦”则称田因齐(田齐第四任君主)为“陈侯因齐”。

需要特别说明的是,这位“陈侯因齐”是齐国历史上最后一位称“侯”的君主,同时也是齐国历史上第一位称“王”的君主。在周代,“王”是天子的名号,虽然楚、巴、蜀、吴、越等诸侯也自称为“王”,但中原诸侯只把他们看作是不服王化的蛮夷之人。《春秋》将楚、越等国诸侯一律贬称为“子”,称“楚子”“越子”。春秋时期霸业最盛的齐桓公与晋文公便是通过率领诸侯抵挡“南蛮”楚国入侵中原而最终实现霸业的。战国初期,魏国率先称霸中原,公元前344年,魏惠侯凭借强大的国力大会诸侯于逢泽,率领十二诸侯朝见周天子,自称为“王”,成为中原诸侯中率先僭越称王的诸侯。但这一举动立即引起周边诸侯特别是齐国的不满,齐国先后在桂陵(今河南长垣西南,一说山东菏泽东北)之战、马陵之战中大败魏军,赵国与秦国也趁机攻掠魏国土地,魏惠王在齐、赵、秦的联合打压下,不得不听从惠施的建议,到徐州(今山东滕州东南)朝见齐侯田因齐,并尊其为“王”。此时的田因齐已取代魏惠王成为新的中原霸主,史称“齐最强于诸侯,自称为王,以令天下”(《史记·田敬仲完世家》)。但鉴于魏国因称王而招致诸侯打压的教训,田因齐不敢独自称王,于是也尊魏惠王为“王”,史称“徐州相王”。这件事发生于公元前334年,即齐侯田因齐在位的第二十三年,从这一年开始田因齐不再称“齐侯”,改称“齐王”,他就是齐国历史上著名的齐威王。尽管田因齐不敢独自称王,而是与魏惠王“相王”,但还是引起了楚威王的不满。公元前333年,楚威王亲率楚国大军与赵国联手攻打齐国,“大败齐于徐州”(《战国策·魏策二》)。魏国、齐国两大中原诸侯“徐州相王”之后,秦国、韩国、赵国、燕国、中山国等诸侯也相继称“王”:公元前325年,秦惠文君称王;公元前323年,魏约燕、韩、赵、中山“五国相王”。周天子“天下共主”的地位至此名存实亡,包括田氏齐国在内的强大诸侯国至此已经与周王室平起平坐,“尊王攘夷”的时代一去不返,“武力统一”成为天下大势。

在诸侯竞相变法图强、以武力角逐天下的时代背景下,齐威王选贤任能、改革吏治,励精图治,一举击溃强盛一时的魏国,使齐国成为当时首屈一指的强国,唯有经过商鞅变法的秦国能与之抗衡。齐威王之后,田氏齐国又经历了齐宣王田辟强、齐湣王田地、齐襄王田法章、齐王田建四代君主,其中齐湣王依靠威王、宣王积累下的国力四处征伐,取得了一些胜利,一度与秦昭王并称“东西二帝”(不久齐、秦均去帝号),成为当时表面上最有希望统一天下的诸侯。不过齐湣王竭泽而渔式的对内统治与不讲策略的穷兵黩武耗尽了齐国的国力,使齐国成为强弩之末,以致在乐毅率领五国联军伐齐时使齐国一触即溃,几乎亡国。经过这场战争,齐国虽然勉强复国,却已元气大伤,从此退出了角逐天下的历史舞台,最终被秦国灭亡。

总之,在公元前334年之前,齐国在名义上是周王室分封的诸侯国,齐国国君的爵位是“公、侯、伯、子、男”五等爵制中的侯爵,历任齐国国君称“齐侯”。田氏篡夺齐国政权后,仍然需要得到周天子的正式册封才能名正言顺。田氏齐国在很长一段时间内都是以周王室分封的诸侯自居的,借此降低自身篡权夺国的恶劣影响,避免诸侯以此为借口对田氏齐国进行征伐,因此田氏齐国君主的爵位仍然是继承自吕氏齐国君主的侯爵。在史籍中,田齐前四代君主田和、田剡、田午、田因齐都被称作“齐侯”。齐国君主称“王”是从田因齐即齐威王开始的,时间是公元前334年,即田因齐在位的第二十三年。此后田氏齐国的四位继任君主田辟强、田地、田法章、田建均称“王”,即“齐宣王”“齐湣王”“齐襄王”“齐王建”(田建无谥号),其中齐湣王曾一度称“帝”,这表明田氏齐国自齐威王之后已经不再顾忌周王室“天下共主”的虚名,开始光明正大地投入到以武力统一天下的历史进程中。

(刘东祥)

周代齐国的建立者姜太公是一个什么样的人?

姜太公,这位极富传奇色彩、神话传说般的人物,在中国可谓家喻户晓、妇孺皆知。在历史上,他是齐国的建立者、齐文化的开创者,是中国古代著名的政治家、军事家、思想家;在民间传说中,他是居于众神之上的封神之人,是诸神的管理者。老百姓盖新房上梁的时候,要在梁头上贴一张红纸,上书"姜太公在此,百无禁忌";在文学作品中,他仙风道骨,足智多谋,是一个半人半神的全知全能者……

由于年代久远,关于姜太公的历史资料其实并不多,其生卒年、里籍,学术界至今莫衷一是。据《史记·齐太公世家》以及《史记索隐》《史记集解》的记载,姜太公乃"东海上人",姓姜,名尚,字牙。其祖先曾辅佐大禹治水,因功被封于吕(今河南南阳),故以吕为氏。

姜太公在此

春秋战国之前,古人的姓与氏是分开的,"姓"产生于母系氏族社会,所以多带有女字旁;"氏"则是进入父系氏族社会之后才出现的。西周时期,姓、氏并存;春秋战国时期,以氏为主。所以姜太公也被称为姜尚、姜牙、吕尚、吕牙。民间流传的"姜子牙"这一称呼在东汉之前的史料中是找不到的,大约魏晋之后才出现。《封神演义》等小说中,还给姜太公起了个别号,叫"飞熊"。

关于姜太公的里籍，学术界一直存有争议。目前，争夺姜太公故里的地方主要有山东、安徽、河南、江苏四个省九个市县。《史记·齐太公世家》说姜太公是“东海上人”，宋裴骃《史记集解》引《吕氏春秋》曰：“东夷之土。”东海，在先秦时期指现在山东东部的黄海；“东夷之土”，即齐地。宋代董逌（yōu）在《广川书跋》卷六《太公碑》一文中指出：“其谓‘东海上人’，则得于《孟子》。”原来，《孟子·离娄上》有这么一段话：“太公辟纣，居东海之滨，闻文王作兴，曰：‘盍归乎来，吾闻西伯善养老者。’”董逌认为，司马迁是根据《孟子》里的这段话，记载姜太公是“东海上人”。显然，“东海上”的意思是“东海之滨”，指一个比较大的地域范围。查《汉语大字典》，“上”字的第九个意思便是“侧畔”。

姜太公在结识周文王姬昌之前的经历，史料记载极其稀少。《史记·齐太公世家》只记了一句话：“吕尚盖尝穷困，年老矣，以渔钓奸（同‘干’，求见之意）周西伯。”《战国策·秦策五》则曰：“太公望齐之逐夫，朝歌之废屠，子良之逐臣，棘津之不雠（chóu）庸，文王用之而王。”说姜太公是“齐之逐夫”，什么意思呢？西汉刘向《说苑·尊贤》做了进一步解释：“太公望故老妇之出夫也。”秦汉之前，齐地有长女不嫁、男子入赘的风俗。出身低贱的男子就婚、定居于女家，称为赘婿。成婚后，男人在女家也没有地位，形同奴仆。如著名的稷下先生淳于髡（kūn），就出身于“齐之赘婿”。姜太公年轻时，由于家境贫寒，也做了赘婿。后来，姜太公被妻子赶出了家门。小说《封神演义》对此有过描写，说姜太公的妻子姓马，其实先秦并没有马姓。

除了出身微贱，姜太公还做过“朝歌之废屠，子良之逐臣”，意思是他在朝歌做屠夫卖肉，肉都卖不出去；去给商朝贵族子良做家臣，结果被子良驱逐。“棘津之不雠庸”，意思是他跑到棘津打工，却无人雇佣他。唐代司马贞《史记索隐》引三国时期蜀汉学者谯周的话说：“吕望尝屠牛于朝歌，卖饮于孟津。”可知姜太公前半生家境贫困，曾经在商朝都城朝歌做过屠夫，还曾在孟津卖过饭。可以推测，姜太公被妻子赶出家门后，来到商都朝歌，以宰牛为业，成了一名屠夫。做这个行当不成功，他又跑到孟津摆摊卖饭，结果也挣不到钱，生活相当困顿。

时光飞逝，人生易老。到了七十岁左右的时候，姜太公仍贫穷落魄，一事无成。此时正值暴君殷纣王在位，朝政黑暗，小人竞进，直士幽藏。据《史记·齐太公世家》记载，姜太公还曾做过殷纣王的官。“或曰，太公博闻，尝事纣。纣无道，去之。游说诸侯，无所遇。”姜太公审时度势，便远离殷都，来到东海岸边隐居。《孟子·离娄上》记载,姜太公听说西伯姬昌善待老年人,遂来到西周,并通过垂钓际会西伯姬昌。姬昌与姜太公谈后,大喜,说:“自吾先君太公曰‘当有圣人适周,周以兴’。子真是邪?吾太公望子久矣。”(《史记·齐太公世家》)于是称之为“太公望”。姜尚也被后人称为姜望、吕望、姜太公。“太公”,最初指的是周文王姬昌的“先君太公”;“太公望”,指姬昌的太公所盼望的人。那么姬昌的“先君太公”是谁呢?一说是指姬昌的父亲姬历,一说是指姬昌的祖父古公亶(dǎn)父,即周太王姬亶。

姬昌将姜太公接到自己的宫中,“立为师”。“师”是官职名,始于商朝,乃辅弼国君之官,又称“太师”,与“太傅”“太保”合称“三师”或“三公”。

之后,姜太公开始了他波澜壮阔的后半生。他辅佐西伯姬昌颠覆商王朝。周文王去世前,虽然还没有最终灭掉殷纣王,但已做到“天下三分,其二归周”,“太公之谋计居多”(《史记·齐太公世家》)。正因为姜太公韬略盖世,奇计百出,“故后世之言兵及周之阴权皆宗太公为本谋”(《史记·齐太公世家》),姜太公被尊为“兵学始祖”。不仅兵家,儒、道、法、纵横等家皆对他尊崇备至,尊为“百家宗师”。

姬昌去世后,其子姬发即位,即后来的周武王。公元前十一世纪中叶,周武王与姜太公挥师东进,阅兵于孟津。出师之日,姜太公左杖黄钺,右持白旄,威风凛凛地号令军队:“苍兕(sì)苍兕,总尔众庶,与尔舟楫,后至者斩!”(《史记·齐太公世家》)

各诸侯国听说周武王与姜太公东征,不待周武王征召,也纷纷前来相助,不期而会者竟有八百诸侯。孟津后来又叫“盟津”,即由诸侯在此会盟而得名。

众诸侯皆跃跃欲试,劝周武王乘此时机征伐殷纣,武王却拒绝了。为什么武王没有当机立断乘势伐纣呢?这恐怕是因为武王仍担心自己力量不足。当时虽然各诸侯国已归附于周,但殷纣王仍掌握着强大的军事力量,周武王自感无必胜信心,只是检阅一下军事力量,不敢直捣商都。

又过了两年,殷纣王更加昏暴,天天不理政事,只知饮酒淫乐。他大兴土木,建造苑台,在里面以酒为池、悬肉为林,使男女裸体相逐其间。又喜欢与他宠爱的美人妲己为长夜之饮,荒淫无度。殷纣的倒行逆施,使朝野上下对殷纣已不抱任何幻想。周武王与姜太公审时度势,决定对殷一战。

根据“夏商周断代工程”,武王伐纣的日期是公元前 1046 年一月初三。但当代出土文物已经证明“夏商周断代工程”纪年并不准确,“夏商周断代工程”确定的西周诸王的在位时间与青铜器铭文的记载,起码有六年的误差。所以,将武王伐纣的日期定为公元前1046年,也只是个大概年份。

周武王与姜太公率周师沿渭河、循黄河向孟津进发。《尚书》记载,当时周出动的兵力计有战车三百乘、虎贲(勇士)三千人、甲士(身披铠甲的战士)四万五千人。《通典》卷一八二、《太平御览》卷三二八、《韩诗外传》《论衡·卜筮》等书还记载了周武王与姜太公出师遇不祥之兆的事,但这并没有阻挡姜太公进兵的决心。

行至牧野(今河南新乡),周师与殷纣王派来的军队展开大战,姜太公不顾年事已高,亲麾战车从正面冲击敌阵,商军顿时大乱。由于商纣王早已失去民心,所以商军人数虽众,战斗力却不强,在周师的猛烈冲击下,许多商朝士兵临阵倒戈,刹那间,商军一败涂地。《尚书·武成》有这样一段话:“会于牧野,罔有敌于我师,前徒倒戈,攻于后以北,血流漂杵。”可见当时战斗之激烈。

牧野,顾名思义,是牧马之野。此地平旷开阔,正好适合战车纵横驰骋、发挥威力。《诗经·大雅·大明》最后一段歌颂了姜太公在牧野之战中的风采:

> 牧野洋洋,檀车煌煌,驷騵彭彭。维师尚父,时维鹰扬。凉彼武王,肆伐大商,会朝清明!

姜太公为何具有如此卓越的政治与军事才能?司马迁对此只留下了“太公博闻”四个字。我们推测,姜太公年轻时,一定勤奋学习治国理政之道、军事谋略、天文地理等,加之其丰富的经历,铸就了他的雄才大略,因此才得以在机会到来之时大展宏图。

(李钟琴)

“姜太公”的“太公”是什么意思?

看过《封神演义》小说或者电视剧的朋友,一定对“姜太公”姜子牙印象深刻。作为《封神演义》的男主角,姜太公手执打神鞭,掌管封神榜,神通广大,法力无边,辅佐周文王、周武王父子一路过关斩将灭掉商朝。但作为真实历史人物的姜子牙,他正式的名号并不是“姜子牙”或者“姜太公”,而是“吕尚”“太公望”“齐太公”。

“太公望”和“齐太公”都含有“太公”两字,即使不清楚“太公望”与“齐太公”的具体含义,相信许多读者也能够通过“姜太公钓鱼——愿者上钩”这句俗语联想到《封神演义》里的姜子牙。至于姜子牙为什么会叫“吕尚”,有的读者就百思不得其解了:姜太公不是姓姜,名尚,字子牙吗?他应该叫姜尚或者姜子牙才对,怎么会叫“吕尚”呢?

姜太公像

据《史记·齐太公世家》记载:“太公望”吕尚是东海之滨人,他的先祖曾经当过“四岳”(统领四方诸侯的四大诸侯长),辅佐大禹治水很有功劳,因此在虞舜、夏禹两代权力交接之际得到了“申”和“吕”两块封地。夏、商两代时,“申”地和“吕”地被这位“四岳”分封给他的枝庶子孙，因此产生了姜姓的“申氏”和“吕氏”两个分支。“吕”地继续分封的结果，就有无地可封的姜姓吕氏枝庶子孙成为“庶人”（普通人），吕尚就是姜姓吕氏的枝庶子孙（同理，《封神演义》里姜子牙的死对头申公豹的历史原型就是姜姓申氏的枝庶子孙）。因此，吕尚虽然本来姓姜，但以“吕”这一“氏”为姓，所以叫“吕尚”。

吕尚为什么又叫“太公望”和“齐太公”呢？这就要从吕尚的两大功绩说起了。

吕尚的第一大功绩就是辅佐周文王与周武王兴周灭商。吕尚虽然有个身为“四岳”的好祖宗，也难免因沦为庶人而穷困潦倒地度过他的前半生（确切地说是大半生），直到垂暮之年，他才在渭河之畔钓到了一条大鱼——西伯（“西伯”相当于商代的“四岳”，是商王朝的西部诸侯之长）姬昌，也就是后来的周文王。年迈的吕尚得到了西伯姬昌的赏识与重用，被姬昌称为“太公望”（意思是“我的太公盼望已久的兴周的贤人”），他以“师”的身份辅佐西伯姬昌，取得了“天下三分，其二归周”的功业。姬昌去世后，姜太公又以“师尚父”的崇高地位辅佐其子姬发（也就是周武王）完成了灭商大业，所以“太公望”就成了吕尚的称号。后世不明“太公望”称号由来的学者在称呼吕尚时，有的把“望”误认为是吕尚的名，所以才会有“姜望”“吕望”等错误的名号流传开来。

吕尚的第二大功绩就是建立了齐国。在先秦时期，建立封国的诸侯往往被他们的子孙加以“太”字的尊号，表明其开国立基的大功。如：“齐有太公，鲁亦有太公，犹吴有太伯，曹亦有太伯，各尊其祖，不嫌同名。”（《国语·鲁语上》）西伯姬昌曾经称吕尚就是他“太公”盼望已久的兴周的贤人，姬昌口中的“太公”就是“周太王”古公亶父，西周王业的拓荒者（姬昌时期，周是商的一个诸侯国，姬昌贵为西伯，其爵位极有可能是仅次于“王”的“公爵”；周灭商之后，周武王姬发才改古公亶父的尊号为“太王”）。齐国是周王朝分封的二等诸侯国，其爵位为“公爵”之下的“侯爵”，历代齐国国君被称为“齐侯”，但吕尚在兴周灭商的过程中立下首功，又有周文王“太公望”的称号加身，因此在死后得以享受“太公”的尊号。吕尚作为齐国开国君主，被齐国人尊称为“太公”，齐国以外的人则称其为“齐太公”，以避免与鲁国等其他诸侯国开国君主的称号混淆。不过，因为吕尚的名气太大，所以“后人但知齐有太公，而不知鲁亦有太公”（《国语·鲁语上》),更不知商代周国也有“太公”。“太公”很快就成为吕尚的专属名号,后世把吕尚的姓与这个专属名号加以组合,也就产生了吕尚最为人熟知的名号“姜太公”。

虽然我们现在一提到“姜太公”就知道是吕尚,但用“姜太公”来称呼吕尚实际上是个误会。历史上的“姜太公”虽然姓姜,但以“吕”为氏,先秦时期男子称氏不称姓,所以他并不叫“姜尚”,而是叫“吕尚”。建立齐国之前,他有“太公望”的称号;去世之后,齐国后人尊称他为“太公”,齐国之外的人尊称他为“齐太公”。“太公”由他的尊号逐渐变成他最为人熟知的名号,并进而产生了“姜太公”的称呼。

(刘东祥)

齐国历史上的两位“太公”是谁?

齐国历史上第一位太公,就是齐国开国君主吕尚,他在历史上被称为“齐太公”,民间俗称他为“姜太公”。在中国历史上,姜太公一直是个传说中的人物,关于他的史料太少,在很多人心目中,他是一个能呼风唤雨的神仙。姜太公是否真有其人,曾经是史学界不解之谜。

2008年,山东高青陈庄西周遗址发掘出土了一百多件有极高价值的文物,其中含有七十多字铭文的铜簋(guǐ)及“齐公”字样的铭文引起了人们的关注。这段铭文记作:“丰启作厥祖甲齐公宝尊彝。”按照学界已经达成的共识,这件载有“齐公”铭文的青铜器就是吕尚的后人为祭祀吕尚而制作的。铭文中的“祖甲齐公”指的就是“齐太公”吕尚,其中“齐公”表明这件青铜器祭祀的对象是齐国君主;“祖”表明这件青铜器祭祀的对象是青铜器器主的祖先;“甲”为十天干之首,用以纪日,齐国早期君主死后的尊号便采用十天干太阳历日名,如《史记·齐太公世家》记载的吕尚之后的三代齐国君主分别是“齐丁公”“齐乙公”“齐癸公”。而从齐癸公之后的齐哀公开始,齐国君主便不再采用十天干太阳历日名的尊号。因此,既然这位“齐公”有“甲”这一天干的尊号,又不是齐国第二代、第三代、第四代君主,那么显然,他就只有可能是齐国的第一代君主,即开国君主“齐太公”了。出土这件青铜器的墓葬的年代被考古专家测定为西周早期偏晚或西周中期偏早,据考古专家推测,青铜器器主的生存年代不会晚于齐献公,器主很有可能是吕尚三世到五世之内的枝庶子孙。

总之,山东高青陈庄西周遗址的发现彻底解开了“姜太公”在历史上是否真有其人的千年谜团。“姜太公”不仅是神话传说中的人物,也是真实存在的历史人物:姜姓,吕氏,名尚,号“太公望”,辅佐周文王、周武王兴周灭商,被分封到营丘建立齐国,死后的尊号为“齐太公”“祖甲齐公”。

吕尚作为“太公望”“师尚父”,辅佐周文王、周武王兴周灭商的史实被后世不断加以传说、演义,以至产生了“姜太公”这一被人们津津乐道的文学形象,但吕尚在灭商之后的经历相信很多人并不熟悉。据《史记·齐太公世家》记载,灭商之后,周武王进行分封,吕尚以首功之臣的身份受封于营丘,建立齐国。齐国初建后,吕尚对外打败了前来侵扰的莱夷军队,对内因循当地居民东夷人的风俗习惯而不强加改变,并且根据齐地当时的实际情况,大力发展商业和手工业,利用沿海优势发展渔业,将盐碱地的劣势转化为发展制盐业的优势,从而改善了民生,大批百姓涌入齐国,齐国迅速成为一个繁荣富庶的东方大国。在周武王去世、周成王即位不久之后爆发的管蔡之乱中,吕尚又获得了“五侯九伯,实得征之”的军事征伐权,齐国由此完全确立了其大国地位。吕尚在兴周灭商以及封齐建国过程中所表现出的杰出政治、经济、文化、军事、哲学思想及其成功实践,奠定了吕氏齐国此后六百余年的思想文化根基。

在中国古代,“太”字在用作一国之君死后的尊号时,表征的是开国立基之功,所以通常只有一个国家的开国之君才有资格使用带有“太”字的尊号,如齐太公、吴太伯等。既然齐国的开国君主是吕尚,那么在齐国,只有吕尚才有资格称为“太公”才对。不过,在《史记·田敬仲完世家》里,齐国出现了另外一个“太公”:“(田)庄子卒,子太公和立。田太公相齐宣公。……太公乃迁康公于海上,食一城,以奉其先祀。……三年,太公与魏文侯会浊泽,求为诸侯。”

那么,齐国这位“太公和”或者“田太公”又是什么人呢?作为一个齐国人,他为什么也被称为“太公”?

原来,先秦时期的齐国虽然国号一直未变,但实际上经历了两个不同的政权,而这位被后世称为“太公和”“田太公”的人,就是篡夺了吕尚建立的吕氏齐国政权而建立新政权的人——田和。田和,妫(guī)姓,田氏,名和,是齐相田白之子、齐相田悼子之弟。齐宣公五十一年(前405),田和之兄田悼子去世,田和在田氏一族中胜出,成为田氏一族的新领袖并继任齐相。不过,田氏宗族内部发生了分裂,田会以廪丘为根据地发动叛乱,把廪丘献给晋国大夫赵氏,田布奉命率军讨伐田会,却被晋国赵、魏、韩三家大夫的联军击败,第二年(前404),晋军趁势攻打齐国,打入齐国长城之内。据清华简《系年》第二十二章记载,田和被迫让新继位的傀儡君主齐康公亲自到晋军营中求和,并与晋国三家大夫订立屈辱的城下之盟，答应从此不再修筑长城，也不再讨伐廪丘。田和借此机会与晋国三家大夫订立了攻守同盟，相互结为外援，意图夺取晋国与齐国的政权。公元前403年，借助伐齐得胜的威势，晋国赵、魏、韩三家大夫逼迫周天子承认了他们的诸侯地位。齐康公十四年（前391），羽翼丰满的田和以“淫于酒、妇人，不听政”为借口，把齐康公放逐到海滨地区，仅保留一个城作为食邑。齐康公十九年（前386），田和借助魏文侯的力量，请求周天子把他立为齐国国君，最后周天子迫于魏文侯的压力答应了他的请求，于是田和成为得到周天子承认的齐侯（齐国国君的爵位是侯爵，所以称“齐侯”）；而“齐太公”吕尚的后裔、末代吕氏齐侯齐康公的称号仍然得以保留，直到齐康公二十六年（前379）齐康公去世，吕氏齐国“绝祀”。也就是说，从公元前386年开始到公元前379年为止的这八年时间里，新生的田氏齐国政权与行将就木的吕氏齐国政权是并存的。

田和作为新生田氏齐国的开国之君，也被后世称为“齐太公”（《墨子》中称他为“齐太王”），不过，后人往往在“齐太公”前加一个“田”字，称为“田齐太公”，以区别于“齐太公”吕尚。所以说齐国历史上一共有两位“太公”，分别是“齐太公”吕尚与“田齐太公”田和。

不过，虽然都叫“齐太公”，但田和的知名度和影响力显然是无法与吕尚相比的。吕尚不仅是齐国的开国君主，更是周王朝的开国第一功臣，他的治国思想、军事思想、哲学思想和他本身的传奇经历无不深受后世推崇；而田和虽也是田氏齐国政权的建立者，但背负着“篡位”的恶名，加上本身并无突出的历史功绩，因此在历史上的影响力十分有限。

（刘东祥）

姜太公钓鱼的故事，历史上确有其事吗?

一说起姜太公,我们就会想起一句俗语:姜太公钓鱼——愿者上钩。那么,民间流传的姜太公钓鱼的故事,历史上确有其事吗?

姜太公从登上历史舞台的那一天起,就充满了传奇色彩:一个与众不同的钓鱼翁的形象。在当时西周的都城岐(今陕西岐山),渭河北岸有条支流叫磻溪,周文王就是在那里遇到了姜太公。

关于姜太公在渭河之滨钓鱼际会周文王的记载,最早见于战国时期的典籍。如《吕氏春秋·审应览·具备》曰:“太公尝隐于钓鱼矣,贤非衰也,智非愚也,皆无其具也。故凡立功名,虽贤必有其具然后可成。”这里记载得非常简略,只言姜太公作为一个钓鱼翁隐居于世。

而《六韬》记载得就比较详细。《六韬》是先秦时期著名的兵学经典,托名姜太公所作。目前学术界一般认为,《六韬》虽不见得是姜太公所作,但属于战国晚期的作品。

《六韬·文韬》开篇便记载姜太公钓鱼之事:西伯姬昌准备去打猎,负责占卜的史编占卜之后说:您这次到渭河北岸打猎,将会得到很大的收获,所获不是龙,不是彲,不是虎,也不是熊,而是将得到一位公侯之才。他是上天赐给您的老师,辅佐您的事业日渐昌盛,并将施恩于您的子孙后代。姬昌问:占卜的结果有这么好吗?史编回答说:我的远祖史畴曾为禹占卜,结果得到皋陶,那次的征兆正与今天的相似。西伯姬昌于是斋戒三天,然后乘着猎车,到渭河北岸打猎,终于见到了正在岸边钓鱼的姜太公。

两人相见后,还有一番交谈。姜太公围绕“仁”“德”“义”“道”几个方面,教周文王如何做到“天下归之”。“天下非一人之天下,乃天下之天下也”“同天下之利者，则得天下；擅天下之利者，则失天下”（《六韬·文韬·文师》）等名言，就是出自姜太公之口。

到了西汉，关于姜太公钓鱼的记载多了起来，如伏胜撰《尚书大传》云：“周文王至磻溪，见吕望。文王拜之，尚父曰：望钓，得玉璜，刻曰：‘周受命，吕佐检，德合于今昌来提。’”姜太公钓上了一块璜，上面刻着姜太公将辅佐周文王的话。郑玄解释说，姜太公不是直接钓起了一块璜，而是钓到了一条鱼，鱼肚子里有一块璜。

关于姜太公钓鱼最著名的记载，当属司马迁的《史记·齐太公世家》：“吕尚盖尝穷困，年老矣，以渔钓奸周西伯。西伯将出猎，卜之，曰‘所获非龙非彲，非虎非罴；所获霸王之辅’。于是周西伯猎，果遇太公于渭之阳，与语大说，曰‘自吾先君太公曰“当有圣人适周，周以兴”。子真是邪？吾太公望子久矣。’故号之曰‘太公望’，载与俱归，立为师。”

宝鸡市磻溪河畔姜子牙钓鱼台景区内的姜子牙出山石雕

《史记》的这段记载，与《六韬》的记载几乎完全一致，可见《史记》的记载极可能源自《六韬》。

司马迁记载此事前，首先用了个“盖”字，表示不是很确定。他认为，姜太公钓鱼之意不在鱼，而在于借机求见西伯姬昌。那个为西伯姬昌占卜的史官，则借卜辞故意引导他去见姜太公，估计姜太公早就通过某种办法说服了史官，两人合谋促成了姜太公与西伯姬昌的风云际会。这个记载还透露出一个信息：“太公望”这个名字并非姜太公的本名，而是西伯姬昌对姜太公的称呼，源自“吾太公望子久矣”，“太公”指的是西伯姬昌的太公。后人称姜尚为姜太公，最初应该源于“太公望”，因为姜尚德高望重，后来“太公”也就成了对他的尊称。

之后，提及姜太公钓鱼之事的文献资料不胜枚举。如刘向《战国策·秦策三》通过范雎（jū）之口也说明姜太公确实在渭河之畔钓过鱼：“臣（范雎）闻始时吕尚之遇文王也，身为渔父，而钓于渭阳之滨耳。”《韩诗外传》卷八载：“太公望少为人婿，老而见去，屠牛朝歌，赁于棘津，钓于磻溪，文王举而用之，封于齐。”

史料言之凿凿，可见姜太公钓鱼的故事，史上确有其事。

相比于记载比较简单的史料，民间传说和小说家言则更加丰富、更有传奇色彩。相传姜太公钓鱼，鱼钩是直的，没有鱼饵，而且离水面三尺，故称“垂钓”。明代小说《封神演义》里写一个樵夫，名武吉，砍柴时路过磻溪，见姜太公垂钓，直钩无饵，就对姜太公说：你这鱼钩不对，你得把鱼钩弯起来，你用个直钩，不要说钓三年，就算钓上一百年，也钓不到一条鱼。姜太公回答他说：“吾宁在直中取，不向曲中求，不为锦鳞设，只钓王与侯。”《封神演义》里引了一首诗，将姜太公的用心一语道破：“短杆长线守磻溪，这个机关哪个知，只钓当朝君与相，何尝意在水中鱼。”

钓鱼台丢石

磻溪当地有个太公庙，其南边有个山洞，叫毋忌洞。据当地民间传说，毋忌本是一个樵夫，见姜太公绝非一般人物，曾经向西伯姬昌推荐。《封神演义》里写的武吉遇姜太公的故事，可能就出自这个传说。

在今陕西省宝鸡市的磻溪，有个风景名胜区叫钓鱼台，相传就是姜太公垂钓的地方。钓鱼台下，水流湍急，浪花飞溅，名“云雾潭”。据说，姜太公在这里垂钓九年，双膝已将泉边的石头跪磨出两道深深的印痕，放置钓竿的地方也磨出了一条大拇指粗的竹竿痕迹。

还有个民间传说流传甚广：西伯姬昌得知有个奇怪老头儿垂钓之事后，便派儿子姬发（即后来的周武王）前去了解情况。姬发来到钓鱼台边，见钓鱼老头儿正专心致志地垂钓，口中还念念有词：钓钓钓，大的不到小的到。一会儿，果然钓上了一条小鱼。老头儿将鱼用刀剖开，发现鱼腹内有一块璜，只见他随手将璜往河对面一丢，璜飞到对岸，突然变成一块碗形巨石，这就是今天人们见到的钓鱼台旁那块巨大而奇特的“丢石”，又叫大鹫石。清人徐文博还在“丢石”上刻了“孕璜遗璞”四个大字。

姬发见此情景，大吃一惊，急忙回去向父亲禀告此事。姬昌预感这个怪老头儿并非等闲之辈，遂斋戒三日，毕恭毕敬地前去拜访，尊姜太公为师，并将姜太公扶上自己的车，亲自为姜太公拉车。

车行至今朱贤村时，拉车的绳子突然断了，姜太公在车上问：你总共拉了我多少步？文王说：八百零八步。姜太公大笑：那我就保你的江山八百零八年。后来周朝(包括西周和东周)果然传承了八百多年。(据《宝鸡县志》)

姜太公垂钓周文王的故事，比刘备三顾茅庐还要富有传奇色彩。唐代著名诗人李白曾写了一首慷慨激昂、荡气回肠的长诗《梁甫吟》，开头这样写道：

君不见朝歌屠叟辞棘津，八十西来钓渭滨。
宁羞白发照清水，逢时壮气思经纶。
广张三千六百钓，风期暗与文王亲。
大贤虎变愚不测，当年颇似寻常人。

谁能料到，那个在渭河之畔垂钓的老翁，大贤虎变，风虎云龙，日后成为周王朝的第一功臣，缔造了泱泱齐国，开创了辉煌的齐文化。

(李钟琴)

姜太公封齐建国采取了怎样的治国方略?

姜太公最初受封的齐国,只有营丘周边百里封地,且自然条件并不太好。《史记·货殖列传》记载说:“故太公望封于营丘,地潟卤,人民寡。”潟卤,就是盐碱地,不适宜耕种,因而此地人口稀少。在农耕文明时代,姜太公如何治理土地并不适宜耕种的齐国,将面临严峻考验。而且,当时的齐地属于东夷文化圈,民风尚武,莱人未服,姜太公建立政权伊始,若不实行正确的治国方略,很难在齐地立足。

姜太公不愧是卓越的政治家,他因地制宜,因时制宜,在政治、经济、文化诸方面实行正确的治国方略,迅速稳定了齐国局势,并一举奠定了齐国富强的经济基础。

在政治上,姜太公实行“尊贤尚功”的政策,尊重贤才,崇尚政绩,举贤任能,唯才是举。《汉书·地理志》载:“初太公治齐,修道术,尊贤智,赏有功。”而此时西周统治者的治国理念,普遍崇尚以血缘关系为基础的“尊尊亲亲”的用人办法。相比之下,姜太公的用人政策无疑能使人才脱颖而出,更有利于发展齐国。据《淮南子·齐俗训》记载,姜太公与周公受封之后,两人之间有一番关于治国方略的对话。太公问周公曰:“何以鲁?”周公曰:“尊尊亲亲。”意思是任人唯亲,重用与自己有血缘关系的人。太公曰:“鲁从此弱矣!”周公问太公曰:“何以治齐?”太公曰:“举贤而上功。”周公曰:“后世必有劫杀之君!”意思是以后齐国会出现弑君自立的人。在周公看来,注重政绩,任人唯贤,会使大臣中的能人专权;臣子掌权,君权必然受到限制,最终会有权臣弑君篡位之事发生。后来齐国与鲁国的历史进程,都印证了两人的论断。齐国“尊贤尚功”,人才辈出,国势日强。到春秋末期,田氏家族权势日重,最后取代了姜氏,虽然政权改姓,但齐国国势依然强盛,名列“战国七雄”;鲁国虽然没有臣子篡位,但国力渐衰,国土日蹙,到战国时期已经沦落为一个无足轻重的小国,并最终被楚国所灭。

在经济上,姜太公实行“商工立国”的方略,“通商工之业,便鱼盐之利”(《史记·齐太公世家》)。虽然齐国的土地不适合农耕,但因濒临大海,有丰富的鱼、盐资源。姜太公根据齐国的自然条件,大力发展商业和手工业,将渔业和盐业作为国家的支柱产业。盐碱地不适合粮食生产,但适合种植桑麻,于是姜太公大力发展养蚕业、纺织业,使齐国迅速成为纺织品基地。生产发展了,产品必须卖出去才能转化为财富。所以姜太公特别重视商业贸易。司马迁特意说“通商工之业”,将“商”放在“工”的前面,可谓微言大义。一个“通”字,说明齐国经济是开放型、外向型的,这在姜太公时期就形成了齐文化重商、开放的显著特色。《史记·货殖列传》记载:“太公劝其女功,极技巧,通鱼盐,则人物归之,繈至而辐凑。故齐冠带衣履天下,海岱之间敛袂而往朝焉。”意思是姜太公鼓励女功,提高纺织技术水平,使齐国的纺织业快速发展,成为当时的服装生产大国,其他国家的人民纷纷移民齐国,财富也滚滚而来,号称“冠带衣履天下”。东至大海,西到岱岳,诸侯们都恭恭敬敬地前往齐国朝拜。

在文化上,姜太公实行“因其俗,简其礼”的开明政策。俗,指的是东夷的民俗;礼,指礼仪制度。当时的齐国,东夷文化、夏文化、商文化、周文化交织在一起,共同影响着这片古老的土地。其中东夷文化是齐地的本土文化,历史悠久,影响最大。那么,齐地的风俗有什么特点呢?《史记·货殖列传》载:齐地依山临海,多盐碱地,适宜桑麻生长,当地人大多从事丝绸、布帛和渔盐业。临淄是渤海和泰山之间的一个大都市。其民俗宽厚豁达而又足智多谋,喜发议论,乡土观念重,不愿迁徙,怯于聚众斗殴,却敢于持刀剑,因此经常有人抢劫,这是大国之风尚。这里士、农、工、商、贾五民俱全。姜太公建立政权伊始,尊重东夷人的文化传统,不强制推行周文化(周礼),实行宽松的文化和社会管理政策,得到了齐地人民的拥护。据《史记·鲁周公世家》的记载,姜太公治理齐国五个月,便向周王朝述职,周公感到很惊讶,说:怎么这么快?太公回答道:我简化了齐国的君臣礼节,尊重他们的风俗习惯。当初,周公被分封到鲁国,但因为他要留在西周辅政,所以派大儿子伯禽去治理鲁国,结果伯禽三年后才去向周公述职。周公问:怎么这么慢?伯禽回答说:我变革当地的风俗礼仪,所以来迟了。周公叹道:唉!鲁国后世将臣服于齐了。政令不简便易行,百姓就不会亲近;政令平和易行,百姓必定归附。事实证明,姜太公“因其俗,简其礼”“平易近民”的政策,促进了周文化与东夷文化的融合,奠定了独具特色的齐文化的发展基础。

由于姜太公实施了适合齐地实际的政治、经济、文化政策,使齐国迅速富强起来,成为东方的泱泱大国。西汉时,司马迁到齐国考察,赞叹道:“以太公之圣,建国本,桓公之盛,修善政,以为诸侯会盟,称伯,不亦宜乎?洋洋哉,固大国之风也!”(《史记·齐太公世家》)

(李钟琴)

姜太公活了多少岁？ 去世后葬在哪里？

人们想象中的姜太公是一位须发皆白、仙风道骨的高寿长者。但是，姜太公到底活了多少岁一直众说纷纭，成了一个困扰人们两千多年的谜题。

司马迁《史记·齐太公世家》记载道："盖太公之卒百有余年，子丁公吕伋立。""百有余年"就是一百多岁，应该不超过一百一十岁。但仅仅凭这一条记载，是无法确定姜太公生卒年的。

好在春秋战国之后的典籍为我们提供了一些线索。这些史料有两个时间节点。一是姜太公垂钓时遇见周文王的年龄，二是牧野之战的时间。

姜太公磻溪垂钓遇周文王之时是多少岁呢？主要有三种说法：七十二岁（包括七十余岁）、八十岁和九十岁。

战国时期的《荀子》一书，是较早说明姜太公初遇周文王时是多少岁的先秦著作。《荀子·君道》曰："夫文王非无贵戚也，非无子弟也，非无便嬖（bì）也，倜（tì）然乃举太公于州人而用之，岂私之也哉！以为亲邪？则周姬姓也，而彼姜姓也，以为故邪？则未尝相识也。以为好丽邪？则夫人行年七十有二，齳（yǔn）然而齿堕矣。"暗示姜太公此时七十二岁。

成书于战国晚期的《尉缭子·武议》记载说："太公望年七十，屠牛朝歌，卖食盟津。过七年余而主不听，人人谓之狂夫也。及遇文王，则提三万之众，一战而天下定。"说姜太公遇周文王时七十多岁。

西汉时期的《韩诗外传》卷四云："太公年七十二，齳然而齿堕矣。然而用之者，文王欲立贵道，欲白贵名，兼制天下，以惠中国，而不可以独，故举是人而用之。"采录的分明是《荀子》的记载。

《汉书·东方朔传》曰："太公体行仁义，七十有二乃设用于文武，得信厥说，封于齐，七百岁而不绝。”也说姜太公被周文王重用时是七十二岁。

汉桓谭《新论·求辅第三》曰：“昔殷之伊尹、周之太公、秦之百里奚，虽咸有大才，然皆年七十余，乃升为王霸师。”认为姜太公“年七十余”，与《荀子》所记并不矛盾。

汉刘向《列女传·辨通·齐管妾婧》记载管仲的妾叫婧，婧对管仲说：“昔者太公望年七十，屠牛于朝歌市，八十为天子师，九十而封于齐。”说明姜太公在朝歌做屠夫时是七十岁，那么，他来到磻溪垂钓遇见周文王的年龄，应该是七十多岁，正合《荀子》言此时姜太公七十二岁的记载。

八十岁之说，出自《孔丛子·记问》：“太公勤身苦志，八十而遇文王。”后世一些文人为了增强姜太公大器晚成、老当益壮的丰采，乐于采纳“八十岁说”。如李白《梁甫吟》开头这样写道：“君不见朝歌屠叟辞棘津，八十西来钓渭滨。宁羞白发照清水，逢时壮气思经纶。广张三千六百钓，风期暗与文王亲。大贤虎变愚不测，当年颇似寻常人。”明朝冯梦龙在《东周列国志》中，通过百里奚之口说：“使奚逐飞鸟，搏猛兽，则臣已老。若使臣坐而策国事，臣尚少也。昔吕尚年八十，钓于渭滨，文王载之以归，拜为尚父，卒定周鼎。臣今日遇君，较吕尚不更早十年乎？”

九十岁之说，见于《楚辞·九辩》：“太公九十乃显荣兮，诚未遇其匹合。”意思是姜太公九十岁遇到周文王时才成为显贵。《楚辞》是文学作品，用词夸张，不可当作正史来看。

综上所述，七十二岁之说应该最接近史实。一是此说有先秦诸子著作的记载为证，二是这个年龄相比于八十岁、九十岁，更为合理。

顾颉刚先生《太公望年寿》认为，《诗经》中的“维师尚父，时维鹰扬”，形容姜太公在战场上搏击之迅猛，与“齳然而齿堕”的七十岁老人殊不相匹，更何况牧野之战距姜太公初遇文王时又过了十七年。因此，顾颉刚先生认为，姜太公灭纣时在三十岁左右。那么，以此推算，姜太公初遇周文王时还不到二十岁，显然与周文王初见姜尚即拜之为“师”的历史不合。

若史籍所记姜太公初遇周文王时为七十二岁，那么牧野之战时，姜太公八十九岁。根据“夏商周断代工程”，牧野之战发生在公元前 1046 年，那么姜太公初遇周文王当在公元前 1063 年，这一年姜太公七十二岁，则姜太公应生于公元前 1135 年。

姜太公去世于哪一年呢?《齐太公吕望表》引用古本《竹书纪年》云:“康王六年,齐太公望卒。”“夏商周断代工程”把周康王在位的时间定为公元前1020年至公元前996年,周康王六年是公元前1015年,这么说,姜太公活了一百二十岁。

但是,《齐太公吕望表》是晋武帝太康十年(289)汲县(今河南卫辉)县令卢无忌所作,以颂扬其祖姜太公的功德。此时距姜太公的时代已经非常久远,表中所记多有错误,并非信史。古本《竹书纪年》言太公卒于周康王六年,也经不起推敲。《竹书纪年》于西晋年间出土于汲县的一个古冢,原简在宋代时已经亡佚。今天流行的本子,无论是“今本”还是“古本”,都是后人依据西晋以后的各种史籍汇集而成,难免真伪互见,谬误颇多。以《竹书纪年》所谓姜太公逝于周康王六年的记载来看,就与《尚书》的记载相龃龉。

《尚书·周书·顾命》载:“成王将崩,命召公、毕公。率诸侯相康王,作《顾命》。”说明周成王去世时,周公、姜太公这两个最重要的大臣都不在身边。这只有一种解释,即此时周公与姜太公都已经去世。更重要的是,《顾命》中说“俾爰齐侯吕伋,以二干戈虎贲百人,逆子钊于南门之外”,提到齐侯吕伋的名字,说明此时姜太公已经去世,其子吕伋已经成为齐国的国君。

根据“夏商周断代工程”,周成王去世于公元前1021年,那么姜太公应该去世于公元前1021年之前,其年寿最多不超过一百一十四岁。

“夏商周断代工程”于2000年11月9日正式公布了《夏商周年表》,三年后,陕西眉县出土了二十七件国宝级的西周青铜器,其中青铜盘刻有铭文三百六十余字,从周宣王追溯到周文王,囊括了西周的十二代王,证明了司马迁在《史记》中排列的西周诸王顺序是正确的。其中一个青铜鼎上面记录其制作时间是周厉王四十三年,而《夏商周年表》说周厉王在位三十七年,比文物实证少了六年。《夏商周年表》发表以来,饱受国内外学者质疑,如今学术界已经很少采用,曾经流行的牧野之战发生在公元前1046年的说法,自然不足采信。

姜太公到底活了多少岁?在学术界、考古界还没有重要发现之前,我们还是应该相信司马迁的记载:“盖太公之卒百有余年。”也就是活了一百多岁,去世于周成王在位期间。

姜太公去世后,并没有葬在临淄。《礼记·檀弓上》曰:“大公封于营丘,比及五世,皆反葬于周。君子曰:‘乐,乐其所自生;礼,不忘其本,古之人有言曰:

‘狐死正丘首。’仁也。”说明姜太公去世后葬在西周某地。不仅姜太公，其后四代齐国君主，都返葬于周。这是为什么呢？因为他们虽然被封在齐地，但都是周朝的大臣，死后葬回周地，象征“不忘其本”。姜太公五代之后的齐国国君，才得以葬在齐国，而不再葬到周地。

虽然《礼记》明确记载姜太公死后葬在西周，但齐国出现了好几处姜太公墓。如：

宋裴骃《史记集解》引《皇览》曰：“吕尚冢在临菑县城南，去县十里。”《后汉书·郡国志》在临淄条目下也引《皇览》云：“吕尚冢在县城南，去县十余里，在齐桓公冢南。”

《太平寰宇记》在益都条目下引《述征记》云：“太公冢在尧山西。”

清人阎循观在其《西涧草堂集》中说：清雍正十一年（1733）水灾，木梁台（即山东昌乐东南缘陵废城）崩，得古碣，记有“齐姜太公之墓”。

其中临淄姜太公墓，相传为姜太公的衣冠冢。其他地方的太公墓，连衣冠冢也算不上。

《齐记补遗》和清人所编《山东通志》均采纳了《礼记》的说法，言“太公冢在县南十里。太公葬于周，齐人思其德，葬衣冠于此”。

返葬于周的姜太公墓在什么地方呢？咸阳、镐京（今陕西西安）、汲县等地出现的姜太公墓，尚存争议，需要做进一步的考证。

（李钟琴）

《六韬》是姜太公写的吗?

《六韬》又名《太公兵法》,相传是周朝开国第一功臣姜太公所著。《六韬》现存六十篇,分为《文韬》《武韬》《龙韬》《虎韬》《豹韬》《犬韬》六部分,共计两万多字,以姜太公与周文王、周武王问答的形式写成。《六韬》内容宏富,不仅蕴含着丰富的治国思想,强调以民为本、无为而治、讲求仁爱、重视选人用人,而且包含着宝贵的军事战略思想,如军队建设、战术选择、物资准备、阴谋权术等。

姜太公既是兴周灭商的第一功臣,又是齐国的开国君主,因此他的治国理念、军事思想以及权谋智慧深受后世推崇。正如《史记·齐太公世家》所说:"周西伯昌之脱羑里归,与吕尚阴谋修德以倾商政,其事多兵权与奇计,故后世之言兵及周之阴权皆宗太公为本谋。"后世有很多兵法权谋思想都号称出自姜太公,因为姜太公是使用兵法权谋的典范。

《六韬》究竟是不是姜太公写的呢?其实,《六韬》中的许多治国思想和军事理念可能确实与姜太公的思想一脉相承,但《六韬》并不是姜太公本人所写。

《六韬》最早见于《隋书·经籍志》的记载:"《太公六韬》五卷。注云:'梁六卷,周文王师姜望撰。'"然而早在《隋志》著录之前,《六韬》就已流传于世。据《史记·留侯世家》记载,张良游于下邳(今江苏睢宁北),曾得一老人夜半授书,老人告之:读了这本书,就可以做帝王的老师了,十年后就会发迹。天亮时张良一看,老人送的书竟然是《太公兵法》。张良认为这本书非同寻常,于是经常诵读此书。等到刘邦拜张良为将,与之商讨军国大事时,经常采用张良根据《太公兵法》所献的策略。三国时,刘备遗诏要求后主刘禅读《六韬》,以之作为处理政事的参考。据《三国志·蜀志·先主传》裴松之注引《诸葛亮集》记载,刘备对后主刘禅说：可以读《汉书》《礼记》，有空闲的时候要通览诸子书以及《六韬》《商君书》这些书籍，以益人心智。当时孙权曾经劝大将吕蒙和蒋钦读书，“宜急读《孙子》《六韬》《左传》《国语》及三史”（《三国志·吴书·吕蒙传》）。等到鲁肃到浔阳和吕蒙议事时，发现吕蒙的军事才干和谋略与以往大不相同，这就是“士别三日，当刮目相看”的典故。

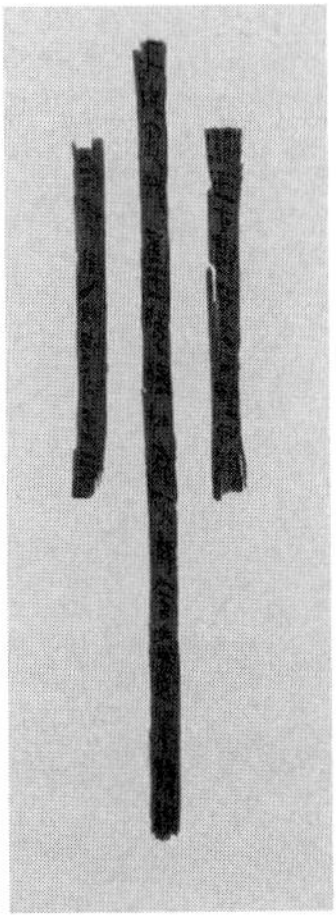
银雀山汉简《六韬》残简

1972年，山东临沂银雀山一号汉墓出土了一批竹简，其中就有《六韬》残简。简中七篇内容与今本《六韬》相合，其余七篇分别为《群书治要》《北堂书钞》《太平御览》《吕氏春秋》《汉书》所录、所引《六韬》佚文或佚篇。1973年，河北定县八角廊四十号汉墓出土《太公》竹简，其中有许多“文王问”“武王问”“太公曰”的字样，简文有的内容与今本《六韬》相合，有的则超出今本。根据两处汉墓墓主的下葬年代以及发掘出来的与《六韬》内容相关的汉简内容来看，简文不避讳汉初几位皇帝如汉高祖刘邦的“邦”字、汉文帝刘恒的“恒”字，可以推定其成书早在汉代以前。

《六韬》产生于汉代之前的什么时期？据班固《汉书·艺文志》记载，有“《周史六弢》六篇”，颜师古认为：“即今之《六韬》也，盖言取天下及军旅之事。弢字与韬同也。”《周史六弢》即今传《六韬》。“六弢”一词，最早见于《庄子·杂篇·徐无鬼》：“徐无鬼出，女商曰：‘先生独何以说吾君（魏武侯）乎？吾所以说吾君者，横说之则以《诗》《书》《礼》《乐》，从说之则以《金板》《六弢》。’”周朝有将重要文献刻在“金版”上的习惯，“冶而铭之金版，藏府而朔之”（《逸周书·大聚解》）。姜太公与周文王讨论军国大事，经由当时史官记录，或根据前代史官流传，其重要言论被镂刻在金版上，这应是今本《六韬》的最早版本。

《六韬》由周朝藏之秘府的档案到流传开来有一个过程。姜太公去世后，后人对其思想进行过多次系统整理。“太公既没，齐人得其遗法。至桓公霸天下，任管仲，复修太公法，谓之节制之师。诸侯毕服。”（《李卫公问对》卷上）齐桓公时期，对姜太公思想进行了一次整理，这次整理是为齐桓公称霸诸侯服务的，在内容上有春秋时期的特征。齐威王、齐宣王时期，稷下学宫兴盛，天下学者云集齐都临淄，为大规模整理兵法创造了条件。“齐威王使大夫追论古者《司马兵法》而附穰(ráng)苴(jū)于其中，因号曰《司马穰苴兵法》。”(《史记·司马穰苴列传》)《司马穰苴兵法》脱胎于古代的《司马法》。《司马法》是古代官方军事文献的统称，内容包括军事制度条例以及具体用兵之法。“周《司马法》，本太公者也。”(《李卫公问对》卷上)古代《司马法》与姜太公有密切的关系。由于姜太公是齐国开国君主、齐国兵学的奠基者，齐威王在令稷下学者整理《司马法》时，应该也对姜太公的思想进行了整理。

战国时期出现了许多托名姜太公著作的文献，在《汉书·艺文志》道家类著录有“《太公》二百三十七篇”，主要包括：《谋》八十一篇、《言》七十一篇、《兵》八十五篇。班固在其下自注：“吕望为周师尚父，本有道者。或有近世又以为太公术者所增加也。”认为这些“太公书”是托名姜太公所作。据河北定县汉墓出土的《太公》竹简，从内容来看，《六韬》与“太公书”之间存在密切联系。这些托名姜太公所作的“太公书”不是一成不变的，而是随着时代的演进，后来者根据时代条件不断赋予其新的形式和思想内容。这些“太公书”在流传过程中有很多散佚、拆分、重组和更名的现象，如《隋书·经籍志》所列“太公书”书名，与《汉书·艺文志》相比则发生了很大变化。

综上所述，《六韬》不是姜太公本人所写，而是托名姜太公所作，反映了齐国自姜太公以来的兵学思想与治国理念。今本《六韬》的形成有一个过程，它脱胎于周初史官对姜太公与周文王、周武王言论的记录，经春秋战国时期对姜太公兵法的多次系统整理，在流传过程中又有散亡重组的现象，在内容上与“太公书”存在密切关系。贞观年间，唐太宗命魏徵编成《群书治要》五十卷，作为帝王理政的参考，其中就有《六韬》一书。到了元丰年间，宋神宗下诏校订《六韬》《孙子》《吴子》《司马法》《黄石公三略》《尉缭子》《李卫公问对》七本书，编成《武经七书》颁行于武学，这就是我们今天看到的《六韬》一书。

(王田田)

齐国为什么被称为“海王之国”？

“海王之国”一词，出自《管子·海王》：“桓公曰：‘然则吾何以为国？’管子对曰：‘唯官山海为可耳。’桓公曰：‘何谓官山海？’管子对曰：‘海王之国，谨正盐策。’”

这里，管仲向齐桓公提出了一个使国家富强的办法，即由官府垄断盐铁业，从而赚取暴利。“官山海”，即管山海，意思是由国家垄断矿山、鱼、盐之利。汉代的《盐铁论》即言“管山海”。桓公问：怎样才能垄断矿山、鱼、盐之利？管仲说：海王之国，请实施征收盐税的国策。

“海王之国”是什么意思呢？著名学者马元材（又名马非百）解释说：“‘海王’当作‘山海王’。‘山海’二字，乃汉人言财政经济者通用术语。”“海王之国”的“王”，与《管子·轻重甲》所谓“不可以立为天下王”的“王”是一个意思，“谓以垄断山海之利权而王天下也”。很多《管子》译注者都将“海王之国”解释为“靠海洋资源成就王业的国家”。而黎翔凤《管子校注》认为，“王”读音为“旺”，与《管子·乘马》所云“王国”意思相同，“海王之国”乃“靠海洋资源使国家兴旺”之义。

如果将“海王之国”解释为“拥有山海之利的王国”，在春秋时期则意味着僭越。商周之时，天下共主称“王”。齐国是周王朝分封的侯国，怎么敢称“王国”呢？直到几百年后，田齐才称王，因此将“海王之国”的“王”解释为“旺”，不无道理。但是，现在学界一般认为，《管子》一书大多数篇章乃战国时期稷下学宫的学者所作，此时齐国已经称王，将“海王之国”解释为“靠海洋资源成就王业的国家”，也就谈不上是僭越了。总之，这两种说法都有道理，而且，“靠海洋资源使国家兴旺”与“靠海洋资源成就王业”意思差不多，并不矛盾。

“谨正盐策”，意思是请求桓公颁布征收盐税的政策法令。“正”，同“征”。

管仲认为，齐国有“鱼盐之利”，只要征收盐税，依靠盐业即可使齐国兴旺发达，成就王业。

盐是人类生活中的必需品，每餐不可或缺。传说黄帝时有个叫夙沙氏的诸侯，在海边煮卤成盐，夙沙氏因此被尊为中华盐宗。有学者认为，先秦时期的食盐产地有青州、幽州、吴国、越国、闽越五处，其中，先秦时期最重要的海盐产地可能要数青州。这里的“青州”，指的是齐国故地，即海岱之间的山东半岛地区。根据考古发现分析，齐国的盐业生产主要集中在渤海沿岸。《管子·地数》：“夫楚有汝、汉之金，齐有渠展之盐。”又《轻重甲》：“今齐有渠展之盐。”注云：“渠展，齐地，泲水所流入海之处，可煮盐之所也，故曰‘渠展之盐’。”一说渠展乃渤海的别名。

据地质学者分析，渤海南岸蕴藏着丰富的煮盐原料——卤水。而且，这一带的卤水容易开采，当地的气候条件也利于卤水的蒸发，既可晒盐，又可煮盐，适合盐业大规模发展。早在殷商时期，这里就是盐业生产基地，目前考古界已在渤海南岸发现了十余处规模巨大的商代盐业遗址群，加上一些小的盐场遗址，总计三百多处。其中山东寿光双王城盐业遗址群是目前沿海地区发现的规模最大的盐业遗址群，也是目前国内发现的最早的海盐制造遗址。

寿光双王城水库古盐场遗址

也就是说，姜太公封齐建立政权的时候，齐地就已经是传统的海盐生产基地，所以他才“因其俗，简其礼，通商工之业，便鱼盐之利”，于是“人民多归齐，齐为大国”。盐业为齐国成为大国奠定了坚实的经济基础。

到了春秋时期，管仲当然认识到了盐业对齐国经济的极端重要性，他为桓公算了一笔账，说食盐乃民生之必需，由政府垄断盐业，每年至少有六千万的税收，利益巨大。

桓公又问：没有山海资源的国家就不能兴旺了吗？管仲说：可以利用别国的山海资源，让有海的国家把盐卖给我国，以每釜（釜是齐国特有的量器，每釜相当于一百升）十五钱买进，而官府专卖的价格为一百钱。我国虽不参与制盐，但可以接受别人生产的盐，用加价推算盈利。这就是利用他人的方法。

有的学者甚至认为，管仲所言“正盐策”，不仅仅指由国家征收盐税，而且指盐业由国家专营。“管山海”，才是管仲的真实意图。

管仲任齐相四十年，推行了一系列的改革措施，经济政策也“择其善者而严用之”，使齐国“九合诸侯，一匡天下”，成为春秋五霸之首。齐国的富强与政府垄断盐业利润关系密切。当时的齐国，海盐生产发达，行销天下，是无可争议的盐业生产中心。三国时人徐幹在《齐都赋》中这样描写齐国产盐之盛况：“皓皓乎若白雪之积，鄂鄂乎若景阿之崇。”

汉昭帝始元六年（前81），各地贤良、文学六十多人与以御史大夫桑弘羊为首的政府官员就盐铁官营、酒类专卖等财经政策，展开了激烈争论，后人把这次会议称为盐铁会议。会议结果，虽然废除了酒类专卖，但盐业专营的国策并没有改变。桓宽根据这次会议的记录，写成了著名的《盐铁论》。之后两千多年，无论哪个朝代，盐业一直由国家专营。

（李钟琴）

齐国是如何灭掉世仇纪国的？

纪国是在齐国东部、与齐为邻的古国之一，《通志》曰："纪氏，炎帝之后，侯爵，姜姓。"纪国，属炎帝后裔姜姓国之一，侯爵。《路史·国名纪一》将其列为夏商古国。纪国不仅是一个历史悠久的古国，而且在当时还是一个比较发达的国家。从1983年寿光城北"益都侯城"故址发掘的铜器和遗物来看，商代纪国的经济、文化发展水平已经相当高。此外，据《括地志》《后汉书·郡国四》《齐乘·古迹》等典籍的记载看，纪国的疆域西至齐故城临淄东十九里处，东至安丘，南到临朐东南。都城在今寿光城东南约三十里处，西距齐都临淄不过百里，在这一范围内也夹杂着莱等其他古国的部分领土。周初，纪国降服于周，接受周王朝册封，为周异姓诸侯国之一。

周灭商后，周武王将与纪国相邻的百里之地分封给了姜太公，是为齐国。齐、纪两国国都相距不过百里，王献唐先生认为："纪都寿光，齐都临淄，就当时地理形势看，齐国的都城，随时可以受到纪国威胁……本来这一代的姜姓集团，在商代若干年中，和平相处无事，忽然来了一个姜太公，挟着周家的外力，来统治自己的同族，不但莱国和他打起来，纪国也看着不顺眼。"(《山东古国考》)而且那时，纪国同周王朝的关系还极为密切，"纪国的统治者，大多数在西周服务，有的居要职，而本国则在山东"(《山东古国考》)。姜太公封齐之初，地贫人少，而且还要面临周围莱夷的侵扰，但经过姜太公一世的经营，齐国逐渐发展壮大。太公死后，他的后代丁公、乙公、癸公也都作为周朝重臣，肩负着辅佐周王、保卫东疆的重要历史使命。齐国国君传到五世，齐哀公不辰(不臣)即位。《史记·齐太公世家》载："哀公时，纪侯谮之周，周烹哀公而立其弟静，是为胡公。"齐、纪交恶，纪侯向周天子进言中伤哀公，哀公被烹，周天子另立哀公的弟弟静为齐国国君，这就是齐胡公。齐哀公究竟犯下何等大罪，史无明载，不得而知。关于哀公的史料记载很少，《毛诗·序》认为：《诗经·齐风》中的《鸡鸣》《还》二诗是讽刺哀公的，《史记索隐》引宋忠曰："哀公荒淫田游，国史作《还诗》以刺之也。"通过这些有限的史料推测，齐哀公淫于田猎，荒于政事，致使国愤民怨。2009年，在高青陈庄西周遗址中南部，发现了一座九层堆积的夯土台基，许多考古学家认为，这是齐国祭天用的天坛。诸侯祭天是周天子不能容忍的僭越礼制的行为，或许这成为哀公被周天子烹的原因。纪侯一个谗言就使周天子烹了哀公，齐国竟无丝毫反抗，也未敢对纪国进行惩罚，这一方面反映出周天子在当时至高无上的生杀予夺的权威；另一方面也可以看出纪侯在周王朝中的地位是多么显赫，纪国的实力是多么强大。但从此，齐、纪两国结下怨仇。

进入春秋以后，周王室开始衰弱，但权威仍在。而齐国几任国君励精图治，尤其在齐庄公和齐僖（釐）公的精心治理下，齐国社会安定，国家稳定发展，他们对内征讨不奉王命的诸侯国，对外团结中原各国抵御少数民族的侵扰，历史上称为"庄僖小霸"。在这段历史时期，齐国吞并纪国、扩大领土一事，又被提到议事日程上来，齐、纪关系便又紧张起来。此时的纪国势力还是比较强大的，《左传·隐公元年》"八月，纪人伐夷"的记载便是例证。因而齐要灭纪也并非易事。但是齐国日益强大，纪国日益衰弱也是一个不争的事实，纪国为了对抗齐国，以免被齐吞并，采取同周天子和鲁国通婚的策略，借周天子的权威和鲁国的力量来牵制齐国。纪国在外交上的多种努力，最终也仅仅起到了延缓灭亡的作用而已。

齐灭纪，始于齐僖（釐）公。据《左传·桓公五年》载："齐侯、郑伯朝于纪，欲以袭之。纪人知之。"鲁桓公五年，即公元前707年、齐僖（釐）公二十四年，这时齐、郑不仅是中原的两个强国，而且已经联盟。齐、郑两国一起去纪国，并非友好往来，而是在向纪国示威。可以说，当时齐国在郑国的暗中支持下开始谋划袭击纪国，齐、郑朝纪拉开了齐国吞并纪国的序幕。《左传·桓公六年》载，公元前706年夏，鲁桓公与纪侯在郕（chéng）地（今山东宁阳）会面。纪侯这次来鲁，主要是与鲁桓公商讨如何应对齐国灭纪的举动。同年冬天，纪侯又来朝鲁，请求鲁公向周桓王求援，让周桓王干预齐对纪的吞并。此时，齐国已经以小霸主的身份频繁参与中原诸侯的会盟与讨伐，鲁国出于自身考虑也不断地参与齐、郑两国的会盟与征讨行动，周天子的政治权威和地位可以说已经风光不再，所以鲁桓公直接告诉纪侯说自己做不到。

公元前698年，齐僖（釐）公去世，齐襄公即位。齐僖（釐）公之死，使纪侯又燃起一丝希望。《左传·桓公十七年》载，公元前695年，鲁、齐、纪在黄地（今山东淄博淄川）会盟，目的是为了促成齐、纪的和解，同时商量卫国的事情。但是齐国根本就没有顾及鲁国的调和，在当年夏天，便与鲁国开战，“于是齐人侵鲁疆”（《左传·桓公十七年》），齐襄公继续把灭纪作为目标。公元前693年，齐襄公将鲁桓公杀死。鲁桓公死后，纪国也彻底失去了靠山。《左传·庄公元年》载，公元前693年，“齐师迁纪郱（píng）、鄑（zī）、郚（wú）”。郱、鄑、郚都是纪国的城邑，在今山东安丘、昌邑一带。齐国的军队为了灭纪国，强行迁徙了这三个地方的纪国百姓。此时，齐国虽然还没有直接向纪国腹地进攻，但纪国已经注定无法逃脱被齐国灭亡的厄运了。《左传·庄公三年》载：“秋，纪季以酅（xī，今山东临淄）入于齐，纪于是乎始判。”公元前691年，在齐国强大的压力下，纪国一分为二，纪季以纪国之酅邑并入齐国。晋代杜预在注释这段时，采纳了《穀梁传》的说法，注曰：“季，纪侯弟。酅，纪邑，在齐国东安平县。齐欲灭纪，故季以邑入齐为附庸，先祀不废，社稷有奉，故书字贵之。”意思是纪季是纪侯的弟弟，酅邑是纪国的一个城邑，齐国想要灭掉纪国，纪侯只好让他弟弟以酅入齐，成为齐国的附庸，这样即便纪国亡了，仍然可以保全纪国的宗庙，可以祭祀纪之列祖列宗。纪季是替纪侯守护祖宗，延续纪之香火，因此在记载的时候用了他的“字”，而没有写他的名；写的是“入”齐而不是“叛”齐。宋代叶梦得认为：“夫惟纪季入齐而后纪侯可以去其国，纪季不失其为仁，纪侯不失其为义。”《公羊传》的训释与《穀梁传》不同，认为纪季以酅入齐，是有罪之人，是为了赎纪先祖“谮之周”烹齐哀公之罪。《公羊传》的齐国立场非常明显，正如王献唐先生在《山东古国考》一书中所讲的那样：“《公羊传》出于齐人，相承的记载一些宣传说法，因此和鲁人《穀梁传》抱怨不平的传统说法，截然相反。”但是最终的结果都是纪国开始一分为二，纪国力量大大削弱，纪季带领纪国酅邑的人一起加入齐国，成为齐的附庸，从此与纪侯分开。《左传·庄公四年》载：“纪侯不能下齐，以与纪季。夏，纪侯大去其国，违齐难也。”意思是公元前690年，纪侯不能屈从齐国，把国家政权让给了纪季。夏天，纪侯永远离开了他的国家，以躲避齐国的侵害。纪国从此灭亡，齐国完成了对纪国的兼并。至此，齐国的疆域大大扩展，《国语·齐语》载：齐“地南至于岱阴（泰山之北），西至于济（济水），北至于河

(黄河),东至于纪酅”。纪国疆土全部归入齐国。齐国在山东半岛很快发展成为一个泱泱大国。

纪侯离开纪国后,去了哪里呢?史料一片空白。王献唐先生在《山东古国考》一书中说:“纪侯和他的人民都迁往哪里去了呢?这在《春秋》三传和其他各书,都无记载。从地理形势看,绝对不能向西迁,那就搬到齐国中心地带去了。也不能往北迁,有渤海挡住。更不能往南迁,因为南部的外围据点,早被齐人拔去,不但不便,齐人也不肯使他们重塞在里面。只有一条路,向东边远处走……这就具有民族、地理、同情心三种条件,可能向莱国东部迁移。”通过对山东东部发掘的一些青铜器的考证来看,这些青铜器除了在纪国国都寿光出现以外,还分布在莱阳、烟台和龙口,所以,有可能这些青铜器是纪侯离国出走以后带到这些地区的。在沂蒙地区还有另外一种说法:沂蒙山区七十二崮中,“天下第一崮”是“纪王崮”。清康熙《沂水县志》载:“纪王崮,在县西北八十里,巅平阔,可容万人,相传纪侯去国居此。”2012 年,沂水县天上王城景区在进行基建项目时,意外发现了春秋大墓,山东大学任相宏教授根据一号墓出土的两件青铜器铭文,认为一号墓极有可能是纪国国君及其夫人之墓,而且纪国还与南方的江国存在联姻。

(王　锋)

齐国前期为何数次迁都？

齐国都城的营建与迁徙、繁华与兴废，犹如一面历史明镜，映照出齐文化的流变与进程。

齐开国国君姜太公封齐建立政权时第一个都城是营丘。《史记·齐太公世家》载："于是武王已平商而王天下，封师尚父于齐营丘。……莱侯来伐，与之争营丘。……齐由此得征伐，为大国。都营丘。"营丘究竟在哪里呢？对此，学术界众说纷纭。概括起来，比较有影响的主要有临淄说、昌乐说、益都说、寿光说等，其中临淄说最为可信。

《尔雅·释丘》云："水出其左，营丘。"郭璞注："今齐之营丘，淄水过其南及东。"《汉书·地理志》载："临淄，师尚父所封。"臣瓒曰："临淄即营丘也。"《汉书·地理志》又载："临甾名营丘。"而后，《括地志》《齐乘》等皆以临淄为营丘。

根据《史记·齐太公世家》的记载，太公就封之时，"莱侯来伐，与之争营丘"，打败莱人后，齐人保住营丘。之后，姜太公通过"因其俗，简其礼，通商工之业，便鱼盐之利"等一系列政策，使得齐国社会安定，人心向齐，为齐国发展成为东方大国奠定了基础。周公东征结束后，太公重归于齐，定都营丘。对此，《汉书·地理志》注臣瓒引晏子曰："太公筑营之丘。"颜师古曰："瓒说是也。筑营之丘，言于营丘地筑城邑。"说的就是此事。

太公之后，相继传位丁公、乙公、癸公和哀公。此四公仍以营丘为都。至哀公时，因其无道，又遭纪侯谗言，周王召其入镐京，将其烹之，改立哀公的异母弟弟吕静为齐国君主，是为胡公。此时，齐国公室内部矛盾重重，争权夺利的斗争异常激烈，营丘作为当时政治斗争的中心和漩涡地区，给胡公的统治带来极大的威胁。迫于沉重的压力，胡公决定把都城从营丘迁往薄姑。对此，《史记·齐太公世家》载:“哀公时,纪侯谮之周,周烹哀公而立其弟静,是为胡公。胡公徙都薄姑,而当周夷王之时。”

薄姑在哪里呢?《史记·齐太公世家》张守节《正义》引《括地志》云:“薄姑城在青州博昌县东北六十里。”即在今天的滨州市博兴县境内。这样,薄姑成为继营丘之后齐国的第二座都城。

薄姑作为齐国第二座都城的时间并不长。胡公徙都后,哀公的同母少弟吕山,认为胡公夺走了本该属于自己的君位,于是积怨于心,在经过较长时间的充分准备后,便率领其族人及营丘的反对势力突然攻进薄姑,袭杀胡公。而后,吕山自立为君,是为献公。在这次动乱中,吕山虽然夺取了政权,但薄姑城惨遭破坏,失去了作为都城的价值。因此,献公即位当年便把都城重新迁回营丘,并改名临淄。自此始,直到公元前221年秦灭齐止,虽然经历了田氏齐国代替姜姓齐国,但临淄作为齐国国都再未变过。

齐国建都,献公迁都,不约而同地都选定临淄,有多方面的原因。首先,是基于地理和军事方面的考虑。齐都临淄位于今山东省淄博市临淄区的齐都镇,其南面是泰沂山脉、鲁中丘陵的北缘,城外有牛山、稷山、打虎山、黄山、淄河、时水、系水等天然屏障,使临淄成为易守难攻的军事要地。对此,《战国策·齐策一》就载苏秦说齐宣王说:“齐南有太山,东有琅邪,西有清河,北有渤海,此所谓四塞之国也。”高诱注曰:“四面有山关之固,故曰‘四塞之国’也。”第二,齐国最终选择临淄作为都城是基于政治方面的考虑。一方面,临淄城所在地基本处于太公封齐的地域中心。另一方面,在古齐人的心目中,天齐渊更是天下之中心,这从观念上恰好符合“古之王者,择天下之中而立国,择国之中而立宫,择宫之中而立庙”(《吕氏春秋·慎势》)的政治心态和中心观念。第三,临淄成为齐国的都城更是基于经济方面的现实考虑。都城不仅是政治统治的中心,更应是经济和文化的中心。《管子·乘马》曾说:“凡立国都,非于大山之下,必于广川之上。”临淄恰好符合这一标准。《尔雅·释地》载:“齐曰营州。”依照古时区划,临淄地处青州或营州之域。临淄南拥山林矿藏之饶,东、北部享海滨“鱼盐之利”,周围更是一望无垠的平原之地,宜植桑麻,交通便利,便于发展经济。正因为临淄独特的地理环境,所以才会有后来“临淄甚富而实,其民无不吹竽、鼓瑟,击筑、弹琴,斗鸡、走犬,六博、蹹踘者;临淄之途,车毂击,人肩摩,连衽成帷,举袂成幕,挥汗成雨;家敦而富,志高而扬”(《战国策·齐策一》)的繁荣盛况。

齐国都城的变迁兴废在齐文化发展史上占有重要地位。特别是齐都临淄作为齐国的政治、经济、军事、文化、教育、科技中心，它既是齐文化发展的必然产物，又极大地带动和推动着齐文化的发展。历代文人墨客，对齐都多有吟咏。范云《建除诗》有“建国负东海，衣冠成营丘”之叹；戴良《过营丘》盛赞“营丘古齐国，绵历几千春”；著名诗人李清照之父李格非作《过临淄》诗，感叹临淄城“击鼓吹竽七百年，临淄城阙尚依然”。

（王　锋）

齐国第一个都城营丘在哪里?

公元前十一世纪中叶,武王灭商,建立周王朝,并大封功臣谋士。姜太公(吕尚)功绩显赫,在功臣中位列首封,建立齐国,由此开创齐国长达八百余年的历史。

根据文献记载,齐国先后有三都,太公都营丘,胡公徙都薄姑,献公再徙临淄。《史记·齐太公世家》记载:“武王已平商而王天下,封师尚父于齐营丘。”《史记·周本纪》也记载:“于是封功臣谋士,而师尚父为首封。封尚父于营丘,曰齐。”从史料记载看,营丘是太公封齐之地。

《史记·齐太公世家》记载:“哀公时,纪侯谮之周,周烹哀公而立其弟静,是为胡公。胡公徙都薄姑,而当周夷王之时。哀公之同母少弟山怨胡公,乃与其党率营丘人袭攻杀胡公而自立,是为献公。献公元年,尽逐胡公子,因徙薄姑都,治临菑。”因邻国纪国国君的谗言,齐哀公被周王烹。周王立哀公弟吕静为齐侯,吕静将国都迁徙薄姑。胡公吕静迁都的原因,可能与避开纪国国君的谗害以及营丘哀公的残余势力有关。后来,哀公的同母弟吕山发动宫廷政变,杀胡公,驱逐胡公之子,自立为齐侯,并将国都从薄姑迁往临淄。

目前,齐国三都中只有第三个都城临淄的地理位置明确,但其营建年代以及是否与营丘有关,自汉代以来就多有争议。

关于营丘的具体位置自东汉以来就多有争议。历史上就有临淄齐城、昌乐营陵等说法。营丘为临淄齐城说或昌乐营陵说由来已久,主要依据古代文献资料。《汉书·地理志》:“临淄,师尚父所封。”“临甾名营丘。”后世《水经注》《括地志》《路史》等均力主临淄为营丘,近现代学者多认可这种说法。昌乐营陵说出自东汉应劭,《汉书·地理志》北海郡营陵注:“(营陵)或曰营丘。”颜师古注引应劭:“师尚父封于营丘,陵亦丘也。”此后《通典》《太平寰宇记》等主昌乐营陵为营丘，近现代学者也有从者。二十世纪六十年代以来，陆续出现了营丘为寿光呙宋台、青州藏台、昌乐台西、淄博市张店区昌城等新说法，论者主要是依据新发现的考古资料而做出的推断，有一定道理。

陈庄遗址出土铜器

2008 年开始发掘的高青陈庄西周遗址为齐国初都营丘提供了新的说法。2003 年，山东省文物考古研究所为配合南水北调东线工程山东段的建设，进行沿线文物调查时发现了高青陈庄遗址。2008 年至 2010 年，山东省文物考古研究所对其进行了大规模勘探和发掘。发现属于西周早中期的城址，并发掘出贵族墓葬、车马坑、祭坛等重要遗迹。陈庄西周城址是目前山东地区所确认的最早的西周城址。出土有陶器、青铜器、玉器、刻辞卜甲、骨器、蚌器、海贝等随葬品。其中出土的七件青铜器有“祖甲齐公”的铭文。据古文字专家李学勤、李零等研究，认为铭文中的“齐公”即齐国开国之君齐太公。城址中发现了两座一条墓道的“甲”字形大墓，在城址南部发现了祭坛。据此，考古学家王恩田等学者推论，陈庄西周城东南距临淄齐故城约五十五公里，地处齐国腹心地区，墓葬出土的铜器铭文表明与齐国公室密切相关，陈庄西周城可能是太公封齐始都营丘。

陈庄遗址出土铜器“齐公”铭文拓片

据《史记》记载，自太公封齐，至胡公迁都薄姑，营丘作为齐国都城近二百年,然而考古发掘表明,陈庄西周城近似方形,东西、南北各长约一百八十米,面积不足四万平方米,很难想象这样一座面积不足四万平方米的城邑能够长期作为当时国势强盛的齐国的都城。经过发掘和详细勘探只发现一处位于南墙中部的城门,且墙体系一次修建而成,未见明显的修补、扩建迹象,整个城基本处于封闭状态。与同期其他诸侯国的都城相比,陈庄西周城也难以与作为齐国多年都城的营丘相提并论。北京琉璃河西周城为西周初年召公所封燕国之都城,该城始建于西周早期,废弃的年代不晚于西周中晚期。城址平面呈长方形,现存城内的面积近二十五万平方米,是陈庄西周城的六倍多。

可以说,陈庄西周城与齐国公室有密切的关系,但应不是齐国第一个都城营丘。淄博市博物馆研究馆员张光明认为,既然西周时期姜氏统治者的墓陵在陈庄遗址,按当时情景分析,齐国早期都城营丘也应在此不远的区域内,高青陈庄西周遗址的发现对探索营丘都邑的位置具有坐标意义。

《史记·齐太公世家》记载:“武王已平商而王天下,封师尚父于齐营丘……营丘边莱。莱人,夷也,会纣之乱而周初定,未能集远方,是以与太公争国。”莱夷人冒着与太公发生战争的风险而争营丘,足以证明营丘在商末和西周初年具有重要的战略地位,而且营丘距离莱夷人的都城不远。据史料记载,营丘必须符合三个条件:齐地、边莱、丘陵地貌。

昌乐营陵故城位于今潍坊市昌乐县营丘镇故城村一带,清人叶圭绶在《续山东考古录》中指出其中不合理之处:“太公始封,地止百里,临淄营陵将二百里……春秋初齐未灭纪,谓周初越其界而有其以东之地,似无此理。”周初,营陵在纪国境内,距离临淄故城两百里,与文献记载太公受封百里的实际不符,且纪国被齐国吞并是在春秋齐襄公时期,绝不会在周初即为太公建都之地。考古人员在对故城进行考古调查时,不仅未发现西周时期的城墙遗迹,而且在整个故城遗址内至今未发现属于西周时期的任何遗迹、遗物。因此,营陵故城不可能是太公所封之营丘。

北魏郦道元在《水经注·淄水》中分析了临淄的地形:“今临淄城中有丘,在小城内,周回三百步,高九丈,北降丈五,淄水出其前,故有营丘之名,与《尔雅》相符。城对天齐渊,故城有齐城之称。”从地貌上看,临淄满足了可定为营丘的必要条件。而且据《左传·襄公六年》记载:“晏弱(齐国将领)城东阳,而遂围莱。”可知莱都应距东阳不远,东阳在今潍坊临朐县东,莱国的势力中心在今淄河与潍河流域。临淄距离临朐东并不远,也满足了“边莱”的条件。

山东省文物考古研究院研究馆员魏成敏认为,对临淄齐故城的考古发现表明,在没有发现新的可靠证据之前,临淄作为西周初年太公所都之营丘的可能性最大:第一,临淄城营建于献公迁都之前;第二,城内西周早期的遗存具有一定的分布范围;第三,发现西周中期齐国贵族墓葬区;第四,出土商代晚期的镶嵌绿松石的高规格的车马器;第五,具有与营丘相同的战略地位,达到了控制东夷西进、继续向东扩张的相同战略目的。

(武振伟)

齐国都城临淄的城市格局是怎样的?

临淄作为齐国的都城,据《史记·齐太公世家》记载,自公元前九世纪中叶齐献公自薄姑迁都至此算起,至公元前221年,齐国被秦国所灭,历时六百余年。如果临淄即齐国初都营丘,那么除去齐胡公在位时期迁都薄姑,临淄作为齐国都城的历史可达八百余年。

临淄是周代齐国的都城,是列国中最为繁华的都市之一,也是当时东方重要的政治、经济、文化中心。临淄在战国时非常繁华,当时的纵横家苏秦曾描述说:“临淄之中七万户……临淄甚富而实,其民无不吹竽、鼓瑟,击筑、弹琴,斗鸡、走犬,六博、蹹踘者;临淄之途,车毂击,人肩摩,连衽成帷,举袂成幕,挥汗成雨;家敦而富,志高而扬。”(《战国策·齐策一》)战国时的临淄人口在三十万以上,一派繁荣景象。著名的战国史专家杨宽说:“在各国的国都中,以齐国都临淄(今山东临淄北)规模为最大,也最繁华。”当年姜太公初封于齐时,齐地还比较落后,《汉书·地理志》记载:“齐地负海舄卤,少五谷而人民寡。”人口少,粮食种植也比较稀少。经过八百多年的经营,临淄这座齐国都城,成为海岱之间的大都会。(《史记·货殖列传》记载:“临菑亦海岱之间一都会也。”)

当年齐国的奠基者选中临淄作为都城所在地,是看中了临淄所处的优越地理位置。《管子·乘马》记载:“凡立国都,非于大山之下,必于广川之上,高毋近旱而水用足,下毋近水而沟防省。因天材,就地利。”临淄南有丘陵,东有淄河,西有系水,地理形势优越。特别是在建立政权之初,时刻面临东部强邻——莱夷人的威胁,齐国以临淄为国都,作为周王朝东部屏藩的重要作用更加凸显。

当年的齐国都城临淄距离今天的临淄区政府所在地七点五公里,主体坐落于临淄区齐都镇,故城东濒淄河,西依系水,呈两河夹一城的形制。齐国故城由大小两城组成,小城套筑于大城西南隅,总面积近二十平方公里。大城南北长四点五公里,东西长三点五公里,城基宽三十米左右,是官吏、平民及商人居住的郭城,至今地面尚保存有城垣的遗迹。城的南边是官署的所在地,东北角以及西边是冶铜、冶铁、制骨、烧陶等手工业作坊区,其间还分布有商业区。小城是宫城,位于大城的西南角,平面呈长方形,东西长一点五公里,南北长两公里,周长约七公里。城的北部是宫殿区,现尚存高十四米、直径八十六米的夯土台基,今称"桓公台",是全城的制高点,传说是齐桓公称霸天下时,会见诸侯和检阅兵马的地方。西部是苑囿区,这里曾修建了大规模的离宫别馆,建筑华丽,景色优美。

齐国故城城墙遗迹

据考古发掘证明,齐国最先营建的是大城,其修筑时间是西周时期。最新考古资料和研究证明,齐国故城西北角的"古城"是西周齐献公建都的老城,约六十万平方米。春秋时期,临淄城南扩。战国时期,田氏代齐后,田齐统治者在大城的基础上,又兴建了小城作为宫城。据《齐记》记载,临淄城门有十三座,见于史书记载的有雍门、申门、扬门、稷门、鹿门、章华门、东闾门、广门等。到春秋晚期,临淄已经成为一座规模宏大的城市了。现已探明城门十一座,其中小城城门五座,大城城门六座。战国时期,东方的学术文化中心——稷下学宫就是建在稷门附近。经勘探,临淄城内有交通干道十条,其中大城内七条,小城内三条,最长的为四千四百米,最宽的为二十米。城内道路纵横,将临淄城分切成十多个棋盘式的区域。这些交通干道大多与城门相通,大城的两条南北大道与两条东西大道在东北部相交叉,形成一个"井"字形,这一带应是都城中最繁华的中心地区。

齐国故城在兴建之初,利用淄河和系水做东西两面的自然护城河,筑城之时,又在大小城南墙外和大城北墙外挖筑了人工护城河,与淄河、系水相连,构成了一个完整的防御体系。临淄城内的排水系统布局也比较科学,考古发掘已探明,临淄城内有三大排水系统和四处排水道口,其中经发掘的大城西墙排水道口建造精巧,水经石隙流出,人却不能通过,既能排水,又能御敌,把天然的河流、城壕和城内的河道紧密联系在一起,构成一个完整的排水网。

在大城内还发现了大型的贵族墓区,共二十多座。在其中一座齐国国君的大墓四周,发掘出一处殉马坑,全长二百一十米,宽五米,坑内殉马六百匹以上,分两行排列,都是侧卧昂首,场面宏大,威武壮观,反映了号称“千乘之国”的齐国强盛的实力。此墓主人可能正是春秋后期试图恢复齐国霸业的齐景公。

齐国故城排水道口

齐景公殉马坑

《国语·齐语》记载:“管子于是制国以为二十一乡:工商之乡六,士乡十五。”经考古调查和发掘,齐国故城大城中部偏西和南部有大片战国、汉代冶铁遗址,东北部和北部有东周与汉代制骨遗址,中部阚家庄东南有汉代冶铜、铸钱遗址,中部偏南刘家寨周围有大型夯土建筑基址。小城南部有炼铁、冶铜和铸钱遗址。这些遗址所在应该就是工商之乡聚居的地域。管仲认为,将四民分业定居,使其不“杂处”,然后可以做到“士之子恒为士”“工之子恒为工”“商之子恒为商”“农之子恒为农”。(《国语·齐语》)通过这些冶炼遗址的发掘,也证实了齐国手工业和冶炼业的高度发达。

临淄作为齐国都城,见证了齐国称霸诸侯时的辉煌。齐桓公时,首霸天下,九合诸侯,中原各诸侯国在桓公号召下,尊王攘夷,齐都临淄风光一时。齐威王时,“齐最强于诸侯,自称为王,以令天下”。齐湣王时,“齐南割楚之淮北,西侵三晋,欲以并周室,为天子。泗上诸侯邹鲁之君皆称臣,诸侯恐惧”(《史记·田敬仲完世家》)。临淄作为齐国都城,诸侯、使节纷纷前来。齐宣王曾在雪宫召见孟子,齐湣王于章华东门召见苏代。

临淄也是齐国屈辱的见证。公元前555年,齐晋平阴之战,《左传·襄公十八年》记载,齐军大败,晋国与诸侯联军一直追击齐军至临淄城下,"己亥,焚雍门及西郭、南郭……壬辰,焚东郭、北郭……甲辰,东侵及潍,南及沂"。临淄不仅郭城被焚,而且诸侯联军侵入齐国腹地,实在是齐国历史上第一次比较大的败绩。公元前404年,齐康公元年,齐国发生田和弑君之乱,三晋联合伐齐,齐国失败求和,"晋三子之夫内(入)齐,明(盟)陈和与陈淏于溋门之外,曰:'母(毋)攸(修)长城,母(毋)伐霖(廪)丘。'"(清华简《系年》第二十二章)三晋与齐国在临淄雍门盟誓,要求齐国不能修筑长城,不能讨伐叛将。让齐国自毁长城,实在是屈辱的城下之盟。公元前284年,燕国拜乐毅为上将军,联合秦、韩、赵、魏四国共同伐齐,与齐国战于济西,齐军大败。乐毅率燕军乘胜攻克齐国都城临淄,直下七十二城,烧齐都宫庙宗室,掠珍宝财货一空。《史记·田敬仲完世家》记载:"燕将乐毅遂入临淄,尽取齐之宝藏器。湣王出亡。"坚固的临淄城没能阻挡住燕军的攻打而失陷于燕国五年。公元前221年,秦军兵临临淄城下,齐国不战而降,秦将齐地置为郡县,临淄成为齐郡的郡治。

(武振伟)

庄僖小霸是怎么回事?

齐国自姜太公之后,十二任传至齐庄公。其间,齐、纪两国交恶,哀公被烹;胡公、献公结怨,内乱迭起;外患杂错,民不聊生,直至庄、僖(釐)继立,齐国才出现转机。庄公在位六十四年,僖公(釐)当政三十三载,父子连续治齐近百年。当时正处春秋初期,“礼乐征伐自诸侯出”(《论语·季氏》),虽然周王室动荡不安,但是齐国政局相对稳定,生产得以发展,国力日增,于是齐国开始征伐异国,主盟诸侯,史称庄僖小霸。

齐庄公吕购(前794—前731),又称齐前庄公,历经西周末年和春秋初期两个时期,是齐国在位时间最长的国君。齐庄公继位之前,齐国内廷动荡不安,曾两度迁都(薄姑、临淄),使得齐国元气大伤。齐庄公时期,齐国开始进入休养生息阶段,给齐国创造了一个大发展的环境。公元前731年,齐庄公去世,其子僖(釐)公即位。僖公(釐)一直沿用庄公的治国道路,父子俩顺应历史潮流,励精图治,在他们统治齐国将近百年的时间里,齐国经济得以发展,国力不断增强,在诸侯国之间有了相对较强的实力,为成就霸业打下了坚实的经济基础。

结盟是创霸的必经形式,春秋初期,在外交上,齐国主要与郑国、鲁国、宋国、卫国建立了同盟关系,而齐国凭借其国力,承担起了盟主国的责任,齐僖(釐)公则成为五国的盟主。

五国同盟中,齐国首先与郑国结盟。通过协调郑与宋、卫之间的矛盾,齐、郑两国互惠互利,从而进一步巩固了两国的联盟。郑国是与周王室亲缘关系最近的国家之一,郑国第一任国君郑桓公姬友,是周厉王的少子,周宣王的弟弟,也是西周王朝的卿士。周平王东迁之时,“晋、郑是依”(《国语·周语中》),郑国是支持周天子东迁的主要国家。进入春秋时期,郑武公继续以诸侯的身份做周王朝的卿士，其子寤生继位后为郑庄公，仍为周平王之卿士，两代卿士曾有挟天子以令诸侯，把持周王室大权之势。因此，齐僖（釐）公首先采取了结盟郑国的外交策略。据《左传·隐公三年》载，公元前720年冬，齐、郑在石门（今山东济南长清）会盟，石门之盟的主要内容是“寻卢之盟”，即重温在卢（今山东济南长清）的盟约。可见齐、郑两国早已结盟，石门之盟就是为了重修旧好。再次联盟之后的齐、郑两国相互支持，相互协助，齐国帮助郑国调解缓和了与宋国、卫国等国的矛盾。《左传·隐公八年》载，公元前715年，齐僖（釐）公终于使宋、卫两国和郑国讲和，秋季，在温地（今河南温县）会见，于瓦屋（今河南开封洧川）结盟，捐弃之前宋、卫、郑东门之战的旧怨，给郑国解除了极大的困境。同年八月，郑庄公为了感谢齐僖（釐）公，以周王朝卿士的身份引荐齐僖（釐）公朝见周天子，这在当时是非常重要的礼仪待遇，也为齐僖（釐）公创造了表达尊王主张的机遇。齐僖（釐）公调和三国之间的矛盾，在诸侯国中也引起了很大的反响。《左传·隐公八年》载：“公使众仲对曰：‘君释三国之图以鸠其民，君之惠也。寡君闻命矣，敢不承受君之明德。’”这说明了周王室的另一分封大国、齐国近邻鲁国对齐僖（釐）公此举的佩服和敬畏之情。齐国在支持郑国的过程中，势力逐渐壮大，《国语·郑语》云：“齐庄、僖于是乎小伯（霸）。”齐僖（釐）公主持温地会盟，化郑国与宋国、卫国之间的干戈为玉帛，不仅对维护诸侯国的团结、安定人民起到了一定的积极意义，而且也是其他诸侯国对齐国实力的一种认可，从此拉开了齐僖（釐）公作为中原五大诸侯国盟主地位的序幕。

齐国联合的第二个国家就是鲁国。由于齐、鲁两国建国方针的差别和治国方略的不同，齐国的发展走在了鲁国的前面，所以齐强鲁弱，鲁国经常处于屈从的地位。但鲁国是最遵从“周礼”的诸侯国。鲁国与周王室的关系不同一般，是周天子在东方的代表。齐国要成为中原盟主也要与鲁国搞好关系。《左传·隐公六年》载，公元前717年，夏，“盟于艾，始平于齐也”。齐、鲁两国在艾地（今山东新泰西北）会盟，结成友好，从而奠定了齐、鲁两国长时间友好的基础。过了一年，齐僖（釐）公又派他的弟弟夷仲年到鲁国访问，以巩固在艾地结成的同盟。《左传·桓公三年》载，公元前709年，鲁桓公聘齐僖（釐）公之女文姜为夫人，在嬴地（今山东莱芜西北）行纳币订婚礼。秋天成婚时，齐僖（釐）公不顾礼制的规定，一直把女儿送到鲁国的讙（huān）地（今山东肥城）才罢。到了冬天，齐僖（釐）公又迫不及待地派夷仲年［齐僖（釐）公同母弟］到鲁国行聘问礼，这些行动清楚地表明齐僖(釐)公为了称霸主动巩固与鲁国的结盟。

公元前715年瓦屋结盟之后,齐、郑、鲁、宋、卫五国同盟建立起来,而齐僖(釐)公作为五国同盟的盟主,为了维护自己的盟主地位,积极参与到讨伐不朝天子、不奉王命的诸侯国纷争中,联合诸侯国抗击北戎的侵略,平定诸侯国内乱。《左传·隐公九年》载,公元前714年,郑国以宋国不朝拜周天子为借口,利用自己是周天子卿士的身份,借周天子之命,告诉鲁国,要鲁国共同伐宋。鲁隐公便将之告诉齐僖(釐)公,并约齐僖(釐)公到防地(今山东费县)会面,商议伐宋的事情。第二年,齐、郑、鲁三国伐宋,大败宋国。在讨伐宋国的时候,蔡国、卫国、郕国不但没有按照天子的命令会师讨伐宋国,反而跟随宋国进攻戴地(今河南民权),结果齐、郑联军再次攻入宋国,打进郕国,并在戴地击败了宋、卫、蔡三国联军。公元前712年,齐、郑、鲁三国联军以许国不供职贡为由讨伐许国,并攻下许国都城。齐僖(釐)公把许国的土地割给鲁国,鲁隐公辞绝说:你说许君不尊王,所以我跟你来讨伐他,现在他已认罪了,虽然你让给我,我也不敢收。齐僖(釐)公又把许国的土地转让给郑国,郑庄公也谢绝不收,于是三国商议,在许国服罪认错后,重建了许国。

由于齐国力主尊王,团结对外,取得了一定效果,使得戎狄对中原的侵扰减少,但戎狄对中原的土地、特别是财物的贪欲是压抑不住的。《左传·桓公六年》载,公元前706年,北戎攻打齐国。齐僖(釐)公向郑国求援。郑国派太子忽率领军队援齐,齐、郑两军大败北戎,并俘虏了戎兵的两个将领大良和少良,斩杀带甲戎军三百人,并将其首级献给齐国。其他盟国也派大夫领兵援助,即协助齐国戍守边境。战争结束后,齐僖(釐)公决定向来援的各国赠送牛、羊、猪及粮食等物资,以示礼谢。为了有次序的赠送,齐国便请比较知礼的鲁国安排此事。谁知鲁国没有按救齐功劳的大小排定,而按照周天子所封爵位的大小安排,这样就把救齐功劳最大的郑国排在了后面。郑太子忽认为自己的功劳没有得到认可,非常恼怒,于是四年之后就有了郎地之战。齐僖(釐)公在将女儿文姜嫁给鲁桓公之前,原本打算将文姜嫁给郑太子忽,太子忽以“齐国大,郑国小,非吾偶也”婉言谢绝。齐僖(釐)公并不因郑太子忽辞亲生气,而是有恩必报,所以公元前705年郑国要求齐国帮助征伐盟、向二城时,齐僖(釐)公爽快答应。两国联军出兵获胜,盟、向二地归郑国。僖(釐)公厚待诸侯,不计嫌隙而助郑的行为,进一步赢得了诸侯们的信任。郑国对鲁国排次序之事一直耿耿于怀,总想教训鲁国一番。《左传·桓公十年》载，公元前 702 年，郑国约齐国伐鲁，因郑有大功于齐，齐僖（釐）公便牺牲与鲁国的姻亲关系，答应了郑国，并请卫国也出兵协助。三国与鲁战于郎地，情形十分危急，鲁便请宋国出面调停。因鲁国与周王室关系较密切，齐、鲁又是姻亲国，再加上郑国教训鲁国的目的已经达到，所以宋国一出面，三国便停止了攻伐。公元前 701 年，齐、郑、卫、宋便在恶曹（今河南延津）会盟，齐以东方大国的身份出面调停了矛盾，巩固了齐国的盟主地位。

作为诸侯联盟的盟主，帮助诸侯国平定内乱也成为齐国义不容辞的责任。据《左传·桓公二年》载，公元前 710 年，宋国的太宰华父督杀了司马孔父嘉，宋殇公大怒，华父督便又杀了宋殇公，并从郑国接回公子冯为国君，是为宋庄公。对于宋国的这次变乱，齐、鲁、郑、陈四国会盟于稷（宋地名，今河南商丘），讨论平定宋国内乱的事宜。

五国同盟的关系也并不是很牢固，内部还存在着错综复杂的矛盾。据《左传·桓公十三年》载，公元前 699 年，郑国约鲁国、纪国协助攻伐宋国。宋国便请求齐、卫、燕三国帮助，形成了宋、齐、卫、燕四国为一方；郑、鲁、纪三国为一方，双方互相攻伐。最后宋、齐、卫、燕四国联军失败。第二年冬，宋国又请求齐、卫、蔡、陈四国帮助，联合伐郑，以报兵败之仇。这次郑国大败。齐僖（釐）公的霸主地位从而也得到巩固。齐僖（釐）公在位期间，虽然征伐战争频繁，但均在齐国本土以外，故对齐国国内相对稳定的局面，没有多少影响，因此，齐国仍然保持了良好的发展势头，经济日益繁荣，国家日益强盛。直到齐僖（釐）公去世，留给其子齐襄公的是一个富强的、居于盟主地位的强国。但齐襄公只重武力，言行无常，对外不友好诸侯，对内失治而遭弑，齐也因内乱失去了小霸地位。

齐庄公、齐僖（釐）公父子俩，蓄国力，尊王室，联诸侯而创小霸，拉开了春秋争霸的序曲，也为后世齐桓公称霸奠定了基础。

（王　锋）

齐国历史上的两位“庄公”是谁?

西周末年,周幽王亲小人远贤臣、废申后宠褒姒、废长立幼、烽火戏诸侯,种种倒行逆施使得周王朝人心尽失。那时的有识之士对周王朝的未来感到绝望。《国语·郑语》记载了时任周王朝司徒的郑桓公与周王室史官关于周王室必然衰败、强大的诸侯国即将兴盛的一段对话。在对话中,史官预言:“夫国大而有德者近兴,秦仲、齐侯,姜、嬴之隽也,且大,其将兴乎?”

那么《国语·郑语》中记载的这位齐侯是谁呢?

他就是吕氏齐国的第十世、十二任君主——齐庄公吕购(或作“赎”)。自第五世君主齐哀公被周夷王烹后,齐国因君位继承问题爆发了建立政权以来的第一次大规模内乱,这场内乱自胡公、献公之争开始,中间历经武公、厉公两世,至文公时才算彻底结束。文公以铁腕手段血腥屠杀国内反对势力,终于稳住了齐国的政局。不过文公在位只有十二年,他的儿子成公在位只有九年,因此,真正使齐国从长达数十年的内乱中逐渐恢复元气的是这位齐庄公吕购。吕购自公元前 794 年继承君位,至公元前 731 年去世,共在位六十四年,跨越周宣王、周幽王、周平王三代,在西周末到春秋初的那段混乱时期,齐国在庄公吕购的统治下远离战火、休养生息、安稳发展,到庄公末期以及僖(釐)公(庄公吕购之子吕禄甫)初期,齐国开始崛起了。正如《国语·郑语》所说:“及平王之末,而秦、晋、齐、楚代兴,秦景、襄于是乎取周土。晋文侯于是乎定天子,齐庄、僖于是乎小伯,楚蚡(fén)冒于是乎始启濮。”即到了周平王末年,秦、晋、齐、楚接替周王朝开始兴盛。其中,秦国在秦景公、秦襄公时期取得了周王朝的关中故地,晋文侯在这个时期拥立了周平王并助其平定叛乱,齐庄公和齐僖(釐)公父子在这个时期成为诸侯中的小霸主,楚厉公蚡冒在这个时期开始开拓濮地的疆土。

所谓“伯”,也就是“霸”,在作为先秦诸侯称谓时,有“诸侯长”的意思,例如,姬昌(周文王)就曾担任过商纣王的西方诸侯之长“西伯”;“小伯”的意思就是“小的诸侯长”,能够召集小规模的诸侯盟会。齐国经过数十年的休养生息,到齐庄公统治末期,国力已经重新强盛起来,庄公、僖(釐)公父子以强大的国力为后盾,开展灵活的外交政策,逐步确立了齐国在郑、宋、卫、鲁等邻近国家中的“小伯”地位,在经过庄公六十四年、僖公(釐)三十三年的发展后,齐国终于踏上了复兴之路,在不久的将来,齐庄公的两位孙子即齐僖(釐)公的两位儿子——齐襄公与齐桓公,将最终完成齐国的霸业,而“庄僖小霸”无疑是齐国霸业的基石,齐庄公吕购与齐僖(釐)公吕禄甫是齐国名副其实的“中兴之主”。不过,后世在称呼吕购这位齐国中兴之主时,通常称他为“齐前庄公”,这是因为在齐国历史上,除了吕购还有一位齐国君主也被称为“齐庄公”,他就是吕氏齐国的第十六世、二十二任君主吕光,在历史上被称为“齐后庄公”。

齐后庄公吕光是齐太公吕尚的十六世孙、齐前庄公吕购的七世孙、齐桓公吕小白的五世孙、齐顷公之孙、齐灵公之子,公元前553年至公元前548年在位,一共做了六年的齐国君主。

吕光身为公子和太子时,均有十分出色的表现。早在齐灵公十年(前572),身为公子的吕光就被灵公送到晋国做人质,以此化解晋国对齐国的进攻;齐灵公十九年(前563),在晋国做了多年人质、有大功于齐国的公子吕光被立为齐国太子,此后便以太子身份多次代表齐国参加各种诸侯会盟;齐灵公二十七年(前555),晋国联合鲁、宋、卫、郑、曹、莒、邾、滕、薛、杞、小邾等国军队大举进攻齐国,齐军大败,都城临淄被联军围困,齐灵公想要弃城东逃,被太子吕光谏阻,吕光说:联军进兵速度太快,后勤保障跟不上,很快就会退兵,国君有什么好害怕的呢?并且您作为一国之君,不能够轻率行事,轻率行事会失去众人的拥护。国君您一定要耐心等待。说罢,太子吕光举剑砍断了齐灵公车架的马鞅,断绝了齐灵公弃城逃跑的念头。后来,联军果然很快退兵,恰如太子吕光所料。晋国伐齐的这场战役被称为“平阴之战”,齐国惨败于联军之手,虽然因太子吕光的远见卓识和果断劝谏,使得齐灵公最终坚守到联军退兵,没有对齐国造成更大的损失,但齐灵公试图挑战晋国霸主地位的努力彻底宣告失败,平阴之战后的第二年(前554),做了二十八年齐国君主的齐灵公忧愤成疾、卧病不起,齐国将迎来一位新的君主。

本来,太子吕光能力突出、功绩不凡,多次参与诸侯会盟,已经得到各诸侯国的认可,是合法、合理的齐国君位继承人,但也许是因为太子吕光在劝谏灵公不能弃城而逃时所表现出的英明与果敢使得气量不宏的灵公感到相形见绌和无地自容,从而对这位能干的太子心生嫉妒与恼恨,齐灵公废掉了吕光的太子之位并把他迁徙到齐国东部边陲地区,改立无德无功的幼子吕牙为太子。因此,一旦齐灵公病逝,继承君位的将是吕牙而不是众望所归的吕光。不过灵公无缘无故废黜太子吕光的行为显然是不得人心的,就在灵公病重时,齐国公室崔杼(齐国第二代君主齐丁公吕伋的后裔)将吕光迎回临淄,重新立为太子。公元前554年五月,齐灵公去世,太子吕光即位,是为齐后庄公。后庄公即位后立即把公子吕牙一党屠杀殆尽,而晋国趁齐国内乱又发动了一次进攻齐国的战争,并打到高唐一带。

齐国自桓公之后便失去了霸主地位,桓公之后的齐国历代君主却无不想恢复齐国当年的霸业,绝不甘心屈居新霸主晋国之下。齐桓公之子齐孝公与齐懿公、齐桓公之孙齐顷公、齐桓公之曾孙齐灵公,一次又一次地向晋国发起挑战,却一次又一次地铩羽而归。吕光之父齐灵公因败于晋国郁郁而终,吕光自己曾做过晋国多年的人质,而在自己即位的第一年晋国又再次进攻齐国,种种国仇家恨使得吕光对晋国仇恨到了极点,他要向晋国复仇!

终于机会来了,公元前550年,齐庄公派人将投奔自己的晋国大夫栾盈暗中送回晋国做内应。栾盈果然在晋国掀起一场轩然大波,与晋国执政的范宣子展开激烈的攻杀,虽然最终栾盈兵败被杀,但齐庄公趁晋国内乱之时一举攻占了晋国的朝歌(今河南淇县)。根据《左传·襄公二十三年》的记载,齐庄公在攻占朝歌后还在少水把晋军尸体堆成“京观”以示胜利,向晋国宣示复仇之意。齐庄公从晋国班师后顺便又偷袭了莒国,虽因莒国誓死抵抗未获大胜,却逼迫莒国再次臣服于齐国。值得一提的是,齐国大将杞梁在攻打莒国的战役中阵亡,而由此引发的杞梁妻哭夫的故事在后世逐渐演变成了“孟姜女哭长城”的传说。

客观地讲,吕光并不是一位庸主,相反,他是齐国君主中比较有作为的一位,虽然攻打晋国的战争师出无名并且是偷袭,但吕光毕竟取得了胜利,并且乘势使莒国臣服,为屡战屡败的齐国挽回了颜面。后世对他的评价之所以不好,主要是因为他的私德有亏——与大臣的妻子私通,并且因此招致杀身之祸。而这位大臣不是别人，正是拥立吕光为齐国国君的齐国公室崔杼。

崔杼之妻棠姜十分貌美，吕光多次到崔杼家中与棠姜私通，有一次吕光走时还顺手拿了一顶崔杼的帽子送给别人，这件事令崔杼忍无可忍，对吕光动了杀心。齐庄公六年（前548）五月，莒国国君朝见吕光，崔杼称病不去，以便引诱吕光上钩。第二天，吕光果然以看望崔杼病情为由，想趁机与棠姜私通，却不知这是崔杼设下的一个圈套，想置他于死地。吕光一来到崔府，棠姜就将他引到事先设伏的庭院中，并借故进入内室与崔杼一起从侧门离去，吕光久等棠姜不来，心急难耐，便抱着柱子唱起歌来，借歌呼唤棠姜。此时，被崔杼买通的吕光的侍者贾举，为报复吕光对他的鞭打之仇，假传吕光命令，禁止其他随从入内，并自己走出去关上了大门。这时，崔杼埋伏好的甲士突然出现，包围了吕光，吕光再三求饶也无济于事，最终被乱刀砍死。吕光死后，晋国开始攻伐齐国，以报复吕光对晋国的偷袭，齐国索性把偷袭晋国的责任全部推到已经被杀的吕光身上，并且说崔杼杀掉吕光就是为了给晋国一个交代，齐国又大肆贿赂晋国的君臣，这才使晋国同意与齐国讲和，这也算是吕光为齐国做出的最后贡献。

《逸周书·谥法解》曰："兵甲亟作曰庄，睿圉克服曰庄，胜敌志强曰庄，死于原野曰庄，屡征杀伐曰庄，武而不遂曰庄。""庄"通"壮"，这一谥号大致表示在对外征伐方面较有作为，是一个比较好的谥号。齐前庄公吕购与齐后庄公吕光，都是在对外征伐方面很有作为的吕氏齐国的君主，其中前庄公吕购在统治末期成为诸侯中的"小伯"，后庄公吕光取得了对晋国战争的胜利并使得莒国臣服于齐国，因此在死后都得到了"庄"的谥号。不过，历史上对齐前庄公吕购有"国大而有德者"的极高评价，对齐后庄公吕光的评价却很低，这主要是因为齐后庄公的私德不好并且死得很不光彩。

（刘东祥）

齐襄公之乱是怎么一回事?

齐襄公(前697—前686),姜姓,吕氏,名诸儿,齐僖(釐)公长子,齐桓公异母兄,春秋时期齐国第十四位国君,在位十二年。他在位期间,并没有延续齐"庄僖小霸"的历史发展潮流,而是由于荒淫残暴和盲目自大,外伤诸侯,内乱国政,使齐国的发展陷入停滞甚至衰退,这就是襄公乱政。

齐襄公外伤诸侯的突出表现为连杀鲁、郑两大盟国的国君。据《左传・桓公十八年》载,公元前694年,鲁桓公与齐襄公在泺(luò)地(今山东济南西南)会盟,会盟后,鲁桓公携夫人文姜来到齐国。文姜是齐僖(釐)公的女儿、齐襄公的异母妹妹,未嫁之前曾与襄公私通,这时两人又借机私会,受到鲁桓公的谴责。文姜将此事告诉齐襄公,齐襄公就借酒宴之机让公子彭生杀死了鲁桓公。鲁桓公死后,鲁国人要求除死彭生。于是,齐襄公杀死公子彭生以向鲁国谢罪。齐国虽然以杀死公子彭生来平鲁怨,但这只是鲁国在齐强鲁弱情形下的权宜之计。国君因指责夫人通奸却被通奸人所杀,这对于遵守周礼的鲁人来说无疑是奇耻大辱,齐、鲁自此结下了怨仇。

同年七月,齐襄公在首止(今河南睢县)召开诸侯盟会,郑国国君子亹(wěi)带领大臣高渠弥一同前往。子亹年少时,曾经和齐襄公发生争斗,因此双方结下怨仇。因会面时,子亹未就从前的事向齐襄公道歉,齐襄公发怒,于是埋伏带甲武士杀死子亹。郑国大臣祭仲到陈国迎接子亹的弟弟子仪回国继位。齐襄公在数月内连杀鲁、郑两国国君,飞扬跋扈,倚强凌弱,不仅使齐与鲁、郑两国关系紧张,而且也引起了其他诸侯国的不满和不安。齐、郑之间的结盟破裂,齐襄公对外逐渐失去了诸侯国的支持。

齐襄公对内暴虐无信,引起公孙无知、连称、管至父等人的不满,最终招致杀身之祸，使得齐国内乱四起。据《左传·庄公八年》载，公孙无知的父亲夷仲年是齐襄公之父齐僖（釐）公的同母弟，齐僖（釐）公非常宠爱侄子公孙无知，衣服礼仪等种种待遇都和太子诸儿（襄公）一样。齐襄公即位后，废除了公孙无知的待遇，引起了公孙无知的怨恨。连称、管至父本是戍守葵丘（今山东淄博临淄西）的大臣，齐襄公曾与二人约定戍守一年后瓜熟时节派人去替换（“瓜时而往”“及瓜而代”的典故出于此），然而一年期限过后，齐襄公不但不主动派人替换，而且拒绝了连称、管至父提出的派人替换的请求。

齐襄公言而无信的做法引起了两人的愤怒。连称有个堂妹在齐襄公的后宫，不受齐襄公宠爱，也怨恨齐襄公，连称、管至父、公孙无知就相谋作乱，以连称堂妹为内应，侦察齐襄公的情况。

公元前686年，齐襄公到姑棼（fén，今山东博兴）游玩，在贝丘（今山东博兴）打猎，因受到野猪的惊吓，从车上掉下来摔伤脚，而且还将鞋子弄丢。齐襄公回去后，责令管鞋人费（姓氏不详，名费）去找鞋，费找不到，齐襄公就抽打费三百鞭。公孙无知和连称、管至父等人听说齐襄公受伤，便率领徒众袭击齐襄公的住所。公孙无知等人在宫门口遇到费，就把费劫走并捆起来。费说：我哪里会抵抗你们？公孙无知不相信，费便解开衣服，让他们查验自己身上的鞭伤。费表示愿意和他们一起行动。费回去后，立即将齐襄公隐藏到门后。公孙无知等人恐其有变，率众冲进住所，交战中费等人全部被杀。公孙无知先是在床上杀死孟阳（寺人，为保护襄公而伪装成他睡在床上），后发现齐襄公的脚露在门下边，于是将齐襄公杀死，而自立为国君。公孙无知即位后，与齐襄公一样，荒淫田猎，不理政事。据《左传·庄公九年》载，公元前685年，雍林人袭杀公孙无知。一年之内，齐国连丧两位国君，齐国陷入混乱。公孙无知死后，齐襄公之弟公子小白回国即位，是为齐桓公。

虽然齐襄公乱政影响了齐国的正常发展，但因齐国本身的强大，其在位期间，灭纪降郕，使国土得到扩大，国力进一步增强，为齐桓公称霸奠定了基础。

（王　锋）

齐襄公与齐襄王是同一个人吗?

《逸周书·谥法解》曰:“辟地有德曰襄,甲胄有劳曰襄。”“襄”作为谥号大意是指在开疆拓土、对外征战方面很有功劳。齐国历史上以“襄”字为谥号的君主名号有“齐襄公”与“齐襄王”,但他们并不是同一个人:“齐襄公”指的是吕氏齐国的第十四任君主吕诸儿,“齐襄王”指的是田氏齐国的第七任君主田法章。

齐襄公,姜姓,吕氏,名诸儿,吕氏齐国的第十二世、十四任君主,是齐僖(釐)公吕禄甫的嫡长子、齐桓公吕小白的长兄,公元前697年至公元前686年在位,一共做了十二年的君主。吕诸儿之所以能够得到“襄”字的谥号,与他生平最大的功绩——灭纪有关。

纪国本是东夷族系的古老方国,至少在商代便已经存在。进入周代,纪国接受周王室的重新册封,成为臣服于周王室的诸侯国,其君主的爵位为侯爵。纪国与周王室关系十分亲密,周夷王时,纪侯进谗言,使周夷王烹齐国第五任君主齐哀公,纪国从此成为齐国的世仇。

齐僖(釐)公二十四年(前707),“齐侯、郑伯朝于纪,欲以袭之,纪人知之”,因此齐僖(釐)公放弃了偷袭纪国的计划,但齐国灭纪之心已经显露,纪侯惶恐不安,于是通过联姻的方式积极寻求鲁国与周王室的保护。鲁桓公十三年、齐僖(釐)公三十二年(前699),纪国在鲁国和郑国的帮助下,击败了前来入侵的齐、宋、卫、燕联军。(《春秋》对战争发生地点并无记载,不过《春秋穀梁传》认为,这场战争发生在纪国)次年(前698),齐僖(釐)公病逝,纪国暂时逃过一劫。

僖(釐)公病逝是否与灭纪失败有关,正史并无记载,但从齐僖(釐)公伐纪失败不久就病死来看,齐僖(釐)公极有可能是因公元前699年伐纪之战失利而忧愤成疾、抱憾而终。《东周列国志》第十一回在记载齐僖(釐)公之死时,便做了这样的发挥:"齐僖公为兵败于纪,怀愤成疾,是冬病笃,召世子诸儿至榻前嘱曰:'纪,吾世仇也,能灭纪者,方为孝子。汝今嗣位,当以此为第一件事。不能报此仇者,勿入吾庙!'诸儿顿首受教……诸大夫奉世子诸儿成丧即位,是为襄公。"

齐襄公即位后,齐国伐纪的势头有增无减,于是鲁桓公再次插手。鲁桓公十七年、齐襄公三年(前695)春,鲁桓公出面调解齐国与纪国的敌对关系,三方在黄地会盟。当时,鲁国与齐国实力相当,再加上实力不弱的郑国也站在鲁国一边,因此齐襄公表面上接受了鲁桓公的居中调解,但暗中仍在紧锣密鼓地筹划灭纪计谋。当年夏天,齐襄公命齐国军队在齐、鲁边疆制造事端,随后向鲁桓公示好,请鲁桓公主婚将周王室女子嫁给自己,并以此为由邀请鲁桓公夫妇到齐国会盟。鲁桓公为了与齐国重修旧好,便在第二年(前694)春天带着夫人文姜到齐国会见齐襄公,但三个月后,鲁桓公死在了齐国。关于鲁桓公的死因,《春秋·桓公十八年》没有交代,只是记载:"夏四月丙子,公薨于齐。"但《左传·桓公十八年》以及《史记·齐太公世家》都称齐襄公与鲁桓公夫人文姜通奸在先,两人奸情被鲁桓公发现后,齐襄公指使公子彭生谋杀了鲁桓公,最后齐襄公面对鲁国的质问,只好处死公子彭生以为交代。

从鲁桓公夫妇自公元前694年春正月到夏四月整整三个月滞留齐国来看,在此次会盟中,两国国君商讨的必然是涉及当时双方核心利益的国家大事,除周、齐联姻外,极有可能与齐、鲁两国疆域纠纷及纪国问题有关。鲁桓公即便确如《左传》《史记》所说,死于齐襄公的蓄意谋杀,但使齐襄公对鲁桓公动杀机的真正原因恐怕绝不会是儿女私情那么简单,很有可能是因为鲁桓公在齐国核心利益灭纪问题上的坚决干涉。鲁桓公是通过弑君篡位登上君位的,即位之时已有丰富的政治斗争经验,他深知齐国一旦灭纪必将迅速壮大,成为鲁国的劲敌,因此他在位的十八年里,积极联合郑国阻止齐国灭纪,使齐国在外交与军事活动中束手束脚、十分被动。对于这样一位强敌,齐襄公在会谈无果后,采取非常手段将其谋杀,以此造成鲁国政局的一时混乱,从而为自己灭纪扫清障碍是合乎逻辑的。这一点从当年秋天,齐襄公以同样的手段杀害灭纪的另一障碍郑国君子亹也可以看出端倪。《左传·桓公十八年》记载:"秋,齐侯师于首止。子亹会之,高渠弥相。七月戊戌,齐人杀子亹,而轘(车裂)高渠弥。"齐襄公在公元前694年连杀鲁、郑两位诸侯,使鲁、郑两国陷入混乱,暂时失去了干涉齐国灭纪的能力。

鲁庄公元年、齐襄公五年(前693),齐襄公顺利迎娶了周王室女子。失去鲁国、郑国保护的纪国,面对同样与周王室联姻的齐国再也没有了抵抗的能力。同年,齐国军队强行迁走了纪国郱、鄑、郚三邑的百姓。鲁庄公三年、齐襄公七年(前691),面对齐国的强烈攻势,纪国一分为二,纪国与齐国接壤的酅地又成为齐国的附庸,由纪侯的弟弟纪季统治。鲁庄公四年、齐襄公八年(前690),不愿做齐国附庸的纪侯将剩余国土全部交给弟弟纪季,自己逃离国都,纪国灭亡。齐襄公终于完成了灭纪的战略目标,纪国领土全部并入齐国,使齐国领土大为扩增。《公羊传》对齐襄公灭纪这一事件评价极高,认为他能报先祖齐哀公之仇,是一位“贤者”;但清代学者高士奇在《左传纪事本末》中批驳了《公羊传》对齐襄公灭纪的评价,认为齐襄公是齐献公的后代而非齐哀公的后代,齐襄公以为齐哀公报仇为借口灭纪,实际上只是为了开疆拓土。高士奇的观点似乎更加接近事实真相,不过,无论动机如何,齐襄公确实完成了齐僖(釐)公没有完成的灭纪事业,使齐国领土大增。齐襄公即使在道德层面称不上是“贤者”,但对于齐国而言,齐襄公绝对算得上是一位很有作为的君主。历史上之所以对齐襄公评价不高主要是因为他私德有亏:与妹妹文姜私通、生活奢侈,并且因失信于臣子连称、管至父而招致杀身之祸,使齐国陷入内乱。

客观上讲,私德的败坏并不能抹杀齐襄公对齐国发展做出的巨大贡献,他不惜用非常手段杀害鲁、郑两国国君,扫清灭纪道路上的最大障碍,最终成功吞并纪国,使齐国的领土和人口都大为扩增,为日后齐桓公称霸奠定了物质基础,“襄”字的谥号是名副其实的。

齐国历史上第二位得到“襄”字谥号的君主是田氏齐国的第七任君主齐襄王田法章。田法章是齐湣王之子、齐宣王之孙、齐威王之曾孙,公元前283年至公元前265年在位。公元前284年,五国联军在燕国大将乐毅的带领下大败齐军主力于济西,随后乐毅带领燕国军队攻占临淄并分兵攻掠齐国各地,攻占齐国七十余城,齐国仅剩莒与即墨两城不失。临淄失陷后,齐湣王先后逃至卫、邹、鲁等国,最终在莒死于楚将淖齿之手。湣王被杀时,他的儿子田法章改名换姓到莒太史敫(jiǎo)家里做用人。太史敫的女儿看出田法章不是一般人,于是经常接济他并与他私通。不久杀害湣王的淖齿被莒人杀死,莒人和齐国流亡至此的大臣们聚到一起,寻找湣王的儿子,想要把他立为国君。田法章一开始担心这些人是要诛杀自己,过了很久才敢自称是湣王的儿子。于是莒人一同迎立田法章为齐国国君，并在齐国境内宣告新王已经在莒即位了。襄王即位后，立太史敫的女儿为王后，生下儿子田建。五年之后，田单在即墨用火牛阵大败燕军主力，随即收复齐国全部失地，并且到莒迎接齐襄王回临淄，齐国成功复国。齐襄王任用田单为相，封其为安平君。安平就是当年齐襄公从纪国吞并的酅地。

齐国之所以能奇迹般地复国，除了依靠田单力挽狂澜外，齐襄王的及时即位也是一个极其重要的因素，它向齐人表明齐国王室仍在，齐国没有灭亡。因此，在田单用火牛阵击溃燕军主力后，被燕军占领的齐国城池才会迅速地重新归附到齐襄王的统治之下，这是单纯依靠军事力量所不能达到的。所以说，齐襄王虽然在齐国复国过程中并没有什么出色的表现，但他作为田齐王室的代表，作为一面政治旗帜，象征着“齐国”，凝聚着齐国军民之心，是齐国能够在短时间内收复全部失地的深层次原因。齐国复国后，国力损失殆尽，因此齐襄王采取了与民休息的政策。他在位期间基本能够做到虚心纳谏、任用贤能，并且恢复了一度中断的稷下学宫，是齐国历史上比较贤明的君主。

总之，齐国历史上一共有两位以“襄”字为谥号的君主，他们分别是吕氏齐国的第十二世、十四任君主齐襄公吕诸儿与田氏齐国的第七任君主齐襄王田法章，齐襄公与齐襄王并不是同一个人；齐襄公吕诸儿灭纪，齐襄王田法章复国，两者在开疆拓土、对外征战方面都很有作为，“襄”字的谥号都是名副其实的。

（刘东祥）

文姜与颜文姜是同一个人吗?

淄博市博山区以孝乡闻名,孝乡因孝妇颜文姜而得名。关于颜文姜其人,由于历史记载不多,故而身份扑朔迷离。有学者将颜文姜与春秋时期的文姜相关联,认为二者为一人。事实并非如此。文姜与颜文姜,虽然都有“文姜”两个字,却并非同一人。

文姜是齐国公室之女,鲁桓公的夫人,鲁庄公之母。姜为其姓,文为其谥。文姜于齐僖(釐)公二十二年、鲁桓公三年(前709)嫁至鲁国,于齐僖(釐)公二十五年、鲁桓公六年(前706)生下嫡长子“姬同”,即后来的鲁庄公。其人其事,史书中多有记载。仅《春秋》对文姜的记载就有十四条,其中五条记迎娶死葬,九条记活动事迹。可见在春秋初年的政治舞台上,文姜有很大的影响力。

然而文姜以“淫奔之行遂至于不可制”(《左传纪事本末·鲁文姜之乱》)闻名后世。所以,一提到文姜,就绕不开公元前694年鲁桓公携文姜出访齐国之事。《春秋·桓公十八年》载:“春王正月,公会齐侯于泺。公与夫人姜氏遂如齐。夏四月丙子,公薨于齐。”

关于鲁桓公死于齐国的具体原因,《春秋》没有记载。《左传·桓公十八年》则载:“十八年,春,公将有行,遂与姜氏如齐。申缟曰:‘女有家,男有室,无相渎也,谓之有礼。易此,必败。’公会齐侯于泺,遂及文姜如齐。齐侯通焉。公谪之,以告。夏,四月丙子,享公。使公子彭生乘公,公薨于车。”《管子·大匡》也载:“鲁桓公夫人文姜,齐女也。公将如齐,与夫人皆行。申俞谏曰:‘不可。女有家,男有室,无相渎也,谓之有礼。’公不听,遂以文姜会齐侯于泺。文姜通于齐侯,桓公闻,责文姜。文姜告齐侯,齐侯怒,飨公,使公子彭生乘鲁侯,胁之,公薨于车。”《左传》与《管子》的记载,大体一致,其说法可信。

司马迁对文姜的描述,却有这样一段文字:齐襄公四年(鲁桓公十八年),鲁桓公与夫人出访齐国。齐襄公曾经与鲁桓公的夫人私通。鲁桓公的夫人,乃齐襄公之妹。她自齐僖(釐)公时便嫁到鲁国,为鲁桓公夫人。文姜与鲁桓公一起出访齐国时,又与齐襄公私通。鲁桓公知道后,责骂夫人。文姜便告诉了齐襄公。齐襄公与鲁桓公宴饮,并把鲁桓公灌醉。让力士彭生抱鲁桓公上车。鲁桓公死于车上。(《史记·齐太公世家》)

之后,文姜又多次出访齐国,更被解读为频频与齐襄公私会。例如,西晋杜预在为《左传》作注时,曰:"二年冬,夫人姜氏会齐侯于禚(zhuó)。书,奸也。"(《左传·庄公二年》)杜预认为,先前文姜与鲁桓公一起出访齐国,鲁桓公却死于齐国,文姜惧怕鲁国的谴责迟迟不敢归国。直到鲁庄公二年(前692)才与齐侯会见。"会"是两国国君之事,而非夫人之事。显然,《左传》中的"奸"之意,奸在夫人。此后文姜的出访会见,意义差不多。传至清代便有了"文姜淫恣,为鸟兽之行,与弑桓公,狂走无忌"(《左传纪事本末·鲁文姜之乱》)的评价。

针对这类评价,清人于鬯(chàng)提出了不同观点。他在《香草校书》卷三七中说,《左传》里的"奸",其意应为"干",即"干预"之意,而不是"奸淫"。古代"干""奸"二字可通。《说文解字》载:"古文奸,从心,旱声。"而"旱"即"干"声,可见"干""奸"二字可通。庄公二年,本应该是鲁庄公与齐襄公"会",但此时鲁庄公才十四岁,所以文姜代替鲁庄公参加。此乃文姜干国之政,所以《春秋》书之,而《左传》曰"奸"。

若按照文姜淫乱的说法,文姜淫乱的对象是齐襄公。但齐襄公已于鲁庄公八年(前686)被弑。此后,文姜又于鲁庄公十五年(前679)出访齐国,十九(前675)、二十年(前674)又两次到莒,《春秋》仍记之,这些显然与淫乱无关。"夫人姜氏如莒",但杜预仍然以文姜淫乱视之。杨伯峻先生认为此处,"恐未必然。文姜于桓公三年嫁至鲁国,至此已三十五年,则其年龄已五十余矣"(《春秋左传注·庄公十九年》)。

所以关于文姜乃淫妇的说法,根源还是在鲁桓公不明不白死在齐国的问题上。目前关于"鲁桓公十八年,公与夫人姜氏如齐"的解读,有两种说法。主流观点认为,是由于文姜淫乱的行为,导致鲁桓公命丧于齐。但是,郭沫若在《管子集校·大匡》中引尹桐阳的观点说:"诸侯夫人一嫁而不归母家者,防其泄露国情也,此云‘通于齐侯’。”文姜将鲁国的机密告知齐襄公,从而招来鲁桓公的责骂。而当时鲁桓公之所以要出访齐国,是因为他急需协调齐、鲁、纪三国的关系。至于文姜与齐襄公是否存在私情,并无确凿的证据。

鲁庄公二十一年(前673)七月,文姜去世。《春秋》使用了“夫人姜氏薨”(《春秋·庄公二十一年》),“葬我小君文姜”(《春秋·庄公二十二年》)的说法。可见,鲁国上下对她没有半点不尊敬,反而给予了很高的评价——谥号“文”。按谥法:“经纬天地曰文,道德博闻曰文,学勤好问曰文,慈惠爱民曰文,愍民惠礼曰文,赐民爵位曰文。”(《逸周书·谥法解》)如周文王、汉文帝、隋文帝都是历史上著名的帝王。所以,后世从淫妇的角度评价文姜,是不妥当的。

再来说颜文姜。据文献资料记载,颜文姜是一位奉姑(婆婆)尤谨、事姑至孝、心地善良、任劳任怨的女子。

颜文姜祠

康熙《益都县志》载,颜文姜是复圣颜回的后人。起初,颜家答应将颜文姜嫁到李家,但还未等到举办婚礼,李家的儿子就去世了。颜文姜见公公婆婆老无所依,于心不忍,便前往侍奉二老。为了侍奉好婆婆,颜文姜要去很远的泉眼处打水,几十年如一日。神灵被颜文姜的孝心感动,便在她的住处生出一眼泉水来。此后,颜文姜在屋中便可打水,打完水后用缉笼盖上。婆婆看到颜文姜取水即得,感到奇怪。待颜文姜出门,婆婆进入颜文姜住处,发现缉笼便打开观看，霎时，泉水喷涌而出，大水冲坏了颜文姜的宅院。于是附近的百姓称这条河为笼水，也就是今天的孝妇河。

传说颜文姜生前是孝妇，死后成为庇佑一方的神灵。北周时期，当地百姓便建造了颜文姜祠来供奉她，后又多次重修，民间又将颜文姜祠称为“颜奶奶庙”。颜文姜祠所在的村庄也由最初的“李颜村”更名为“颜神”“神头”。其祠附近有颜文姜的墓地，称为“奶奶林”。在当地，每年三月十五、四月十八、七月初三都要去颜文姜祠敬香祈福。

关于颜文姜故事的原型，最早可以追溯到《汉书・于定国传》中“东海孝妇”的形象。话说，东海有一孝妇，年轻守寡，也没孩子，但她非常孝顺婆婆。后来婆婆自缢身亡。小姑报官说：“寡妇杀害我母。”官吏拘捕孝妇，孝妇不承认自己杀害婆婆。狱吏屈打成招。于公认为此妇奉养婆婆十余年，以孝闻于乡里，一定不会杀害婆婆。太守不听，判罪杀死了孝妇。此后郡中大旱三年。新任太守到任，占卜大旱的原因。于公说：孝妇不当死，前任太守硬判她死罪，原因或许就在此吧。于是太守杀牛亲自去孝妇冢祭祀，并刻石于其墓，以表彰其孝道。上天立即降下大雨。

虽然《汉书・于定国传》中“东海孝妇”的故事与现今人们熟知的颜文姜的事迹出入较大，但它与东汉时期流传的另一故事模式基本一致——广汉郡姜诗夫妇养母至孝而感泉涌出。而最确切且最早记载颜文姜事迹的是东晋郭缘生的《续述征记》，上载：“梁邹城西有笼水，云齐孝妇诚，感神明，涌泉发于室内，潜以绩笼覆之，由是无瓮汲之劳。家人疑之。时其出，而搜其室，试发此笼泉遂涌流，漂居宇，故名曰笼水。”

《续述征记》对“齐孝妇”这一女子，没有明确记载姓甚名谁，只是简单叙述了事情的发展过程。直至南北朝顾野王的《舆地志》中才正式出现“颜文姜”一名。后来，唐朝李冗的《独异志》将其所汲之泉命名为“颜娘泉”；北宋宣和七年(1125)的碑文《续翁姑因地记》中对颜文姜的家庭成员有了更为详细的介绍，并把颜文姜附会为孔门复圣颜回的后代，册封其为“顺德夫人”。其后，颜文姜的事迹又见于元朝于钦的《齐乘》、明朝的《颜氏陋巷志》，以及清朝的《颜神镇志》《益都县志》《博山县志》等。

颜文姜孝妇故事文本一览表

文本名称	文本年代	故事发生年代	故事发生地	孝妇孝行表现	神异表现	文献出处
东海孝妇	东汉初期	西汉中期	东海郡	少寡，亡子，养姑甚谨	因表其墓，天立大雨	《汉书》
齐之寡妇	东汉中期	东汉时期	齐地临淄	无子，不嫁，事姑谨敬	雷电下击，海水为之大溢出	《淮南子》
姜诗夫妇	东汉中后期	东汉初期	广汉郡雒县	诗事母至孝，妻奉顺尤笃	舍侧忽有泉涌	《东观汉记》
齐孝妇	刘宋初期	不详	齐地梁邹	齐孝妇诚，感神明	涌泉发于室内	《续述征记》
齐孝妇颜文姜	南朝陈初年	不详	齐地	事姑养孝，远道汲水，不以寒暑易心	感得灵泉，生于室内	《舆地志》
淄川孝妇颜文姜	唐朝晚期	唐代	淄州淄川县	事姑孝谨	缉笼之下，忽涌一泉	《独异志》
顺德夫人颜文姜	北宋中期	不详	淄州淄川县	孝事姑舅	诚感灵泉	《颜山杂记》
晋烈女颜文姜	明朝后期	东晋末期	益都县颜神镇	未醮，夫亡，悯翁姑失养往事焉	诚感神明，泉涌成河	《陋巷志》
顺德夫人颜文姜	明朝后期	不详	益都县颜神镇	李公子未聘不禄，姜以柏舟自誓。归，事舅姑唯谨	感授神泉	《重修顺德祠记》
孝妇颜文姜	清朝初期	不详	益都县颜神镇	夫亡，悯舅姑之失养也，往事焉	诚感灵泉，生于室中	康熙《益都县志》

综上可知，自两汉以来，流传已久的“东海孝妇”“齐之寡妇”等类型的孝妇故事与“姜诗夫妇”感泉类型的故事逐渐融合，从而有了东晋郭缘生《续述征记》中“齐孝妇诚，感神明，涌泉发于室内”的故事。之后又在这一故事框架下不断润色，形成了今日我们所熟知的颜文姜的故事。

在理清了颜文姜故事演变的脉络后，不难发现，颜文姜故事的内核是孝——儒学最基本的理念。齐地孝妇以孝闻名乡里，后被人记录在文献中。随着描写齐地孝妇故事版本的不断出现，孝妇形象逐渐丰满起来，事迹也多有整合，这可能是由多个齐地孝妇的故事融合而成的。且颜文姜的故事，非成于一时。或许颜文姜也并非一人，她可能是齐地孝妇群体的一个浓缩。随着时间的推移，颜文姜这一形象便上升到了神话的高度，颜文姜也由人变神，成为庇佑一方的神灵。

所以说，文姜与颜文姜绝非同一人，更不能将其混同。文姜是春秋时期的贵族女性，而颜文姜是以孝闻名乡里的平民女子。两人生前的境遇、后世的评论，更是天壤之别。

（张晓彤）

《诗经·齐风》反映了齐国哪些社会现象?

《诗经》是我国最早的一部诗歌总集,它收集了西周初年至春秋中叶三百余首诗歌。《诗经》在内容上,又可分为《风》《雅》《颂》三部分。《风》指国风,是周王朝各地的民歌,约一百六十首。《诗经·齐风》便是十五国风之一,记录的是诞生在齐国的民歌。

现存《诗经》中《齐风》仅有十一篇。流传下来的这十一篇《齐风》都写了些什么呢?《毛诗传笺通释·齐风总论》说:"《齐风》十一篇皆刺诗:内刺哀公者二;刺襄公者五;其三刺时、刺衰、刺无节。"而这与季札观看《齐风》后的评价:"美哉!泱泱乎大风也哉!"(《左传·襄公二十九年》)是相矛盾的。《毛诗传笺通释·齐风总论》的说法,大概是囿于儒教诗说的成见,从而挖掘出刺淫、刺荒的主旨。实际上《齐风》内容多样,有的书写男女婚恋,有的赞美劳动者的勤劳勇敢,有的揭露徭役的繁重,还有对统治者的讽刺。总体来说,它反映了当时齐国整体的社会面貌,具体体现在以下几个方面。

第一,善射田猎的社会风尚。《齐风》中《卢令》《还》《猗(yī)嗟(jiē)》的描写内容都与射猎相关。如《卢令》:"卢令令,其人美且仁。卢重环,其人美且鬈(quán)。卢重鋂(méi),其人美且偲(cāi)。"全诗共三章,每章两句,每章前一句描写猎犬项上的铃铛,后一句描写青年猎人的英姿。作者用以点代面的手法,来颂扬齐人的田园狩猎生活。而《还》描写的是在峱(náo)山道上,两位猎人通力协作、共逐野兽后的相互称赞之歌;至于《猗嗟》更是以赞叹的口吻,生动细致地描绘了一位少年射手的形象。

齐人为何善射田猎呢?这源于齐地的社会环境和历史传统。《说文通训定声》载,"夷,东方之人也。东方夷人好战、好猎,故夷字从大持弓。大,人也。"可知,“夷”乃持弓之人。夷人又为何持弓?据《尚书·禹贡》载:“海、岱惟青州……厥土白坟,海滨广斥……莱夷作牧。”可见,先秦时期齐地气候温暖湿润,野兽、鱼、盐资源丰富,地形以丘陵为主、相对平坦,易于捕猎。所以,夷人为狩猎而持弓。而在生产力不发达的时代,一个人捕获的猎物越多,就越能受到大家的支持和推崇,于是就形成了尚武的风俗习惯。

第二,荒淫无度的政治生活。《鸡鸣》篇写的是男女两人围绕着“朝”展开的一番对话。诗云:“鸡既鸣矣,朝既盈矣。”“匪鸡则鸣,苍蝇之声。”“东方明矣,朝既昌矣。”“匪东方则明,月出之光。”“虫飞薨(hōng)薨,甘与子同梦。”“会且归矣,无庶予子憎。”据郑玄注《礼记·明堂位》载:“天子五门,皋、库、雉、应、路。”以五门为限,分为三朝,即路门内的燕朝、路门外的治朝、皋门内和库门外的外朝;而诸侯之宫,行三门三朝之制,即自南而北依次设库门、雉门、路门。此为周王朝五门三朝之制。“三朝”分别是,朝国人、朝卿大夫、朝执政大臣。朝议的内容都是关乎国家社稷的大事。朝议的时间,据《礼记·玉藻》载:“朝,辨色始入,君日出而视之。”就是说在天色将明、能看清东西的时候就要入朝,国君在太阳出来之时要上朝。但在《鸡鸣》篇中,男子因眷恋床笫而不愿起床入朝,并狡辩为“苍蝇之声”“月出之光”,视齐国的朝议制度如同虚设,真实而又艺术地反映了齐国荒废无度的政治生活。

第三,齐、鲁两国的外交活动。《载驱》《南山》《敝笱(gǒu)》历来被后世视为讥讽齐襄公、文姜淫乱的组诗。此三首诗,实则记录的是政事并非私事。当时鲁桓公求婚于齐的主要原因是,他急需一个强大的外援来巩固自己在国内的地位——鲁桓公是杀死庶兄鲁隐公后自立为君的。而齐国为了维护与鲁国的结盟,也乐于与鲁国联姻,毕竟联姻要比结盟稳固得多。所以,齐人在《南山》中用“南山崔崔”来比喻鲁桓公的身份尊贵,用“雄狐绥绥”来比喻鲁桓公来齐国求婚。

文姜嫁鲁,是齐、鲁两国之间非常重要的一次联姻,而且是一次重要的外交事件。这一点在《载驱》中体现的极为明显。“载驱薄薄,簟(diàn)茀(fú)朱鞹(kuò)”写的是齐僖(釐)公亲自护送文姜出嫁的场景;“鲁道有荡,齐子发夕”写的是文姜乘车驱驰在鲁国平坦的大道上,从侧面体现了鲁国的国家实力;“四骊济济,垂辔沵沵(nǐ)”和“汶水汤汤,行人彭彭”等句子,描写了陪嫁队伍的马匹之强壮和仆人之多,体现了文姜嫁鲁的规格非常高,并非一般公室之女出嫁所能媲美的。不难看出,文姜嫁鲁是肩负齐国外交使命的。

但鲁桓公在位时，文姜似乎并没有承担起维系齐、鲁两国外交关系的使命；相反，齐、鲁两国不相通的时间曾长达六年之久，甚至两国多次交战。齐人在战争中受损颇多，更在诗中流露出对文姜的责备之意。例如，《敝笱》中的“敝笱在梁，其鱼鲂(fáng)鳏(guān)”等句子。

第四，热情大胆的爱情、婚姻。《东方之日》和《著》分别描写了热恋中的男女和男女结婚时的场面。《东方之日》是从男子的视角出发，描写了一位年轻姑娘对爱情的大胆追求。这种大胆追求是姑娘率性而又自然地来到恋人的住室，是“在我室兮，履我即兮”的无所顾忌，是“在我闼(tà)兮，履我发兮”的互诉衷肠。而男子对年轻姑娘也是由衷地欣赏与喜爱，没有丝毫的下流与猥琐。

《著》描写的则是一位出嫁女子的心情和感受——“俟我于著乎而，充耳以素乎而，尚之以琼华乎而”。新娘急切地想见到自己的夫婿，想象着新郎的装饰。字里行间看不到羞涩，反而是盼望和喜悦之情。

《诗经》其他篇章关于婚姻爱情的描写，或是婉约，或是羞涩。相比之下，齐地人民则是热情、大胆、率真、自由、浪漫的，具有非常浓郁的地域性气质。

第五，平民百姓的生活不易。无论是“载驱薄薄，蕈茀朱鞹”式的贵族生活，还是“在我室兮，履我即兮”式的小吏情调，都与底层贫民生活非常遥远。贫民生活是《东方未明》中的“颠倒衣裳”，是《甫田》中的“维莠骄骄”。在西周井田制下，贫民需要先耕种“公田”以事主，再耕种“份田”以养生。《甫田》以农妇的视角进行叙述，田间土地大片荒芜，自己不但要挑起生产和生活的重担，还要养老抚幼，这都是由于征夫还未归家。在《东方未明》中，公家派凶神恶煞的监工，不分白天和黑夜的催促贫民劳作，导致贫民经常把上衣和下衣穿颠倒了。

关于《东方未明》一诗的解读，一种说法认为，统治者为了维持自己豪华奢侈的生活，不断地剥削和压迫人民，从而引发了人民的反抗情绪；另一种说法则认为是“刺无节也”(《东方未明》)，即朝廷兴居无节，号令不以其时。诗人创作此类诗的目的，是希望统治者看到此诗后，有所收敛。但我们依然可以从中体会到底层贫民生活的艰辛与不易。

可以说，《诗经·齐风》反映了当时齐国社会的多个方面，为我们提供了一幅全景式的社会生活画卷，更是一个让大众了解齐文化的窗口和渠道。

(张晓彤)

齐桓公是如何当上国君的?

齐桓公,生年不详,卒于鲁僖公十七年(前643),名小白,是姜齐第十三任国君齐僖(釐)公禄甫的幼子,第十四任国君齐襄公诸儿的同父异母弟弟。在位四十三年,为春秋五霸之首。

据《管子·大匡》记载,齐僖(釐)公生有三个儿子,长子诸儿,次子纠,幼子小白。僖(釐)公委派管仲、召忽辅佐公子纠,委派鲍叔牙辅佐公子小白。鲍叔牙知道公子小白因母亲早亡,在宫中失去靠山,不想受命,因而称病不出。管仲认为公子小白虽然母亲早亡,但恰好得到国人的同情,并且小白的为人,没有小聪明,但有远虑,安定社稷方面在公子纠之上。在管仲的力劝下,鲍叔牙才同意辅佐公子小白。

齐襄公即位后,蛮横暴戾,朝纲失常,政局混乱,据《左传·庄公八年》记载,鲍叔牙认为齐襄公放纵,百姓懈怠,将会发生祸乱,于是就侍奉公子小白避乱到莒。齐国发生叛乱后,管仲、召忽也侍奉公子纠到了鲁国。公元前686年冬,公孙无知杀齐襄公,自立为君。公元前685年春,公孙无知被雍林人所杀。《左传·庄公九年》载:“春,齐人杀无知。公及齐大夫盟于蔇(jì,今山东苍山)。”《穀梁传·庄公九年》解释说:“大夫不名,无君也。‘盟’,纳子纠也。不日,其盟渝也。当齐无君,制在公矣。当可纳而不纳,故恶内也。”公孙无知死后,齐国没有国君,鲁庄公可以送公子纠回国却拖延不送,所以遭到谴责。《国语·齐语》韦昭注云:“齐人杀无知,逆子纠于鲁,鲁庄公不即遣,而盟以要之。齐大夫归逆小白于莒。庄公伐齐,纳子纠,桓公自莒先入。”从春天公孙无知被杀到夏天,鲁国迟迟不送公子纠归齐,为公子小白归国创造了有利条件。

据《史记·齐太公世家》载,公子小白自幼与正卿高傒关系密切,当公孙无知被杀,齐大夫商议确立新君时,高氏、国氏已暗中派人到莒召公子小白归齐。鲁国知道后,也发兵护送公子纠回国争夺君位。《穀梁传·庄公九年》记载:“当可纳而不纳,齐变而后伐,故乾时之战不讳败,恶内也。”公元前685年夏,公子纠与公子小白为君位展开了激烈的争夺。

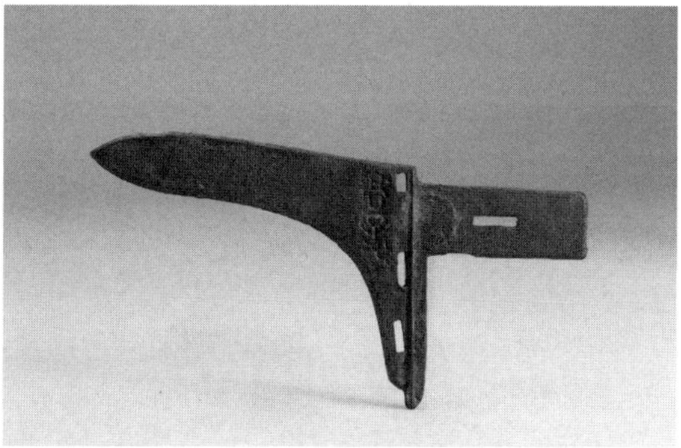

临淄区敬仲镇高傒墓附近出土文物高子戈

临淄尧王遗址出土文物国子鼎

据《史记·齐太公世家》载,为了防止公子小白捷足先登,管仲率一队人马阻截公子小白。当管仲赶到莒的边境时,正好遇见公子小白一行向齐国进发。于是,管仲便张弓搭箭向小白射去,小白应声而倒。管仲以为小白已死,便派人驰报鲁国。鲁君得到这个消息,觉得再也没有人与公子纠争国君之位了,于是护送公子纠回国的行程就不那么急迫了。其实,公子小白并没有死,管仲一箭,恰巧射在小白的衣带钩上。小白借机佯装中箭身亡,以迷惑对方。待管仲一行走后,公子小白藏在车中,日夜兼程,率先赶到齐都临淄。六天后,当鲁国护送公子纠到达齐国时,高傒、国氏早已拥立小白为国君,是为齐桓公。

齐桓公即位后,立即发兵抗击护送公子纠的鲁君,据《史记·齐太公世家》载,这一年的秋天,齐、鲁在乾时大战,鲁军大败。迫于齐国的压力,公子纠被杀,召忽殉主自杀,管仲作为囚犯被押送回齐国。

《管子·大匡》记载了另外一种说法:齐襄公即位的第二年,驱逐公子小白,小白逃到了莒。齐襄公死后,公子纠即位。国人对公子纠不满,召小白回国。小白惧“管仲智,召忽强武”,不敢归齐。鲍叔牙力谏小白归齐,并得到了齐国大夫和国人的支持,他们驱逐了公子纠。混战中,管仲箭射小白,正中衣带钩。齐桓公即位后,鲁国发兵攻打齐国,想要恢复公子纠的国君之位,但是兵败没有实现。在这种说法中，公子纠是无所作为的国君，管仲、召忽难以施展才能，国人不满，才导致君位得而复失。

总之，不管哪种说法，结局都是齐桓公成为齐国的第十五任国君，并且不记带钩之仇，以管仲为相，给予管仲无以复加的重用和礼遇，又以鲍叔牙、隰(xí)朋、高傒等修齐国之政，齐国政治出现蓬勃发展的局面，齐桓公也成为春秋战国时期的一代明主。

（王　锋）

齐国历史上的两位“桓公”是谁?

齐国历史上有两位“桓公”,分别是吕氏齐国的吕小白与田氏齐国的田午。“桓”字是谥号,在周代,同一谥号被追赠给同一国家乃至同一政权的不同君主的现象时有发生。仅以周代齐国为例,吕氏齐国就有两位以“庄”字为谥号的君主,即齐前庄公吕购与齐后庄公吕光;此外还有分属吕齐与田齐两个政权,但谥号相同的君主:吕齐的齐襄公与田齐的齐襄王,吕齐的齐宣公与田齐的齐宣王。所谓“谥号”,就是君主、诸侯、大臣、后妃等具有一定地位的人死去之后,其他人总结其生平、才德、功业而给出一个带有评判性质的称号,俗称盖棺定论。如果两个人生前的德行或功业有某些相似之处,那么他们就有可能获得同一谥号,齐国的两位“桓公”便是如此。

《逸周书·谥法解》是现存最早的记载各种谥号含义的传世文献,在《逸周书·谥法解》中,“桓”字是一个美谥:“辟土服远曰桓;克敬勤民曰桓;辟土兼国曰桓;武定四方曰桓;克亟成功曰桓;克敌服远曰桓;能成武志曰桓;壮以有力曰桓。”简单来说,“桓”字用作谥号时大致是指开疆拓土、克敌制胜、威震天下,如果一个人的生平事迹能够符合上述含义中的某一个或某几个,他就有可能获得“桓”字的谥号。在齐国历史上,曾经有两位君主获得了“桓”字的谥号,如前所述,他们分别是吕氏齐国的齐桓公吕小白与田氏齐国的齐桓公田午。总体来说,两人在对外征伐方面都有一定的成就,因此都获得了“桓”字的谥号。但从知名度来讲,田氏齐国的齐桓公田午远不及吕氏齐国的齐桓公吕小白。

齐国的第一位齐桓公吕小白,姜姓,吕氏,名小白,是吕氏齐国的第十二世、十五任君主。他的祖父和父亲是开创齐国“庄僖小霸”局面的齐前庄公吕购和齐僖(釐)公吕禄甫,他的长兄是灭掉齐国世仇纪国,使齐国疆域大为扩增，最后却死于内乱的齐襄公吕诸儿。齐襄公死后，作乱的公孙无知[齐前庄公之孙、齐僖(釐)公之侄]不久也被杀死，齐襄公的两个弟弟公子纠与公子小白展开了激烈的君位争夺战，最终公子小白率先从莒返回临淄，继承了齐国君位。吕小白即位后，重用曾经的政敌管仲，在齐国推行四民分业、军民合一等全方位改革，使齐国迅速富强起来。随后齐桓公率先打出"尊王攘夷"的政治旗帜，存邢救卫，南讨强楚，北击戎狄，多次主持诸侯会盟，完成了"九合诸侯，一匡天下"的霸业，成为春秋时期第一位霸主。不过，桓公在管仲死后开始任用竖刁、易牙、开方等佞臣，内政逐渐混乱。桓公死后，五子争位，齐国爆发长期内乱，齐国霸业轰然倒塌。在吕氏齐国政权的历代君主中，吕小白是知名度最高的，他不计前嫌任用管仲为相的故事也广为流传。不过，正因为这位齐桓公的知名度太高，不熟悉齐国历史的人往往误以为"齐桓公"在齐国是独一无二的，不知齐国除吕小白之外还有第二位"齐桓公"田午。

陈侯午敦(国家博物馆藏)

齐国的第二位齐桓公田午，妫姓，田氏，名午，是田氏齐国的第二世、第三任君主。他的父亲是完成"田氏代齐"、建立田齐政权的"太公"田和，他的长兄是田齐第二任君主田剡。田午是通过弑君篡位的方式登上齐国君位的，齐侯田剡十年(前375)，田午弑其兄并杀害田剡之子田喜登上齐国君位，次年改元，是为齐桓公元年(前374)。此时列国趁齐国内乱发动了多次侵扰战争，如齐桓公二年(前373)，燕败齐师于林营，鲁攻齐入阳关，魏伐齐至博陵；三年(前372)，卫伐齐，取薛陵；五年(前370)，赵伐齐，取鄄(juàn)；七年(前368)，赵攻齐至长城；九年(前366)，齐、赵战于阿。实际上，齐国早在吕氏政权后期便已衰落，列国纷纷入侵。田氏代齐后，国内政局不稳、人心浮动，更给了列国可乘之机。终田和在位的三年，田剡在位的十年，以及田午在位的前九年，共二十二年的时间里，齐国始终处于被动挨打的局面。不过从齐桓公田午在位的第九年(前366)起到去世的桓公十八年(前357)，齐国再没有经历列国的侵略战争，等到齐威王(齐桓公田午之子田因齐)三年(前354)，齐国再次迎来战争时,已经是主动去侵扰燕国了。这充分说明,自桓公九年的齐、赵阿之战后,齐国在桓公田午的带领下已经摆脱了自春秋末期以来长期被动挨打的局面,进入了平稳发展、休养生息的时期。桓公田午使新生的田齐政权转危为安的具体举措,因史料未曾记载,已经无从得知,但从田午死后获得“桓”字这一谥号来看,他必定是在对外战争方面取得了很大的成就,因此能够威震邻国,使列国再也不敢入侵齐国。出土青铜器“十四年陈侯午敦(duì)”铭文记载:“唯十又四年,陈侯午台(以)群者(诸)侯献金,乍(作)皇妣孝大妃。”陈侯午即田齐桓公田午,可见到田齐桓公十四年(前361),齐国已经可以从“群诸侯”那里获得用作铸造祭器的贡物——“金”(青铜),这充分说明,至迟在田齐桓公田午后期,田氏齐国就已经摆脱困境,开始走向强盛了。

值得一提的是,齐桓公田午极有可能是著名的“稷下学宫”的建立者,据《中论·亡国》记载:“齐桓公立稷下之官,设大夫之号,招致贤人而尊宠之。”田午在齐国内部政局动荡、外有列国入侵的险恶形势下,设立稷下学宫,用优厚的待遇招揽天下贤能之士,使他们为自己出谋划策,帮助新生的田氏齐国稳定政局、化解危机。在齐桓公田午的努力下,齐国终于走出了内忧外患的困境,走上了平稳发展的道路。据《史记·扁鹊仓公列传》记载,名医扁鹊经过齐国时,曾为“齐桓侯”田午先后三次诊病,但田午讳疾忌医,不听劝告,最终病入膏肓无法医治而死;《韩非子·喻老》载有“扁鹊见蔡桓侯”一事,故事情节与《史记·扁鹊仓公列传》的记载一致,可以确定“蔡桓侯”与“齐桓侯”均指田午。田午死后,他的儿子齐威王很快凭借田午遗留下来的良好国力基础,大力推行改革,使齐国再次成为诸侯国中首屈一指的强国。

总之,齐国历史上一共有两位齐桓公,除了被人们熟知的“春秋五霸”之首的齐桓公吕小白,还有田氏齐国的齐桓公田午。田午的名气虽然远不及吕小白,但在对外战争方面同样有着很大的成就,并且建立了著名的“稷下学宫”。齐国两位桓公的谥号都是名副其实的。

(刘东祥)

管鲍之交是怎么回事?

“管鲍之交”这个成语源于春秋时期齐国政治家管仲和鲍叔牙之间深厚友谊的故事,最初见于《列子·力命》:“‘生我者父母,知我者鲍叔也。’此世称管鲍善交者。”现常用于形容知己之交。

据《史记·管晏列传》记载,起初,管仲和鲍叔牙二人合伙做买卖。管仲家里穷,出的本钱没有鲍叔牙多,到分红的时候他却要多拿。鲍叔牙毫不计较,他知道管仲不是贪财,而是家庭生活贫困。有好几次,管仲帮鲍叔牙出主意办事,反而把事情办砸了,鲍叔牙也不生气,还安慰管仲说:事情办不成,不是因为你的主意不好,而是因为时机不好,你别介意。管仲曾经多次做官,但是每次都被罢免,鲍叔牙认为不是管仲没有才能,而是因为管仲没有碰到赏识他的人。管仲和鲍叔牙曾经一起作战,进攻的时候管仲躲在后面,撤退的时候他却跑在最前面。别人都说管仲是胆小鬼,临阵逃脱,鲍叔牙不但没有嘲笑管仲,而是替他辩解说:管仲家里有老母亲,他保护自己是为了侍奉母亲,并不是真的怕死。鲍叔牙多次替管仲辩护,极力掩盖管仲的缺点,完全是因为爱惜管仲这个人才,就这样两人结成了生死之交。

后来,管仲和鲍叔牙都在齐国从政,管仲辅佐公子纠,鲍叔牙辅佐公子小白。在争夺国君的斗争中,鲍叔牙和管仲虽有手足之情,但是各为其主。管仲箭射公子小白,但没想到射中衣带钩,公子小白诈死,提前回国当上了齐国国君,管仲自己则被囚禁鲁国。此时,齐桓公姜小白感念鲍叔牙的忠心和其所立的大功,要任命他做国相,没想到鲍叔牙不肯接受,并竭力举荐好友管仲担任上卿。鲍叔牙对齐桓公说:您如果只想治理齐国,有高傒和我也就够了。您如果想成就霸王之业,没有管仲不行。管仲在哪个国家,哪个国家一定会强盛,不能失去这个人才。在鲍叔牙的再三劝说下,齐桓公终于不计前嫌,拜管仲为国相并尊称他为“仲父”,鲍叔牙主动“以身下之”。管仲一方面感激好友鲍叔牙,一方面为齐桓公的大度和睿智所折服,决心鞠躬尽瘁、竭尽全力报效齐桓公。对此,管仲曾感慨地说:“吾幽囚受辱,鲍叔不以我为无耻,知我不羞小节而耻功名不显于天下也。生我者父母,知我者鲍子也。”(《史记·管晏列传》)

管仲任齐相后,鲍叔牙积极配合管仲,共同辅佐齐桓公。据《管子·大匡》记载,齐桓公即位初年,急于对外用兵,对内以勇授禄,内乱不已,管仲力谏,桓公不听,鲍叔牙万分焦急,力劝齐桓公“必用夷吾(管仲)之言”。当时,管仲曾对鲍叔牙说:“外诸侯之佐,既无有吾二人者,未有敢犯我者。”后来,桓公悔悟,采纳管仲的施政建议。管仲为取信天下诸侯,先后封杞、存邢、救卫,帮助三个国家恢复统治秩序。当时隰朋、宾胥无等由于不理解管仲“以予为取”的深谋远虑,纷纷向桓公谏曰:“不可。三国所以亡者,绝以小。今君蕲封亡国,国尽若何?”当时桓公有些犹豫,问鲍叔牙该怎么办。鲍叔牙果断地说:“君行夷吾(管仲)之言。”可见鲍叔牙充分理解管仲的争霸谋略,对管仲施政给予了极大的支持。管鲍二人同心协力,匡扶齐政,稳定了桓公初年的齐国局势,最后使齐国一跃成为诸侯国中最强大的国家,齐桓公成为春秋时期的第一个霸主。

到了晚年,管仲病重,齐桓公到其病榻前询问谁可继任宰相,其中也提到了鲍叔牙。管仲却出于公心并没有推荐鲍叔牙,而且说:“其为人也,洁廉善士也,其于不己若者不比之人,一闻人之过,终身不忘。使之理国,上且钩乎君,下且逆乎民。其得罪于君也,将弗久矣。”(《列子·力命》)除了正史记载的管鲍之交的故事外,后世的小说演义对此也多有涉及。冯梦龙《东周列国志》就记载了管仲晚年病重,却没有推荐鲍叔牙继任国相一职的故事,添加了更多的文学演绎成分:奸臣易牙得知这件事后,认为这是离间管仲与鲍叔牙的好机会,便到鲍叔牙面前挑拨,没想到鲍叔牙听了非但没有生气,反而笑道:“是乃牙之所以荐仲也。仲忠于为国,不私其友。夫使牙为司寇,驱逐佞人,则有余矣。若使当国为政,即尔等何所容身乎?”一番话说得易牙面红耳赤,狼狈而逃。

几千年来,“管鲍之交”已成为代代流传的千古佳话和理想的交友准则。现在,在安徽省颍上县解放北路,还有一座始建于明代的管鲍祠,以记其事。此外,历代文人也对其多有吟咏赞誉。

安徽颍上管鲍祠

晋朝大诗人陶渊明有《管鲍》诗，赞其："知人未易，相知实难。淡美初交，利乖岁寒。管生称心，鲍叔必安。奇情双亮，令名俱完。"（《陶渊明集》）

晋傅玄《何当行》叹曰："管鲍不世出，结交安可为。"

杜甫《贫交行》有言："君不见管鲍贫时交，此道今人弃如土。"

李白也说："管鲍久已死，何人继其踪。"（《箜篌谣》）

范仲淹感叹："须期管鲍垂千古，不学张陈负一朝。"（《得李四宗易书》）

（王　锋）

管仲、鲍叔牙，谁的年龄大？

管仲与鲍叔牙都是齐国历史上的重要人物，“管鲍之交”乃朋友相交之典范，成为流传千古的佳话。由于年代久远，史料稀少，管仲之生年已不可考，唯其卒年可以确定。据《史记·齐太公世家》：“（桓公）四十一年，秦穆公虏晋惠公，复归之。是岁，管仲、隰朋皆卒。”即齐桓公四十一年（前645）管仲去世，对此学界没有异议。而鲍叔牙生卒年均不详。

那么，这哥儿俩，谁为兄谁为弟呢？很多人认为鲍叔长于管仲。如陈书仪《齐国史料编年考辨》认为，鲍叔牙比管仲大两岁；傅国标的电视剧本《鲍叔牙与管仲》也认为鲍叔牙年长于管仲，剧本写道：“鲍叔牙笑将其中一份中的一半取起放入怀中，另一半推给管仲：‘贤弟快快收起来吧！’管仲推过来：‘鲍兄不能总是如此。’鲍叔牙又推了过去：‘贤弟家有老小，愚兄身无负担，理当如此！’”

但是，鲍叔牙年长于管仲有什么证据呢？陈书仪先生在确定鲍叔牙生年时说：“鲍叔牙长管仲两岁。”但是如何推测出来的不得而知。

其实，判断管鲍兄弟的长幼之序并不难，“管鲍”之称，已经透露了玄机：管仲为兄，鲍叔牙为弟。这是因为中华传统最重人伦。所谓“父子有亲，君臣有义，夫妇有别，长幼有序，朋友有信”，它们常被称作“五伦”。而“长幼有序”，被列为“五伦”之一。儒家经典《周礼》乃中国古代礼乐文化之权威记载与诠释，对等级制度和人伦礼仪尤为重视。《礼记·文王世子第八》有：“明父子之义，长幼之序。”《管子》对长幼之序，也有论述。如《管子·五辅》：“上下有义，贵贱有分，长幼有等，贫富有度。凡此八者，礼之经也。”《管子·权修》：“朝庭不肃，贵贱不明，长幼不分，度量不审，衣服无等，上下凌节，而求百姓之尊主政令，不可得也。”

先秦之时，已有“管鲍”之称，如《列子·力命篇》云：“管夷吾鲍叔牙二人相友甚戚，同处于齐。……此世称管鲍善交者，小白善用能者。”

“长幼有序”之人伦，决定了排序时兄在弟前之规则。兄弟二人排序，若弟在兄前，则是“乱伦”之举。“长幼有序”不仅适用于亲兄弟，异姓兄弟以及朋友之间，也要按年齿排序，所以历代都称“管鲍”，而无“鲍管”之说。这是管仲比鲍叔牙年龄大的第一个理由。

其次，管鲍二人合伙做生意，管仲主导利润分配，说明管仲年长于鲍叔牙。管仲曾回忆说：“吾始困时，尝与鲍叔贾，分财利多自与，鲍叔不以我为贪，知我贫也。”（《史记·管晏列传》）按照礼制，兄弟之间以兄为尊，凡事应由兄长做主。管仲与鲍叔牙做生意，分配利润之权由管仲掌握。“管仲贫困，常欺鲍叔”（《史记·管晏列传》），一个“欺”字，说明管仲凭借长兄之权威欺负鲍叔牙，多吃多占，而鲍叔牙毫无怨言。此固因鲍叔牙深知管仲之为人，知其家庭贫困需要钱，而不与其计较，亦当时小弟须服从长兄之礼制与风俗使然。

第三，管仲去世时，齐桓公有举鲍叔牙代管仲为相之语，亦说明鲍叔牙年龄小于管仲。管仲病重时，已担任齐相达四十年。齐桓公称管仲为“仲父”（犹言“叔父”），可知管仲年龄比齐桓公要大得多。陈书仪先生《管仲生年考》认为“两个人的年龄相差 15 岁”，以管仲年长齐桓公十五岁而论，那么，管仲生年当在公元前 735 年，至其公元前 645 年去世，享年九十岁。如果鲍叔牙年长于已经九十岁的管仲，齐桓公想让一个比管仲年龄还大的人来接任相位，似不合情理。

查春秋战国时期生卒年可考的人物，无一人活到九十岁，可见当时九十岁实属高寿。管仲年长于齐桓公十五岁，当属上限。

第四，鲍叔牙是齐桓公之“傅”，齐桓公却不称鲍叔牙为叔父，而尊称管仲为仲父，说明鲍叔牙的年龄与齐桓公相差不大，两人是亦师亦友的关系。管仲的年龄，则长于齐桓公许多，所以齐桓公尊称其为“仲父”。

根据历史文献记载，虽然很难确定管仲、鲍叔牙的生年，但管仲年长于鲍叔牙，还是有很多蛛丝马迹可寻的。而鲍叔牙年长于管仲的证据，几乎没有。文艺工作者在进行艺术创作时，如创作小说、影视、绘画、雕塑等，对于管仲和鲍叔牙谁是兄谁是弟，往往难以回避，因此厘清管鲍长幼之序很有必要。

（李钟琴）

管仲是怎样从囚徒一步登上宰相之位的?

“幸脱当年车槛灾,一匡霸业为齐开。可怜三尺牛山土,千古常埋天下才。”这是明代诗人、临淄知县毛维驺登临牛山,瞻仰管仲墓时所作的一首诗。诗中这位深埋牛山,经历了从“车槛灾”到“一匡霸业”的“天下才”就是春秋时期齐国名相管仲。他是如何从囚徒一步登上宰相之位的呢?这还得从管仲从政之初说起。

据《管子·大匡》记载,管仲和好友鲍叔牙在齐僖(釐)公时期已参加了齐国的政治活动。齐僖(釐)公生有三个儿子,长子诸儿、次子纠、幼子小白。齐僖(釐)公委派管仲、召忽辅佐公子纠,委派鲍叔牙辅佐公子小白。齐僖(釐)公去世后,公子诸儿即位,是为齐襄公。襄公蛮横暴戾,致使朝纲失常,政局混乱。据《左传·庄公八年》载,齐襄公即位后,鲍叔牙就意识到将会发生叛乱,就侍奉公子小白逃到了莒。叛乱发生后,为了逃避祸难,公子纠在管仲的辅佐下逃到了鲁国。公元前686年,齐襄公被公孙无知杀死,次年春,公孙无知又被雍林人杀死。一连串的宫廷政变使齐国出现了无君的局面,亟待拥立新君。此时,因齐襄公无子,有望登上君位的人选只有两个,一个是避难在鲁的公子纠,另一个就是避难于莒的公子小白。

据《史记·齐太公世家》记载,雍林人杀死公孙无知后,与公子小白交好的齐国上卿高傒连同另一监国上卿国子抢先暗中从莒召回小白。鲁国听说后,也迅速发兵护送公子纠返齐,并派管仲率军去莒国通往齐国的路上阻截公子小白。当管仲赶到莒国的边境时,恰好遇见公子小白一行向齐国进发,便急忙张弓搭箭对准小白射去,小白应声倒于车上。管仲以为小白被箭射死,便派人驰报鲁国。鲁国认为小白已死,便放慢了行军速度。其实公子小白并没有死,管仲一箭,恰好射在小白的衣带钩上,小白借机佯装中箭身亡,迷惑对方。待管仲一行走后,公子小白藏在车中,日夜兼程,率先回到齐国。六天后,公子纠到达齐国的时候,高、国两氏已立小白为国君,是为齐桓公。

汉代"丙午"带钩

桓公即位后,因为有高氏、国氏两大家族的支持,迅速稳定了局面。同时,为绝后患,桓公发兵攻打鲁国,齐、鲁两军战于乾时,鲁军大败。此时,齐桓公询问鲍叔牙如何安定社稷,鲍叔牙向齐桓公力荐管仲。鲍叔牙说:我是你的一个庸臣。你照顾我,使我不挨冻受饿,就已经是恩赐了。如果要治理国家的话,那就不是我所擅长的。若论治国之才,大概只有管仲了……桓公说:管仲曾用箭射中了我的衣带钩,使我险些丧命。鲍叔牙解释道:那是为他的主子出力啊。你若赦免他,让他回来,他也会那样为您出力的。桓公问:那怎样使他回来呢?鲍叔牙说:得向鲁国提出请求。桓公说:施伯是鲁君的谋臣,若知道我将起用管仲,一定不会放还给我的。那可怎么办?鲍叔回答说:派人去向鲁国要求说,我们国君有个不遵守命令的臣子在贵国,想在群臣面前处死他,所以请交还给我国。这样鲁国就会把他放还我国了。于是桓公照鲍叔牙说的那样,派人向鲁国提出了要求,"子纠,亲也,请君讨之。管、召,仇也,请受而甘心焉"(《左传·庄公九年》)。据《国语·齐语》载,事实果然如齐桓公所料,鲁庄公询问施伯如何处置这件事。施伯回答说:这不是想处死他,而是要起用他来执政。管仲是天下的奇才,他所效力的国家,一定会称霸于诸侯。让他返齐,必将会长久地成为鲁国的祸患。庄公说:那怎么办呢?施伯答道:杀了他把尸体交还给齐国。庄公准备处死管仲,齐国使者要求说:我们国君想亲自处决他,如果不把他活着带回去在群臣面前施刑示众,还是没能达到要求。请让他活着回去。于是庄公被迫将管仲交给齐国使者。

管仲为何没有像召忽一样殉主呢?《管子·大匡》载,面对未来天下,召忽说:百年以后,国君下世,如有违犯君命废弃我之所立,夺去纠的君位,就是得了天下,我也不愿活着;何况,参与了我们齐国的政务,接受君令而不改,奉我所立而不使废除,这是我义不容辞的任务。管仲对此却颇不以为然,说:我作为人君的臣子,是受君命奉国家以主持宗庙的,岂能为纠个人而牺牲?我要为之牺牲的是:国家破、宗庙灭、祭祀绝,只有这样,我才去死。不是这三件事,我就要活下来。我活对齐国有利,我死对齐国不利。《史记·管晏列传》也记载管仲曾说:“召忽死之,吾幽囚受辱,鲍叔不以我为无耻,知我不羞小节而耻功名不显于天下也。”

“不羞小节而耻功名不显于天下”的管仲,很快以囚徒的身份回到齐国。据《管子·小匡》载,鲍叔牙押送管仲到了齐、鲁两国交界处堂阜(今山东蒙阴),鲍叔牙亲自为管仲举行了除灾仪式,并让他沐浴三次。齐桓公亲自到郊外迎接,并在庙堂之上以礼相待管仲,向管仲请教为政治齐之道。很快,“桓公厚礼以为大夫,任政”(《史记·齐太公世家》)。管仲任齐国国相之后,为了便于治国,公开向齐桓公要名、要利、要地位。《韩非子·难一》载:“桓公解管仲之束缚而相之,管仲曰:‘臣有宠矣,然而臣卑。’公曰:‘使子立高、国之上。’管仲曰:‘臣贵矣,然而臣贫。’公曰:‘使子有三归之家。’管仲曰:‘臣富矣,然而臣疏。’于是立以为仲父。”《说苑·尊贤》载孔子评价此事说:“管仲之贤,而不得此三权者,亦不能使其君南面而霸矣。”从此,出身卑微的管仲从一个囚徒转瞬成为地位显赫的齐国国相。管仲为相三个月后,就与桓公品评百官。

齐桓公不计一箭之仇,知人善任,唯才是举;鲍叔牙识才荐贤,谦和忠君,使管仲由阶下囚而为齐相,成为千古美谈。对此,魏晋时期诗人孙楚在《管仲赞》中写道:“管生弯弓,与桓是仇。骏奔从纠,块为累囚。沐浴西郊,鸾飞詹丘。”清代诗人田实发则在《管仲》诗中赞叹:“槛车不数尺,乃容天下才。时无鲍叔牙,霸术终焉埋。射钩弃旧怨,度量何远哉:人生贵知遇,安用悲蒿莱?”

(王　锋)

管仲是如何大刀阔斧地进行改革的？

管仲是春秋时期著名的政治家、改革家。他辅佐齐桓公执政四十余年，通货积财，富国强兵，尊王攘夷，成就了齐国春秋首霸的宏图大业。对此，孔子赞其“管仲相桓公，霸诸侯，一匡天下，民到于今受其赐。微管仲，吾其被发左衽矣”(《论语·宪问》)。孔子甚至直言“桓公九合诸侯，不以兵车，管仲之力也”(《论语·宪问》)。由此可见，管仲的改革泽被后世，影响深远。那么，管仲究竟是如何大刀阔斧地进行改革的呢？

据《左传》《国语·齐语》《管子》《史记·管晏列传》等典籍的记载，管仲为相后，在齐桓公的支持下，他以过人的智慧创新，非凡的胆识执政，统筹政治、经济、军事、外交等各个方面，切中时弊，敦本务实，与时俱进，开拓创新，从而使齐国很快走上了富国强兵之路。概而言之，管仲的改革主要集中在政治、经济、军事、用人、社会保障和外交等几个方面。

在政治改革方面，管仲推行四民分业、参国伍鄙的制度。所谓“四民分业定居”，就是按照人口的地域和职业结构，使士、农、工、商四民各居其职所。管仲是中国历史上第一个从理论层面提出士、农、工、商四大社会集团的划分和四民定居主张的人。“四民者，勿使杂处，杂处则其言哤(máng)，其事易。……昔圣王之处士也，使就闲燕；处工，就官府；处商，就市井；处农，就田野。”(《国语·齐语》)就是说士、农、工、商四类民众，不要让他们混杂地住在一起，让讲学道艺的士清净舒适，让工匠在官府做工，让商人在市场经销，让农民安心耕种，世任其事，各安其业，从而加强了对国民的管理，也在当时条件下，提高了劳动效率，保证了劳动技能和生产力的再生产。所谓参国伍鄙，指“参其国而伍其鄙”(《管子·小匡》)，即把齐国辖地分成国都和野鄙两部分，三分国都，五分鄙野。其中,国都分为六个工、商的乡,十五个士、农的乡,共为二十一乡。其中由桓公自己管领十一个,上卿国子和高子各管领五个。把国政也分为三项,立出三官的制度:设三卿主管群臣,设三族主管工匠,设三乡主管商人,设三虞主管川泽,设三衡主管山林。鄙野的行政区划是三十家为一邑,每邑设一个司官;十邑为一率,每率设一个率长;十长为一乡,每乡设一个良人;三乡为一属,每属设一个属帅,全国共有五属,设立一位大夫。在每年的正月,五属大夫例行向桓公报告属内治绩,由桓公督责他们的功罪,使全国在行政上形成一个统一而完整的整体。此外,据《管子·桓公问》载,齐桓公为了便于"下听于人""广询天下",号召、鼓励人们"非上之所过""以正事争于君前";听从管仲建议,设置了"啧室之议"制度。通过"啧室之议"制度,近臣可以对君王的过失进行规劝,内亲外戚可以对君王未察之事加以弥补,百工小民可以将下层社会对朝政的种种议论传递上来,然后君王对大家所提供的意见和建议进行斟酌,修正以往政策的失误,或制定新政。在当时的历史条件下,齐桓公和管仲制定的这项"啧室之议"制度,开了以制度化保证士民进谏、议政的先河。

在经济方面,管仲强调:"凡治国之道,必先富民……是以善为国者,必先富民。"(《管子·治国》)为了富民,在农业生产上,他指出"地者,政之本也"(《管子·乘马》),并由此提出了"均地分力"(《管子·乘马》)的主张,推出了"相地而衰征"(《国语·齐语》)的土地税收政策。"均地分力"就是把土地经过公开折算后租给农民,使其分户耕种;"相地而衰征"就是按照土地的贫瘠征收不同等级的赋税。这两项主张不仅充分调动了民众的潜力,也充分发挥了地利的优势,实现了合理周到的分配,激起了齐国农民的耕种热情。据《国语·齐语》记载,管仲还规定,不准在农忙时征收劳役,不准抢夺牲畜,这样就保证了老百姓的生产时间,使农田得到开垦,牲畜得以繁殖,齐国经济迅速发展。

在工商业方面,管仲设立"轻重九府"(《史记·货殖列传》),即掌管财政货币的机构,通过观察年景丰歉、人民的需求来收、散粮食和物品。管仲还充分利用齐国负山带海的自然环境和重商传统,实行"官山海"政策,即实行盐铁国家专营的制度,这既增加了财政收入,又稳定了物价,加强了市场管理,保护了国家利益,直接促进了齐国生产和商业的发展,使齐国开辟了两项重要财政来源。为了促进工商业发展,管仲高度重视商贸市场的作用,鼓励贸易流通,"通齐国之鱼盐于东莱,使关市几而不征"(《国语·齐语》),就是说打通鱼、盐进出口通路，进出境和市场对外商只进行登记管理，不征税。他还大开方便之门，设立各种优惠政策，广泛招商引资，据《管子·轻重乙》载，管仲下令为各诸侯国的商人建立招待客栈，并规定拥有四匹马驾一辆车的商人，免费吃饭；有十二匹马驾三辆车的商人，还外加供应牲口草料；有二十匹马驾五辆大车的商人，还给他配备五名仆役，这些实实在在的改革举措，很快使得“天下之商贾归齐若流水”。

在军事方面，管仲强调寓兵于民，“作内政而寓军令”，将军事编制隐藏于行政编制中，这样就可以将戎事隐匿军令而托于国政，如果想要征伐邻国，邻国便无从知道。管仲规定，在国都中战时组成军队，设轨、里、连、乡的行政编制。五家为一轨，设轨长；十轨为一里，设里有司；四里为一连，设连长；十连为一乡，设乡良人。这是军政合一的编制。每轨五家，每家出一兵丁，故五人为伍，由轨长带领；每十轨为一里，共五十人为一小戎，由里有司带领；四里为连，二百人为一卒，由连长带领；十连为乡，每乡两千兵士为一旅，由乡良人带领；五乡共有兵丁一万人，为一军，由五乡之帅统领。齐国共有三军，有中军之鼓，由国君亲自率领；另有国子之鼓、高子之鼓，由国、高二氏率领。这种制度规定“春以田曰蒐(sōu)，振旅，秋以田曰狝(xiǎn)，治兵”，三军于春秋两季利用田猎机会，训练战阵攻守，提高战斗能力，于是卒、伍一级的军队在里中就已经整编而成，军、旅一级的军队在城郊就已经整编而成。在内政中寄寓军令的教令形成以后，同时还规定全国的人不许自由迁徙，每伍的人有福同享，有祸同当，人与人、家与家之间相互团结，达到了“夜里开战，只要听到声音，大家就不会乱伍；白天开战，只要看见容貌，大家就互相认识”的地步。此外，针对齐国缺少铠甲兵器这一问题，管仲制定了用铠甲兵器赎罪的刑法，臣民犯了重罪，可以用一副犀牛皮制的甲和一柄车戟赎罪；犯了小罪，可以用铜铁赎罪；打官司收取十二支箭作为诉讼费。这样，齐国不但解决了军备来源问题，而且扩大了国家的财政来源。管仲的军政改革为齐国建立了完备的军事、政治体制，成为齐国争霸的重要军事、政治基础。

在用人方面，管仲推行“三选法”的官吏选任制度。据《国语·齐语》《管子·小匡》等书记载，三选法包括三个环节：一是乡选，即各乡乡长，各属大夫将本乡、本属内符合任官条件的人才选出，上报国君；二是官选，即把各乡属选出的人才分配到有关的衙门实习做事，实习期满后，由衙门长官选出优秀者，上报国君；三是君选，即国君亲自选拔。由国君当场提出一些治国理政的疑难问题，让候选人说出解决办法,若国君满意其回答,便可任命为高一级的官吏,有的还可以做上卿的助手。这一选官制度,打破了西周以来任人唯亲的原则,冲击了世袭的贵族政治,使齐国政治修明,出现了空前的强盛。此外,管仲还特别注重人才引进,据《国语·齐语》载,管仲提议从齐国选派八十多名游士,给他们配备车马和裘,带足财币,让他们周游四方,为齐国招揽天下贤士。

在社会保障方面,管仲实行了“九惠之教”。所谓“九惠”,“一曰老老,二曰慈幼,三曰恤孤,四曰养疾,五曰合独,六曰问疾,七曰通穷,八曰振困,九曰接绝”(《管子·入国》)。“老老”,就是由国家赡养、照顾七十岁以上的老人;“慈幼”,就是由国家帮助抚养无力供养的士民的幼弱子女;“恤孤”,就是规定孤儿在父母死后可归同乡、熟人或故旧抚养,抚养者可免役;“养疾”,就是官府建“疾馆”来赡养残疾人;“合独”,就是由官府负责把无妻的男子和无夫的女子两两相配,组建家庭;“问病”,就是凡士民有病的,由官府来慰问;“通穷”,就是若有贫穷夫妇没有住处的,贫穷宾客没有粮食的,其所在乡里要及时上报,由国家进行补助;“振困”,就是灾荒年,官府发放仓粮来救济百姓;“接绝”,就是对烈士亲属给予抚恤。这项政策实际上是一种仁政,目的就是治国安民,通过对弱势群体的关怀,保障社会下层人民的基本生活,充分体现了“以人为本”的思想。这不仅实现了富民、利民的初衷,也为齐国的稳定发展奠定了基础。

在外交方面,管仲辅佐齐桓公推行“尊王攘夷”的策略,不仅使霸主地位合法化,树立了齐国崇高的威望,加强了同盟的凝聚力,而且维护了华夏体系的稳定,保护了中原经济和文化的发展,为中华文明的存续做出了巨大贡献。

经过管仲全方位大刀阔斧的改革,齐国国内政治稳定,经济繁荣,人民富足,从而为齐桓公称霸奠定了基础。

(王　锋)

“尊王攘夷”是怎么回事?

所谓“尊王攘夷”是后世儒家学者对春秋时期诸侯国之间政治特点,特别是一些霸权国家对外政策、原则的总结。“尊王攘夷”这一词语虽不见于任何儒家经典,但为后世儒家学者普遍赞同,而且是《公羊传》的基本精神之一。“尊王”指尊崇周天子的权力与权威,“攘夷”指防御外夷的入侵。“尊王”“攘夷”相辅相成,成为春秋时期华夏族抵御夷狄的政治武器和诸侯国壮大自身力量的重要政治手段。

“尊王攘夷”战略的提出与春秋初、中期诸侯国之间的政治形势密不可分。当时,周王室衰微,诸侯坐大,戎狄内侵。但由于宗法制的社会制度,周天子仍是名义上的天下“共主”。因此,面对天下秩序大乱,诸侯纷争,人民渴望稳定的局势,春秋时期的几位霸主不约而同地都以“尊王攘夷”来强化自己霸权的合法性与权威。

对“尊王攘夷”这一战略运用的最好的当属春秋首霸齐桓公。

齐桓公即位后,任用管仲为相,对内厉行改革,对外积极进取,使齐国的国力蒸蒸日上。在有了雄厚的物质基础和军事实力后,齐桓公和管仲在争夺霸权和维持霸权的过程中,适时运用“尊王”“攘夷”两大策略:一是充分利用周王室“天下共主”的政治符号意义,竖起“尊王”的大旗,争取周王室授权,使齐国的争霸活动合法化;二是恩威并施,改善与周边诸侯国的关系,以“攘夷”这根利益纽带团结诸夏。正是齐桓公自觉运用“尊王攘夷”战略,并使二者相互协调配合,才使得齐桓公“九合诸侯,一匡天下,为五伯长”(《韩非子·十过》)。

历史上,齐桓公有多次“尊王”之举。公元前681年,齐桓公邀请宋、陈、蔡、邾等国在北杏会盟。次年,齐桓公以宋违背北杏之盟为由,联合陈、曹两国共同伐宋,并请周王室派兵参加,这是齐桓公首次成功运用“尊王”战略。此后,随着齐国实力越来越强,齐桓公的威望越来越高,越来越多的诸侯国开始臣服于齐。公元前 667 年,周天子派召伯赐齐桓公为侯伯(霸),并令桓公讨伐卫国,以惩罚卫国支持王子颓作乱。第二年,齐桓公以王命公开伐卫,齐国的霸主地位得到周边国家的正式承认。公元前 655 年,齐桓公第三次运用“尊王”战略,主动介入周王室内部事务,邀请诸侯与周太子郑在首止相会,公开表明自己支持太子郑继位。周惠王因此对齐桓公不满,派人怂恿郑文公不要参加这次会盟。第二年,齐桓公即因郑文公不参加会盟而讨伐郑国。齐桓公第四次运用“尊王”战略是在第一次葵丘之盟时主动遵守周礼。公元前 651 年,声望如日中天的齐桓公邀请鲁、宋、卫、郑、许、曹等国在葵丘会盟。周襄王派大臣宰孔赐桓公祭肉,桓公坚持要求按周礼下阶跪拜,意在向与会诸侯表明,齐国与周王室有特殊的友好关系,齐桓公有“尊天子以令诸侯”的合法性,以及齐国为诸侯之长的地位。

齐桓公执政之时也是华夷冲突非常激烈的时期。他在“尊王”的同时,坚持“攘夷”战略,形成了一个以齐国为首的华夏“攘夷”同盟,并与“尊王”战略有效配合,使齐国和他自己的声望达到顶峰。

公元前 664 年,受到山戎侵扰的燕国向齐国求救。齐桓公率兵北伐山戎,得胜而回。后来他又劝燕庄公恢复向周王室纳贡。这次“攘夷”与“尊王”相结合的行动非常成功,以至“诸侯闻之,皆从齐”(《史记·齐太公世家》)。

真正让齐国的“攘夷”战略大放光芒的是齐国救援邢、卫两国的行动。公元前 662 年,狄人进攻邢国。次年,齐桓公发兵救邢。狄人又进攻卫国,直入卫都,卫国灭亡。卫人在曹重新建立政权,齐桓公派公子无亏率兵替卫国守卫曹邑,并赠送给卫人大量生活和生产物资。公元前 659 年,狄人再次攻邢。齐、宋、曹三国合兵来救,在击退狄人后,把邢国迁到夷仪(今山东聊城)安置。次年,“齐率诸侯城楚丘而立卫君”(《史记·齐太公世家》)。齐桓公逐狄、救邢、存卫的行为,大大提高了他在华夏诸侯中的声望。

齐桓公“攘夷”的最强对手是来自南方的“蛮夷”之国楚国。楚人自称“蛮夷”,自周夷王以来就不听从周王室的命令。春秋中期,楚国势力扩展到中原,参与诸侯相争。《史记·楚世家》称:“齐桓公始霸,楚亦始大。”两国之间的冲突势不可免。从公元前 659 年至前 657 年,楚国三次伐郑,齐国三次邀集相关诸侯国商讨对策。公元前 656 年,齐召集鲁、宋、陈、卫、郑、许、曹等诸侯国联兵进攻楚国的盟国蔡国。蔡兵溃败,联军直驱伐楚。楚王派使者与齐桓公交涉,管仲用“尊王”作为说辞,力证此次联兵伐楚的正义性。此后,双方在召陵对峙,齐桓公审时度势,与楚国大臣屈完结盟,双方各自退兵。

齐桓公通过打击王室对手、介入王室事务、遵守周礼的“尊王”战略和保卫盟国安全、阻击楚国北上的“攘夷”战略,使自己的霸主地位合法化,树立了齐国崇高的威望,加强了同盟的凝聚力,保护了中原经济和文化的发展,为中华文明的存续做出了巨大贡献。《公羊传·僖公四年》说:“南夷与狄交,中国不绝若线,桓公救中国,而攘夷狄。”孔子盛赞“管仲相桓公,霸诸侯,一匡天下,民到于今受其赐。微管仲,吾其被发左衽矣”(《论语·宪问》)。朱熹亦称赞:“尊周室,攘夷狄,皆所以正天下也。”(《论语集注》)顾炎武更直言:“《春秋》之义,尊天王,攘夷狄,诛乱臣贼子,皆性也,皆天道也。”(《日知录》)

(王　锋)

齐桓公“九合诸侯，一匡天下”的霸业是如何形成的？

春秋时期，王室衰微，礼崩乐坏，周王朝权威不再；周边游牧民族不断侵扰中原诸侯。齐桓公即位后，在管仲的辅佐下改革内政，使齐国国富民强。齐桓公攘夷狄，尊王室，在华夏诸国中树立了威信，成为春秋时期第一位霸主。齐桓公在位的四十多年间，以霸主身份召集诸侯会盟十几次，史称“九合诸侯”；支持周襄王继承王位，匡正天下，史称“一匡天下”，最终建立了赫赫霸业。齐桓公称霸中原的过程可以分为初创、称霸、鼎盛三个阶段。

（一）霸业初创阶段

齐桓公霸业初创的时间段为桓公即位（前 685）至桓公七年（前 679）。这一阶段，齐桓公制服了鲁、郑、宋、卫等中原主要诸侯国，齐桓公霸业初成。

齐桓公即位后的首要任务是制服鲁国。齐、鲁都是西周分封的重要诸侯国。春秋初期，鲁国也很强大。《左传·庄公十年》载，公元前 684 年春，齐、鲁两军在长勺（今山东曲阜，一说莱芜东北）会战。鲁庄公运用曹刿一鼓作气、再而衰、三而竭的智谋大败齐国军队。长勺之战，鲁胜齐败。齐桓公很不服气，于是又联合宋军来攻打鲁国。据《左传·庄公十年》载，同年夏六月，齐军、宋军驻扎在鲁国郎地。鲁国采取各个击破的战术，先攻击军容不整的宋军，结果鲁军在乘丘大败宋军。齐军看到宋军被打败，感到力量单薄，只好撤兵回国。

齐国对鲁国作战连续失败后，开始内修国政，富国强兵；对外采取联合多数，孤立个别的政策。据《左传·庄公十年》载，公元前 684 年冬，齐国发兵灭谭国。谭国国君逃到了莒国。公元前 683 年，宋国为雪乘丘之役的耻辱起兵伐鲁,结果又失败了。两次伐鲁失败后,宋国内乱,宋闵公被杀。据《左传·庄公十三年》载,为了平定宋国内乱,公元前681年春,齐桓公在北杏与宋、陈、蔡、邾四国会盟。对于这次会盟,杨伯峻先生在《春秋左传注》中认为:"以诸侯而主天下之盟会,以此为始。"北杏之盟后,因为遂国是鲁国的附庸国不肯参加会盟,当年夏天,齐国又灭掉了遂国并派兵戍守遂地。据《史记·齐太公世家》载,齐国灭掉遂国后,出兵伐鲁,鲁国军队作战不利,将要兵败之际,鲁庄公请求献出遂邑求和,齐桓公答应了鲁国的请求,齐鲁会盟于柯地。在柯地会盟时,鲁将曹刿用匕首劫持齐桓公,逼迫桓公归还鲁国与齐军三次作战败北失去的土地,齐桓公在管仲的劝说下,为了取信于诸侯国,答应了曹刿的要求。《公羊传·庄公十三年》记载:"要盟可犯,而桓公不欺;曹子可仇,而桓公不怨。桓公之信著乎天下,自柯之盟始焉。"《史记·齐太公世家》记载:"诸侯闻之,皆信齐而欲附焉。"柯地会盟表面上看齐国丧失了一部分土地,但达到了征服鲁和赢得诸侯国信任的目的,为齐桓公称霸诸侯打下了良好的基础。

宋国见齐、鲁和好,便背叛北杏之盟。据《左传·庄公十四年》载,公元前680年春,齐桓公又联合陈、曹共同伐宋,并向周王室请求援助,周王室派单伯带兵参与伐宋之师。在这种情况下,宋国向齐屈服。对于齐桓公"请师于周"这件事,杜预《春秋左传注》曰:"齐欲崇天子,故请师,假王命以示大顺。"这是齐桓公第一次取得周王室的支持和认可。

就在齐、陈、曹伐宋的同年,郑国再次发生内乱,外逃的郑厉公杀掉郑君子仪后复位。郑厉公复位后为了站稳脚跟,于公元前680年冬与齐结盟。这次结盟不但有齐、郑两国国君,还有周天子派的代表单伯以及宋、卫两国国君。为了巩固五国同盟,公元前679年春,"齐侯、宋公、陈侯、卫侯、郑伯会于鄄"(《左传·庄公十五年》)。齐国在短时间内,两次会盟宋、陈、卫、郑四国国君,说明以齐国为首的五国同盟初步稳定,《左传·庄公十五年》载:"十五年,春,复会焉,齐始霸也。"此时,齐桓公的霸业只是得到宋、陈、卫、郑等诸侯国的承认,并没有得到周天子的完全承认,而且五国同盟也不十分稳定,这只能算是齐桓公称霸中原初露锋芒。

(二)霸业初成阶段

公元前679年至公元前666年,齐桓公名正言顺地成为中原霸主。这一阶段,齐桓公进一步协调各诸侯国之间的关系,其霸主地位得到周天子的承认,并且以周天子的名义征讨参与周王室叛乱的卫国等。

鄄地会盟后，据《左传·庄公十五年》载，鲁庄公母亲文姜也到齐国结好，这样中原主要诸侯国鲁、郑、宋、卫、陈等都屈服于齐国。然而诸侯国之间仍有矛盾，郑、宋两国之仇并没有完全解除。公元前 679 年秋，齐、宋、卫三国借伐郳（ní，今山东枣庄）之机，攻打宋国。为了惩罚郑国违背鄄地会盟的盟约，公元前 678 年，齐、宋、卫三国联合攻打郑国。与此同时，楚国也以郑厉公复国晚告为借口伐郑，郑国两面受敌。郑厉公权衡利弊，最终屈服于齐国。同年冬天，齐与鲁、宋、陈、卫、郑、许、滑、滕八国会盟于宋国的幽地（今河南商丘），齐国的同盟国进一步扩大。然而时隔不久，郑再次叛离同盟。公元前 677 年，郑国又背弃盟约不去朝齐，齐国于是拘留了郑国的执政大臣郑詹。而郑詹又从齐国逃到了鲁国，且鲁国接纳了他。齐国对此事耿耿于怀，于公元前 675 年冬，联合宋、陈两国，出兵攻打鲁国的西部边境。正在这时，周王室也发生了严重内乱。周惠王被迫逃到了郑国，郑厉公和虢（guó）公帮助周惠王平定内乱，恢复王位。叛乱的主谋苏子和王子颓逃到了卫国。周惠王于是将虎牢以东之地封赐给了郑厉公。郑厉公原想借周惠王之势同齐国抗衡，但是不久，郑厉公于公元前 673 年夏突然死去，郑国从此失去了与齐抗衡的机会。就在这时，齐、鲁两国因为联姻交睦，关系变得十分密切，齐国周边的诸侯国几乎都依附于齐国，这就迫使郑、陈又重新加入齐国的同盟。公元前 667 年夏，齐、鲁、郑、宋、陈五国国君在幽地会盟。同年冬，周惠王派王室卿士召伯廖赴齐，赐命齐桓公为侯伯，承认齐国的霸主地位。《史记·周本纪》也记载：“惠王十年，赐齐桓公为伯。”自此，齐桓公名正言顺地成为中原霸主。公元前 666 年，齐桓公遵照周王命令，讨伐卫国，大败卫师，并以王命责备卫国的罪行，取卫国的财货回国。

（三）霸业鼎盛阶段

公元前 666 年至公元前 651 年，齐桓公霸业进入鼎盛阶段。这一时期，齐桓公主要是安定中原诸侯国，攘夷狄，其霸业达到鼎盛。

《史记·楚世家》载：“齐桓公始霸，楚亦始大。”齐桓公内定诸侯之际，楚国逐渐强大起来，连连进攻中原诸侯国。据《左传·庄公二十八年》载，公元前 666 年，楚国令尹子元以战车六百乘攻打郑国，一直攻到郑国的内城，后楚军因担心中埋伏，才将军队撤出。这时齐、鲁、宋联军至郑，楚军连夜逃走。这是齐桓公首次遏制楚国北侵中原。

据《左传·庄公三十二年》载，公元前662年，鲁庄公死，鲁国发生争夺王位的内战。庄公弟庆父杀鲁君公子般，立公子启方为君，是为闵公。据《左传·闵公二年》载，公元前660年，庆父欲自立为君，派大夫杀闵公，鲁国大乱。齐国派大夫仲孙湫出使鲁国，仲孙湫回到齐国后对齐桓公说：不去庆父，鲁难未已。桓公问：怎样除去庆父？仲孙湫回答说：要等待庆父作乱自毙。桓公问：是否可以袭取鲁国？仲孙湫说：不可以，他们还执掌着周礼。周礼是治国的根本。……鲁国不抛弃周礼，是不能动它的。君王应当平定鲁国的祸难，并且进一步亲睦它。亲近讲礼仪的国家，依靠稳定坚固的国家，离间内部离心离德的国家，灭亡昏暗暴乱的国家，这是完成霸王之业的策略。这段话比较清楚地概括了齐国的外交政策，即遵守周礼，紧密团结尊重周王室的国家，加强同邻国联盟，打击敢于背叛周王室和齐国的国家，灭亡那些昏乱的国家。齐桓公采纳了仲孙湫的建议，没有乘人之危，而是致力于帮助平定鲁国的灾难。不久鲁国国内要诛杀庆父，庆父逃亡莒国。庆父连杀两位国君，罪恶昭彰，鲁国要求莒国将他引渡回国，迫使他畏罪自杀。参与叛逆弑君的鲁庄公夫人哀姜逃到邾国，齐国派人取而杀之，将尸体归还鲁国。同年冬，齐桓公派上卿高傒与鲁国订盟。高子率领南阳甲兵，帮助确立鲁僖公的君位，修复鲁国都城从鹿门至争门的城防。齐国此举，极大地提高了齐桓公在诸侯国中的地位，对齐国号召诸侯共同抵御夷狄外患，也具有重大意义。高子率军安鲁订盟，在历史上成为美谈。“犹望高子”即出典于此，表示鲁国对齐国安鲁的衷心感戴。

在基本安定中原诸侯国之后，齐桓公便转向攘夷，率领中原各国抵抗北狄和南蛮楚国对中原的侵扰。《左传·庄公三十年》载，公元前664年，山戎伐燕，燕向齐国告急。齐桓公与鲁庄公在济水相会，商量征讨山戎一事。鲁庄公表面答应，却因害怕道路险远而按兵不动。齐桓公便在无其他诸侯国协助的情况下，与管仲、隰朋等率军越千里之险北伐山戎。据《韩非子·说林上》载，在追击山戎的行军途中，齐军迷路，管仲曰：“老马之智可用也。”于是放老马前行，军队随其后，老马带领大军走出了迷圈。这就是著名的“老马识途”成语的来源。在行军中，遇到了缺水的困境，隰朋说：蚂蚁冬天居住在山坡的阳面，夏天居住在山坡的阴面，蚂蚁穴居之处，向下挖七八尺深的地方就会有水。在行军千里，入戎狄腹地的艰苦情况下，齐国君臣上下同心，终于战胜山戎，打败令支国、孤竹国。据《史记·齐太公世家》记载，对于齐国的救援，燕庄公非常感激，于是一直把齐桓公送进齐境还不停止，齐桓公说：不是天子，诸侯之间应遵守相送不出国境的礼节，我不能让燕君违礼。于是割燕庄公所到之地给燕国，并让燕庄公修复召公之政，向周天子纳贡。齐桓公在伐戎救燕的过程中，既没有因为鲁国临行退却，打压报复鲁国；又尊重了燕国和周王室，在诸侯国中树立了极高的威信。

齐伐山戎不久，北方另一少数民族北狄开始侵扰邢、卫诸侯国。公元前662年，狄人伐邢。公元前661年，齐桓公听从管仲的建议联合宋、曹救邢。但齐军尚未到达，狄人已攻下邢国，邢人大溃。齐国遂与宋、曹驱逐狄师，迎邢国国君至齐。公元前660年，齐国又率诸侯国军队为邢在夷仪筑城，并迁邢于夷仪。同年，狄人又伐卫。卫懿公昏庸无能被狄人所杀。卫国军民大溃，逃到黄河岸边，宋桓公接应他们过河，并在曹地（今河南滑县西南之白马故城）立公子申为君，是为卫戴公。齐桓公派公子无亏率车三百乘、甲士三千人为卫戍曹。卫戴公即位不到一年死去，齐国又立卫文公为卫君，齐桓公又带领各诸侯国为卫国修筑楚丘城，将卫封于楚丘（今河南滑县）。

齐桓公安鲁、救邢、存卫，达到了收拢人心、稳定中原的目的，在华夏诸国中引起了极大的反响。《国语・齐语》载：“天下诸侯称仁焉。于是天下诸侯知桓公之为己勤也，是故诸侯归之。”

北方基本安定之后，齐桓公把主要进攻矛头转向南方楚国，迫使楚国尊奉周王室，遏制其北进。公元前659年，楚国因郑国亲齐，派兵伐郑。齐桓公会和宋、鲁、郑、曹、邾的国君，讨论抗楚救郑。此后，楚国连续两年伐郑。为了联络中原诸侯抗楚，公元前658年、公元前657年，齐、宋、江、黄四国国君在贯地（今山东曹县南）和阳谷（今山东阳谷北）会盟两次。公元前655年，齐桓公因蔡人不恭，召集鲁、宋、陈、卫、郑、许、曹等诸侯国联兵讨伐蔡国，蔡人溃败，诸侯联军直驱伐楚。楚成王派使者与齐桓公交涉，管仲申明伐楚的两大理由：楚国不向周天子进贡苞茅，周天子无法滤酒糟；周昭王南征没有回国。楚使只承认不纳贡之罪，并答应按时纳贡。楚人承认小罪，推诿大罪，齐桓公率联军进驻陉（xíng）地。楚成王又派楚国大夫屈完与齐桓公议和，诸侯军退驻召陵。屈完在随同齐桓公检阅诸侯联军军队时说：“辱收寡君，寡君之愿也。”于是屈完在召陵同诸侯订立了盟约。召陵之盟既迫使楚国尊重周王室，按期向周王室纳贡，又遏制了其北向中原的步伐。

召陵之盟后，中原诸侯国局势基本稳定，周王室内部却出现了不安宁的因素。据《左传·僖公五年》载，公元前655年，周惠王因宠爱少子带，有废黜太子郑而另立少子带的意向，齐桓公邀请宋、陈、卫、郑、许、曹六国国君与周太子郑在首止会盟，商量安定周王室。公元前653年底，周惠王去世。太子郑怕叔带作乱，不敢发丧，向齐国求援。公元前652年春，齐桓公率鲁、许、卫、曹四国国君与陈世子及周襄王派出的大夫在洮（táo，今山东鄄城西南）结盟，郑文公也来请盟，于是诸侯共同奉太子即位，以确立襄王的王位。周襄王在王位确定后才为周惠王发丧。齐桓公以安定王室为己任，携同盟国扶助周襄王继承王位，周襄王对齐桓公的感激之情自然是不言而喻的，也更加承认了他中原霸主的地位，这一切都预示着齐桓公一匡天下的霸业即将达到顶峰。

公元前651年夏，齐桓公与鲁、宋、卫、郑、许、曹六国诸侯在葵丘会盟。《左传·僖公九年》载："夏，会于葵丘，寻盟且修好，礼也。"明确了此次会盟是合乎礼法的，目的在于继续保持同盟友好关系。这次会盟与前面会盟不同的是，周天子派使臣宰孔参加，不仅赐给齐桓公祭肉，且赐爵一级。周天子还嘱咐宰孔因齐桓公年老德高，可不必下拜受赐，齐桓公仍然依礼下阶跪拜后上堂接受了赏赐。同年秋天，齐桓公又在葵丘与各诸侯国君会盟，订立了"凡我同盟之人，既盟之后，言归于好"（《左传·僖公九年》）的盟约，并重申了周天子的禁令："毋雍泉，毋讫（qì）籴（dí），毋易树子，毋以妾为妻，毋使妇人与国事。"（《穀梁传·僖公九年》）葵丘之盟使齐桓公的霸主地位不但得到了周天子的完全承认，还得到了周天子的嘉奖，而且齐桓公还在葵丘之盟中代替周天子重申了周朝赖以维持统治秩序的禁令。

葵丘之盟，标志着齐桓公的霸业达到顶峰。至此，齐桓公在管仲的辅佐下，完成了春秋首霸的伟业，史称"九合诸侯，一匡天下"。

（王　锋）

齐国春秋首霸的功业是如何中衰的?

公元前651年的葵丘会盟,既是齐桓公霸业的顶峰,也是齐桓公霸业由盛而衰的转折点。葵丘会盟之后,齐桓公的霸主地位虽然仍然维持,但是已经不如从前,主要表现在既没有很好地完成内安诸夏、外御诸夷的历史使命,又遭到了盟国的背叛。至公元前643年冬,齐桓公去世,齐国发生内乱,国力大衰,再也无法维持中原霸主的地位。齐国霸业中衰,主要有三个方面的原因:

一是齐桓公居功自傲,引起周王朝的不满和盟国的背叛。葵丘会盟之后,齐桓公开始满足于所取得的成就,志得意满,盛气凌人。《国语·齐语》与《史记·齐太公世家》均记载,当周襄王派宰孔赐齐桓公祭肉,并允许齐桓公可以不用下拜的时候,齐桓公欲真不下拜,被管仲劝止。桓公甚至提出要封禅。《史记·齐太公世家》载桓公曰:"寡人南伐至召陵,望熊山;北伐山戎、离枝、孤竹;西伐大夏,涉流沙;束马悬车登太行,至卑耳山而还。诸侯莫违寡人。寡人兵车之会三,乘车之会六,九合诸侯,一匡天下。昔三代受命,有何以异于此乎?吾欲封泰山,禅梁父。"封泰山、禅梁父,是古代帝王祭祀天地的大典,一般来说,只有在开国换代、江山易主或久乱之后致使天下太平,才封泰山、禅梁父,向天地报告重整乾坤之功业,同时表示接受天命而治理人世。桓公自比古代圣王,陶醉于横行天下、称雄一世、人莫如我的感觉之中,尽管封泰山、禅梁父的欲望被管仲所谏止,但是他骄傲自满的情绪给他的霸业带来了危害。《史记·齐太公世家》载:齐桓公三十五年,"秋,复会诸侯于葵丘,益有骄色。周使宰孔会。诸侯颇有叛者。晋侯病,后,遇宰孔。宰孔曰:'齐侯骄矣,弟无行。'从之"。《公羊传·僖公九年》载:"葵丘之会,桓公震而矜之,叛者九国。"齐桓公恃功自傲不但引起了多国诸侯叛盟,而且也引起了周王室代表宰孔的反感。正因为宰孔的劝告，中原另一大国晋国没有如期参加齐桓公的葵丘会盟。

二是齐桓公晚年宠信奸佞之臣，导致奸臣专权、朝政混乱。管仲病重，齐桓公去探望，询问谁可以继任齐国国相一事，管仲请求齐桓公驱逐竖刁、易牙、堂巫、卫公子开方等奸佞之臣。《管子·戒》《管子·小称》《史记·齐太公世家》《说苑·权谋》等典籍对此事均有记载。竖刁、易牙、开方是齐桓公晚年的三名近臣。竖刁为了接近齐桓公，自受宫刑，为齐桓公管理内宫而受宠；易牙为齐桓公管理饮食，为了讨齐桓公欢心，主动把自己的儿子杀死，蒸了让齐桓公吃；卫公子开方为了侍奉齐桓公，十五年不回国看望自己的父母双亲，甚至连父亲去世都没有回去送葬。齐桓公认为这三人是不可多得的忠臣，甚至想在管仲去世后任用他们为相。管仲认为他们都是佞臣，连自己的身体、子女、父母都不爱的人，不可能爱国君，他们反常的行为只能出于非常的野心。如果他们受宠得势，只能是害君殃国。因此，管仲不仅坚决反对他们为相，并力主立即驱逐他们。齐桓公四十一年（前645），管仲去世，齐桓公废除了竖刁等四人的官职并将他们驱逐出宫。不久，齐桓公却因驱逐了堂巫而生怪病，驱逐易牙而食不甘味，驱逐竖刁而内宫混乱，驱逐公子开方而朝政不治，以致齐桓公也开始怀疑管仲对他们四人的看法是否正确，便没有听从管仲遗言，恢复了四人的官职，导致四人专齐国之大权，最终齐桓公死于饥渴。《管子·小称》载：四人专权将近一年，于是开始作乱，建筑高墙，堵塞宫门，把病重的齐桓公软禁在一个屋子，不允许任何人出入，并在外假传齐桓公命令以号令群臣，齐桓公“饥而欲食，渴而欲饮，不可得”。齐桓公深恨自己没有听从管仲的话，拿起一块白色的头巾裹头而死。一代霸主，一生奢华，最后竟困于宠臣，死不葬身。《说苑·尊贤》这样评价：“失管仲、隰朋，任竖刁、易牙，身死不葬，虫流出户。一人之身荣辱俱施者何？其所任异也。由此观之，则任佐急矣。”《管子·小称》载：“桓公之所以身死十一日虫出户而不收者，以不终用贤也。”这些论述可谓切中要害。

三是五子争位致使齐国内乱，国力衰败，无力参加霸权的角逐。齐桓公好女色，多内宠，埋下了诸公子争夺君位的隐患。据《史记·齐太公世家》载，齐桓公有三位夫人，都没有儿子。但是齐桓公宠爱的六位如夫人都有儿子，长卫姬生公子无亏（武孟），少卫姬生公子元（齐惠公），郑姬生公子昭（齐孝公），葛嬴生公子潘（齐昭公），密姬生公子商人（齐懿公），宋华子生公子雍。这六个儿子，仗恃他们的母亲受宠，都觊觎国君之位。长子无亏应当立为太子，但是齐桓公把公子昭托付给宋襄公作为储君。之后,长卫姬通过易牙向桓公进献食品,桓公又答应立无亏为太子,却又迟迟不肯罢黜太子昭。《左传·僖公十七年》与《史记·齐太公世家》载:“管仲卒,五公子皆求立。”管仲病逝后,诸公子已经显露出了争位的迹象。公元前 643 年,齐桓公去世。齐桓公死后,五位公子忙于争位,各自勾结党羽,互相残杀,致使齐桓公尸体腐烂生蛆,惨不忍睹。先是易牙等权臣杀害齐桓公手下大批官吏,立无亏为太子,太子昭奔宋。公元前 642 年,宋襄公依桓公生前嘱托,率曹、卫、邾国军队平定齐国内乱,送太子昭回国即位。齐人杀无亏,想要立太子昭为国君,公子潘、公子商人、公子元、公子雍的死党抗拒宋军,被宋军打败,于是公子昭成为齐国国君,即齐孝公。齐孝公继位后,虽然也希望能够继承齐桓公之德登上霸主地位,但是一方面齐孝公本人无齐桓公的能力和魄力,另一方面齐国也因内乱消耗了国力,齐孝公虽然做出了种种努力,但是齐国复霸中原的梦想最终没有实现。公元前 633 年,齐孝公去世。他的弟弟公子潘依靠开方的支持,杀侄自立,是为昭公。齐昭公继位后采取了臣服晋国,结好鲁国的外交政策,虽然政绩平平,但也基本能够与强国、邻国相安无事,齐国的政局基本稳定。公元前 613 年齐昭公去世,公子舍立为嗣君。公子商人杀死侄子,自立为君,是为懿公。懿公即位后,因骄奢残暴而被杀,公子元即位,是为惠公。至此,齐桓公的六个宠姬所生的六个儿子中的五个:无亏、孝公、昭公、懿公、惠公都做了国君。只有公子雍未做国君,但他在易牙的辅助下,在鲁、楚的支持下,驻守在谷地,对齐国虎视眈眈,使齐国处于极为被动的地位。五公子争位引起的连年战乱,使齐国失去了霸主地位。

(王　锋)

管仲“病榻论相”说明了什么道理？

管仲晚年病重之时，齐桓公前来探视，他坐在管仲的病榻前，问道：仲父病得太重了，百年之后，谁能接替您？对于如此敏感的人事问题，管仲不好直接回答，于是说了句模棱两可的话：没有比国君更了解臣子的了。巧妙地试探齐桓公的想法。

此时齐桓公正宠信三人：一是杀了自己儿子让桓公品尝人肉滋味的大厨易牙，一是抛弃家国和荣华富贵投靠桓公的卫懿公的庶长子开方，一是自宫以讨好桓公的竖刁。桓公打算从这三个宠臣中选一个接任管仲的相位。他先问管仲：易牙如何？

管仲平时很瞧不起这三个小人，今见桓公欲以相位授予易牙，感到此事非同小可，便毫不含糊地说：易牙杀了自己的儿子来讨好国君，这不是人之常情，不可！

桓公再问公子开方如何，管仲对曰：开方抛弃自己的亲人来投靠国君，这不是人之常情，这样的人不可信任！

桓公又问竖刁如何，管仲道：竖刁自宫以适君，这不是人之常情，这样的人不可亲近！

桓公所提的人选三次被管仲否决，以为管仲想推荐其好友鲍叔牙为相，便说：鲍叔牙如何？不料管仲说：鲍叔牙是个彬彬君子，如果没有正当的理由，就算把千乘之国送给他，他也不会接受。即使如此，他也不可以执掌朝政。鲍叔牙的为人，好善嫉恶，见别人有一点恶行，便终身不忘。

桓公问：那么到底谁行呢？管仲回答说：隰朋行！隰朋的为人，眼光长远而虚心下问。治国有可以不管的政务，治家有可以不知的家事，这只有隰朋能做到。隰朋在家不忘公事，在公也不忘私事，事君没有二心，也不忘自己。他曾用齐国的钱，救济过路难民五十多户，而受惠者都不知道是他的恩赐。称得上大仁的，难道不是隰朋吗？

管仲还为桓公分析了几个重要臣子的优缺点：鲍叔牙很正直，宾胥无很善良，宁戚很能干，曹孙宿能说会道。鲍叔牙为人好直，但不能为国家而牺牲其好直；宾胥无为人好善，但不能为国家而牺牲其好善；宁戚为人能干，但不能适可而止；曹孙宿为人能说，但不能取信以后就及时沉默。能使国家安宁长久的，只有隰朋。隰朋为人，做事一定会量力而行。

管仲讲完，喟然叹道：上天生下隰朋，本是做我的“舌”的，我身子死了，舌还能活吗？

公元前645年初，管仲去世。可惜的是，隰朋在这一年也去世了。“其身死，舌焉得生哉！”管仲、隰朋相继去世，只隔了十个月。

临淄牛山北麓管仲墓

齐桓公在管仲去世后，听从管仲之言，将易牙、竖刁和开方驱逐出宫。但身边没有了这三个小人的侍奉，桓公食不甘味，寝不安席，终于又将三人召了回来，并赋予大权。才过了一年，借桓公生病之机，易牙、竖刁等人在桓公的寝宫外筑起高墙，竟将桓公活活困死在了高墙之内。之后，易牙、竖刁、开方、堂巫等人各拥桓公的五个儿子争夺君位，齐国陷入内乱。桓公的尸体六十七天无人收敛，尸体生的蛆虫都爬到了门外。

以上故事，乃根据《管子·戒》《管子·小称》《史记·齐太公世家》的记载综合而成。管仲病榻论相,可谓其从政生涯的绝唱!

首先,管仲连用三个“非人情”否定了易牙等三人,看似武断,其实大有道理。试想,一个连自己的儿子、亲人甚至自己都不爱的人,能忠于齐桓公吗?观察一个人的所作所为,若是违背了人之常情,那么他非傻即愚,非奸即盗,十有八九抱有不可告人的险恶目的。这倒是很值得玩味的知人一法。

其次,管仲以鲍叔牙为人太直、疾恶如仇为由,认为他不适合做一国之相。而举荐“于国有所不知政,于家有所不知事”的隰朋为相,此中含有深意。作为一国之相,最重要的是要有度量,知道轻重缓急,善于调和各种矛盾,必要时还要懂得妥协。隰朋在小事上善于装糊涂,但大事不糊涂,是国相的最佳人选。所以,管仲不同意刚正不阿的鲍叔牙做相国,这既是为了国家利益,也是为鲍叔牙着想。

齐桓公不听管仲之言,最终落了个悲惨结局,齐国的霸业也因管仲和桓公的相继去世而中衰,令人扼腕!

（李钟琴）

孔子对管仲的三次评价有何不同?

《论语》记录了孔子对管仲的三次评价,这三次评价都是针对具体问题而论的,因此各有不同之处。

孔子第一次评价管仲,出现在《论语·八佾(yì)》:

子曰:“管仲之器小哉!”

或曰:“管仲俭乎?”曰:“管仲有三归,官事不摄,焉得俭?”

“然则管仲知礼乎?”曰:“邦君树塞门,管氏亦树塞门。邦君为两君之好,有反坫(diàn),管氏亦有反坫。管氏而知礼,孰不知礼?”

这次的话题是由孔子引发的。他先是慨叹:管仲的器量狭小得很啊! 于是有人不理解,以为“器小”指管仲生活节俭、小气,便问孔子:管仲节俭吗? 孔子回答说:管仲有三归之家,他手下的人员从不兼差,怎么能说是节俭呢? 那人又问:那么,管仲懂得礼节吗? 孔子说:国君宫殿门前立了一个塞门,管仲也立了个塞门;国君设宴招待别的国君,在堂上有放置酒器的反坫,而管子也有反坫。如果说管仲懂得礼节,那谁不懂礼节呢?

这里提到的“三归”“反坫”,即《史记·管晏列传》所谓“管仲富拟于公室,有三归、反坫,齐人不以为侈”。“三归”指什么呢? 历来众说纷纭,各种解释有十余种之多。有学者解释为三座府第,有的解释为三个封邑,有的解释为娶了三房老婆,也有的解释为三座高台……根据《韩非子·外储说左下》中“使子有三归之家”的语句,解释为三座府第似较合理。“反坫”指大堂的两柱之间用来放置酒器的土台。按照周礼,诸侯才能有反坫,管仲是大夫,不应享有这个待遇。

在这段对话中,孔子批评管仲器量狭小、生活奢侈、不知礼节。孔子是个特别重视礼节、坚守等级秩序的人,对违反礼制的人和事特别反感。礼制规定只有国君才有资格观看八佾之舞（一佾为八人，八佾共六十四人），而鲁国大夫季氏在家中观看八佾之舞，孔子听说后气得大骂："是可忍也，孰不可忍也？"（《论语·八佾》）在孔子看来，这简直与犯上作乱差不多了。所以，管仲作为一个大夫，却享用国君才有资格享用的"三归""反坫"，在孔子看来是不可容忍的。由管仲生活奢侈、不知礼节，进而推论"管仲之器小哉"。这个"器小"，可解释为器量狭小，也可解释为器宇狭小、格局狭小。

南宋大儒朱熹在《论语集注》中解释说："器小，言其不知圣贤大学之道，故局量褊浅、规模卑狭，不能正身修德以致主于王道。""王道"在春秋战国时期是与"霸道"相对的一个概念，孟子说："以力假仁者霸"，"以德行仁者王"。（《孟子·公孙丑上》）"王道"是儒家追求的政治理想，他们希望通过仁义和礼制以德服人，从而实现天下大同，而不是通过武力使别人屈服。

孔子第二次评价管仲，见于《论语·宪问》：

或问子产。子曰："惠人也。"

问子西。曰："彼哉彼哉！"

问管仲。曰："人也。夺伯氏骈邑三百，饭疏食，没齿无怨言。"

这一次，有人问孔子对子产、子西、管仲三个人的看法。那人先问郑国的大臣子产怎么样？孔子说：子产是个宽厚仁慈的人。那人又问郑国的大臣公孙夏（字子西，子产的族兄）怎么样，孔子说：他呀！他呀！表示不屑评价。那人又问管仲怎么样，孔子说：这个人啊！他剥夺了齐国大臣伯氏的三百户封地，使伯氏只能吃糠咽菜，却至死没有怨言。朱熹《论语集注》解释道："人也，犹言此人也。伯氏，齐大夫。骈邑，地名。齿，年也。盖桓公夺伯氏之邑以与管仲，伯氏自知己罪，而心服管仲之功，故穷约以终身而无怨言。"朱熹认为是齐桓公剥夺了伯氏的三百封邑，旨在说明此事与管仲无关。而伯氏因为心服管仲的功业，虽穷困潦倒却终身无怨言。但《论语》原文中，问者问的是"管仲这个人怎么样"，孔子的回答自然是针对管仲，并未涉及齐桓公。一个"夺"字，说明管仲剥夺伯氏封地，似乎并不那么名正言顺。

孔子第三次评价管仲，也见于《论语·宪问》：

子路曰："桓公杀公子纠，召忽死之，管仲不死。"曰："未仁乎？"子曰："桓公九合诸侯，不以兵车，管仲之力也。如其仁。如其仁。"

子贡曰："管仲非仁者与（欤）？桓公杀公子纠，不能死，又相之。"子曰:“管仲相桓公,霸诸侯,一匡天下,民到于今受其赐。微管仲,吾其被发左衽矣。岂若匹夫匹妇之为谅也,自经于沟渎而莫之知也?”

此次话题由孔子的学生子路引发。子路说:齐桓公杀了他哥哥公子纠,公子纠的师傅召忽因此自杀,管仲作为公子纠的师傅却活着。接着问道:管仲是不是不仁义啊?孔子回答说:齐桓公多次主持诸侯间的会盟,却没有通过武力,都是管仲的作用。这就是他的仁义。

孔子的学生子贡仍不理解,又问:管仲不是仁义之人吧?齐桓公杀了公子纠,他不但不以身殉主,还去辅助齐桓公。孔子道:管仲辅佐桓公,称霸诸侯,匡正天下,人民到今天还受到他的恩惠。假若没有管仲,我们都会披散着头发、向左边开着衣襟,成为野蛮之人了。难道要求他像凡夫俗子那样守着小节,在山沟中自杀而默默无闻吗?

这一回,孔子对管仲的评价完全是正面的。子路与子贡问的其实是同一个问题,即管子没有殉主而死,反而做了仇人的臣子,这种行为算是仁义吗?按照礼制,殉主是值得赞美的高尚行为,所以孔子回避了管仲没有殉主这个问题,而是从大处着眼,摆出了管仲的功绩,说明辅佐齐桓公尊王攘夷、九合诸侯、一匡天下,是大节,是最大的仁义。

孔子对管仲的这三次评价,第一次是直言不讳地批评;第二次是言辞委婉,意在言外;第三次则是高度评价。怎样理解孔子对管仲的三次不同评价呢?因为管仲生活奢侈、不知礼节,孔子便骂管仲“器小”,朱熹解释说,这是由于管仲没有辅佐齐桓公“致于王道”。但孔子第三次评价管仲时,盛赞管仲辅佐齐桓公“霸诸侯,一匡天下,民到于今受其赐”。朱熹引杨氏曰:“夫子大管仲之功而小其器。盖非王佐之才,虽能合诸侯、正天下,其器不足称也。”

或许,孔子对管仲的严厉批评,发生在孔子年轻时期,此时的孔子年轻气盛,看问题尚不全面,攻其一点,不计其余;第二次评价之时,孔子的性情平和了许多,因此评论人物点到为止,不把话说死;第三次评价之时,孔子大概已届古稀之年,历经种种坎坷,知人论事更加理性、宽容,从而从大处着眼,注重考察历史人物的大节和历史贡献,而不拘泥于小节。毕竟,与管仲的赫赫功业相比,其奢侈、不知礼,仅是小节而已。

(李钟琴)

《管子》是管仲写的吗？

《管子》，旧题管仲撰。管仲，名夷吾，颍上（今安徽颍上）人，春秋时期著名政治家、军事家、思想家。齐桓公不计管仲“一箭之仇”，登上君位后采纳鲍叔牙的建议任命管仲为齐相。管仲任政于齐，大兴改革，发展生产，整顿军队，辅佐齐桓公“九合诸侯，一匡天下”，成就春秋首霸功业。

管仲的治国思想有很多被记录在《管子》一书中，但是，《管子》并不是管仲所著。从其成书来看，《管子》内容初步形成于春秋时期，管仲的言行及事迹经史官记录保存在官方档案中，同时在民间广泛流传。我国史官一职起源很早，早在夏代已有。西周时，周王室设有五史（大史、小史、内史、外史、御史），当时史官掌管图书，记录时事，保存下了极为宝贵的历史档案材料。各诸侯国也有自己的史官，如晋国的《乘》、楚国的《梼（táo）杌（wù）》、鲁国的《春秋》，都是由当时各诸侯国史官编写的。管仲和齐桓公讨论国家政事，其言行经史官记录保存了下来。据《管子·霸形》篇记载，管仲向齐桓公上陈治国之策，齐桓公接纳管仲的建议，于第二天召集全体大臣在太庙门庭朝见，向百官颁行法令。同时，齐桓公“令百官有司，削方（记录用的木板）墨笔”，让有关官员（大多数情况下是史官）做好记录准备，并将这些重要记录“荐之先君”，藏于宗庙，保存在齐国最高藏书场所。除保存在齐国官方档案中，管仲的事迹也在民间流传。《国语·晋语四》记载了这样一件事，晋献公之子重耳遭骊姬之乱，来齐国避难，受到齐桓公的礼遇。重耳在齐国生活安逸，不思回国，重耳的夫人齐姜（齐国宗室女）曾经引用管仲的话来激励他：“昔管敬仲有言，小妾闻之，曰：‘畏威知疾，民之上也。从怀如流，民之下也。见怀思威，民之中也。畏威如疾，乃能威民……’此大夫管仲之所以纪纲齐国，裨辅先君，而成霸者也。”可以看出，管仲在当时是很受推崇的。

《管子》的主体内容形成于战国时期。管仲主持齐国政务,注重商业流通,开发齐地渔盐业优势,赈济贫困,奖励贤能。管仲逝世后,齐国仍沿用管仲治理国家的政策,使得齐国比其他诸侯国强盛。战国时期,出于巩固统治的需要,齐国国君在国都临淄城稷门外设置稷下学宫,天下学者云集在齐国境内,在此著书议论讲学,不同学派的学者相互争鸣,阐释自己的思想和政治主张。齐国稷下学宫中研究管仲思想的学者,搜集、整理管仲遗说,并根据当时的现实情况对管仲思想加以阐释发挥,《管子》主体内容应形成于此时。稷下学宫作为当时的学术交流中心,百家学说争鸣,《管子》在整理过程中必然会吸收和融合当时各流派的思想见解或论述,诸如黄老、儒家、法家、兵家、阴阳家等。《管子·君臣上》曰:“是以知明君之重道法而轻其国也。”贤明的君主看重道、法,将道和法结合起来运用,作为统治的根本遵循,体现着道法结合、以道论法的黄老思想。《管子》也强调儒家的“礼”在治理国家方面的重要性,讲究礼法并重。《管子·任法》:“所谓仁义礼乐者,皆出于法,此先圣之所以一民也。”认为仁义礼乐,都是从法中产生的,法是先圣用来统一人民行动的,法和礼共同作用于国家治理中。《管子·幼官》将四时、五方与国家军政之事结合起来,吸收了阴阳家的思想。

战国秦汉之际,《管子》内容广为流传。韩非子是战国末期法家的代表人物,据《韩非子·五蠹》记载:“今境内之民皆言治,藏商(鞅)、管(仲)之法者家有之。”这是我们现今所能看到的对《管子》一书的最早记载。山东临沂银雀山汉墓出土的汉简《守法》《守令》等十三篇以及湖南长沙马王堆西汉墓出土的帛书《春秋事语》中的许多篇章内容都与《管子》有关。司马迁在《史记·管晏列传》中提到,曾经读过《管子》中的《牧民》《山高》《乘马》《轻重》《九府》等篇章。《韩非子》《吕氏春秋》《新书》《淮南子》《史记》《盐铁论》等书,也都曾经引用或袭用过《管子》中的文句。

《管子》在西汉时期经刘向整理定型。西汉成帝时刘向受诏校书,在校订《管子》一书时,“所校雠中《管子》书三百八十九篇,太中大夫卜圭书二十七篇,臣富参书四十一篇,射声校尉立书十一篇,太史书九十六篇,凡中外书五百六十四篇”。各家抄本相互重复,刘向重新校订,删除重复的篇章和内容,最后定为八十六篇。今天我们所能见到的《管子》的各种版本都是在刘向校订版本的基础上流传下来的。今本《管子》共八十六篇,现存七十六篇。分八组,包括“经言”九篇、“外言”八篇、“内言”九篇、“短语”十八篇、“区言”五篇、“杂篇”十三篇、“管子解”五篇、“轻重”十九篇。其中“内言”的《王言》《谋失》篇、“短语”的《正言》篇、“杂篇”的《言昭》《修身》《问霸》篇、“管子解”的《牧民解》篇、“管子轻重”的《问乘马》《轻重丙》《轻重庚》篇有录无文。

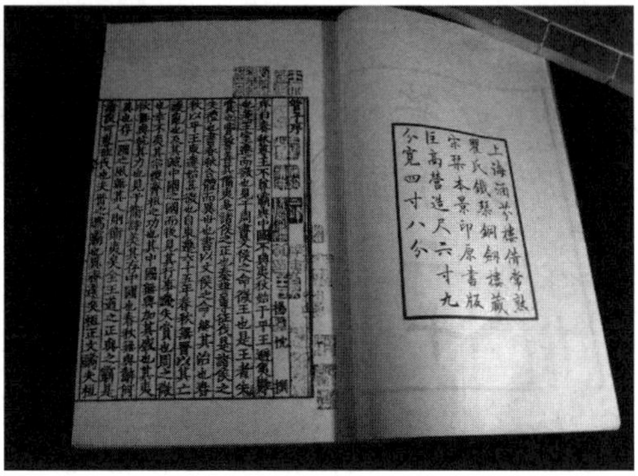

《管子》书影

《管子》系统总结了当时齐国治理国家的思想方法,内容涉及政治、经济、军事、哲学、教育以及自然科学等诸多方面。“仓廪实则知礼节,衣食足则知荣辱”,《管子·牧民》开篇明义阐释经济富足对于国家稳固的重要意义,努力从事农业生产使得粮仓充盈,种植桑麻、蓄养六畜使得人民富裕,国家财力充足人民归附,开垦土地人民安居乐业。士、农、工、商四民是国家的柱石,四民分业定居,各司其职,发挥所长,百姓乐业,国家安定。《管子·治国》云:“国富者兵强,兵强者战胜。”军队是“尊主安国之经”(《管子·参患》),尊奉君主,安定国家,对外用于征伐暴乱的国家,对内用于镇压邪恶。“入国四旬,五行九惠之教。”(《管子·入国》)《管子》重视社会救助与福利政策的推行,抚恤鳏寡孤独疾病之人和为国家牺牲人士之后代,在潜移默化间施行教化于百姓。《管子》强调教育和人才培养,“一年之计,莫如树谷;十年之计,莫如树木;终身之计,莫如树人”(《管子·权修》)。

从春秋时期史官对管仲言行和事迹的记录保存,到战国稷下学者对管仲思想的阐释发挥,再到西汉刘向对《管子》篇章的校订整理,《管子》的成书经历了一个漫长的过程。《管子》所蕴含的管仲思想,不仅在当时备受人们推崇,在今天依然保持着旺盛的生命力。《管子》传承管仲精神,融汇百家思想,是管仲治国理政实践的经验总结,更是齐国传统文化价值内涵的集中体现。

(王田田)

齐顷公至齐庄公时期齐国有哪些失误?

春秋首霸齐桓公去世后,他的五个儿子先后成为齐国的国君,分别为公子无亏、齐孝公、齐昭公、齐懿公、齐惠公,史称“五子争位”。齐桓公诸子统治下的齐国,虽然凭借其强大的军事、政治、经济实力保持着大国地位,但远比不上桓公时期的威风。惠公之后,顷公、灵公、(后)庄公相继即位,这三位国君虽有复兴桓公霸业的志向,但他们在位期间于内政、军事、外交等方面犯下诸多失误,使齐国重新称霸诸侯的希望愈加渺茫。

一、违背外交礼仪,最后自食恶果

齐顷公名无野,是齐桓公之孙,齐惠公之子,公元前 598 年继任齐国国君。公元前 592 年,晋国组织诸侯会盟,想邀请齐国参加,于是派大夫郤(xì)克出使齐国,但这郤克是个跛子。齐顷公用布帛做帷帐,让母亲萧同叔子躲在后边偷看郤克跛腿的样子。萧同叔子看到郤克后忍不住笑出声来,郤克听见后大怒。(《左传·宣公十七年》)关于此事还有另一种记载:郤克一行三人,郤克驼背、鲁国使臣是个瘸子、卫国使臣是个盲人,齐顷公不仅让萧同叔子在后边偷偷观看,还同样派出一个驼背、一个瘸子、一个盲人作为导客人员。郤克感觉受到了侮辱,发誓要向齐国复仇。(《史记·晋世家》)无论哪种说法,齐顷公的行为都十分不妥,而晋国对齐国的无礼也很不满。同年,晋国在其主持的断道之盟上,将齐国使臣晏弱、蔡朝、南郭偃拘捕,只有高固在中途逃归。幸亏楚国亡臣苗贲皇求情,晋景公才故意放松了对晏弱等人的监管,晏弱得以逃回齐国。这次由齐国挑起的外交事件,给齐、晋之间本来就十分脆弱的关系投下了严重的阴影,当事人郤克更是心怀愤懑,发誓要向齐国报仇。次年,晋国联合卫国伐齐,齐顷公见势不妙，亲自去会见晋侯，并派公子强到晋国做人质，最终齐国与晋国结盟。公元前589年，齐国伐鲁，又在新筑（今河北魏县）击败卫国。鲁、卫两国也都是晋国的盟国，于是请求晋国出兵讨伐齐国，齐、晋两国终于爆发了鞌（ān，同“鞍”，今山东济南天桥北马鞍山）之战。晋国一方以郤克为主将，齐国一方则是齐顷公亲自出马。会战之前，齐顷公喊道：“余姑翦灭此而朝食。”在激烈的交战中，郤克被流矢所伤，流血及履，但他仍擂鼓不绝，晋军声势大振。最终，齐军被晋军击败。晋军围绕华不注山（今山东济南东北）追了三圈，齐顷公差点儿成了俘虏。晋、鲁、卫三国军队兵合一处，乘胜追击，直接威胁齐国国都，齐顷公只好派宾媚人（即国佐）向晋国求和。晋国提出苛刻的停战条件，要齐顷公的母亲萧同叔子到晋国做人质，并把齐国的田亩改成东西走向的。宾媚人义正言辞、据理力争，以背城一战相抗争，使晋国放弃了这些条件。最终齐国归还了侵鲁所获得的汶阳之地，晋、齐两国在爰娄（今山东淄博临淄西）订立盟约，齐国成为晋国的盟国。次年，齐顷公会见晋景公，回国后，对内废弃猎苑，减轻赋敛，赈济孤寡，百姓皆大欢喜；对外厚礼相待诸侯，和平共处，为齐国带来了一段稳定的恢复与发展时期。

二、高估自身国力，妄图称霸诸侯

公元前582年，齐顷公去世，齐灵公继位。他在位期间，先后两次发动对莱战争，并于公元前567年将莱国彻底消灭，齐国由此占据了山东半岛。公元前559年，周天子使节刘夏出使齐国，并转述周王的口谕道：当年伯舅太公曾辅佐先王，成为周王室的肱股之臣……现在我命你继承伯舅太公的遗典，继承你先祖的优良传统，将你祖先的业绩更加发扬光大！（《左传·襄公十四年》）灭莱的胜利和周王对齐国的肯定使齐灵公冲昏了头脑，他不顾齐、晋之间的国力差距，做起了争霸的美梦。鲁国从齐桓公死后便一直追随晋国，而对齐国采取疏远的态度。齐灵公想拿鲁国开刀，四年之内六次征伐鲁国的土地，四次包围鲁国的城市。晋平公和诸侯在温地举行宴会，齐国的代表高厚在中途逃走回国。当时叔孙豹、晋国荀偃、宋国向戌、卫国宁殖、郑国公孙虿（chài）、小邾国的大夫盟誓说：一定要共同讨伐不忠于盟主的人。晋平公会合鲁、宋、卫、郑、曹、莒等国在鲁济（当时，齐、鲁两国以济水为界，在北为北济，在南为鲁济）会盟，共同兴师对齐国进行讨伐。齐灵公匆忙组织抵抗,亲自率师御敌,双方在平阴展开大战。齐灵公没有采纳夙沙卫死守险要的建议,被晋军的虚张声势吓倒,率领少数侍从弃军逃回临淄,齐军大败。联军乘势追击,一直追到齐国都城临淄。齐灵公见势不妙,又想弃城逃跑,太子光再三劝阻并砍断马鞅才将其劝住。联军围攻临淄,焚烧四郭,东侵至潍水,南攻至沂水,然后班师而回。齐灵公称霸的野心在平阴之战中被打得荡然无存。齐灵公本来可以利用灭掉莱国和得到周王室肯定的契机增强国力,建设一个强大的齐国,但他因胜而骄,穷兵黩武,反而落得个兵败受辱、贻笑诸侯的下场。联军围攻临淄的第二年即公元前 554 年,齐灵公病重,大夫崔杼暗中接回已经被废掉的太子光。该年五月齐灵公去世。

三、为君荒淫无道,终致后院起火

齐灵公死后,崔杼拥立太子光即位,是为齐庄公。齐庄公好勇,他对勇士及武力称霸诸侯有近于痴迷的兴趣。公元前 552 年,晋国发生内乱,栾盈被驱逐出境。齐庄公听说晋国内乱,异常高兴,认为击败晋国、称霸中原的时机已经成熟,他不顾晋平公的警告收留了栾盈和他的党羽。公元前 550 年,晋国与吴国联姻,按照当时的制度,齐国应该送一名本国的女子随晋国的女子一起嫁往吴国。齐庄公趁这个机会,将栾盈和他的党羽送回晋国,栾盈很快在他的封地曲沃组织起一支部队并攻打晋国都城绛(今山西侯马)。齐庄公也趁机率军攻打晋国。齐国的军队一路进展顺利,先攻取了朝歌,又兵分两路,入孟门(今河南辉县西),登太行(约在今河南沁阳西北三十里),在邵水(今沁水)将晋军尸体堆成一个大坟堆。后来,因栾盈兵败被杀,齐庄公也不敢继续进攻,只好率领军队撤退。齐庄公因是被崔杼拥立为国君的,因此两人私下关系较为密切。崔杼的妻子棠姜长得很美,齐庄公便在出入崔杼家时与棠姜私通。齐庄公还把崔杼的帽子赏赐给别人,侍者提醒他不要这么做,齐庄公反而无所谓地说:不是崔杼,难道就没有帽子戴了?(《左传·襄公二十五年》)崔杼由此恼恨齐庄公,而侍者贾举因曾遭受鞭打也对齐庄公怀恨在心,两人一拍即合,决定伺机弑齐庄公。公元前 548 年,莒国国君来齐国朝见,齐庄公设宴招待他,崔杼假称生病没去陪同。第二天,齐庄公以看望崔杼病情为由来到崔杼家中,崔杼故意躲起来并授意棠姜把齐庄公引入庭院,贾举则趁机把齐庄公的其他侍从关到门外,崔杼安排好的甲士们也一拥而起，包围、追杀齐庄公。齐庄公逃到一个高台上，请求甲士们把他放了，甲士们不答应；请求甲士们结盟许愿，甲士们也不答应；请求让他到太庙里自尽，甲士们依旧不答应，并嚷道：国君的臣子崔杼病得很厉害，不能出来聆听命令。这里靠近国君的宫殿，我们奉命巡查搜捕淫乱的人，不知道有其他命令。（《左传·襄公二十五年》）齐庄公见势不妙，爬上墙头准备逃走，但被乱箭射中大腿掉了下来，众人一哄而上，将其砍死。就在齐庄公被弑之时，晋国在彻底平息栾氏后开始讨伐齐国，以报复齐庄公对晋国的偷袭。齐国先用齐庄公被杀这件事向晋国请求谅解，又把宗庙里的祭器和乐器送给晋平公，给六卿、五吏、三个师的将领、各部门的首长、属官和留守的人都赠送财礼，这才使晋国答应和解。

四、不能审时度势，错失改革良机

春秋中后期，随着晋、楚的崛起，齐国虽然失去了霸主地位，但其影响力依然不可小视，仍然是诸侯争霸过程中一个举足轻重的砝码，是制衡国际形势的不可缺少的力量。顷公、灵公、庄公若能抓住晋、楚争霸的间隙，对外与他国保持和平，对内革新内政、增强综合国力，以齐国的资源环境和基础条件完全有可能重现桓公伟业。然而，他们都选择不断主动地对外用兵，结果是搬起石头砸自己的脚，不仅没能实现称霸的愿望，反而被人数次攻入国都，成为屈从于晋、楚之下的二流国家。其实不仅是顷公、灵公、庄公，包括桓公五子在内的齐国数代君主，一边幻想着复兴齐国霸业，一边又不采取措施增强实力，对内荒淫无道，对外不断用兵，沉迷在霸业的幻梦中，茫然不知时代已经发生变化。在此期间，各国中既有鲁国的“初税亩”“作丘甲”，也有晋国的“作六军”，甚至连郑国也进行了“为田洫（xù）”的改革尝试。而在各国相继变法改革的时期，齐国因战乱不断，不能在经济上有所作为。公族之间、公室与卿大夫之间又相互残杀，国内政局动荡，民不聊生。在桓公之后，齐国浪费了一百多年的时间，在变法改革的潮流中落在了后头，也丧失了复霸的有利时机。当年齐桓公在管仲改革的推动下一举成就霸业，而他的子孙在憧憬着昔日霸业的同时失去了变革精神，从称霸群雄到逐渐落后，时移世易，实在令人唏嘘不已。

（张　浩）

齐灵公灭莱有何重大意义?

莱国,是莱夷建立的国家,国君姜姓。莱夷是东夷族的一支,《尚书·禹贡》就有"莱夷作牧"的记载。从莱夷到莱国经历了一个漫长的历史过程,莱国建立的时间,应该在商朝后期,其疆域相当于现在的潍坊、昌邑、安丘、平度、高密、胶州等地。莱国北临渤海,利于鱼、盐;又有沿河平原,利于农作;沂山及周围丘陵山地,利于放牧和狩猎。凭借优越的自然条件和富饶的物产,在很长一段时间内,莱国都是一个与齐国幅员、国力相当并与之抗衡的地区强国。

西周初年,姜太公被封于齐后就立即受到莱国的挑战。据载,姜太公在前往齐地就封的路上,晓行夜宿,行动迟缓。后来有人提醒他说:我听说时机难得而易失。这位客人你睡得这样安逸,这不急不火的样子恐怕不是去封国就任的吧。姜太公猛然惊醒,连夜赶路,终于在黎明前赶到营丘,正好遇到莱人前来征讨,太公急忙组织人马将其击退。(《史记·齐太公世家》)后来,莱国不甘心营丘为太公所有,又多次派兵争夺,但都被太公打败。此后,莱、齐间的全部交往活动,以友好往来者居少,举兵交恶者居多。在《管子》一书中可以屡屡看到齐桓公攻莱的记载,如:"伐谭、莱而不有也,诸侯称仁焉。"(《管子·小匡》)《管子》还记载了一个"柴田相并"的故事:莱国和莒国的山上出产木头,齐国想以高价购买的办法,怂恿莱国、莒国的国民放弃农作而专门采伐木头,等到他们缺粮的时候趁机兼并他们。而莱国、莒国认为自己的山上有取之不尽的木头,齐国高价收购正好可以趁机"倾尽"齐国的货币。结果莱、莒失策,上了大当,造成本国粮食奇缺、粮价昂贵的局面,只好称服于齐。(《管子·轻重戊》)

到了齐庄公、齐僖(釐)公时期,齐国社会相对稳定,生产力得以发展,国力日增,齐国取得了小霸中原的地位,史称"庄僖小霸"。此时,齐国与莱国之间还存在着纪国。齐国与纪国虽毗邻而居，又同为姜姓，但因为纪侯向周天子进言导致齐哀公被烹，两国成为不共戴天的世仇。齐僖（釐）公在位时，国力强大，想要吞并纪国，但因消息泄露使灭纪计划夭折。齐僖公的儿子齐襄公即位后，继续推进灭纪事业。他即位的第三年即公元前695年，准备出兵灭掉纪国，纪国请鲁桓公出面调解，齐襄公只得作罢。但两年后，齐襄公卷土重来，以替先祖哀公报仇为借口，兴兵伐纪，先后攻下纪国三个城邑，迁徙其民而夺取其地。公元前691年，纪侯的弟弟纪季将酅邑献给齐国，纪侯居纪，纪季居酅，纪国一分为二。一年后，齐国再次兴兵，一举攻下纪国都城，纪侯出逃流亡，纪国彻底灭亡。灭掉纪国以后，齐国的东部就只剩下莱国了。齐惠公时期，齐国的势力大规模地向东发展，开始了对莱国的征伐。这时征伐莱国，其目的就是要吞并莱国。公元前602年到公元前600年，齐国两次伐莱都是齐、鲁两国共同参与的，说明此时莱国的国力还比较强大。但到了齐灵公时期，齐、莱之间的实力对比发生了根本性变化，莱国已经彻底成为齐国的附庸。公元前571年，齐灵公发动了针对莱国的战争，莱国此时已经远非齐国的对手，只好派正舆子用一百头牛，一百匹马贿赂夙沙卫（齐国宦官），齐国这才退兵。可是，齐灵公并没有放弃灭莱的打算。就在这年夏，齐灵公以齐姜去世为借口，召莱国国君前来参加会葬，莱国国君没有接受，于是齐灵公派晏弱率大军压向莱国国都。（《左传·襄公二年》）晏弱在东阳筑城逼迫莱国，王湫领兵和正舆子、棠邑人迎战齐军，齐军把他们打得大败。莱共公浮柔逃亡到棠地，正舆子、王湫逃亡到莒国。莒国人害怕得罪齐国，将正舆子、王湫杀死。公元前567年，晏弱攻破棠邑彻底灭了莱国，并把莱国的百姓迁到郳地。（《左传·襄公六年》）

齐灵公灭莱在齐国历史上是件大事，齐国的疆域由此扩大近一倍，东部沿海的自然资源及人文资源对齐国的发展起了不可低估的作用。

从政治上来说，齐灵公灭莱之后，除莱国广袤的领土被纳入齐国版图，莱国的居民也成了齐国的人口。管仲在辅助齐桓公建立霸业时就曾极力推行鼓励人口增加的政策，下令“丈夫二十而室，妇人十五而嫁”（《韩非子·外储说右下》），鼓励青年男女早婚早育以增加齐国人口。孔子也曾指出，一个国家应当有众多人口，认为“地有余而民不足，君子耻之”（《礼记·杂记下》）。由此可见，在春秋战国时期人口数量多对一个国家是十分重要的。齐国在灭掉莱国后，一方面使齐国人口数量迅速增长，另一方面大量受过莱夷土著文化影响的莱人成为齐国的国民，使齐国的政治、经济、文化、科技等方面更加丰富多彩，极大地增强了齐国的综合国力。此外，在灭掉莱国之后,齐国基本占领了整个山东半岛,国土的东部再也没有可以威胁到齐国的力量。齐国从此在面对西部诸国时,可以毫无后顾之忧,这在一定意义上保证了齐国的安全,为齐国的稳定与发展提供了良好的环境。

从经济上来说,莱国的经济十分发达,无论是渔盐业、矿冶业 ,还是丝麻纺织业、交通业等 ,都有相当规模。入周以后,太公被封于营丘,莱侯立即与之争国,这不但反映了莱国军事实力的强大 ,而且也反映了其经济实力的雄厚。《国语·齐语》记载齐桓公“通齐国之鱼盐于东莱 ,使关市几而不征 ,以为诸侯利,诸侯称广焉”。可见,莱国的鱼、盐畅销诸国,包括齐国在内的各诸侯国对莱国的鱼、盐都有很大的需求。莱国的畜牧业也很发达,当时的淄潍流域,野草丛生,是莱国人的天然牧场。当莱国受齐国攻伐时,曾以自己的牛、马贿赂齐军,便是其畜牧业发达的反映。莱国的手工业也很先进,齐灵公曾命功臣叔夷管理莱地的陶铁徒四千人,足见莱地冶铁规模之大。在灭掉莱国之后,齐国继承了其优越的自然条件和富饶的物产,农业、商业、畜牧业、手工业都有很大发展。而都城临淄也因有鱼、盐、布、帛等特产,成为四方商贾荟萃的大都市。

从文化上来说,莱人的文化也独具特色。莱文化与齐文化在大趋势上是不断的交流与融合,但是自始至终莱文化都保持了自己的独立特性,对于周边的其他文化也是影响巨大。齐文化从一开始,就不是单一的文化,而是因其兼收并蓄的特征具有丰富多样的色彩。齐灵公灭莱后,对莱文化的广泛吸收又极大地增加了齐文化的内涵。在齐、鲁夹谷(今山东济南莱芜境内)之会上,齐景公就曾命令莱人演奏乐舞,虽然因为不合乎两国国君会盟这种场合被孔子喝退,但至少可以看出齐景公本人对于莱国文化是持积极甚至是欣赏的态度的。(《史记·孔子世家》)

从华夏文明的整体来看,齐灵公灭莱在中华民族古老文化的形成中也发挥了重要的作用。我国是一个多民族国家,汉族也是历史形成的多个族群的融合体,绝非来源于一地一族。不管是汉族还是其他的少数民族都为中国文明的发展做出了巨大的贡献,因此,中华民族的辉煌历史是所有民族共同努力的结果,这其中当然也离不开莱人的贡献。齐灵公灭莱,加速了莱国文化与齐国文化的交融,二者在不断地交往与互动中,相互借鉴,取长补短,最终形成了崭新的齐文化。同样,这种崭新的齐文化又在历史的长河中逐渐与中原文化等其他古老文化融合,汇流到华夏文明的大潮中,共同成为华夏文化的重要组成部分。

(张　浩)

齐景公复霸是怎么回事？

齐景公（？—前490），名杵臼，齐灵公庶子，齐庄公异母弟。公元前548年，大夫崔杼弑齐庄公，立杵臼为国君，是为齐景公。齐景公是姜氏齐国的第二十五任国君，在位五十八年，虽然他在生活上贪图享受、骄奢淫逸，致使国内矛盾重重、危机四伏，但在政治上，他志向远大、积极进取，在对外争霸的过程中异军突起，取得了小霸中原的业绩，上演了姜齐政权最后辉煌的一幕——景公复霸。

齐国自桓公去世后，发生了数十年的争夺君位的斗争，《史记·齐太公世家》云："桓公十有余子，要其后立者五人：无诡立三月死，无谥；次孝公；次昭公；次懿公；次惠公。孝公元年三月，宋襄公率诸侯兵送齐太子昭而伐齐。齐人恐，杀其君无诡。齐人将立太子昭，四公子之徒攻太子，太子走宋，宋遂与齐人四公子战。五月，宋败齐四公子师而立太子昭，是为齐孝公。宋以桓公与管仲属之太子，故来征之。以乱故，八月乃葬齐桓公。"齐桓公开创的霸业由此衰弱，齐国也逐渐失去了天下霸主的地位。随后，晋国崛起于中原、楚国称雄于南土。城濮之战，晋国大败楚国，曹、卫、宋、齐、鲁等北方国家纷纷倒向晋国，北方新的霸主出现了。

齐国国内几经动乱，霸业中衰，但凭借其强大的政治、经济、军事实力，仍不失大国地位。齐桓公"九合诸侯，一匡天下"的伟业对其后世子孙具有无穷的魅力，吸引着他们不断谋求重现当年的辉煌。齐景公继位后，也时时不忘恢复齐国的霸业，在国弱、晏婴、鲍文子、陈无宇等人的辅佐下，对诸侯争霸的形势形成了较为成熟的认识和判断，图谋重建霸业的雄心渐渐萌发，在许多公开场合表露出称霸诸侯的勃勃野心。

公元前530年，晋昭公新立，齐景公和卫侯、郑伯等诸侯到晋国会见新君，晋昭公宴飨齐景公。席间,两国国君投壶助兴。晋昭公先投矢,晋国大夫穆子祝词道:“有酒如淮,有肉如坻,寡君中此,为诸侯师。”晋昭公一投而中。轮到齐景公投矢时,他便自己祝词道:“有酒如渑,有肉如陵,寡人中此,与君代兴。”(《左传·昭公十二年》)意思是如果齐景公能投中,那齐国就可以代替晋国而强盛,结果一投也中。晋国君臣闻之变色,只因为这是在宴会上的游戏,无法深入追究,但齐景公想挑战晋国霸权的野心已昭然若揭。

公元前506年,晋国与有关诸侯在召陵会盟,讨论伐楚救蔡事宜,结果因晋国大夫荀寅向蔡侯索取贿赂未得而怨恨蔡侯,使各国诸侯离心离德,晋国又强借郑国的羽旗,惹得参加会盟的诸侯都小瞧晋国,从而使整个会盟虎头蛇尾。同年冬天,吴国进攻楚国,楚昭王逃离楚都。这样,晋国由于在会盟中的卑劣表现而失信于诸侯;楚国由于吴国的攻伐而支离破碎,使晋、楚两国在诸侯国中的影响落入低谷,从而为景公复霸带来契机。

公元前504年,鲁国受到晋国指使,发兵征讨郑国。鲁国借道卫国,鲁军统帅阳虎故意挑起事端,郑、卫两国与鲁国交恶。齐景公敏锐地从中捕捉到机遇,他立即派人与郑、卫两国进行联络。次年秋天,齐景公与郑献公结盟于卫邑咸(今河南濮阳)。宋代陈傅良在《春秋后传》中写道:“此特相盟也。自齐桓以来未之有也。于是再见。诸侯无齐盟矣,是故于石门志诸侯之合也,咸志诸侯之判也。”石门,是齐桓公的父亲齐僖(釐)公与郑庄公结盟的地方。石门之会,是齐国主盟会的开始,而宋人陈傅良把齐景公这次会盟看作是齐国主盟会的结束。齐国以齐僖(釐)公主盟开始,以齐景公咸之盟结束。齐自齐桓公以后就没有主过盟会,而齐景公实现了主盟的理想。不久,齐、卫两国又在卫邑沙(今河北大名)订立了反晋盟约。

为使鲁国归服齐国,齐景公双管齐下,先是归还了鲁国的郓、阳关,后又派兵攻打鲁国。公元前502年,鲁国阳虎发动政变,失败后逃入齐国,请求齐国出兵讨伐鲁国,齐景公拒绝了阳虎的请求并将其囚禁,实际上是帮助鲁国平定了叛乱,齐、鲁关系开始和解。公元前500年,齐景公与鲁定公在夹谷举行会盟,齐国要求鲁国作为齐国的盟国出兵助战,鲁国则以归还被占土地作为条件,孔子担任鲁国一方会盟的副使,史载:“将盟,齐人加于载书曰:‘齐师出竟,而不以甲车三百乘从我者,有如此盟。’”鲁国使者回答说:“而不反我汶阳之田,吾以共命者,亦如之。”(《左传·定公十年》)也就是说齐国必须归还鲁国土地,鲁国才能在齐国军队出征时以三百乘从齐师出征。夹谷之会后，“齐人来归郓、讙、龟阴之田”，既然齐国归还了鲁国的土地，那么鲁国当然要在齐国出征的时候跟随出征，实际上就此确定了齐国对鲁国的霸权。经过齐景公的不懈努力和多方斡旋，黄河中下游地区的几个大国——齐、鲁、郑、卫终于结成统一联盟，各国奉齐国为盟主，齐景公的复霸大业取得了重要进展。

联盟建立之后，齐景公将剑锋指向了曾经的霸主晋国。此时的晋国正面临着公室与私家之间的激烈矛盾，处在“政在家门，民无所依”的窘困境地。公元前496年，齐、宋、卫三国君主会于洮，利用晋国内乱，商讨支持晋国范氏、荀氏的叛变以打击晋国公室。公元前494年，齐、鲁、卫及鲜虞人共同伐晋，夺取棘蒲。三年后，齐军再次攻打晋国，连陷晋国邢、任、栾、阴人、盂、壶口等八城，与鲜虞人会师。晋国此时的萧墙之祸接踵而至，根本没有力量对齐国进行反击和报复。这时东方四国齐、鲁、卫、郑已经结成了以齐国为首的联盟，并不断扩充势力，宋国也倒向了齐国，齐国俨然成为中原的霸主，至此，齐景公的复霸运动达到高潮。

然而，正当联盟起势之时，鲁定公与卫灵公在三年内相继去世，齐景公不久也走到了生命的尽头，他的复霸事业戛然而止。景公死后，吴国趁齐国内乱，北上争霸，凿邗沟，会鲁师伐齐，吴国大夫徐承也率水师自海上侵齐。齐国虽然打败了吴军，但晋国又趁机入侵，占领犁、辕两地，毁高唐城和赖邑。陈僖子弑继位的悼公使齐国国力大减，吴师联合鲁军，在艾陵（今山东济南莱芜境内）之战大败齐军，齐军统帅国书等五大夫被俘，丧失战车八百乘、兵士三千人，齐国的复霸运动也终于落下了帷幕。

（张　浩）

如何评价齐景公?

春秋以来,争霸战争尖锐激烈,各诸侯国内卿大夫势力膨胀,逐渐把持了各国的权力。君权旁落成为春秋后期各诸侯国突出而普遍的现象,“礼乐征伐自诸侯出”向“礼乐征伐自大夫出”过渡。公元前548年,齐国大夫崔杼弑齐庄公,立庄公异母弟杵臼为君,是为齐景公。齐景公即位时,桓公称霸的伟业早已是过往云烟,而齐景公作为国君的权力也一度被强宗豪族攫取。此后,齐景公虽然在晏婴等人的辅佐下为加强公室、复霸中原做过一些努力,但终究敌不过浩浩荡荡的历史潮流。在他死后,田乞立阳生为国君,又杀死鲍牧,开田氏专齐政的先河,拉开了“田氏代齐”的序幕。

历史上对齐景公的评价几乎呈一边倒的趋势,认为他并不是一个值得称道的国君,如《淮南子·要略》评价他是“内好声色,外好狗马,猎射亡归,好色无辩”。因此,即使是齐国的百姓也都不喜欢他,“齐景公有马千驷,死之日,民无德而称焉”(《论语·季氏》)。“驷”是指古代同驾一辆车的四匹马,“千驷”就是四千匹马,即使景公有马四千匹,在他死的时候,百姓们也并没有觉得他有什么好的行为值得称颂。而在《晏子春秋》中,齐景公也多作为晏婴劝谏的对象,以其荒唐的言行来衬托晏婴的忠直持正与能言善辩。

实际上,齐景公生活在一个正在经历深刻变革的时代,他本人也是一个各种矛盾交织在一起的综合体。一方面,确如史书所说,齐景公确实有昏庸残暴、贪图享受、骄奢淫逸的一面。齐景公是在一场血腥的政变中被立为国君的,即位之初,崔杼、庆封等世卿大族先后执政,齐景公形同傀儡,甚至连膳食都得不到保障。故而在执掌权力后,摆脱了外在力量控制的齐景公常表现出极为乖戾甚至残暴的一面。他认为“诚有鄙民得罪于君则可,安有君得罪于民者乎?”

(《晏子春秋・内篇谏上》)。因此,他为了饮酒,可以狂饮十七日,一醉三日不醒;为了居住舒适,可以横征暴敛,大兴土木,筑高台,更公室;为了自己的喜好,可以不顾君主威仪而着奇装异服。对于人民的不满和反抗,重则杀头,轻则刖(yuè)足,使得"国之诸市,屦贱踊贵"(屦,鞋;踊,受过刖刑的人穿的鞋,一说假脚。意即受过刖刑的人很多,买鞋的人少,买踊的人多,故而踊比鞋贵。形容刑罚重而滥)。"民人苦病,夫妇皆诅。"(《左传・昭公二十年》)《晏子春秋》记载:"景公之时,雨雪三日而不霁。公被狐白之裘,坐堂侧阶。晏子入见,立有间,公曰:'怪哉,雨雪三日而天不寒。'"真可以与有名的傻瓜皇帝司马衷那一句"百姓无粟米充饥,何不食肉糜"相提并论。

对于姜姓齐国来说,齐景公最大的罪过是放任田氏势力膨胀和晚年立储失误给田氏以可乘之机。对于田氏的威胁,晏婴曾多次预言性地提醒过齐景公,"其(田)无宇之后为几,齐国,田氏之国也"。但齐景公既没有采取有效的措施对田氏加以限制,也没有调整方略争回被田氏夺去的民心,致使"公弃其民,而归于田氏"(《晏子春秋・内篇问下》)。晏婴忍不住叹道:齐国的政权最终要归田氏啊。齐景公晚年非常宠爱小儿子荼(史书上也称孺子荼、晏孺子),经常自己趴在地上当牛,让小儿子骑在背上。鲁迅先生"横眉冷对千夫指,俯首甘为孺子牛"中的"孺子牛"就是借用了这个典故。景公临终前决定让荼继承齐国国君之位,并且为了避免其他儿子们与荼争夺,还把其他儿子都流放到齐国东部的莱地,不准他们在都城居住。齐景公死后,年幼的荼根本无法掌控局势,田乞联合鲍牧趁机发动政变,辅政的国惠子逃亡、高昭子被杀,荼也逃到鲁国。田乞派人去鲁国召回公子阳生,又胁迫众人共同拥立阳生为国君,是为悼公。据《史记・齐太公世家》记载,后来田乞借齐悼公之手杀了鲍牧,开始独揽齐国大政,为田氏子孙取代姜氏打下了最为关键的基础。明朝文学家冯梦龙在《东周列国志》中有诗评价此事:"从来溺爱智逾昏,继统如何乱弟昆?莫怨强臣与强寇,分明自己凿凶门。"

另一方面,齐景公身上也有忧国爱民、知人善任、励精图治的一面。他见到年长者负薪于路且面有饥色,会"悲之",还"令吏养之";看见路上有饿死之人,会惭愧地自责"寡人之无德也甚矣";看到幼小的麻雀,会把它重新放进鸟巢中,晏婴都称赞道:"此圣王之道也。"(《晏子春秋・内篇杂上》)他恭于纳谏且知错能改,尤其对晏婴的批评几乎是有谏必纳,对一位君主来说,这需要相当宽广的胸怀。晏婴死后,一次酒宴时,景公射箭,箭脱靶而去,大夫们还是异口同声地夸赞他射得好,景公便把弓箭扔在地上说:“自晏子没后,不复闻不善之事。”还说:“吾不食谄人以言也。”(《晏子春秋·外篇不合经术者》)俨然一位明辨是非,懂得良药苦口之理的贤明君主。他重用晏婴,使“诸侯忌其威,高、国服其政,燕、鲁贡职,小国时朝”(《晏子春秋·外篇重而异者》),又以司马穰苴为将,使得“燕、晋为之退师,而景公无患”(曹植《陈审举表》)。齐景公志向远大、积极进取,始终不忘复兴齐桓霸业。他在位期间,利用晋国内乱、霸业衰弱的时机,军事与外交手段并重,先是与郑、卫建立反晋联盟,又通过夹谷之会确立对鲁国的霸权。最后,齐、鲁、卫、郑实际上已经结成以齐国为首的联盟,并不断扩充势力,齐国俨然成为中原的霸主。齐景公在桓公首霸一百五十多年后,再次使齐国取得了“邻国忌之”的国际地位,上演了姜齐政权最后辉煌的一幕。

齐景公身上有着非常明显的双重性格,是一个复杂的矛盾体。在政治上,他志向远大,积极进取,为重建齐桓霸业做出种种努力,也取得了一定的成绩;但在生活上,他贪图享受,骄奢淫逸,致使国内矛盾重重,危机四伏。《晏子春秋·内篇杂上》记载的一个故事就生动体现了齐景公身上的这种矛盾性:一日,齐景公深夜酒性大发,于是想去晏婴、司马穰苴家中饮酒作乐,但都遭到了拒绝,之后齐景公又去梁丘据家,梁丘据“左操瑟,右挈竽,行歌而出”。齐景公于是感慨道:高兴啊,今天可以痛饮了。如果没有晏婴和司马穰苴,我该如何治理好齐国呢?如果没有梁丘据,我该如何尽情享受行乐呢?由这个故事可以看出,齐景公既有治理好齐国的志向与抱负,又不愿放弃骄奢淫逸的生活,只能在重用贤臣良将的同时,又亲近梁丘据等佞臣,其身上的矛盾性可见一斑。史书评价道:“圣贤之君,皆有益友,无偷乐之臣。景公弗能及,故两用之,仅得不亡。”(《晏子春秋·内篇杂上》)。假使齐景公生活在一个稳定的社会环境中,他的这种矛盾性或许无关紧要,但在社会激烈变革的春秋晚期,因为这种矛盾性,齐景公最终没能解决齐国面临的危机。而在他身后,姜姓齐国的末日也即将到来。

(张　浩)

齐景公与晏婴君臣之间的著名故事有哪些？

晏子名婴，字仲，谥平，故又称晏平仲或晏平，春秋时期夷维（今山东高密）人，齐国大夫晏弱之子。晏婴一生历仕灵公、庄公和景公，并在齐景公时期担任相国。他忠上惠下、匡君救失，孔子评价他说："晏子，功用之臣也。"（《荀子·大略》）齐景公杵臼是姜氏齐国的第二十五任国君，虽才能平平，但虚怀求谏、志向远大，他重用晏婴、积极进取，使齐国保持了"百姓亲之"的安定局面及"邻国忌之"的国际地位。君臣两人在长期的交往中也演绎出许多为后世津津乐道的故事。

齐景公任晏婴为相前，派晏婴去治理东阿，其间因听信谗言想要罢免晏婴，经晏婴请求，才同意他再去治理东阿。一年后，晏婴誉闻于国，"景公迎而贺之曰：'甚善矣，子之治东阿也。'"晏婴却回答说：之前我治理东阿的时候，私下嘱咐的事情行不通，送礼行贿的事情没人做，池塘沼泽中的鱼都分给了贫困的百姓。那个时候，东阿没有忍饥挨饿的人，您却怪罪于我。后来我治理东阿的时候，私底下嘱托的事情行得通，送礼行贿的事情行得通，对百姓的赋敛加重，纳入仓库的钱财却很少，对君主身边的人做事给予方便，池塘中的鱼都进了权贵豪门的家中。这个时候，东阿忍饥挨饿的人超过一半，您反而迎接并祝贺我。我很愚昧，不能再治理东阿了，希望让位给贤能的人。齐景公只得离开席位并道歉说：还是请您继续不辞辛劳地治理东阿吧。东阿是你的东阿，寡人不会再干涉你了。（《晏子春秋·外篇重而异者》）于是，"景公知晏子贤，乃任以国政。三年而齐大兴"（《晏子春秋·内篇杂二》）。

晏婴佐政后，直言敢谏，在近三十年的时间里，晏婴能"忠上而惠下"，随时针对齐景公不利于国家的言行进行劝谏，齐景公一般也都能听取，改过从新。

在《左传》《晏子春秋》等史籍中有大量晏婴劝谏齐景公的记载,仅《晏子春秋》卷一、卷二记载的五十章晏婴上谏中,就有四十九章是谏齐景公的。

齐景公患了疟疾,一年都没有痊愈。诸侯派来很多问候的人,梁丘据和裔款对齐景公说:我们对鬼神的供奉已经很丰厚了,但现在君王您病得这么厉害,这是祝官(古代掌管祭祀祝祷等事宜之官)、史官的罪过。诸侯不了解,恐怕要认为我们不敬鬼神,您为何不诛戮他们来辞谢客人呢?齐景公询问晏婴的意见。晏婴说:如果是有德行的君主,他的祝官、史官就能实事求是地向鬼神报告情况,而鬼神享用祭品降下福禄。他们也会获得福气,健康长寿,因为他们是诚实的国君的使者,他们的话忠诚信实。如果恰好碰上放纵的国君,他们只能陈述不相干的空话来向鬼神讨好,而鬼神就不会享用祭品,还会给人间带去祸难。而祝官、史官也将遭遇不幸,夭折患病,因为他们是暴虐的国君的使者,他们的话是对鬼神的欺诈侮辱。齐景公问:那么怎么办?晏婴回答说:没办法。在我们的国家里,邻近国都的关卡,横征暴敛;世袭的大夫,强买货物;发布政令没有准则、征收赋税没有节制;国君您在各个宫室中轮换着住,荒淫作乐不肯离开;宫内的宠妾,在市场上肆意掠夺;外边的宠臣,在边境上假传命令;追求私欲,下边不能满足就立即治罪。百姓痛苦困乏,丈夫、妻子都在诅咒。虽然祝官、史官善于祷告,难道还能胜过亿兆人的诅咒?君王如果要诛戮祝官、史官,只有先修养自己的德行才可以。齐景公认为晏婴的话有道理,于是让官吏放宽政令,毁掉关卡,废除禁令,减轻赋税,并免除了百姓对官府所欠的债务。(《左传·昭公二十年》)

景公到牛山游玩,向北远望齐国都城而流泪说:为什么要离开这雄伟的都城而死去啊!艾孔、梁丘据都跟随景公一起哭泣。唯独晏婴在旁边笑,景公拭干泪水,看着晏子说:我今天的游览很伤心,艾孔与梁丘据都陪着我一起哭泣,先生却独自在笑,这是什么原因?晏婴回答说:假使圣贤之人能长久地守住君位,那太公、桓公也将长久地守住君位;假使凭借勇力能长久地守住君位,那庄公、灵公也将长久地守住君位。以上这些君王如果都守住君位,那么您怎么得到这个位置而为国君呢?因为上面说到的先君更替着拥有都城,又更替着离开都城,才传到君王您,现在您却只为死去离开都城这件事而流泪,这是不仁义。因为看到一个不仁的国君,看到两个谄媚的臣子,这就是我独自暗笑的原因。(《晏子春秋·内篇谏上》)

有次景公召集百姓修筑大台,天冷也不停工。晏婴出使鲁国回国后,与景公一起喝酒,席间晏婴说:君主您如果赏我一个机会的话,我想为您唱一支歌。晏婴唱道:老百姓的话说"冰冷的水冲刷着我该怎么办啊? 老天摧残我该怎么办啊?"唱毕,又叹息又流泪。于是齐景公就走到晏婴前询问:先生怎么会伤心到这般地步呢? 恐怕是因为建造大台这件事吧,我下令马上停工。晏婴听后,拜了又拜,没说什么话就走了。晏婴赶到大台施工现场,拿起棍子就打那些不努力干活的人,边打边说:你们都有住房躲避日晒潮湿,君王建一座大台却不快点建成,这是为什么? 人们都说晏婴在助上天作恶。晏婴离开施工现场不久,齐景公停修大台的命令就到了,修建大台的人就都跑回家了。与晏婴同时代的孔子听到此事后评论说:古代善为人臣的人,把好的名声归之君主,把灾祸归于自己,入朝就规劝君主做得不对的地方,出外就赞扬君主的道德信义。因此,即使是侍奉懒惰的君主,也能使国君无为而治,让诸侯前来朝见,而不夸耀自己的功劳,能做到这个的,就是晏子啊。(《晏子春秋·内篇谏下》)

虽然孔子对晏婴赞赏有加,但晏婴并不认同孔子的治国理念。因此当齐景公想重用孔子并打算把尼谿(xī)封给他时遭到了晏婴的反对。晏婴对齐景公说:这些儒者能言善辩不能用法度来规范他们;高傲自大又自以为是,不能任用他们来教育百姓;崇尚丧礼,主张破费财产来厚葬死人,我们不能让此成为齐国的习俗;四处游说乞求借贷,不可以此治理国家。自从圣君贤相相继去世,周朝王室衰落以后,礼乐残缺有很长一段时间了。如今孔子盛装打扮,烦琐地规定尊卑上下的礼仪、举手投足的风度。我们几代人都不能穷尽其中的学问,从幼到老都不能学完他的礼乐。国君打算用这一套来改造齐国的习俗,恐怕不是引导民众的好办法。此后,齐景公虽然恭敬地接见孔子,但不再打算重用他,加上据说有齐国大夫想加害孔子,所以孔子只好匆忙离开齐国。(《史记·孔子世家》)晏婴劝齐景公不封孔子的原因不是嫉贤妒能,而是认为孔子的思想并不符合当时齐国的现实环境。实际上,晏婴任相时对待人才从来是不问出处、唯才是举,甚至将奴仆越石父奉为座上宾。在晏婴发现并推荐给齐景公的人才中,最著名的当属司马穰苴。

当时,晋国出兵攻打齐国的东阿和鄄城,燕国进犯齐国黄河南岸的领土,齐国军队大败。齐景公为此非常忧虑。于是晏婴向齐景公推荐司马穰苴,说:穰苴虽说是妾生之子,可是他的文才能使大家服气,武略能使敌人畏惧。希望君王能试用他。于是齐景公召见司马穰苴,并任命他为将军,让他与庄贾率兵抵抗燕、晋两国的军队。庄贾自恃被景公宠信,第二天出发时因饮酒而误了时辰,司马穰苴当即将其斩杀,三军将士为之震栗。司马穰苴亲自过问安营扎寨、掘井立灶、饮水吃饭、疾病医药等事务,还把自己作为将军专用的物资、粮食全部拿出来分给士兵,自己则和士兵一样平分粮食。他把体弱有病的士兵统计出来,三天后重新整训军队,准备出战。病弱的士兵也都要求一同奔赴战场,争先奋勇地为他战斗。晋国知道了这种情况,就把军队撤了回去。燕国军队也随即撤退,但在渡黄河时分散松懈,司马穰苴率齐国军队趁势追击,收复了所有沦陷的领土率兵凯旋。(《史记·司马穰苴列传》)

齐景公也十分信任晏婴,多次称赞晏婴为“忠臣也”,“晏子之言,可无用乎?其维有德”,并屡屡赐封邑、狐裘、车马,甚至宅第、美妾,晏婴总是坚辞不受。有一次晏婴正在吃饭,齐景公派的使臣到来,晏婴把食物分出来给使臣吃,结果两人都没吃饱。使臣回去后,把这件事告诉了齐景公。齐景公惊叹道:唉!晏婴居然这样穷,这是我的过错。于是派人送去千金,让他用来供养宾客。但晏婴没有接受,齐景公多次相送,最终晏婴辞谢道:我听人这样说,从君主那里拿来厚赏然后散发给百姓,这就是臣子代替君主统治人民,忠臣是不这样做的;从君主那里拿来厚赏却不散发给百姓,这是收敛财物归为已有,仁义之人是不这样做的;在朝内朝外,取得君主赏赐不能与士人共享就会得罪他们,死后财物也会被别人所有,这是为家臣蓄积财物,聪明的人是不会这样做的。有衣穿,有饭吃,只要心里满足就可以免于一切忧患。齐景公对晏子说:我们前代的君主桓公用五百社的土地和人口分封管仲,他接受了并没有推辞,你推辞不接受是为什么呢?晏婴回答说:我听人这样说,圣明的人考虑多了,也难免会有失误。愚蠢的人经过多次考虑,也有可取之处。想来这是管仲的错,是我的对吧,因此再次拜谢而不能接受。(《晏子春秋·内篇杂下》)

晏婴相齐的时代也正是齐景公欲有所作为的时代。晏婴敢言直谏,齐景公也多能从谏如流,两人总体上关系和谐、相处甚得。齐景公与晏婴这种和谐的君臣关系深得孔子赞誉:“晏子能明其所欲,景公能行其所善也。”所以当齐景公闻知晏婴去世后,心情悲痛,“行哭而往,至,伏尸而号”,说:上天给齐国降下灾祸,不降在寡人身上,却降在先生身上,齐国的社稷危险了啊!今后百姓有难该向谁诉说啊!(《晏子春秋·外篇不合经术者》)

(张　浩)

晏婴有哪些能言善辩的故事？

古今中外有许多能言善辩的哲人智士，他们或如苏格拉底般口若悬河，雄辩的论证使人折服；或如孟子般处变不惊，犀利的辩锋令人咋舌；又或如淳于髡般机敏风趣，妙语解难。晏婴就是其中的一位，他的能言善辩在当时就很出名，吴王曾评价他说："吾闻晏婴，盖北方辩于辞，习于礼者也。"（《晏子春秋·内篇杂下》）楚王也说他是"齐之习辞者也"（《晏子春秋·内篇杂下》）。在国际外交中，他以雄辩的口才维护齐国的利益；在国内政务上，他以缜密的语言劝谏君王，在唇枪舌剑的博弈中展现着一位杰出的政治家和外交家的风采。

晏婴奉命出使楚国，楚王听说晏婴能言善辩，便想借机羞辱他一番，于是就向侍臣征求办法。侍臣出主意说：等他进城的时候，就让他走小门。等他来宫里觐见时，我们就带一个被捆着的人过来，大王您就问这人是谁，犯了什么罪，我们就说他是齐国人，犯了盗窃罪，以此来羞辱晏婴，看他说什么。晏婴到楚国城门口时，见只开小门未开大门，于是就在城外而不进城，楚国的迎客人员问为什么不进城，晏婴回答说：出使到狗国的人才会从狗洞进去，今天我要出使的是楚国而不是狗国，所以不应该从这个洞进去。迎客人员只好打开大门让晏婴入城 。（《晏子春秋·内篇杂下》）楚王见到晏婴说：难道齐国没人了吗？竟然派你来做使臣。晏婴回答道：齐国首都临淄有七千多户人家，展开衣袖可以遮天蔽日，挥洒汗水就像天下雨，人挨着人，肩并着肩，脚尖碰着脚跟，怎么能说齐国没有人呢？楚王又问：既然如此，为什么派你这样一个人来做使臣呢？晏婴回答说：齐国派遣使臣，各有各的出使对象，贤明的使者被派遣出使贤明的君主那儿，不肖的使者被派遣出使不肖的君主那儿，我是最无能的人，所以就只好委屈下出使楚国了。楚王未赚到便宜,非常不甘心,于是在赐晏婴酒时,与侍臣上演了商定好的闹剧,并盯着晏婴问:齐国人本来就善于偷窃吗?晏婴离席答道:我听说橘子生长在淮河以南就是橘子,生长在淮河以北就变成枳了,它们只是叶子的形状相像,果实的味道却不同。这是什么原因呢?是因为水土的不同。现在老百姓生活在齐国不偷窃,到了楚国就偷窃,莫非楚国的水土使得老百姓善于偷窃吗?楚王听后苦笑着说:圣人是不能同他开玩笑的,我真是自讨没趣了。(《晏子春秋·内篇杂下》)

晏婴出使吴国,吴王对身边的人说:晏婴来拜见的时候,就跟他说是天子要见他。第二天,晏婴拜见吴王,接待人员说:天子要接见你。晏婴表现出迷惑不安的样子。接待人员又说:天子要接见你。晏婴又表现出迷惑不安的样子。接待人员又说:天子要接见你。晏婴第三次表现出迷惑不安的样子,回答道:我听从我国君主的安排,将要出使吴王所在的地方。我因为愚昧而感到迷惑,竟走到天子的朝堂了。请问吴王现在还在吗?晏婴话语机敏灵活,因外交事务还未进行,不能惹怒吴王,为其留有情面。与此同时,晏子也在提醒吴王他已经僭礼,作为大国使臣,自己是不会如此见他的,从而迫使吴王改正,并最终“见之以诸侯之礼”(《晏子春秋·内篇杂下》)。吴王说:寡人居住在地方偏僻、孤陋寡闻的蛮夷之地,很少有机会请教君子的行为,请允许我问几个问题,请不要见怪。晏子惶恐地离开自己的席位。吴王说:我听说齐国国君既残忍又傲慢,既粗野又凶暴。先生您却容身于他,这不是太过分了吗?在别国使臣面前,直斥对方君主“粗野、残暴”,实为无礼蛮横至极。但面对此情此景,晏婴并没有生气,而是依礼答道:我听说,精细的事情不懂得、粗笨的事情做不来的人一定很辛劳;大的事情做不来、小的事情不愿做的人一定很贫穷;从大的方面说不能招揽人才为己所用、从小的方面说自己才疏学浅不能为人所用的人一定很困窘。这就是我之所以出仕为官的原因。像我这样的人,怎么会是用道义来教导别人的人呢?意思是说自己只不过是个普通人,不能拿大道理教导他人。晏婴以守礼谦逊的外交言辞,不但化解了一场可能带来的政治危机,而且让吴王深感羞愧,晏婴出去后,他对身边的人说:哎呀!今天我嘲笑晏婴,就像是裸体的人却责备把衣服高高撩起的人一样。(《晏子春秋·外篇重而异者》)

在国内，晏婴也将能言善辩的本事用于对齐景公的劝谏中，以缜密的逻辑和巧妙的言语引导齐景公，常常将齐景公说得哑口无言。一次，齐景公和群臣到公阜郊游。宽阔的大地一片生机，齐景公感慨道：若我能长生不老，天天荡漾在这美丽的山水之间，那该多好啊！晏婴听到此话，觉得国君如果追求长生之术，必然淡于国事，不思进取。于是接过景公的话说：生和死是不能改变的自然规律。再说，人人都长生不老，那也未必是好事。那又为什么呢？景公不解地问。这道理很简单，如果齐国的开国君主太公和丁公活到现在，他们一定还是一国之君。那么，庄公、桓公就只能当他们的助手，而你也只能头戴竹笠、手拿锄头终日在田里劳动，怎么还能率领群臣到处玩乐呢？晏婴的话扫了景公的游兴，他转过脸去不再理睬晏婴。到了中午，远处出现一辆六匹马拉的大车，烟尘滚滚飞奔而来。景公得意地对晏婴说：这是梁丘据接我来了，你看他驾驶的马车跑得多快！朝中文武只有他最了解我了。晏婴却平静地说：梁丘据称不上好的臣子。古人说过，作为一个忠臣，不应该事事附和国君，因为国君认为对的，并不一定都对。国君认为不对的，也不一定都不对。这个梁丘据对国君最会察言观色，非常善于拍马奉承，不论对错，一味迎合，您听了也许心顺气平，可对国家长远利益是没有任何好处的。景公很不高兴，转身拂袖而去。夜色降临，星光灿烂。这时，一颗流星从头顶疾驰而过。景公面如土色，以为这是不祥之兆。急忙请主管祭祀的官员设香案祷告，保佑齐国君臣的平安。晏婴赶去劝阻，对景公说：流星有什么可怕呢？它只扫除邪恶的事情，国君如果没有做伤天害理的事，又何必提心吊胆呢？要是做了伤天害理之事，祈祷也是没有用的。景公气得脸色铁青，说不出一句话来。可是晏婴言犹未尽，批评的也越来越重：现在，我担忧的倒不是流星的出现，而是国君贪恋酒色，亲近小人，喜听谗言，疏远贤臣，长期下去，灾难必然降临到我们齐国头上。国君的这些过失，靠祈祷是帮不了忙的。齐景公再也没有游玩的兴致，立即下令驾车回宫。这天夜里，这位齐国至高无上的国君，翻来覆去睡不着，准备找机会狠狠灭灭这个相国的气焰。然而，当他细细品味晏婴三次批评自己的话语，觉得每句话都十分在理，终于钦佩起这位相国对自己的忠心，逐渐收敛自己的不良行为。晏婴去世后，景公在吊唁时痛哭流涕地说：那天在公阜，相国一日三次给我指出过错，这样忠心耿耿的贤臣，我现在到哪里去找啊？（《晏子春秋·内篇谏上》）

晏婴墓

晏婴能言善辩的故事显示了他作为一位政治家和外交家的智慧,但同时也蕴含着他矢志为国的热情与辛酸。试想,如果晏婴生活在齐国称霸的年代,如果齐景公是一位具有雄才大略的国君,晏婴又何需用能言善辩来外争国格、内谏君王呢?

(张　浩)

如何评价晏婴的廉政思想？

经过桓管改革，齐国迅速富强起来，人民的生活也相对比较富裕，日久天长，齐国上下便滋长出豪华奢侈的风气。据《史记》记载，管仲的生活就很奢华，“而管氏亦有三归，位在陪臣，富于列国之君”（《史记·货殖列传》）。“管仲富拟于公室，有三归、反坫，齐人不以为侈。”（《史记·管晏列传》）齐国人之所以认为管仲的豪奢生活并不过分，大概是因为齐人普遍生活富裕，奢侈成风，管仲作为相国，治国有大功，讲讲排场，也就不那么惹眼。《汉书·地理志下》云：“故其（指齐国）俗弥侈，织作冰纨绮绣纯丽之物，号为冠带衣履天下。”

到了春秋末期，齐国霸业中衰，百姓生活贫困，而齐国上层达官贵族依然盛行奢靡之风。在此背景下，作为齐国的贤相，晏婴旗帜鲜明地倡导“廉政”，试图纠正齐国上层弥漫的奢靡之风。

晏婴的廉政思想源于他的民本思想。民本思想是中华优秀传统文化的精华，肇始于夏商时期，于春秋战国时期得到丰富和发展。民本思想就是为政必须以人民的意愿和利益为前提，而廉政的核心是为了人民。一部《晏子春秋》提到“民”字达三百多次。在回答叔向的问话时，晏婴说：“婴闻之，卑而不失尊、曲而不失正者，以民为本也。”（《晏子春秋·内篇问下》）他还说：“意莫高于爱民，行莫厚于乐民。”（《晏子春秋·内篇问下》）他甚至要求齐景公“散百官之财，施之民矣”（《晏子春秋·内篇谏上》）。在晏婴的心目中，人民是至高无上的。孔子曾称赞晏婴道：“景公奢，晏子事之以恭俭。晏子，君子也。”“救民之姓而不夸，行补三君而不有，晏子果君子也。”（《晏子春秋·外篇》）

晏婴从理论上论述廉政的重要性，苦口婆心地劝导齐景公廉政爱民。他说：“廉者，政之本也；让者，德之主也。”（《晏子春秋·内篇杂下》）认为廉洁是从政的根本。他大力呼吁“善政”,劝导齐景公轻徭薄赋,减轻人民的负担。他认为:“足欲,亡无日矣!”(《晏子春秋·内篇杂下》)如果统治者放任自己的私欲膨胀,那么就离亡国不远了。对齐景公的穷奢极欲,晏婴千方百计地进行劝谏,强调“节欲则民富”(《晏子春秋·内篇问下》)。有一年,齐国连续下雨达十七天之久,各地发生洪涝灾害,齐景公却在宫中日夜饮酒作乐,晏婴多次进宫请求景公赈济灾民,景公不仅不批准,还派人到各地去召集擅长唱歌的人进宫演唱助兴。晏婴对此非常生气,便把自己家的粮食分给灾民,还把车马等器物放在路旁供灾民使用。然后,晏婴徒步进宫,怒斥齐景公说:“百姓老弱冻寒不得短褐,饥饿不得糟糠,敝撤无走,四顾无告。而君不恤,日夜饮酒,令国致乐不已,马食府粟,狗餍(yàn)刍豢,三保之妾,俱足粱肉。狗马保妾不已厚乎,民氓百姓不亦薄乎。”并愤然“请身而去”,齐景公这才受到触动,下令开仓救济灾民。(《晏子春秋·内篇谏上》)

晏婴还以身作则,带头实践其廉政思想。晏婴以生活俭朴著称,“以节俭力行重于齐。既相齐,食不重肉,妾不衣帛”(《史记·管晏列传》)。他上朝总是乘坐一辆破旧的马车,齐景公实在看不下去,便派梁丘据送给他一辆四匹马拉的豪车,不料被晏婴拒绝了,齐景公很不高兴,说:“夫子不受,寡人亦不乘。”晏婴回答说,他意在为群臣做出表率,如果他带头乘坐豪车,那么“民之无义,侈其衣服饮食而不顾其行者,臣无以禁之”(《晏子春秋·内篇杂下》)。在《晏子春秋》中,关于晏婴节俭的故事还有不少。晏婴在临终时,给儿子写了一封遗书,他叮嘱妻子,等儿子长大后,取出来给他看。遗书原文是:“布帛不可穷,穷不可饰。牛马不可穷,穷不可服。士不可穷,穷不可任。国不可穷,穷不可窃。”(《晏子春秋·内篇杂下》)

我们常说的“廉政”一词就出自《晏子春秋》。《晏子春秋·内篇问下》:“景公问晏子曰:‘廉政而长久,其行何也?’晏子对曰:‘其行水也。美哉,水乎清清,其浊无不雩途,其清无不洒除,是以长久也。’公曰:‘廉政而速亡,其行何也?’对曰:‘其行石也。坚哉,石乎落落,视之则坚,循之则坚,内外皆坚,无以为久,是以速亡也。’”

需要说明的是,尽管晏婴的廉政思想令人称道,但也有其历史局限性。普遍的吏治腐败,从根本上讲还是制度的原因。不从改革制度入手,而仅仅靠某个人的道德感召,注定不会有什么大的效果。晏婴身处春秋末世,辅佐骄奢淫逸的齐景公，只能以身作则，或通过勇于进谏、巧妙进谏，在一些具体的事情上、在一定程度上匡正弊端，而无法从根本上扭转官场的腐败奢靡之风。晏婴的以身作则，也仅仅局限于倡导廉政的层面，他既做不到铁腕反腐，更做不到将权力关进制度的笼子。当然，晏婴以民为本、忧国忧民的情怀和廉洁奉公、率先垂范的精神，永远值得后人敬仰。

（李钟琴）

“和而不同”的思想是谁提出来的?

“君子和而不同,小人同而不和”(《论语·子路》)这句经常被人们引用的名言,出自孔子之口。何晏《论语集解》解释说:“君子心和,然其所见各异,故曰不同。小人所嗜好者同,然各争利,故曰不和。”用孔子的话说,就是“君子坦荡荡,小人长戚戚”(《论语·述而》)。

“和而不同”“同而不和”道出了君子之交和小人之交的本质,还有当代学者认为,这是“和谐思想”的起源。但是,这一观点的原创者不是孔子。在孔子之前,齐国名相晏婴就已经专门论述过这个问题。

据《左传·昭公二十年》记载,鲁昭公二十年(齐景公二十六年,公元前522年),齐景公打猎归来,晏子在遄台随侍,齐景公的宠臣梁丘据也驾着车赶来。齐景公说:只有梁丘据与我和睦啊!晏子回答说:梁丘据也不过是相同罢了,哪里能算得上是和睦呢?齐景公问:“和”与“同”有差别吗?晏子回答说:有差别。“和”就像做肉羹,用水、火、醋、肉酱、盐、梅来烹调鱼肉,用柴火烧煮。厨师调配味道,使各种味道恰到好处,味道不够就增加调料,味道太重就减少调料。君子吃了这种肉羹,用来平和心性。国君和臣子的关系也是这样。国君认为可以做的,其中也包含不可以做的,臣子进言指出不可以做的,使可以做得更加完备;国君认为不可以做的,其中也包含了可以做的,臣子进言指出其中可以做的,去掉不可以做的。因此,政事平和而不违背礼仪,百姓没有争斗之心。所以《诗经·商颂·烈祖》中说:也有调和美汤羹,五味皆备又适中。敬献神明来享用,上下和睦无纷争。先王使五味相互调和,使五声和谐动听,用来平和心性,成就政事。音乐的道理也像味道一样,由一气、二体、三类、四物、五声、六律、七音、八风、九歌各方面相配合而成,由清浊、小大、短长、疾徐、哀乐、刚柔、迅速、高下、出入、周疏各方面相调节而成。君子听了这样的音乐，可以平和心性。心性平和，德行就协调。所以，《诗经》说："德音不瑕。"现在梁丘据不是这样。国君认为可以的，他也说可以；国君认为不可以的，他也说不可以。如果用水来调和水，谁能吃得下去呢？如果用琴瑟弹一个音调，谁听得下去呢？不"同"的道理就是这样。

《晏子春秋·外篇重而异者》也记载了晏子论"和同"之事，文字与《左传》的记载大体相同："景公至自畋，晏子侍于遄台，梁丘据造焉。公曰：'维据与我和夫。'晏子对曰：'据亦同也，焉得为和。'公曰：'和与同异乎？'对曰：'异。和如羹焉，水火醯(xī)醢(hǎi)盐梅以烹鱼肉，燀(chǎn)之以薪，宰夫和之，齐之以味，济其不及，以泄其过。君子食之，以平其心。君臣亦然。君所谓可而有否焉，臣献其否，以成其可。君所谓否而有可焉，臣献其可，以去其否。是以政平而不干，民无争心，故《诗》曰："亦有和羹，既戒且平。鬷(zōng)嘏无言，时靡有争。"先王之济五味，和五声也，以平其心，成其政也。声亦如味：一气，二体，三类，四物，五声，六律，七音，八风，九歌，以相成也；清浊，大小，短长，疾徐，哀乐，刚柔，迟速，高下，出入，周疏，以相济也。君子听之，以平其心，心平德和。故《诗》曰："德音不瑕。"今据不然，君所谓可，据亦曰可；君所谓否，据亦曰否。若以水济水，谁能食之。若琴瑟之专一，谁能听之。同之不可也如是。'公曰：'善。'"

1972年，山东临沂银雀山汉墓出土的《晏子春秋》竹简中也发现了这段记载，证明晏子与齐景公的这次对话确有其事。晏婴以肉羹调味、音乐的音节调配做比喻，说明"和"与"同"的区别。可见，孔子所说的"君子和而不同，小人同而不和"，是对晏婴"和而不同"思想的归纳、总结。

那么，"和而不同"思想最早是晏婴提出来的吗？

《国语·郑语第十六》记载了郑桓公与史伯的一段对话。郑桓公问：周王朝会衰败吗？史伯回答说：差不多一定要衰败了。《尚书·泰誓》上说：老百姓所向往的，上天必定会遵从。现在周王(指周幽王)抛弃光明正大的人，喜欢挑拨是非、奸邪阴险的人；厌恶贤明正直的人，亲近愚顽鄙陋的人。其实"和"才能生成万物，"同"就不能持续。把不同的东西加以协调平衡叫作"和"，所以能丰富发展而万物和谐；如果把相同的东西相加，用尽了之后就完了。所以先王把土和金、木、水、火相配合而生成万物；调配五种滋味以适合人的口味，强健四肢以营养身体；调和六种音律使它动听悦耳，端正七窍来为心服务，协调身体的八个部分使人完整，设置九脏以树立纯正的德行，合成十种等级来训导百官。于是产生了千种品位，具备了上万方法，计算上亿的事物，经营万亿的财物，取得万兆的收入，采取无数的行动。所以君王拥有九州辽阔的土地，取得收入来供养亿万人民，用忠信来教化和使用他们，使他们和睦安乐如一家人。这样的话，就是“和”极至了。于是先王从异姓的家族中聘娶王后，向四方征收财物，选择敢于直谏的人来做官，处理众多的事情，努力做到“和”而不是“同”。只是一种声音就没有听头，只是一种颜色就没有文采，只是一种味道就不成其为美味，只是一种事物就无法进行衡量比较。周王却要抛弃这种“和”的法则，而专门喜欢“同”。这是上天剥夺了他的聪明才智，他要想不衰败，可能吗?

史伯关于“和同”的论述，实是晏婴、孔子“和而不同”思想的先声。史伯认为“和实生物，同则不继”，并以五行、五味、六律等做比喻，说明什么是“和”，什么是“同”，进而批评周幽王“去和而取同”“而与专同”，指出此乃“天夺之明”，“欲无弊，得乎?”

这个善于思辨的史伯，是周王朝的太史。他与郑桓公的对话，发生于周幽王八年(前774)，这一年，郑桓公担任周王朝的司徒。二百五十二年后，才有了晏婴对“和同”的论述，这无疑是史伯“和同”思想的翻版。其后，孔子的“和同论”，则更精练，并成为人们耳熟能详的一句名言。

“和而不同”是儒家的重要思想，但是，无论是史伯、晏婴、孔子，还是后世的硕儒高士，都没有对“和”与“同”做出一个精确的定义。如今看来，“和”，可以解释为和睦、和谐、统一；“同”，可以解释为相同、同样、一致。“和”并不意味着千篇一律，而是多样性、差别化的统一。正如史伯、晏婴的比喻，五种不同的调味品，可以调成一锅美味的汤羹；不同的音符，可以谱成一首美妙动听的乐曲。“和”可以包容不同，完全相同，则不会达到“和”的境界。“同”表面上看似乎一致，但并不意味着和谐。正如晏婴所举的例子，梁丘据一味迎合齐景公，“君所谓可，据亦曰可；君所谓否，据亦曰否”，这是表面上的“同”，而不是内在的“和”。

“和而不同”的思想，对于我们知人论事，仍具有极强的借鉴作用。

(李钟琴)

“二桃杀三士”是怎么回事？

“二桃杀三士”的故事最早见于《晏子春秋》，名为“景公养勇士三人无君臣之义晏子谏”，在汉代画像石中就有这个故事的图像出现，表明该故事在汉代一度广为流传。后世如《诸葛亮集》《艺文类聚》《西溪丛语》等书中均有收录，但流传不广。直到明代冯梦龙将其改编为短篇小说，收入《喻世明言》，并且又在此基础上形成“晏平仲二桃杀三士”收入《东周列国志》，这一故事才再度传播开来，成为家喻户晓的历史故事和计谋杀人的代名词。

实际上，自战国《晏子春秋》成书到明清之际该故事的最终定型，“二桃杀三士”经历了一个相当复杂的演变过程，其内容和寓意也发生了相当大的变化。首先，《晏子春秋》对“二桃杀三士”的记载如下：

公孙接、田开疆、古冶子都是齐景公手下的大将，以勇猛有力闻名齐国。晏婴从他们面前经过，都要谦逊地小步急走，他们三人见到晏婴却从不起身。晏婴入朝拜见景公说：我听说圣明的君主蓄养的勇猛之士，对上有君臣之义，对下有长幼伦常，对内可以禁止暴力，对外可以威慑敌军，国家因为他们的功绩而得到好处，臣下也敬服他们的勇力，所以使他们的地位尊贵，让他们的俸禄丰厚。现在君王蓄养的勇士，对上没有君臣的大义，对下不讲长幼伦常，对内不能禁止暴力，对外不能威慑敌人，这是危害国家的人啊，不如除掉他们。景公说：这三个人，拘捕他们恐怕抓不到，刺杀他们恐怕也行不通。晏婴说：他们都是有勇力能攻取强劲敌人的人，但是不讲长幼之间的礼让。您就派人送两个桃子给他们，让他们三人按照功劳的大小来吃桃子。

桃子送到后，公孙接抬头看着天叹息说：人多而桃子少，我们只能凭功食桃，如果吃不到就证明自己的勇气不够，晏婴真是个有智慧的人啊。我曾经一出手就打死一只猛犬,再出手又打死一只母虎,像我这样的功劳,当然可以独吃一个桃子。说完就拿起一个桃子站起身来。田开疆说:我手执兵器两次击退三军齐备的敌人,像我田开疆这样的功劳,也可以独吃一个桃子。说完也拿起一个桃子站起身来。古冶子说:我曾经与君王一起渡黄河,潜入水中步行,逆水前进百步,又顺流前行九里,杀死大鼋(yuán,龟鳖科中的一属,特点是体型大,体重可达一百公斤),然后像白鹤飞跃跳出水面。渡口的船夫都惊呼:是河神!再仔细一看,原来是大鼋的头。像我古冶子这样的功劳,也可以吃桃子。你们二位为何不把桃子交回来!说完拔剑而起。公孙接、田开疆说:我们的勇猛不如你,功劳也不及你,我们却拿走桃子而不谦让,这证明我们贪功无耻;如果我们不自杀谢罪,则证明我们不是勇士。于是二人都退还了自己所拿的桃子,刎颈而死。古冶子看到后说:两位都死了,我却独自活着,这是不仁;羞辱别人来夸耀自己的名声,这是不义!不满自己的行为却不敢去死,这不是勇士。说完也交还桃子,刎颈而死。景公命人用官服收殓了三人的尸体,并用高规格的礼仪安葬了他们。(《晏子春秋·内篇谏下》)

以上是“二桃杀三士”故事最原始的版本。可见,在《晏子春秋》中,“二桃杀三士”的动机仅仅是晏婴看到公孙接三人对待自己不守礼仪,认为他们失大义、无伦常,未来将会危害国家,因此建议齐景公除掉他们。除此之外,《晏子春秋》中并没有提到“三士”的其他劣迹,反而用很大的笔墨描述了“三士”之功绩和自刎时的风度。况且,在当时,武士好勇重义型的自杀本身就是一种为人称道的行为,而故事的最后还特意交代了“公殓之以服,葬之以士礼焉”。因此在《晏子春秋》记录的“二桃杀三士”这个故事中并没有真正的反派。作者叙述“二桃杀三士”的最初愿望无疑是希望彰显晏婴过人的智术奇谋。从晏婴的立场来看,“三士”作为御国的工具,可为齐国所用,也可祸乱齐国,因此用计谋将他们杀死。故事中晏婴的谋略令人叹服,但三位壮士的遭遇同样使人扼腕,这之后,“三士”被视为有勇有义的勇士,成为汉代画像石中最常见的勇士形象,另外两个常出现在汉代画像石中的勇士形象则是“荆轲刺秦王”中的荆轲和“完璧归赵”中的蔺相如。除此之外,文人墨客也对“三士”多有赞颂,如《乐府诗集》中有“力能排南山,文能绝地纪。一朝被谗言,二桃杀三士”之句,曹植也在《古冶子等赞》中写道“齐姜接子,勇节徇名”。

在最终定型的《东周列国志》中,“二桃杀三士”虽然保持了故事的大体框架,但在内容上有许多不同。如在《晏子春秋》中,桃子是由齐景公派人给公孙接等人送去的,而在《东周列国志》中,桃子是在招待鲁昭公的宴会上现场摘取的,且也不是两枚,而是“尚有三四枚未熟,所以只摘得六枚”,鲁昭公、齐景公、晏婴、叔孙大夫各吃一枚,剩下的两枚由“相国(即晏婴)评功赐桃”。在《晏子春秋》中,公孙接、田开疆是陈述其功劳后自行取桃的,《东周列国志》中则是晏婴在听过他们的功劳后直接赐予的,曰“擎天保驾,功莫大焉!可赐酒一爵,食桃一枚”“晏子慌忙进酒赐桃”,而在古冶子自述其功之后,正好“无桃可赐”,如此设计,无疑使得晏婴的计谋更加立体丰富,突出晏婴心思之缜密、计划之详细。

此外,尤其需要注意的是“杀三士”的动机,在《东周列国志》中,“杀三士”的动机丰富了很多,首先是“公孙接遂与田开疆、古冶子结为兄弟,自号‘齐邦三杰’。挟功恃勇,口出大言,凌铄闾里,简慢公卿。在景公面前,尝以尔我相称,全无礼体。景公惜其才勇,亦姑容之。时朝中有个佞臣名唤梁丘据,专以先意逢迎,取悦于君。景公甚宠爱之。据内则献媚景公,以固其宠;外则结交三杰,以张其党”。公孙接三人不仅自大无礼、为祸乡里而且与奸臣梁丘据朋比为奸,甚至不把齐景公放在眼里。除此之外,“其时陈无宇(即田无宇)厚施得众,已伏移国之兆,那田开疆与陈氏是一族,异日声势相倚,为国家之患”,即陈无宇在齐国深得人心,已经有取代姜氏为君的倾向,而田开疆是陈氏的族人,如果不除掉他,肯定是齐国的祸患。在“三士”自杀之后,还借晏婴之口称其乃“一夫之勇,虽有微劳,何足挂齿!”齐景公害怕“三士”死了之后齐国无大将可用,“卿于席间张大其辞,虽然存了齐国一时体面,只恐三杰之后,难乎其继,如之奈何?”晏婴于是推荐司马穰苴为将,并再次指责公孙接等三人是徒有血气的莽夫,根本不能与司马穰苴相提并论。司马穰苴是齐国历史上鼎鼎有名的大将,曾率齐军击退晋、燕入侵之军,在后世更是被列为“武庙十哲”之一,于是给晏婴“二桃杀三士”又增添了诛乱臣、择良将的意味。故事的最后则是“晏子更进觞于两君,欢饮而散”(《东周列国志》第七十一回)。至此,《东周列国志》中的“二桃杀三士”完全成了一次晏婴巧计除奸、匡扶社稷的英雄壮举,而“三士”也彻底成为为祸齐国的山野莽夫。如《喻世明言》一首词中所写:“笑三人恃勇,在齐猖獗。只被晏婴施小巧,二桃中计皆身灭。齐东门累累有三坟,荒郊月。”认为“三士”的被杀完全是因他们“恃勇”而咎由自取。

三士冢

之所以会出现这样的变化,主要原因应该是民间对于晏婴的崇拜情绪日益提升,晏婴的智辩等特征越来越突出。从《晏子春秋》中简单牵强的杀士理由到《东周列国志》中的三士为祸、田姜之争等情节,将“杀三士”的目的直接上升到维护国家稳定的高度,显然提高了对晏婴的赞美力度。

（张　浩）

《晏子春秋》是怎样一部书？

晏子，名婴，春秋时期齐国夷维（今山东高密）人。晏婴是与管仲齐名的齐国贤相，历仕齐灵公、齐庄公、齐景公三代，尽忠极谏，节俭力行，聪慧机敏，名显诸侯。司马迁十分推重晏子，认为“假令晏子而在，余虽为之执鞭，所忻慕焉”（《史记·管晏列传》）。

晏婴生于齐国走向衰败的时期，国君昏聩，荒淫骄纵，公室衰微，大夫擅权，四面树敌，烽烟四起。晏婴和晋国叔向谈论齐国形势，言百姓劳动所得两份上交国家，仅留一份以供衣食所需，国家粮仓腐烂的粮食堆成了山，而老人、小孩仍在忍饥挨饿；国都集市上正常人所穿的鞋子价格低廉，遭受刖刑（被砍去脚）的人所用的义足由于需求量大而价格昂贵，面对此种情况，晏婴不禁感慨道：“此季世也。吾弗知。齐其为田氏乎。”（《晏子春秋·内篇问下》）在这样的情况下，晏婴竭尽己能，把握契机劝谏君王，力图挽救齐国日益衰败的形势。

晏婴是齐国贤相，很多晏婴的事迹，我们多是从《晏子春秋》中得知的。那么，《晏子春秋》是怎样一部书呢？

《晏子春秋》记载了齐国贤相晏婴的生平事迹。“晏子”，是对晏婴的尊称。“春秋”，除专指鲁国编年史书《春秋》外，一般泛指先秦时期的史书。《晏子春秋》以生动的语言、对话的形式展现了晏婴的言行和思想，是一部以晏婴为中心记载晏婴生平事迹的著作。《晏子春秋》，今传本内、外八篇，凡二百一十五章，内篇《谏上》《谏下》《问上》《问下》《杂上》《杂下》六篇，外篇《重而异者》《不合经术者》两篇。《晏子春秋》每篇都是一个完整的小故事，每篇都有标题点明其内容，一般以人物对话的方式展开，体现晏婴的事迹和品德。通常认为，《晏子春秋》不是晏婴本人所写，因书中多处称“齐景公”，景公是谥号，且景公死于晏婴之后。由于书中经常提到晏婴死后的事情,历来多有人怀疑其为伪书。但1972年临沂银雀山汉墓出土了《晏子春秋》残简,经收集、整理得到的一百零二枚竹简,分十六章,没有篇题,内容和今传本《晏子春秋》没有太大出入,经研究,其抄写年代应在汉景帝之前,因此《晏子春秋》是伪书的说法不攻自破。《晏子春秋》内涉很多齐国地名,如“麦丘”“牛山”,保存了齐国当时的计量制度,记载了齐国多次军事行动,如果不是齐国人或久居齐地之人,是很难如此详细的记载当时齐国的社会现状的。晏婴是和管仲齐名的齐国贤相,撰写者将其政治智慧、外交思想、谈话艺术熔于一炉,以传记的形式记载晏婴的生平事迹,为当政者提供治国经验。《晏子春秋》应是战国时期齐国之人或久居齐地之人搜集、整理晏婴事迹编撰而成的,其成书或与齐国稷下学宫中的稷下先生有关,且后来陆续有增补。

银雀山《晏子春秋》残简

到了西汉成帝时,刘向奉旨统校群书,搜求天下藏书,得到不同版本的《晏子》,据其《晏子叙录》记载:“所校中书《晏子》十一篇,臣向谨与长社尉臣参校雠,太史书五篇,臣向书一篇,参书十三篇。凡中外书三十篇,为八百三十八章。”(《全汉文》卷三七)刘向对校各种版本,删除重复,整理篇章,将《晏子》定为八篇,二百一十五章。其中六篇内容忠君谏主,合乎六经之道,可以常置御前;又有文辞重复和六篇行文风格不同,或者刘向怀疑为后世托名伪作的,单列为两篇。东汉班固依刘向所著,在《汉书·艺文志》记载“《晏子》八篇”。《晏子春秋》的篇章顺序经刘向整理定型,流传于世。

《晏子春秋》不仅记载了晏婴的事迹,更保存了晏婴的精神。

薄身厚民,节俭力行。《晏子春秋》吸收先秦诸子思想,兼采各家所长。“意莫高于爱民,行莫厚于乐民。”(《晏子春秋·内篇问下》)民众是国家统治的根本,像爱护自己的父母一样爱护百姓,百姓就像流水从高处流向低处归附于他。齐景公出游麦丘,遇到当地一位高寿的老人,齐景公请这位老人为自己祝福,老人三祝齐景公,第三次祝福时说:“使君无得罪于民。”齐景公很不解,晏婴趁机进谏齐景公:远在地方上的官员犯错,有朝中大臣来惩治;地位低贱的人犯错,有地位尊贵的人惩治;如果国君犯错,由谁来惩治呢?请问:夏桀、商汤,是国君来惩治还是百姓来惩治的呢？(《晏子春秋·谏上》)《晏子春秋》吸收儒家思想，讲求仁义，重视百姓，同时也注重“礼”的作用，“夫礼者，民之纪”(《晏子春秋·内篇谏下》)。礼仪是治理百姓的纲纪，纲纪混乱、礼仪失度就会失去百姓，失去百姓不得民心，这是危险的。《晏子春秋》不仅提倡儒家的“民贵”思想，而且吸收墨家的“节用”精神，“节欲则民富”(《晏子春秋·内篇问下》)，如果君主克制自身私欲，体谅百姓疾苦，救济贫弱百姓，则民安而国富。“薄于身而厚于民，约于身而广于世。”(《晏子春秋·内篇问上》)有次齐国下起了大雨，十七天还没有停止，齐景公日夜饮酒作乐，晏婴多次请求开仓放粮赈济百姓都被齐景公拒绝了，齐景公却在这时命令官员巡游全国寻找善于唱歌的人。晏婴听说此事非常不高兴，入宫上陈齐景公：由于连日大雨，百姓受冻而没有粗布衣服御寒，饥饿却没有粮食充饥，然而宫中马匹仍然吃着府库的粮食，后宫嫔妾衣食饱暖，国君您沉迷饮酒作乐，我的罪过大了。晏婴请求辞官，散尽家财以供给受灾百姓。齐景公感动于晏婴的所作所为，于是减少饮食，力行节俭，派遣官员巡视天下百姓的受灾状况，分发救济粮帮助百姓，减少了百姓损失，收获了民心。

直言敢谏，力陈时弊。晏婴以社稷为重，忠君事主，敢于冒犯君主的权威。“其在朝，君语及之，即危言；语不及之，即危行。国有道，即顺命；无道，即衡命。”(《史记·管晏列传》)齐景公在位时，大雪接连下了三天还没有停止，齐景公穿着白色的裘衣坐在殿堂侧边的台阶上，恰巧晏婴觐见，站了一会儿，齐景公感叹道：奇怪！下了三天大雪天气竟然不寒冷。晏婴趁机劝谏：我听说古代的贤人，吃饱时知道有人在挨饿，穿着暖和的衣服仍知道有人在受寒，安逸的时候知道有人在受苦。现在国君您不知道啊。景公时发生饥荒，晏婴请求发放救济粮，景公不允许。当时正在修筑“路寝”的台址，晏婴令官员增加佣工的工钱，增加运输距离，放缓工期，“三年台成而民振”(《晏子春秋·内篇杂上》)，不仅“路寝”修筑完成，民众也得到了救济。“顺则进，否则退。”(《晏子春秋·内篇问上》)晏婴身在其位则恪尽职守，不掩饰君主过错当面劝谏，向国君推荐贤能之士，不偏袒身边亲近的人。当国君不采纳臣子建议，臣子不被国君所信任，力不能及时则顺势辞官隐退。齐庄公因一己私欲私通崔杼之妻被崔杼所杀，丝毫不顾及国家与臣民，当崔杼问晏婴为何不追随庄公而去时，晏婴慨然回答道：“故君为社稷死则死之，为社稷亡则亡之。若君为己死而为己亡，非其私昵，孰能任之。且人有君而弑之，吾焉得死之？而焉得亡之？将庸何归！”(《晏子春秋·内

篇杂上》）

谈辩犀利，折冲樽俎。晋平公想攻打齐国，派范昭到齐国观察形势，齐景公设宴招待他。范昭想用齐景公用过的酒具喝酒借此试探齐国的君臣关系，晏婴等范昭用齐景公的酒具喝完酒后，下令撤下这套酒具更换新酒具。范昭想让太师演奏成周的乐曲以试探齐国的礼仪制度，太师因成周乐曲是专供天子使用的而拒绝了范昭。范昭回国复命说，齐国君臣上下同心，礼仪制度井然有序，于是晋平公打消了攻打齐国的念头。孔子听说这件事后称赞道："不出尊俎之间，而折冲于千里之外，晏子之谓也，而太师其与焉。"（《晏子春秋·内篇杂上》）晏婴在宴席之间，却折退敌人于千里之外，不辱来使，高超而灵活的外交手段，为齐国提供了一个稳定的外部环境。晏婴身处大国外交漩涡，临危不惧，不卑不亢，慷慨陈词，不辱君命。晏婴出使楚国，在楚王招待晏婴的宴会上，楚人故意设计捆绑着一个犯了偷盗罪的齐人来到楚王面前，楚王问晏婴：你们齐国人生来就善于偷盗吗？晏婴离开座位恭敬地回答道：橘子生长在淮河以南就是橘子，果甘而味美；生长在淮河以北就成了枳，肉少而味酸。叶片相似而果实味道不同，这是为什么呢？大概是水土的缘故吧。生长在齐国不偷盗，到了楚国却偷盗，是不是楚国的水土使得百姓善于偷盗呢？楚王讨了个没趣。（《晏子春秋·内篇杂下》）晏婴身在楚国，时刻不忘捍卫齐国尊严，聪明机智，随机应变，谈笑间消弭危机于无形之中。

《晏子春秋》语言简练，用一个个生动的小故事，将晏婴无私为公的精神、严谨正直的品德、不卑不亢的形象串联起来，将百姓心中的晏子具化成形象饱满、有血有肉、活生生的人。晏婴在朝堂之上直言敢谏，帮助国君改正自身过失，在百姓之间煞费苦心盛赞国君的道德和仁义，出访他国据理力争彰显泱泱齐国风度。即使所侍奉的君主昏庸懒惰，晏婴仍"以一心侍百君"，始终心怀社稷，即便是国君没有大的作为却国家安定百姓和乐，诸侯前来朝拜，晏婴也没有夸耀自己的功劳。孔子称赞道："当此道者，其晏子是耶。"（《晏子春秋·内篇谏下》）

（王田田）

《司马法》是司马穰苴写的吗？

司马穰苴，春秋末期齐国人，妫姓，田氏，是齐国田氏先祖田完的后代，田氏家族的旁支。在齐国面临晋国、燕国两面进犯，而军队屡屡战败的危急关头，晏婴向齐景公推荐“文能附众，武能威敌”（《史记·司马穰苴列传》）的田穰苴为将军。田穰苴斩杀景公宠臣庄贾申明军纪，体恤士兵同甘共苦，军队士气为之大振，士兵争先出战奋勇杀敌，晋国、燕国军队闻风先后撤退，田穰苴率军收复沦陷领土，大胜而归。田穰苴因功被封大司马，故又称司马穰苴。

据《史记·司马穰苴列传》记载，司马迁曾盛赞《司马法》“闳廓深远，虽三代征伐，未能竟其义”，认为《司马法》内容博大深远，即使夏、商、周三代的战争，也不能穷尽其中的奥义。很多人认为《司马法》为齐景公时期著名将领司马穰苴所写，然而真是这样吗？答案是否定的。司马穰苴在《司马法》的流传过程中发挥了重要作用，但并非撰者。

司马，是古代职官名称，掌管军事。《周礼》记载西周时政治制度，论述夏官司马的职责是“使帅其属而掌邦政，以佐王平邦国”（《周礼·夏官司马第四》）。大司马是夏官的长官，职掌国家军政，辅佐国君平定邦国，属官有小司马、军司马、舆司马、行司马，等等。据《周礼·地管司徒第二》载：“若将有军旅、会同、田役之戒，则受法于司马。”《周礼·夏官司马第四》载：“及授兵，从司马之法以颁之。”古代的《司马法》相当于当时官方军事文献的统称，内容既包括用兵作战之法，又涵盖国家军事制度和条例。司马迁认为：“《司马法》所从来尚矣，（姜）太公、孙（子）、吴（起）、王子（成父）能绍而明之，切近世，极人变。”“自古王者而有《司马法》，穰苴能申明之。”（《史记·太史公自序》）意思是《司马法》传承已经很久远了，从姜太公再到孙武、吴起，一代代的兵家将司马兵法继承下来，并且明晓其精神内涵,运用于当时的军事作战当中。司马穰苴对古代司马兵法理解得很透彻,并且用于战争实践中。

战国时期,齐威王十分推崇司马穰苴的军事思想,“用兵行威,大放穰苴之法,而诸侯朝齐”(《史记·司马穰苴列传》)。不仅如此,齐威王还让大夫追论古代各种司马兵法,并且把司马穰苴对司马兵法的理解、阐释加在里面,名为《司马穰苴兵法》。《史记·司马穰苴列传》记载:“齐威王使大夫追论古者司马兵法而附穰苴于其中,因号曰《司马穰苴兵法》。”可见齐威王时的《司马穰苴兵法》应该包括三部分内容:一是齐威王之前时代的各种司马兵法,二是司马穰苴关于古代司马兵法的理解、阐释,三是大夫们加入的阐发、解释文字。这里的“大夫”指的是当时齐国稷下学宫的学者。由此可见,《司马法》成书于齐威王时期,其作者群体是当时的稷下学者。

《司马法》蕴含的军事制度以及用兵作战之法受到后世重视。东汉荀悦曾作《申鉴》五篇,以供汉献帝参考,其中《申鉴·时事》篇讲到,西汉孝武皇帝曾设置武官,奖励获得战功的战士,荀悦以古鉴今:“若今依此科而崇其制,置尚武之官,以《司马兵法》选位,秩比博士,讲司马之典,简搜狩之事,掌军功爵赏,小统于五校,大统于太尉,既周时务,礼亦宜之。”据《李卫公问对》卷上记载,有一次唐太宗和将军李靖讨论《司马法》,太宗问:人们都说《司马法》是司马穰苴所述,这是真是假?李靖回答道:根据《史记·司马穰苴列传》所述,司马穰苴善于用兵,打败燕国、晋国军队两路进攻,齐景公尊他为司马,子孙号为司马氏。到齐威王时追论古代的司马兵法,又把司马穰苴的军事理念加了进去,才有了《司马穰苴书》数十篇。李靖认为,现在的兵家流派,分权谋、形势、阴阳、技巧四种,都出自《司马法》。

唐开元十九年(731),玄宗设武庙祭祀历代名将,姜太公为主祀,张良为配祀,后世称为“武庙十哲”的古代名将为配享,其中就有司马穰苴。(《新唐书·礼乐志》)唐宋以来,武庙祭祀名单几经调整,到了宋徽宗宣和五年(1123),据《宋史·礼志八》记载,姜太公为主祀,张良配享,然后有历代名将七十二人,其中司马穰苴等十人配享于殿上,六十二人从祀于殿外,追尊司马穰苴为衡山侯。北宋元丰年间,神宗下诏校订《六韬》《孙子》《吴子》《司马法》《黄石公三略》《尉缭子》《李卫公问对》七本兵书,并将其作为北宋官方军事教材,颁行于武学,即《武经七书》。

《司马法》保存了西周春秋时期军法制度的条文,《汉书·艺文志》著录《军礼司马法》是一百五十五篇,列在"礼"类,班固又特别在"兵权谋十三家"下注明,"出《司马法》入礼也",把司马法从"兵"类转移到了"礼"类。这时的《军礼司马法》不仅包括西周春秋军事古制,还有司马穰苴对兵法的理解、阐释。《隋书·经籍志》著录《司马法》为三卷,而且不分篇,其后的《旧唐书·经籍志》《新唐书·艺文志》《宋史·艺文志》以及晁公武在《郡斋读书志》著录《司马法》为三卷。晁公武之后的南宋目录学家陈振孙在《直斋书录解题》中著录为一卷。《司马法》在流传过程中绝大部分篇章已经亡佚,我们看到的今本《司马法》并非原貌,仅存《仁本》《天子之义》《定爵》《严位》《用众》五篇,三千余字。

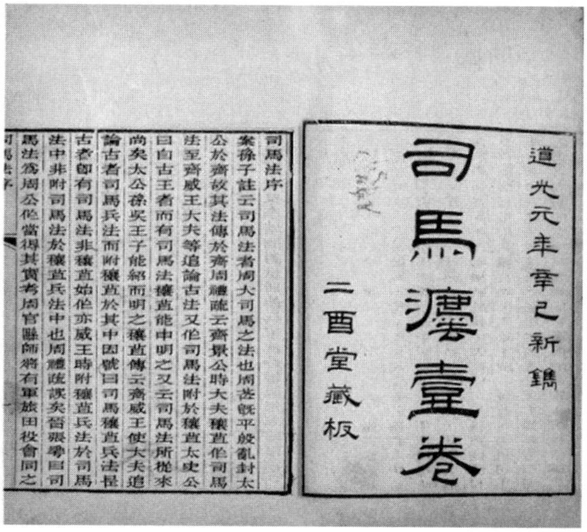
道光元年辛巳新鐫
司馬灋壹卷
二酉堂藏板

司馬法序
案孫子註云司馬法者周大司馬之法也周武既平殷亂封太
公於齊故其法傳於齊周禮疏云齊景公時大夫穰苴作司馬
法至齊威王大夫等追論古法又作司馬法附於穰苴太史公
曰自古王者而有司馬法穰苴能申明之又云司馬法所從來
尚矣太公孫吳王子能紹而明之穰苴傳云齊威王使大夫追
論古者司馬兵法而附穰苴於其中因號曰司馬穰苴兵法楊
古者卽有司馬法非穰苴始作亦威王時附穰苴兵法於司馬
法中非附司馬法於穰苴兵法中也周禮疏誤矣留張學曰司
馬法爲周公作當得其實考周官縣師將有軍旅田役會同之
司馬法序

《司马法》书影

《司马法》倡导以仁为本,以战止战的战争观。古代以仁爱为根本,用正义的方式来处理国家大事,当仁爱达不到目的时,采用战争的方式来获得威势。同时,《司马法》将兵事和国家安危紧密联系起来,"国虽大,好战必亡。天下虽安,忘战必危"(《司马法·仁本》)。《司马法》严格区分治国和治军的方法,重视对军队的教育和训练。"国容不入军,军容不入国。"(《司马法·天子之义》)治理国家要以仁爱为手段,用礼制来巩固统治,而治理军队要讲法度,讲规矩。如果用治理国家的柔性手段来治理军队,军队的法纪就会废弛;而用治理军队的刚性手段来治理国家,民众的礼仪风气便会削弱。《司马法》包含着古代朴素的辩证法思想。在现存的《司马法》五篇中,多处有"轻""重"的字眼。《司马法》将“轻”“重”对立统一的思想糅合到兵法中,重视战争中多重因素的相互作用,从对立统一中分析战争时遇到的各种问题。

“成列而鼓,是以明其信也。”(《司马法·仁本》)西周春秋时期的军事作战讲究礼仪法度,等到敌人布阵完毕再发起进攻,用以表示诚信。作战难道不应该利用一切可以调动的因素,趁敌人没反应过来,攻其不备吗?等到双方布好阵再开始正面交锋,这在今天看来是难以理解的,然而在西周春秋前期确实存在。《左传·鲁僖公二十二年》记载,宋国和楚国在泓水交战,宋军已经列好军阵,而楚国军队还没有全部渡河,司马子鱼请示宋襄公趁机进攻,宋襄公不同意。等到楚军渡过河还没有排兵布阵时,司马子鱼又请求出战,宋襄公仍然不同意。等到楚军列好军队发起进攻,宋军大败,宋襄公大腿受伤。宋襄公严格恪守的“不鼓不成列”的古代军制,正是反映了《司马法》的军事思想。《司马法》记载的一些古老的军事战争原则、方法等,在春秋战国时期已经无法适应日趋复杂的战争形势,而更加强调因地制宜牢牢把握战争主动权的新型军事作战思想逐渐运用开来。

《司马法》成书于齐威王时期,由当时齐国稷下学宫的学者整理编撰并加以阐释,虽非司马穰苴本人所写,但其在该书流传过程中发挥了重要作用。作为齐国历史上承上启下的一部重要军事著作,《司马法》继承西周春秋的军事古制,糅合当时齐国军事特点,开启了后来齐国以孙武为代表的新型军事思想,至今仍是我国军事思想宝库中一枚璀璨的明珠。

(王田田)

孔子与齐国有哪些故事?

孔子是儒家学派的创始人,出生于春秋末期鲁国陬(zōu)邑(今山东曲阜)。在他颇具传奇色彩的一生里,与齐国发生过几次难忘的交集。他曾在齐都临淄生活了三年,受到过齐景公的赏识,还参加了齐、鲁两国之间的一次重要会盟,留下了不少精彩的故事。

孔子与齐国的联系从他第一次见到齐景公开始,当时孔子,在鲁国做一个小官,积累了一点名气。齐景公和他的相国晏婴来到鲁国,召见孔子。齐景公意图恢复齐桓公时期的霸业,就问孔子:昔日秦穆公国小而且地处偏僻,他是如何建立霸业的?孔子回答:秦国国家虽小,却志向远大;地处偏僻,却行为中正。秦穆公用五张羊皮换回了百里奚,授予他大夫爵位,把他从囚牢中解救出来,与他谈了三天,就把执政大权交给他。以此来治理国家,即使称王也是可以的,当霸主还算小的呢。(《史记·孔子世家》)景公听了很高兴。

鲁昭公二十五年(前517),鲁国发生内乱。鲁昭公被迫逃往齐国,不久孔子也到齐国避难,做了高张(高昭子)的家臣,想通过高张接近齐景公。在此期间,他与齐国乐师谈论音乐,聆听并学习《韶》乐,感叹其盛大幽美,如痴如醉,竟"三月不知肉味"(《史记·孔子世家》)。齐人公冶长身陷牢狱,孔子却很欣赏他,认为这并不是他的过错,还把自己的女儿嫁给他,如今淄博市临淄区凤凰镇的小张王庄村南就有公冶长墓。

很快,齐景公接见了孔子,并向他询问为政之道,孔子回答:"君君,臣臣,父父,子子。"(《史记·孔子世家》)就是说,君臣父子都要有自己应该有的样子,国君至高无上,理应得到臣民的效忠;而做臣子的更要恪守本分,不能有僭越行为。无论在家庭层面还是国家层面,每个人做好自己等级之内的事,社会便能实现和谐。齐景公经历过大族专权,先有崔、庆之乱,后有栾氏、高氏把持朝政,弄得国君不像国君,臣子不像臣子,严重威胁到姜齐政权。孔子的回答无疑说到了齐景公的心坎里,齐景公高兴地说:如果不是这样的话,那么即使有粮食,我还能吃得到吗?过了几日,齐景公又向孔子请教,孔子这次回答:"政在节财。"(《史记·孔子世家》)齐景公生活奢侈,认为孔子说得很中肯,因此决定重用孔子,想把尼谿的田地分封给他。这一决定遭到了晏婴的反对。晏婴认为,周王室衰微,礼乐早已崩坏,孔子却还在讲究这些繁文缛节,如果用他这套东西来改变齐国的风俗,恐怕不是引导民风的好办法。齐景公觉得有道理,于是见到孔子时就不再问他有关礼乐的问题了。

临淄公冶长墓

即便是这样,齐景公还是想把孔子留在身边,他对孔子说:我给不了你像季氏一样的待遇。(《史记·孔子世家》)季氏是鲁国的上卿,官位最尊贵,孟氏为下卿,不管事务,孔子所受的待遇便介于季氏和孟氏之间。好景不长,齐国大夫嫉恨孔子,想要加害于他,孔子发现后向齐景公求救。齐景公年迈昏聩,受制于栾、高、田、鲍等权臣大族,不能像秦穆公那样任用人才,他对孔子说:我老了,不能再重用你了。(《史记·孔子世家》)孔子失望至极,回到了鲁国,结束了三年的在齐生活。

离开齐国后,孔子和齐国的故事还在继续。鲁定公十年(前500),鲁国与齐国和解,此时晋国国势日渐衰落,齐国正意图称霸,一向依附晋国的鲁国只能选择与齐国结盟。于是,齐景公与鲁定公相约在祝其县夹谷会盟。关于夹谷的位置,历来众说纷纭,顾炎武倾向于在山东省济南市莱芜区境内,也有学者经过考证,认为是在山东省淄博市博山区石门乡的夹谷台,或者是在山东省新泰市谷里村。

五十一岁的孔子在鲁国担任司寇一职,行使相国之权,跟随鲁定公参加了夹谷会盟,这是他从政生涯中最辉煌的时刻。齐国大夫犁弥认为,孔子虽然知礼却没有勇气,于是在齐景公的允许下派莱人演奏舞乐助兴,企图趁乱挟持鲁定公。一群手持武器的莱人跳着舞,朝鲁国君臣步步逼近。孔子见状,立刻护送鲁定公离开,一边命令早就安排好的鲁国士兵,说:拿起武器攻上去!两国国君友好会见,边远的东夷俘虏却用武力来捣乱,这不是齐国国君对待诸侯的态度。边疆夷人的后裔不许图谋中原,夷族不能扰乱华夏,俘虏不得侵犯盟会,结盟无法通过武力威逼得以实现。否则会对神灵不祥,于德则不义,对人是失礼!我想齐君是不会这样做的吧?(《左传·定公十年》)齐景公听到后很羞愧,又见鲁国带来了充足的兵力,只好叫莱人都退下去。

在订立盟约时,齐国在盟书上加了一条:齐国出师征伐,鲁国如果不派出三百辆兵车随征,就要受到盟书所约定的惩罚。(《左传·定公十年》)齐强鲁弱,即使强大的一方提出不平等条款,弱国也不敢违抗。面对齐国的发难,孔子毫不示弱,立即让鲁国大夫兹无还回应道:齐国如果不归还我鲁国的汶阳之田就让我们随征,也同样受到惩罚。(《左传·定公十年》)会盟结束后,齐国提出宴请鲁君,孔子怕再生变故,以不合礼法为由谢绝。没过多久,齐国把汶阳之田归还给鲁国,两国正式结盟。虽然齐国对鲁国的霸权没有改变,但鲁国作为一个弱小的国家,能够在与强国的会盟中守住尊严,还为自己争取到一些权益,已属不易。孔子在其中功不可没,他利用自己知礼的优势,有勇有谋,以理服人,显示出胆气和智慧,成功维护了本国的利益。

孔子的从政生涯在夹谷会盟时达到顶点,其后的几年里,他与鲁国公室大族的矛盾日益显著,不得已离开鲁国,周游列国达十四年,仲由、子贡等弟子也跟随左右。在追随他的弟子中,有一个叫宰予的能言善辩,经常向孔子提出异议,孔子很不喜欢他,说他“朽木不可雕也”(《论语·公冶长》)。宰予在齐国做了临淄大夫,后来相国田恒发动政变,杀齐简公,宰予也死于乱中。尽管如此,宰予仍然以其才能被列为“孔门十哲”之一,唐玄宗很欣赏宰予,追封他为齐侯,宋代又加封临淄公,明嘉靖九年(1530)改称“先贤宰予”。

鲁哀公十一年(前484),孔子被季氏迎回鲁国,专心从事教育和文献整理工作,虽然孔子有心从政却不再被起用。公元前481年,鲁哀公在狩猎时捉到了一只麒麟,孔子认为这是不好的征兆,感叹“吾道穷矣”(《史记·孔子世家》)。就在这一年,齐国发生了田恒弑齐简公的事件。孔子闻后,斋戒沐浴了三日,觐见鲁哀公,请求鲁国出兵讨伐齐国,惩戒田氏的不义之举。鲁国被齐国欺凌已久,不敢与之抗衡,孔子劝道:田恒弑君,齐国有一半的百姓不归附他,加上鲁国的民众,可以战胜齐国。(《左传·哀公十四年》)鲁哀公还是没有同意,让他去找季氏。这时孔子已经明白,自己的“道”真的行不通了,只不过因为他曾经在鲁国做官,出于道义才不得不说。然而,田恒已经执掌齐国朝政,继续安抚民心,结交诸侯,谁愿意站出来螳臂当车呢?两年之后,孔子与世长辞。

孔子在齐国生活了三年,留下了“在齐闻韶”的千古佳话,昭示了齐地音乐的美妙和辉煌;他见证了齐国复霸的抱负和局限,在夹谷与齐国会盟时展示了自己的政治才华;他目睹了齐国田氏的野心,曾试图挽救却没能阻挡田氏代齐的脚步。他去世后不到一百年,齐国最终为田氏政权统治,西周的礼乐文明毁坏殆尽,天下从春秋进入了残酷争霸的战国时代。

(杨　洋)

墨子与齐国有哪些故事?

在先秦时期,孔子之后,墨学继兴。到孟子时代,墨学已经成为显学,《孟子·滕文公下》说:"天下之言,不归杨,则归墨。"到韩非子时,更明确地指出:"世之显学,儒、墨也。儒之所至,孔丘也。墨之所至,墨翟也。"(《韩非子·显学》)《吕氏春秋·有度》也说:"孔、墨之弟子徒属充满天下。"而且在墨子健在之时,已经被世人称为圣人。《渚宫旧事》记载,鲁阳文君对楚惠王说:"墨子,北方贤圣人。"到了汉初,墨学的影响依旧存在,经常儒墨、孔墨并称,如《淮南子·道应训》:"孔丘、墨翟,无地而为君,无官而为长。"可以说,墨子及其墨家学派是先秦时期有着重要影响的学派。墨子在实践其学说的过程中与齐国发生了众多的故事。

《通志·氏族略》引《元和姓纂》说:墨氏,"孤竹君之后,本墨台氏,后改为墨氏。望出梁郡。战国时宋人墨翟,著书号《墨子》"。墨子的生卒年代,据梁启超《墨子年代考》考证,约生于周定王初年(前468—前459),当孔子卒后十余年;卒于周安王中世(前390—前382),约当孟子生前十余年。

墨子像

墨子是哪国人,长期以来众说纷纭。据《史记》记载,墨子是宋国人。《史记·孟子荀卿列传》:"盖墨翟,宋之大夫,善守御,为节用。或曰并孔子时,或曰在其后。"对墨子生平,司马迁仅有二十四字的记述,而且是不太确定的记述。墨学在清末中兴以来,墨子的里籍多有学者考证。清代著名学者孙诒让认为,墨子应为鲁国人。近人张知寒经过缜密考证,认为墨子应为鲁国的附庸国小邾国人,并得到了学术界大部分专家的认同。今滕州市建有墨子纪念馆,并树立了“墨子故里”的标志碑。

墨子曾率学生周游列国,先后到过宋、齐、卫、楚等国,宣传其政治主张,收徒讲学,推荐门徒为官。墨子曾长期往来齐国,传播其学说,游说齐国当政者。齐国在春秋战国之际,是东方的大国,墨子如能说服齐国的国君实行他的主张,必是事半功倍。

当时齐国的国内形势比较微妙。春秋战国之际,田氏发展壮大,国君姜姓一族式微,齐景公之后,齐国国政逐渐被田氏控制,田氏欲取代姜姓。墨子到齐国游说,耳闻了姜姓齐国末代君主齐康公的淫逸,其在亡国之际,还不思振作。《墨子·非乐》记载:“昔者齐康公兴乐万,万人不可衣短褐,不可食糠糟。”齐康公编了一个“万舞”,乐舞之人不可以穿粗衣,食糟糠,因为饮食若不精美,面容就不好看了;衣服若不华美,身体举止就不好看了。所以吃的必须是粱、肉,穿的必须是锦绣。墨子认为,齐康公不爱惜民力,巧夺人民衣食之财,致使国家灭亡。《史记·田敬仲完世家》也记载:“宣公卒,子康公贷立。贷立十四年,淫于酒、妇人,不听政。”墨子非乐的主张是以齐康公为反面事例的,按理讲,墨子进入齐国,应对齐国王公大人的奢靡行为进行劝谏,但文献中并没有这样的记载。可能,齐国的当政者田氏并不希望有人去矫正齐康公的过失,而是希望以康公的倒行逆施加快实现自己篡夺齐国政权的目的。

墨子多次到齐国,劝谏齐国君臣放弃对鲁国的战争。在《墨子·鲁问》中记载,墨子在齐国游说非攻主张有三次,两次是游说项子牛,一次是游说齐太王(田齐第一代国君——太公田和,太王当为后世追谥),这三次都是为了制止齐国攻伐鲁国。

春秋之后,齐强鲁弱的形势逐渐形成。《墨子·鲁问》中记述鲁国国君(孙诒让认为是鲁穆公)以“恐齐之攻我”问计于墨子,墨子回答的计策之一就是“驱国而以事齐,患可救也”,即只有鲁国改变国策,臣服于齐国,而不是听从晋国,才能改变齐国攻打鲁国的情况。

《墨子·鲁问》记载:“子墨子使胜绰事项子牛。项子牛三侵鲁地,而胜绰三从。子墨子闻之,使高孙子请而退之。”墨子让胜绰出仕项子牛,目的在于让胜绰履行自己的非攻主张,劝阻项子牛的攻伐行为。墨子后来借高孙子请退胜绰,向项子牛表明了自己非攻的态度。墨子认为,项子牛的攻伐行为显然是错误的，胜绰作为辅佐者没有尽到“济骄而正嬖”的责任。《史记·仲尼弟子列传》：“田常欲作乱于齐，惮高、国、鲍、晏，故移其兵欲以伐鲁。”在田成子执政时，田氏为了树立在齐国的威信，数次侵伐鲁国。《史记·田敬仲完世家》记载，齐宣公四十四年（前412），伐鲁、葛及安陵。明年，取鲁之一城（即齐伐鲁取都事）。宣公四十八年（前408），取鲁之郕。孙诒让考证这三次伐鲁事件即项子牛三侵鲁地之行为。（《墨子间诂·墨子年表》）

山东大学郑杰文教授认为，因弟子胜绰没有完成非攻止战的使命，故墨子可能至齐，亲自游说项子牛。

《墨子·鲁问》记载，齐国将要攻伐鲁国，墨子劝说齐国大将项子牛：攻伐鲁国，齐国可犯了个大错！从前吴王东面伐越，困越王于会稽；西面伐楚，使昭王出奔于随；北面伐齐，擒齐国子归吴。结果诸侯报仇，百姓过于劳苦，不再听命，因此国家衰弱，自己也死于非命。从前智伯起兵攻伐范氏和中行氏，兼并三晋之地，结果诸侯起来报仇，百姓过于劳苦，不再听命，因此国家衰弱，自己也死于非命。所以大国攻打小国，是互相残杀，物极必反。

墨子为了实现自己的非攻主张，拜见齐太公田和，并在止战说辞中加入了“天志鬼罚”的内容。

墨子见齐太公田和说：假设这里有把刀，拿人头来试，一下子就把人头砍断了，可以算得上锋利了吗？太公田和说：锋利。墨子说：多试几个人头，一下子都砍断了，可以算得上锋利了吗？太公田和说：当然更锋利了！墨子说：刀是锋利了，结果谁遭受不祥呢？太公田和说：刀得到锋利之名了，可持刀试验者恐怕不祥。墨子说：并国覆军，杀害百姓，结果谁遭受不祥呢？太王俯仰而思，答道：我应受不祥。

著名学者钱穆认为，墨子游说项子牛和齐太公田和止齐攻鲁为同一事，墨子在游说项子牛之后，又游说齐太公田和。郑杰文认为，墨子游说齐太公田和事当发生于公元前385年，此系墨子晚年之事，即《史记·六国年表》载周安王十七年（前385）齐伐鲁之战事。墨子并没有成功阻止齐国攻伐鲁国。

另外，《北堂书钞》卷八三和《太平御览》卷六〇七引《新序》还记载了墨子与齐太公田和的一件事。“有齐王问墨子语。齐王问墨子曰：‘古之学者为己，今之学者为人，何如？’对曰：‘古之学者得一善言以附其身，今之学者得一善言务以悦人。’”此处的齐王也指齐太公田和。《墨子·贵义》：“子墨子南游使卫，关中载书甚多,弦唐子见而怪之。”墨子在回答弟子弦唐子疑问时说:过去周公旦早晨读一百篇书,晚上见七十士。所以周公旦辅助天子,他的美善传到了今天。我上没有承担国君授予的职事,下没有耕种的艰难,我如何敢抛弃这些书!

墨子虽然没有在齐国实现自己的政治主张,但墨子“贤圣人”的声誉以及“强说人”的实践精神,使墨学在齐国获得很大发展。

《墨子·贵义》记载:墨子从鲁国到齐国,在朋友“今天下莫为义,子独自苦而为义”的劝说下,墨子回答说:现在这里有一人,他有十个儿子,但只有一个儿子耕种,其他九个都闲着,耕种的这一个不能不更加紧张啊。为什么呢?因为吃饭的人多而耕种的人少。现在天下没有人行义,你应该勉励我行义,为什么还制止我呢?从中可以看出墨子不为世俗所动,勇于行义的救世精神。

墨子除在齐国游说当政者之外,还广收门徒,使墨家学说广为传播。墨子在齐国收了高何、县子石(《墨子·耕柱》为县子硕)等弟子。《吕氏春秋·尊师》:“高何、县子石,齐国之暴者也,指于乡曲,学于子墨子。……(二者)刑戮死辱之人也,今非徒免于刑戮死辱也,由此为天下名士显人。”高何、县子石,是齐国凶恶残暴之人,在乡里受指责,后向墨子学习,不仅使他们免受刑罚、处死、侮辱,还从此成为天下知名的人。

墨子之后,墨学并没有在齐国消失,随着稷下学宫的兴盛,墨家思想也得到继续发展。战国中期,稷下学派中的墨家学者,如宋钘、尹文等,使墨家思想得到进一步的发展。

(武振伟)

齐宣公和齐宣王是同一个人吗?

《逸周书·谥法解》曰:“圣善周闻曰宣。”“宣”作谥号时大意是指虚心纳谏、从善如流。齐国历史上以“宣”字为谥号的君主名号有“齐宣公”与“齐宣王”,但他们并不是同一个人:“齐宣公”是指吕氏齐国第二十八任君主吕积(《史记·六国年表》作“就匝”),“齐宣王”是指田氏齐国的第五任君主田辟强。

齐宣公吕积是吕氏齐国的第二十八任国君,同时也是吕氏齐国倒数第二任国君,公元前455年至公元前405年在位,共在位五十一年,是齐国历史上在位时间仅次于齐前庄公吕购的君主。不过,早在齐宣公的父亲齐平公时代,齐国的政权便已实际落入田氏手中。《史记·齐太公世家》记载:“田常弑简公于徐州。田常乃立简公弟骜,是为平公。平公即位,田常相之,专齐之政,割齐安平以东为田氏封邑。”《史记·田敬仲完世家》的记载更为详细:“行之五年,齐国之政皆归田常。田常于是尽诛鲍、晏、监止及公族之强者,而割齐自安平以东至琅琊,自为封邑。封邑大于平公之所食。”可见,平公时代,田氏在齐国的势力已经超过齐国公室,并且在齐国内部已经没有任何一个家族可以挑战田氏的地位了。

公元前456年,齐平公吕骜在做了田常二十五年的傀儡君主后去世,他的儿子吕积即位,是为齐宣公。齐宣公即位时,田常虽然已经去世,但齐国政权仍牢牢掌控在田氏手中,齐宣公在位期间,齐国先后由田盘(田襄子)、田白(田庄子)、田悼子执政,田氏篡夺齐国政权的脚步逐渐加快。

齐宣公三年(前453),晋国赵、魏、韩三家大夫联合灭掉晋国执政的知氏家族,瓜分其领地,“三家分晋”的局面形成,田盘任命田氏宗族子弟为齐国各大都邑的大夫并与晋国赵、魏、韩三家大夫通使交好,结为外援,田氏势力更为强大,已有夺取齐国君位之心。田盘死后(卒年不详),他的儿子田白继承相位,“相齐宣公”。

据清华简《系年》第二十章记载,田白执政时期,齐国遭到了晋国的多次进攻:齐宣公十五年(前441),晋国与越国、宋国等诸侯联合伐齐,齐国为此开始修筑长城,即齐长城;齐宣公二十六年(前430),晋国再次联合越国共同伐齐,并攻破了齐长城。

齐宣公后期,齐国开始对晋国发动反击,“宣公四十三年,伐晋,毁黄城,围阳狐。明年,伐鲁、葛及安陵。明年,取鲁之一城”(《史记·田敬仲完世家》)。齐宣公四十五年(前411),田白去世,他的儿子田悼子(名不详)继任齐相。

田悼子执政期间,齐国继续发动攻势,“宣公四十八年,取鲁之郕。明年,宣公与郑人会西城。伐卫,取毌(guàn)丘”(《史记·田敬仲完世家》)。

齐宣公五十一年(前405),齐国田氏与晋国赵氏爆发了战争,这场战争的起因、经过与结果被详细记录在《竹书纪年》里。《竹书纪年·晋·烈公》称:“(晋烈公)十一年,田悼子卒,田布杀其大夫公孙孙,公孙会以廪丘叛于赵。田布围廪丘,翟角、赵孔屑、韩氏救廪丘,及田布战于龙泽,田师败逋。十二月,齐宣公薨。(晋烈公)十二年,王命韩景子、赵烈子及翟员伐齐,入长城。”

晋烈公十一年(前405)也就是齐宣公五十一年,齐国执政者田悼子去世,其弟田和继任齐相,齐国爆发内乱,支持田和的田布杀死齐国大夫公孙孙,导致公孙会以廪丘作为根据地投靠晋国赵氏,田布率军围攻廪丘,晋国魏、赵、韩三家大夫出兵救援廪丘,在龙泽打败田布,同年十二月,齐宣公去世。第二年,晋国韩、赵、魏三家大夫联合攻打齐国,攻进了齐国长城之内。

关于齐宣公之死,《史记·田敬仲完世家》语焉不详,《竹书纪年》也未作交代,但《吕氏春秋·慎大览·下贤》中有这样一条记载:“(魏文侯)故南胜荆于连堤,东胜齐于长城,虏齐侯,献诸天子,天子赏文侯以上闻。”有学者在著作中认为这位被魏文侯俘虏并献给周天子的齐侯就是齐宣公,进而认为齐宣公之死与被俘有关。

《吕氏春秋》所载魏文侯伐齐入长城一事应该是指《竹书纪年》所载晋烈公十二年(前404)三晋伐齐入长城之战,但“虏齐侯,献诸天子”的说法《竹书纪年》并无记载,也不见于任何其他正史记载,应该是《吕氏春秋》的首创。不过,无论《吕氏春秋》所载魏文侯虏齐侯一事是否真实存在,这位齐侯也不太可能是齐宣公。因为从《竹书纪年》的记载来看，三晋伐齐入长城之战发生在晋烈公十二年，而齐宣公死于晋烈公十一年（前405）的十二月，即使确有“虏齐侯”之事，被俘虏的也只能是齐宣公之子齐康公。

魏文侯到底有没有俘虏过齐侯并把他献给周天子？清华简《系年》给出了答案。

清华简《系年》第二十二章称：楚声王元年（前407），晋国国君（晋烈公）在任地召集诸侯会盟，宋悼公在前往会盟的路上死于鼬地。公元前404年，韩虔、赵籍、魏击（魏文侯嫡长子）率领军队与越王翳讨伐齐国，齐国向越国割地求和，于是越王与齐侯吕贷、鲁侯衍会盟于鲁国稷门之外。魏文侯亲自赶到三晋军中，带领三晋联军大败齐国军队，追赶齐军到开水，齐国内部这才有了陈子牛之祸，齐国被迫向晋国求和，齐侯吕贷亲自到晋军会盟求和。魏文侯与韩虔、赵籍派遣手下大夫与齐国执政的陈氏（即田氏）一族代表陈和、陈淏在溋门之外订立城下之盟：齐国不再修建长城，齐国放弃讨伐廪丘。双方达成和解。随后，晋烈公把战争中得到的齐国俘虏的左耳献给周天子，并且率领齐、鲁、宋、卫、郑五位诸侯到周王畿朝见周天子。

可见廪丘之战后，三晋伐齐入长城时，齐国在位的君主是齐康公吕贷而不是齐宣公吕积，齐康公虽然亲自到晋军求和，却没有做晋军的俘虏。晋国魏、赵、韩三家大夫与齐国陈氏订立城下之盟、达成和解后，齐康公跟随晋烈公朝见周天子。晋烈公向周天子所献的是在战争中斩获的齐国士兵的左耳[《系年》原文是“晋公献齐俘馘（guó）于周王”]，《吕氏春秋》将“齐俘馘”错误地理解为齐侯，所以才产生了“虏齐侯，献诸天子”的错误说法。

齐宣公之死与公元前404年魏文侯主导的“三晋伐齐入长城”一战没有任何关系，根据《竹书纪年》的记载，齐宣公死于公元前405年十二月，死因不详。

齐宣王田辟强是田氏齐国的第五任国君，齐威王田因齐之子，公元前319年至公元前301年在位，在位十九年。齐宣王即位时，齐国已取代魏国成为中原诸侯的首强，与西方经过商鞅变法之后迅速崛起的秦国一同成为当时最有希望统一天下的国家。秦国定下“据河山之固，东乡以制诸侯”（《史记·商君列传》）的战略，而齐国以“辟土地，朝秦楚，莅中国而抚四夷”（《孟子·梁惠王上》）为基本国策。两强为达成各自的战略目标展开了一系列被称为“合纵”与“连横”的外交与军事斗争活动，所谓“合纵”就是“合众弱以攻一强”，是实力较弱的几个国家联合起来阻止强国进行兼并战争的策略;所谓“连横”,则是某个强国拉拢、胁迫某个弱国去帮助自己兼并其他国家的策略。

秦国率先派出张仪到魏国从事“连横”活动,希望通过软硬兼施的手段使魏国成为秦国附庸进而对其进行兼并。齐国不甘示弱,极力从中阻挠。齐宣王元年(前319),齐国联合楚、赵、韩、燕共同干预魏国任相一事,迫使魏王将替秦国实施“连横”之策的张仪赶回秦国,而任命主张“合纵”的公孙衍(即《战国策》所称“犀首”)为魏相。公孙衍任魏相之后,于第二年(前318)发动魏、赵、韩、燕、楚五国伐秦之战。秦有函谷关(今河南灵宝函谷关)之利,五国各有打算,都不想率先攻打函谷关,最终秦军主动出击,五国联军战败。这次五国伐秦之战本是削弱秦国的大好机会,但齐宣王没有出兵参与,以致坐失良机。后燕国发生政治巨变,燕王哙将王位“禅让”给燕相子之,引起燕国政局动荡不安与国际舆论的一片哗然。

齐宣王五年(前315),燕太子姬平联合将军市被起兵攻打子之,最终失败,数万人死于政变,百姓惊恐,燕国大乱。齐宣王公开表态支持燕太子夺回王位,于是燕太子与子之持续交战数月,燕国人心厌战思安。此时,齐宣王派匡章率军轻而易举地攻入燕国,杀死了倒行逆施的子之,而燕王哙也死于战乱中,在齐国的帮助下,燕国内乱终于平息。但接下来齐宣王对燕国采取了不合时宜的军事占领政策,意图趁机兼并燕国,这引起了燕国军民的强烈反对和其他诸侯国的极力干涉。

齐宣王八年(前312),齐军抵挡不住燕国军民的不断攻击,被迫撤离燕国,结束了对燕国长达三年的军事占领。对燕国的三年军事占领虚耗了齐国的国力,最终却无功而返,齐宣王占领燕国的这一行动宣告彻底失败,并且使燕国成为齐国的死敌,为齐国日后的败亡埋下了极大的隐患。齐宣王在位期间发动的绝大多数战争都像这场伐燕之战一样,空耗国力而不能给齐国带来任何实际的利益,例如齐宣王在楚怀王中秦国离间之计后,非但不设法拆穿秦国的阴谋,反而负气与秦国联合攻打楚国,导致齐楚联盟破裂,结果秦国夺得楚国丹阳与汉中之地,齐国却是空耗国力,为他人作嫁衣;再如公元前301年,齐国联合韩、魏两国攻打楚国,在垂沙大败楚军,但结果是韩、魏两国夺取了楚国宛、叶以北的土地,齐国仍然是劳而无功,空耗国力。

齐宣王时期,齐国国力仍处于鼎盛阶段,但齐宣王一系列外交、军事战略上的失误导致齐国在统一天下的道路上被秦国远远地甩在了后面。齐宣王在历史上的评价很高，主要是因为他“重士”“好儒”、虚怀纳谏，如《战国策·齐策三》中载有“淳于髡一日而见七人于宣王”，《战国策·齐策四》载有“齐宣王见颜斶”“先生王斗造门而欲见齐宣王”等故事；《孟子》中的《梁惠王上》《梁惠王下》《离娄下》等篇以及《韩非子·外储说》中载有齐宣王向孟子、匡倩、唐易子等人问政之事；《新序·杂事二》有齐宣王纳无盐女之谏一事；《说苑·善说》有齐宣王纳闾丘先生之谏一事；而据《史记·田敬仲完世家》记载，齐国的稷下学宫也是在齐宣王时期达到鼎盛的：“宣王喜文学游说之士，自如驺衍、淳于髡、田骈、接予、慎到、环渊之徒七十六人，皆赐列第，为上大夫，不治而议论。是以齐稷下学士复盛，且数百千人。”

客观上讲，齐宣王虽然在外交与军事战略方面有种种失误，但他本人是一位尊贤重士、虚怀纳谏的开明君主，“宣”字的谥号是名副其实的。齐宣公何以获谥为“宣”，因记载其生平事迹、个人素养的史料极少而无从得知。

（刘东祥）

为什么说周代有两个齐国?

“周代有两个齐国”之说,是就政权而言,齐国先后经历了两个不同姓氏政权统治的时代。

秦代以前姓、氏是分离的。姓是一种宗族的称号,最早起源于部落或部落首领的名字;氏是宗族内的若干分支。姓氏的起源可以追溯到原始社会的母系氏族时期,所以中国的许多古姓都是女字旁,如黄帝以姬为姓,炎帝以姜为姓,姚姓和妫姓同出自舜帝等。姓产生后,世代相传,一般不会更改,氏则随着封地、官职改变。《通志·氏族略》记载:“三代(夏、商、周)之前,姓氏分而为二,男子称氏,妇人称姓。氏所以别贵贱……姓所以别婚姻。”所以,两个齐国就以统治者的姓氏——姜姓吕氏和妫姓田氏来区分,通常被称为姜齐和田齐。

从西周初年姜太公作为功臣被分封至营丘,到公元前 221 年作为最后一个诸侯大国被秦所灭,齐国几乎存在于周代始终。纵观周代的历史,自公元前十一世纪中叶武王姬发灭商建立周朝、分封诸侯之始,到公元前 256 年被秦国灭亡,历经八百余年。其中,周武王灭商,定都镐京,史称西周。公元前 771 年,周幽王被犬戎所杀,西周灭亡,周平王将都城东迁至雒邑(今河南洛阳),东周建立。东周分为春秋和战国两个时期,从公元前 770 年(周平王元年)开始,止于公元前 256 年,其中通常以公元前 403 年三家分晋这一大事件作为划分春秋和战国的标志。了解西周、春秋、战国三个重要分期之后,我们再来审视周代的两个齐国。

第一个齐国是姜齐,也就是姜太公受封建立政权并由其子孙后代所统治的齐国,时间从西周初期开始。姜太公是西周的开国功臣,武王尊称他为“师尚父”。因其祖先曾受封于吕地,就以吕为氏,所以按照“男子称氏”的传统,应该称之吕尚。齐国建立后,吕尚因俗简礼,尊贤尚功,“通商工之业,便鱼盐之利”,为齐国日后发展成为东方大国奠定了良好的基础。(《史记·齐太公世家》)到了庄公和僖(釐)公父子执政时期,齐国迎来了小霸的局面。而真正创立齐国辉煌霸业的,当属齐桓公。他在贤相管仲等人的辅佐下,厉行改革,富国强兵,尊王攘夷,号令诸侯,位列春秋五霸之首。桓公去世后,齐国陷入内乱,逐渐衰落下来,并在诸侯间的征战中连连失败,国力大减,其后景公虽然在贤相晏婴的辅佐下迎来复兴,但姜姓政权已日落西山。与此同时,田氏家族正在发展壮大,并在景公去世后把持齐国朝政,掌控国君废立,姜姓政权名存实亡。最后一位姜姓国君康公在位时,沉迷酒色、不理政事,被相国田和迁于东海之滨,仅食一城以供奉祖先,任由其自生自灭。公元前379年,康公去世,姜齐政权灭亡。而这时的齐国早已改头换面,被田氏政权统治,第一个齐国已然终结。

在第二个齐国出现之前,我们有必要了解一下当时的大环境。春秋时期,礼崩乐坏,各诸侯国之间相互征伐,弱小的国家被吞并,强大的诸侯国割据一方,争相称霸,而周王室已经十分衰落,统治范围也有限,难以控制手下的诸侯国。春秋中后期,随着牛耕的普及和铁制农具的应用,经济得到快速发展,王室赖以生存的井田制遭到破坏,出现了大量公田被弃、私田被开发的局面。于是在一些诸侯国内部,拥有大面积土地的贵族(主要是卿、大夫阶层)势力强大起来,开始与国君争夺权力。晋国的韩、赵、魏三家,齐国的田氏就是在这一背景下发展壮大的。韩、赵、魏经历了国内数次激烈的兼并战争,剿灭了晋国其他大族,瓜分其土地,最终在公元前403年被周天子正式封为诸侯,史称三家分晋。三家分晋被认为是春秋与战国的分水岭,由此开启了战国时代。

在这样的环境下,姜姓公族不可避免地被田氏取代。田氏经过多代人经营壮大,用联合较小的贵族共同对抗执政大族的策略,先后灭掉了在齐国权倾朝野的栾、高、国、鲍等大族,使齐国再也没有能够与田氏相抗衡的政治力量。而后田氏逐渐掌控齐国的军政大权,封地面积比国君的领地还大,又采用“大斗借、小斗收”的借粮办法获取民心。有了三家分晋的先例,田氏代齐就变得有据可依。田和把齐康公迁走之后,通过魏文侯向周天子请命,被立为诸侯,取得了在齐国的合法统治地位,这才有了第二个齐国。

第二个齐国田齐,其先祖是陈国公子完,妫姓。春秋时期陈国发生内乱,陈完逃到齐国避难,被齐桓公任命为工正,赐予封地,在齐国安居下来。上古“陈”

与“田”字相通,先秦《左传》以及出土器物铭文上均作陈氏,西汉司马迁在《史记》中作田氏。田氏子孙世代为官,在历代发展过程中权势也越来越大。到了公元前386年,田和被周天子封为齐侯,成为田齐政权的第一位国君,被称为田齐太公(齐太王)。此后,由田氏子孙统治的齐国一直活跃于战国时期,成为“战国七雄”之一。自第四代国君威王起,王业建立,齐国国君开始称王,经济和文化也十分繁荣。在威王和宣王的努力下,齐国逐渐强于诸侯,齐滑王一度与秦王相约称帝。而后燕国大将乐毅率五国联军攻打齐国,占领都城临淄,攻下齐国七十余城,齐滑王逃到莒,被楚国派来的淖齿杀害,齐国一度面临灭国之灾。公元前二七九年,田单率领即墨军民,用计大败燕军,收复失地,才得以复国。但齐国自此元气大伤,其后的几十年里再也没有强盛起来。直到公元前221年秦发兵攻打齐国,齐王建投降,田齐才退出了历史舞台。

(杨　洋)

田氏代齐经历了怎样的过程?

田氏代齐,指的是战国初年齐国妫姓田氏取代姜姓吕氏成为齐侯的事件。田氏一族如何在齐国崛起,又如何取代姜姓进而确立统治齐国的合法政权?这还要从田氏的始祖田完定居齐国开始说起。

田完本名陈完,是陈国公子。他的父亲陈厉公曾经请周太史替他占卜,卜辞上说:"是谓:'观国之光,利用宾于王。'此其代陈有国乎?不在此,其在异国。非此其身,在其子孙。……若在异国,必姜姓也。"(《左传·庄公二十二年》)公元前672年,陈国发生内乱,陈完为了避难逃往齐国。齐国的懿仲想把女儿嫁给陈完,就给他占卜以测吉凶,卜辞上说:"凤皇于飞,和鸣锵锵。有妫之后,将育于姜。五世其昌,并于正卿。八世之后,莫之与京。"(《左传·庄公二十二年》)这两条卜辞为陈完的子孙取代姜姓拥有齐国一事蒙上了神话色彩。

齐桓公对陈完的到来表示欢迎,任命他为工正,掌管百工生产。初到齐国,陈完小心谨慎,知礼讲义,工作兢兢业业,以报答齐桓公的知遇之恩。齐桓公对他很赏识,便赐给他封地。从此,田氏一族就在齐国安居下来。

田完去世后,谥号敬仲,他的子孙世代为官,逐渐在齐国政坛上崭露头角。齐桓公去世后,诸公子为了争位进行了长达四十年的宫廷内乱,一度造成大族专权而公室形同虚设、政局动荡失序的局面。齐庄公、景公时期,崔杼、庆封两位权臣先后专政。田完的第四代孙田须无(谥号文子)联合鲍氏以及大族栾氏、高氏合力推翻庆封,掩护齐景公安全回到内宫,为齐国政局的稳定立下功劳。此后,齐国的政局由大族栾氏和高氏把持。田须无去世后,其子田无宇(桓子)联合鲍氏攻打栾氏和高氏,为姜姓公族铲除了大族的威胁。驱逐栾、高之后,田无宇将二族的财产全部上交景公,得到了景公的信任。由此,田氏位列正卿,势力开始发展壮大。

在此同时,姜齐政权日益衰落。公室与民争利,强征商税,强取豪夺,从国君到各级官吏奢侈成风,贪赃枉法,滥用刑罚,造成内政腐败,人心背离。对外盲目征战,数次被晋国打败,使齐国的国力和地位不断削弱。虽然齐景公在贤相晏婴的辅佐下一度迎来齐国的复霸,但他生活奢侈,大兴土木,还采用严刑峻法,因为犯罪而被断足的人越来越多。

内忧外患和倒行逆施使姜姓政权在齐国失去民心,而田氏在暗地里施恩于民。田无宇的儿子田乞(僖子)向百姓施舍粮食时用自家的大斗量器,从公田收税时却用小斗量器,让百姓无形中得到好处。国家对百姓盘剥过重,齐景公时期,公室的粮食、布帛堆放得太久都生了虫子,百姓却依然挨饿受冻,即使受灾也得不到赈济,而田乞对百姓大加赏赐。这样一来,民心如流水一般归附于田氏。对此,晏婴曾多次进言,景公都置之不理,晏子忍不住感叹道:齐国的政权最终要归属田氏啊。(《史记 · 田敬仲完世家》)

战国“右里”铜量(齐文化博物馆藏)

田氏一步步壮大,野心也逐渐显露出来。齐景公临死前,委托国惠子、高昭子两位相国拥立幼子吕荼为国君,是为晏孺子。晏孺子即位后,田乞假意拥护国、高二相,对他们非常恭敬,甚至每次上朝都与之同车,实则暗地里挑拨诸位大夫与国、高之间的关系,鼓动诸大夫驱逐二人。公元前 489 年,田乞集结鲍氏以及诸大夫,带兵攻伐晏孺子和国、高二相。结果,国惠子逃往莒,高昭子被杀,晏孺子逃到鲁国。田乞从鲁国接回与自己交好的公子阳生,藏在自己家中。他邀请鲍牧与诸大夫到家里宴饮,席间请出阳生,要求众人共同拥立吕阳生为国君。鲍牧对田乞的这一举动毫不知情,也不想违背齐景公的意愿,于是质问田乞是否背义。吕阳生唯恐鲍牧生变,立即说道:“若我可,不必亡一大夫;若我不可，不必亡一公子。”（《左传·哀公六年》）鲍牧见无力阻止，只好同意改立吕阳生，是为齐悼公。悼公即位后，田乞把晏孺子从鲁国引回齐国并杀了他。鲍牧因为在拥立国君时与悼公产生嫌隙，不久就被悼公杀掉，鲍氏家族自此被打压下去。田氏联合较小的贵族共同对抗执政大族，经过几番争斗之后，齐国再也没有能与田氏相抗衡的政治力量。

自此，田氏身居相位，掌控国君废立。齐悼公在位只有四年就被杀害，《左传》记载“齐人弑悼公”（《左传·哀公十年》）。学者杨伯峻在《春秋左传注》里认为，齐悼公是被田乞所杀。不管怎样，悼公的儿子吕壬被拥为国君，是为齐简公。田乞的儿子田恒（成子，《史记》为避汉文帝刘恒讳而称田常）和阚止（《史记》称监止）为左右相。齐简公对阚止宠信有加，让他掌握大权，这引起田恒的嫉恨和不满。田恒和阚止不和，大夫御鞅向齐简公进言：田、阚二人不可并存。简公不听。公元前481年，田恒发动政变，带兵入宫，杀死阚止，把齐简公挟持至自己的封地舒州。齐简公后悔道：如果当初听从御鞅之言，就不至于遭此大难。田恒担心简公复立后对自己不利，就杀了简公，拥立简公的弟弟吕骜即位，是为平公。

田氏屡屡弑君，担心自己陷入不义的境地而被讨伐。为了稳定政局，田恒对外结好诸侯，归还鲁国、卫国的侵地，与西边晋国的韩、赵、魏三家订立盟约，又与南边的吴越互通使节；对内安抚百姓，继续用“大斗借，小斗收”的办法争取民众支持，民间流传着“妪乎采芑，归乎田成子”（《史记·田敬仲完世家》）的歌谣。田恒又对齐平公说：“德施人之所欲，君其行之；刑罚人之所恶，臣请行之。”（《史记·田敬仲完世家》）于是他攫取了刑罚大权，五年之后，齐国之政皆归田恒一人。随后，他将鲍、晏、阚诸大族及稍有势力的公族一一诛除殆尽，进而扩大自己的封邑，面积比平公的领地还大。到他去世时，留下子嗣七十多人，他的儿子田盘（襄子）让兄弟和族人都成为齐国大小城邑的大夫，并与三晋互通使节。如此一来，田氏几乎拥有了整个齐国。

田盘、田白（庄子）两代之后，田白之子（其名不详）在位不到六年就被其弟田和谋害，谥号“悼子”。田悼子死后，田和接替相位，田氏家族内部分成两派，发生了一场严重的内乱。公元前405年，大夫田会在廪丘叛变，田布率军围攻，由此引发了齐国和三晋之间的一场大战。韩、赵、魏联军大败齐军，又在次年攻入齐长城，势力大增。公元前403年，韩、赵、魏三家共同被周王册封为诸侯。

齐宣公死后,齐康公即位。“三家分晋”不仅拉开了战国时代的序幕,也加速了田氏彻底取代姜姓政权的脚步。田和以沉迷酒色、不听政事为由,把齐康公迁到海滨,仅食一城以供奉祖先,姜姓公族退出齐国政治舞台。为了获得齐国的合法统治权,公元前 386 年,田和与魏文侯在浊泽相会,求魏文侯向周天子说情,承认自己为诸侯。得到周天子的准许后,田和正式成为齐侯,史称田齐太公。至此,姜姓齐国完全被田氏取代,齐国开启了田氏政权统治的时代。

(杨 洋)

成语“一鸣惊人”说的是哪位齐国君主?

公元前356年,齐桓公田午之子田因齐即位,他就是历史上有名的齐威王,田齐的第四代国君。成语“一鸣惊人”说的正是齐威王的故事。

田氏代齐之后,齐国的内外局势并没有完全稳定下来,国内发生动乱,周边多国也不断找借口侵扰齐国边境,侵占齐国的城池。在这一时期,三晋(韩、赵、魏)攻伐齐国灵丘,攻入了齐国的长城;鲁国攻齐,占领了阳关;魏国伐齐,攻至博陵;卫国伐齐,攻取了薛陵;赵国伐齐,攻取了鄄邑。在这样的情况下,公元前356年,齐威王即位了。他执政初期,齐国局势十分危急。然而,齐威王即位之初,并不是一位尽责的君主,他不理政事,沉迷酒色,据《史记·滑稽列传》记载,他“好为淫乐长夜之饮,沉湎不治,委政卿大夫”。所以那时,齐国吏治败坏,土地荒废,遭到许多诸侯国的攻伐,形成“诸侯并伐,国人不治”的局面。

此时的齐国,陷入内忧外患的危亡之际。齐国的有识之士对于这种局面极为担忧,但多因畏惧齐王而不敢劝谏。此时,一位以博学多才、机智善变著称的稷下先生淳于髡,想到了一个办法,他以隐语进说齐威王,他问齐威王:“国中有大鸟,止王之庭,三年不蜚又不鸣,王知此鸟何也?”(《史记·滑稽列传》)齐威王本是一个聪明人,一听就知道淳于髡是在讽刺自己身为一国之尊却毫无作为,只知享乐。于是他回答淳于髡说:“此鸟不飞则已,一飞冲天;不鸣则已,一鸣惊人。”(《史记·滑稽列传》)从此之后,齐威王励精图治,他诏令全国七十二个城的长官全来入朝奏事,且根据官吏的政绩优劣进行赏罚。他对即墨大夫说:自从你治理即墨,毁谤你的言论每天都有。可是我派人到即墨视察,田野得到开发,百姓生活富足,官府没有积压公事,齐国的东方因而得到安宁。这是因为你不会逢迎我的左右以求得赞扬。于是,封给他一万户食邑。齐威王又召见了阿城大夫,对他说:自从你治理阿城,赞扬你的话每天都能听到。可是我派人到阿城视察,田野荒废,百姓贫苦。赵军进攻鄄城,你未能援救。卫国夺取薛陵,你也不知道。这是你用财物贿赂我的左右来求得赞扬吧!当天就烹了阿城大夫,并把左右曾经吹捧过他的人也都一起烹了。在整饬吏治的同时,齐威王整顿军纪,鼓舞士气,发兵御敌,向西边进攻赵、卫,在浊泽打败魏军并围困了魏惠王。魏惠王请求献出观城以讲和。赵国归还了齐国的长城。从此,齐国举国震惊,人人都不敢文过饰非。各诸侯闻之也十分惊恐,在二十多年的时间里都不敢对齐国出兵。(《史记・田敬仲完世家》)

“一鸣惊人”的成语为我们塑造了一个从谏如流、知错能改的君主形象和一个正直敢言而又机智灵活的劝谏者形象。它启迪后人,作为管理者只有广开言路,接纳不同意见才能有所作为。而淳于髡的劝谏实践也告诉我们,有时良药未必苦口,忠言也可以用“非逆耳”的方式表达。“一鸣惊人”这个成语在平时的工作和生活中也具有现实指导意义,我们只有不断学习和积累,才能实现厚积薄发,一鸣惊人。

关于“一鸣惊人”这个成语还有另外一种说法,说的是春秋时期楚国国君楚庄王一鸣惊人的故事。楚庄王即位三年,不发布政令,日夜寻欢作乐,诏令国人说:“有敢谏者死无赦!”伍举入宫进谏道:“有鸟在于阜,三年不蜚不鸣,是何鸟也?”庄王说:“三年不蜚,蜚将冲天;三年不鸣,鸣将惊人。”于是庄王停止淫乐,处理朝政,楚国日益强盛起来,成为天下诸侯霸主。(《史记・楚世家》)楚庄王的故事所蕴含的道理与齐威王的“一鸣惊人”是相同的。

(石志丹)

齐威王改革的措施有哪些?

齐威王因齐,田齐桓公田午之子,田齐的第四代国君,也是齐国历史上第一位称王的君主。齐威王是齐国历史上一位有所作为的君主,怀有图霸的志向,传世古器物“陈侯因资敦”铭文记载:“其唯因资,扬皇考昭统,高祖黄帝,迩嗣桓、文。”陈侯因资就是齐威王因齐。齐威王把黄帝作为田氏的始祖,为田氏政权进行辩护,造成田氏代齐的合法性,同时也可见其称霸的野心和志向。在他统治期间,齐国逐渐走出低谷走向强盛。齐威王时代是齐国继桓公首霸之后的又一次发展高峰。

战国初期,各诸侯国为了实现富国强兵和扩展领土的目标,先后不同程度地开展起兴利除弊、破旧立新的改革运动。魏文侯当政时,任用李悝(kuī)为相,进行变法,开启了战国各国变法运动的序幕;公元前 403 年,赵烈侯任用公仲连变法;公元前 389 年,楚悼王任用吴起变法;公元前 351 年,韩昭侯任用申不害实行改革;齐威王元年(前 356)、齐威王七年(前 350),秦孝公两次用商鞅进行变法。进行改革的国家都逐渐强大起来,改革在当时成为一股势不可当的历史潮流,齐国也顺应这一时代要求进行了改革。

齐国的改革计划在田齐桓公时期就有所酝酿,最为有效的措施就是创建了著名的稷下学宫,用以招揽贤能之士。稷下学宫的创建,无疑为齐国的争雄积蓄了巨大的力量。齐威王即位后,齐国依然面临着列国兼并的强大压力,他看到了各国变法的具体成效,也决意进行变法,于是任用邹忌为相,展开了变法运动。齐威王的改革主要有以下几个方面。

第一,选贤任能。战国时期,各国间战争日益激烈。战争既是各国政治、经济、军事方面的较量,也是人才的较量。齐威王认识到人才的作用,对贤能之士非常重视。《史记·田敬仲完世家》记载，邹忌曾以“鼓琴见威王”，以弹琴之理喻治国之道，他说，大弦缓慢并且温和，象征国君；小弦高亢明快并且清亮，象征宰相；手指勾弦用力，放开舒缓，象征政令；发出的琴声和谐，大小配合美妙，曲折不正之声而不相干扰，象征四时。他认为，为君者执政要温和，为相者从政要廉洁，国家颁布政令要统筹兼顾，不违四时，一经发现不适当的地方要马上改变，推行政令要抓紧抓好，如此就能治理好国家。齐威王很赏识邹忌的治世才能，三个月后便任命他为相国。同时，齐威王任用贤才不拘一格，他一方面选拔宗室之中有作为的人为官，例如任命具有军事才能的田忌为将军；一方面又选拔了一批门第低下、出身寒微的士人任职，例如因受妒而惨遭迫害的著名军事家孙膑，以及出身赘婿、受过髡刑，却因博闻强识、滑稽善变、具有政治才能而闻名的淳于髡。邹忌任相后，进一步提出了“谨择君子，勿杂小人其间”（《史记·田敬仲完世家》）的要求，举荐了多位贤能之士，一时间，齐国许多人才脱颖而出，尊贤重士在齐国蔚然成风。

在这一时期，势不可当的变法革新运动，促进了思想文化领域的解放，许多有识之士大力推销自己的政治主张，施展治国才能，以期在政治舞台大显身手。必须承认的是，他们在诸侯国间的较量中发挥着至关重要的作用。因此，齐威王对人才十分珍视，他与魏惠王“论宝”的故事后世广为流传。齐威王与魏惠王相会，魏惠王夸耀自己拥有宝贝，是“径寸之珠”十枚，可以“照车前后各十二乘（shèng）”，齐威王则以齐国的能臣为“宝”，他认为，守南城的檀子、守高唐的肦子、守徐州的黔夫、“使备盗贼”的种首等人，都是齐国之“宝”，“将以照千里，岂特十二乘哉”。（《史记·田敬仲完世家》）

第二，整顿吏治。针对当时齐国“百官荒乱”的局面，齐威王认为改革必须整顿吏治，整顿吏治则应该是建立在严罚重赏基础上的以法治吏。他派出得力人选，深入调查，赏赐真正的有功之臣，惩处阿谀奉承之官。《史记·田敬仲完世家》记载了齐威王赏功罚过，奖励即墨大夫、烹阿城大夫之事。因即墨大夫有功，在他的治理下，“田野辟，民人给，官无留事，东方以宁”，齐威王奖励即墨大夫一万户食邑。而因阿城大夫失职，“田野不辟，民贫苦。昔日赵攻甄，子弗能救。卫取薛陵，子弗知”，齐威王当即将阿城大夫以及曾经因收受阿大夫贿赂而在齐威王面前为阿城大夫说好话的人一并烹之。这一措施取得了良好的效果：“齐国震惧，人人不敢饰非，务尽其诚。齐国大治。诸侯闻之，莫敢致兵于齐二十余年。”(《史记·田敬仲完世家》)此外,齐威王还采纳了邹忌的建议,采取“谨修法律而督奸吏”“减吏省员”的措施,补充了整顿吏治的内容,用法律约束臣下,并通过精简官吏的方式,大大减少了民众的负担。

第三,奖励劝谏。齐威王善于纳谏,历史上著名的“邹忌讽齐王纳谏”和接纳谏言之后“一鸣惊人”的故事都发生在齐威王时期。邹忌身高八尺,仪表堂堂,对自己的容貌很自信,他问妻子:我与城北的徐公哪一个更美?这位城北的徐公,也是齐国的一位美男子。邹忌的妻子说:你更美,徐公哪里比得上你呀!邹忌不太相信,就又问他的妾:我跟徐公谁更美?妾说:徐公哪里比得上您呢!第二天,有位客人从外边来,邹忌跟他聊天,又问客人:我和徐公谁美?客人说:徐公不如你美。又过了几天,徐公前来拜访,邹忌仔细地看他,认为自己不如他漂亮;再照着镜子看自己,更觉得相差太远。晚上躺在床上反复考虑这件事,终于明白了:我的妻子赞美我,是因为偏爱我;妾赞美我,是因为害怕我;客人赞美我,是想要对我有所请求。于是,邹忌上朝拜见威王,说:我确实知道我不如徐公漂亮。可是,我的妻子偏爱我,我的妾怕我,我的客人有事想求于我,都认为我比徐公漂亮。如今齐国的土地方圆千里,城池有一百二十座,宫中妃妾和身边的近臣,没有不偏爱大王的,朝廷上的臣子没有不害怕大王的,国内的百姓没有不对大王有所求的,由此看来,大王受蒙蔽一定非常厉害了。齐威王采纳了邹忌的谏言。据《战国策·齐策一》记载,齐威王曾下令群臣吏民:能当面批评我过错的人,给予上等奖励;上书劝谏我的人,给予中等奖励;能够在众人之中指责议论我的过失,并传到我耳中的人,给予下等奖励。据说,政令刚颁布时,群臣前来进谏的门庭若市,几个月之后,还时有人进谏,一年之后,“虽欲言无可进者”。齐威王虚心纳谏,得到了许多兴利除弊的好建议,对齐国的日益强盛起到了至关重要的作用。

第四,改革军事。齐威王十分重视军事理论。司马穰苴是春秋末年的军事家,据《史记·司马穰苴列传》记载,此人精于兵法,“文能附众,武能威敌”。齐威王对他的理论十分重视,“使大夫追论古者司马兵法而附穰苴于其中,因号曰《司马穰苴兵法》”。在《司马穰苴兵法》的指导下,齐国的对外战争屡屡取胜。齐威王还多次与孙膑讨论兵法,孙膑评价他“几知兵矣,而未达于道”(《孙膑兵法·威王问》)。在注重军事理论的同时,齐威王大力整顿军队。通过改善军队装备,选派得力将领,加强平素军事训练等措施,大大提高了齐军的战斗力。同时他鼓励百姓习武,规定在战争中,“得一首者,则赐赎锱金”(《荀子·议兵》),使齐国军事力量日益强大。苏秦曾称赞齐国“带甲数十万,粟如丘山。三军之良,五家之兵,进如锋矢,战如雷霆,解如风雨”(《史记·苏秦列传》)。齐国的军事改革,一扫过去齐军“号为怯”(《史记·孙子吴起列传》)的局面,使齐军成为列国中一支强大的军队。

第五,延揽人才。初创于田齐桓公时的稷下学宫,在齐威王、齐宣王时得到充分发展。《风俗通义·穷通》说:“齐威、宣王之时,聚天下贤士于稷下,尊宠之,若驺衍、田骈、淳于髡之属甚众,号曰列大夫,皆世所称,咸作书刺世。”许多学者、贤士集于稷下学宫,享有优厚待遇,他们一方面从事教育和学术研究,收徒授业,一方面参与政事,为统治者出谋划策,成为高级智囊。稷下学宫的发展,为齐威王改革培养了大批有真才实学的人才,并促进了战国时期文化教育事业的发展和百家争鸣的展开。

齐威王的全方位改革,使齐国的政治气象更新,经济得到发展,军队战斗力提高,齐国的内政外交展现出勃勃生机,迅速强盛起来,与当时国力最强、主盟称王的魏国展开了争夺中原霸主的军事较量。据《史记·田敬仲完世家》记载,公元前353年,在赵魏之战中,被魏国围困的赵国向齐国求救,齐威王派田忌为将,孙膑为军师,运用历史上著名的“围魏救赵”之计,败魏军于桂陵。公元前341年,齐国派田忌、田肦为将,孙膑为军师,伐魏救韩,为了诱骗魏军,孙膑以“减灶诱敌”的计策,即制造灶数越来越少的假象,使魏军误以为齐军纷纷胆怯逃亡而轻敌大意,最终再次大败魏军于马陵。桂陵之战和马陵之战奠定了齐国的强国地位,于是“齐最强于诸侯,自称为王,以令天下”。

马陵之战后,魏国失去强国地位,不得不采用相国惠施“以魏合于齐楚以案兵”(《战国策·魏策一》)的建议,为了暂时不再有战争而与齐国交好。公元前334年,魏惠王亲至齐国的徐州拜见齐威王,魏王“变服折节而朝齐”(《战国策·魏策二》),尊齐君为王,自此,齐国国君开始称王。同时,齐国也需要借助魏国的力量平衡其他诸国,齐威王也承认了魏惠王的王号。这就是历史上有名的“徐州相王”。齐、魏“徐州相王”是战国史上的一件大事,齐、魏称王后,各国都相继开始了称王运动,而齐国借此奠定了诸侯中的霸主地位。

(石志丹)

威宣盛世是怎样形成的?

齐国在威王改革以后,国力日益增强,经过桂陵之战、马陵之战及徐州相王等一系列军事、外交活动后,逐渐成为最强大的诸侯国之一。齐威王在位时期,齐国成为历史上著名的"战国七雄"之一,开创了齐国自春秋初期齐桓公首霸之后最为辉煌的时代,也开创了齐国君主称王的历史。

公元前320年,威王死后,他的儿子辟强继位,是为齐宣王。齐宣王继承威王时期的强盛之势,加紧对外扩张,以期号令诸侯,一统天下。齐宣王曾向孟子询问如何才能"王天下",孟子说:"王之所欲可知已,欲辟土地,朝秦楚,莅中国而抚四夷也。"(《孟子·梁惠王上》)可见,齐宣王的"大欲"就是扩张国土,使秦、楚等国都来朝贡,统一天下并做天下的盟主,同时安抚四周的落后民族。为实现这一雄心壮志,齐宣王不断地探索着称霸的方略。

齐宣王延续齐威王的改革措施,继承其招贤纳谏的做法,这突出地表现在他对稷下学宫的重视和与稷下先生们的关系上。

齐宣王"好士",广招天下人才,礼贤下士。《战国策·齐策四》记载了"王斗说齐宣王好士"和"颜斶(chù)说齐宣王贵士"的故事。王斗和颜斶都是直言敢谏之士。王斗以"斗趋见王为好势,王趋见斗为好士"等向齐宣王进谏。他还批评齐宣王"好马""好狗""好酒""好色"而"不好士",并且一针见血地戳穿了齐宣王标榜的所谓"忧国爱民"的谎言,说齐宣王的忧国忧民远不如爱惜一尺绉纱。齐宣王终于承认自己"有罪于国家",并改正了错误,"举士五人任官",因此"齐国大治"。颜斶则以"士贵耳,王者不贵"进谏齐宣王。他对齐宣王说:过去秦国进攻齐国,途经柳下惠(春秋时期思想家、政治家、教育家,出生于鲁国柳下邑,死后葬于山东新泰柳里以北)墓,下军令说:有敢在柳下惠坟墓五十步内砍柴的人,就是犯了不能免除的死罪。又下令说:有能得到齐王首级的人,封万户,赠金千镒。从这点看,大王的头颅不如一位死去的士。颜斶又劝告宣王要“无羞亟问”,宣王十分感慨,自嘲式地做了自我批评,并请求做颜斶的学生。齐宣王的“好士”之名很快传遍了各诸侯国。

在众多的稷下先生中,孟子对齐宣王的影响是比较大的。齐宣王曾与孟子有过多次论政的经历,他们间的许多经典对话都记录在《孟子》一书中。王志民先生在《孟子与齐鲁文化》一文中谈道:“孟子久居稷下,对源远流长、博大精深的齐文化进行深入学习考察,从多个方面吸收思想成果。据统计,《孟子》中提及人物最多的是齐宣王,共二十三次;提到齐国大臣也有十二人之多。”《孟子·梁惠王》记载了许多齐宣王在治国方面的见解。齐宣王和孟子的对话还流传下许多为人熟知的成语,如明察秋毫(《孟子·梁惠王上》),不见舆薪(《孟子·梁惠王上》),缘木求鱼(《孟子·梁惠王上》),寡不敌众(《孟子·梁惠王上》),王顾左右而言他(《孟子·梁惠王下》)等,孟子对齐宣王提出的与民同乐、人才使用与选拔的建议等,都对齐宣王的治国理政产生了影响,也为后世广为流传。

齐宣王对稷下学宫采取了更加开明的政策:在政治上给予稷下先生很高的地位,“皆赐列第,为上大夫”,从他们的议政中获取富国强兵之策;经济上给稷下学士以优厚待遇,学宫“开第康庄之衢,高门大屋,尊宠之”(《史记·孟子荀卿列传》),让他们享受高官厚禄,稷下学宫达到空前的规模。《史记·田敬仲完世家》载:“宣王喜文学游说之士,自如驺衍、淳于髡、田骈、接予、慎到、环渊之徒七十六人,皆赐列第,为上大夫,不治而议论。”此时的稷下学宫,学者众多,“致千里之奇士,总百家之伟说”(司马光《稷下赋》),成为列国的学术文化中心;学派林立,真正成为“百家”,除儒、道、墨三大学派之外,另外几个重要学派如法家、名家、阴阳家、农家、纵横家、小说家等相继出现,并迅速达到发展的高峰;名家云集,孟子、荀子等著名贤士皆在此居留;著述丰富,见诸史书的有《管子》八十六篇,《慎子》十二篇,《孟子》七篇,《韩非子》五十五篇,《鲁仲连子》十四篇,《晏子春秋》八篇等。此时的稷下学宫不拘一格,各持己见,真正形成了百家争鸣的热闹场面。

政治上的宽松,言论上的自由,促进了稷下学宫的兴旺和发达,《史记·田敬仲完世家》记载:“稷下学士复盛,且数百千人。”各国学者纷至沓来,“聚天下贤士于稷下”,大批有识之士为齐宣王出谋献策。这时的齐国,社会秩序稳定,政治贤明,经济发达,军事强盛,且拥有天下奇士。稷下学宫的兴盛,是齐国达到鼎盛的突出标志之一。

在全面提升综合国力的同时,为实现“莅中国而抚四夷”的目标,齐国也展开了一系列的对外扩张战争。

这一时期,齐国、秦国和楚国称强于诸侯,特别是齐、秦两国东西并峙,势力相当,在很大程度上操纵了诸国形势的变化,自然而然地产生了激烈的争取合作国、反对敌国的斗争,在军事和外交战略上也就形成了历史上著名的合纵连横运动。

齐国伐魏。商鞅变法之后,秦国国势日渐强盛,与齐国渐成东西对峙的局势,齐国联合楚、燕、韩、赵、魏六国合纵抗秦。齐宣王因魏国推举楚怀王为合纵长,愤怒地退出合纵。据《史记 · 赵世家》记载,公元前 317 年,齐国联合宋国攻打魏国,魏国与赵国联合抗击齐军。双方战于观泽(今河南清丰),齐军大获全胜。

齐国伐燕。据《战国策 · 燕策一》记载,公元前 318 年,燕王哙将王位禅让给燕相子之,引起了燕国内乱。燕国内乱是诸侯国间的一件大事,各国都将注意力转向燕国。公元前 315 年,齐国趁燕国内乱之机伐燕,齐将匡章带兵攻破燕国,燕国完全沦为齐国的臣属。齐军在燕国进行了残暴的劫掠,引起了燕国人民的强烈反对,反抗战争此起彼伏。两年后,在燕国人民的反抗战争和秦、韩、魏进攻齐国的多重打击下,齐国在濮水大败,齐国不得不从燕国撤军,结束了对燕国的占领。

齐国伐楚。公元前 313 年,为了打击迅速崛起的秦国,齐国与楚国结为联盟。据《史记 · 张仪列传》记载,秦国为破坏齐楚之盟,派张仪前往楚国,利诱楚怀王说,如若“闭关绝约于齐”,则“献商於之地六百里” 给楚国,楚怀王因利欲熏心而背弃齐楚之约,齐楚联盟破裂。后张仪并未兑现承诺,楚怀王因被欺骗,恼羞成怒,两次发兵伐秦,皆大败。随着秦国国势日盛和对其他诸侯国的进攻日益强烈,公元前 306 年,齐国再次联合楚怀王合纵反秦,“并力收韩、魏、燕、赵,与为纵而尊周室”,然而楚国又一次因秦国的利诱背弃了与齐国的联盟。据《史记 · 楚世家》记载,公元前 305 年,秦国又一次“厚赂于楚”,楚怀王再次“背齐而合秦”。楚国的这一举动激怒了齐宣王。公元前 303 年,齐、韩、魏三国联合攻打楚国,楚国为向秦国求救,派太子横入秦国为人质,秦国出兵救楚,三国无功而返。公元前302年,楚国派到秦国的人质太子横杀死了秦国大夫,逃回楚国,秦、楚关系破裂。公元前301年,齐、韩、魏三国共同攻打楚国,在垂沙(今河南唐河西南)大破楚军。楚国向齐国臣服,“乃令太子质于齐以求平”。《史记·孟尝君列传》记载:“齐为韩、魏攻楚九年,取宛、叶以北以强韩、魏。”垂沙之战后,齐、韩、魏攻取了楚国宛、叶以北的土地。至此,齐国北面臣服了燕国,向南战败楚国,又得到了对韩、魏的号令权,在军事上实现了称强于诸侯的局面。

齐国的综合国力在齐威王、齐宣王时期达到整个战国时期的顶峰,实现了政治、经济、军事和文化全方位的强盛。两代君主在政治上,唯才是举、励精图治;在经济上,通货积财,工商并举,使人民甚富而实;在军事上,达到了“带甲数十万”,有“战如雷电,解如风雨”之强势;在文化上,则大行礼贤下士之风,扩大稷下学宫,广泛招贤纳士,“高门大屋,尊宠之”。齐宣王时,虽然没有实现“辟土地,朝秦楚,莅中国而抚四夷”的目标,但齐国历史已然走向了鼎盛。

从现存的史料记载来看,威宣时期有几个明显的特征。

一是国家疆域更加扩大。在《史记·田敬仲完世家》中,齐威王曾说:我有个大臣叫檀子,派他镇南城,楚国人就不敢向东方侵犯掠夺,泗水之滨的十二诸侯都来朝拜。我有个大臣叫肦子的,派他镇守高唐,赵国人就不敢到东边的河里捕鱼。我有个官吏叫黔夫的,派他镇守徐州,燕国人就到北门祭祀,赵国人就到西门来祭祀。这几个地方都是齐国边境的重镇。由此可以大致了解齐威王时齐国疆域的轮廓。

二是临淄城空前繁荣。《史记·苏秦列传》中记载了当时著名的纵横家苏秦劝说齐宣王合纵时描述的齐国的繁荣景象:齐国方圆两千里,将士几十万,粮食堆积如山。首都临淄有七万户人家,即使一律以小户计算,平均每户也有三名壮丁,就是二十一万人,仅仅临淄一城,就可以组成二十一万大军。同时,临淄非常繁华富足,“其民无不吹竽鼓瑟,击筑弹琴,斗鸡走狗,六搏蹹鞠者。临淄之途,车毂击,人肩摩,连衽成帷,举袂成幕,挥汗成雨,家殷人富,志高气扬”。这段描述,说明了齐国地域宽广,人口众多,经济发达,都市繁华,是名副其实的大城市。

三是文化空前繁荣。主要表现在当时稷下学宫的发展上。稷下学宫经过齐威王、齐宣王时期的大力发展,云集了驺衍、淳于髡、田骈等众多天下名士,孟子、荀子等著名学者都在这里长期主持过学术活动。稷下学宫的空前发展,不仅促进了齐国的文化繁荣，对齐国的政治、经济、军事的发展也产生了重大影响，为齐国当政者提供了强有力的智力支持。

四是方仙道术开始兴起。《史记·封禅书》记载，大约在战国中期，齐、燕一带出现了一批方士，开始宣扬人可以得道成仙，长生不死，自由遨游于人世之外。《汉书·郊祀志》中也有记载说：“自威、宣、燕昭使人入海求蓬莱、方丈、瀛洲。此三神山者，其传在勃(渤)海中，去人不远……盖尝有至者，诸仙人及不死之药皆在焉。”稷下先生驺衍在稷下学宫创立了阴阳五行学说，人民祈求得道成仙，寻求长生不老之术的观念也就慢慢形成了。齐地方仙道术的兴起与发展，对中国后世社会同样产生了巨大影响。

(石志丹)

田忌赛马的故事是怎样的?

《史记·孙子吴起列传》记录了一则齐国赛马的故事。齐将田忌曾多次与齐国的公子们下重金赌注进行赛马活动。赛马场上,孙膑发现田忌的马与齐威王的马有些许差别,但差距不大,细分的话可分为上中下三类。于是孙膑对田忌说:你只管下大注,我能让你取胜。田忌相信并答应了他,与齐威王和公子们赌千金。在比赛即将开始时,孙膑对田忌说:现在你用下等马与他们的上等马比试,再用上等马与他们的中等马对阵,最后用中等马与他们的下等马比拼。三场比赛结束后,田忌三局两胜,最终赢得齐王的千金赌注。这就是脍炙人口、广为流传的田忌赛马的故事。

故事中的孙膑又是何许人?孙膑是孙武的后代。他曾与庞涓一同学习兵法,后来庞涓在魏国任将军。庞涓知道自己的才能比不上孙膑,于是用计谋将孙膑骗至魏国。由于庞涓心胸狭隘、嫉贤妒能,所以他又设计陷害孙膑。孙膑被施以膑刑和黥(qíng)刑,困于魏国大梁。待齐国使者入魏,孙膑秘密会见齐使,并成功说服齐使将他载回齐国。齐将田忌非常欣赏孙膑,以宾客之礼待他。后来孙膑被田忌推荐给齐威王。齐威王向孙膑询问兵法后非常赏识他,拜其为军师。孙膑由此登上了齐国的政治舞台。

“田忌赛马”的故事,一方面反映了齐国养马、赛马之风盛行,另一方面展现了孙膑的智慧。

齐国历来重视对马匹的饲养,有爱马、养马之风。马匹不仅具有牵引车辆、运载货物的生产、生活功能,而且还是军事战争和信息传递过程中不可或缺的重要角色,甚至是一个国家战斗力强弱的重要标志。所以,春秋战国时期各诸侯国都将马匹视为财富的象征。

实际上,在太公封齐之时,齐国地狭人寡,土地盐碱化比较严重,适合放牧养马的地区较少。所以在齐国灭莱之前,主要依靠三种渠道获得马匹:一靠本国的饲养。《管子·国准》载:“存菹丘,立骈劳,以为民饶。”大意为政府要保存草地,让人民建立牛棚马棚饲养牛马,从而富饶起来。二靠战争征伐。春秋时期,齐国曾多次征伐西北方的戎狄,以保障国家安全。在此过程中,齐国可以得到一些马匹作为战利品,或是迫使戎狄向齐国纳贡一些马匹,但此非大量马匹的稳定来源。三靠贸易交换,从东面的莱夷处获得。据《左传·襄公二年》载:“齐侯(齐灵公)伐莱。莱人使正舆子赂夙沙卫以索马牛,皆百匹,齐师乃还。”莱国在受到齐国攻伐时贿赂齐人百匹马,一方面表明莱国马匹资源丰富,另一方面说明齐国马匹资源短缺。由此可知,春秋时期两国和平交往时,莱国的马匹会以贸易交换的形式输入齐国。

直到齐国灭莱后,齐国获得了莱国大片的牧场,马匹资源才有了充分保障。而且此时马匹在供应军事活动和生产生活之余,还有大量富余。由此才催生了齐国贵族之间的一项娱乐活动——赛马。

齐国故城遗址出土赛马瓦当

(齐文化博物馆藏)

在齐国,赛马活动可以用刺激、惊险、奢华来形容。它不仅仅是一项体育活动,还是一项政治活动。公子们在赛马场上一掷千金,不仅展示了自己的雄厚财力和物力,同时还能借赛马的名义进行政治活动。所以,赛马成为上流社会间的一种时尚活动。同时,这一活动赌博性质很强,与现今的马彩有些相似。在赛事之前下赌注,称之为“射”,赌注甚至可达“千金”。如田忌赛马中的“(田忌)与王及诸公子逐射千金”(《史记·孙子吴起列传》)。

当时齐国的赛马活动与现今的赛马活动有相似性,也有不同。相同点是都以比拼马匹的奔跑速度、骑手的驾驭能力为主,并分不同的类型进行比试。不同之处在于,现今的赛马活动以马的重量和马的年龄为主要划分依据,比赛以同一匹马为主;而战国时期的齐国则分上、中、下三场比试,三场可用不同的马匹，比赛结果采用三局两胜制。

这场比赛田忌之所以能够取胜，一是因为古代相马术的应用，二是由于孙膑为田忌设计的比赛方案。

在比赛之前，孙膑看到齐威王的马时，认为田忌的马“其马足不甚相远”。这与战国时期流传的相马术是吻合的。《吕氏春秋·观表》曾载：“古之善相马者，寒风是相口齿，麻朝相颊……陈悲相股脚，秦牙相前，赞君相后。凡此十人者，皆天下之良工也……其所以相者不同，见马之一征也，而知节之高卑，足之滑易，材之坚脆，能之长短。”大意是说，古代善于相马之人，寒风是观察马的口齿，麻朝是观察马的面颊……陈悲是观察马的腿脚，秦牙是观察马的前部，赞君是观察马的后部。这十个人，都是相马的高手……他们相马的方法之所以不同，是因为看准了马的某一特征后，就知道马骨骼的好与坏，腿跑得快不快，体质的坚韧和脆弱，耐力的长短。孙膑正是通过对马形体的相看，判断出田忌之马与齐威王之马的差异，预估了比赛结果。于是孙膑在临比赛时，设计出了“以君之下驷与彼上驷，取君上驷与彼中驷，取君中驷与彼下驷”的方案，从而使田忌获胜。

齐威王虽输了一场比赛，却是最终的赢家。正是因为这场赛马活动，田忌才顺利地将孙膑推到了齐国的政治舞台上，才有了后来桂陵之战、马陵之战的胜利。司马迁将“田忌赛马”的故事记录在《史记》中，并非是要记载当时的一场体育活动，而是要利用“田忌赛马”这则故事来体现孙膑的智慧。

（张晓彤）

为什么魏国大将庞涓埋葬于淄川？

淄川地处鲁中，古称般（pán）阳，是一个有着悠久历史的古城。沿淄川古城墙南行一里左右，在孝妇河西岸有村名“将军头村”，据说因埋葬战国时魏国大将庞涓之头而得名。在村东（留仙湖公园西园）有一座墓，正是庞涓墓。庞涓为魏国将军，魏国都城大梁据淄川千里之遥，为什么庞涓之头埋葬于此地？

庞涓，战国时魏国名将，其生平事迹多在《史记·孙子吴起列传》等史传介绍孙膑时连带提及。从《孙子吴起列传》中可知，庞涓曾与孙膑同学兵法。传说庞涓与孙膑同出鬼谷子之门，然这种说法源于《东周列国志》和《孙庞斗智演义》等历史小说，并无史料依据。明末清初的吴门啸客所著历史小说《孙庞斗智演义》，以《史记·孙子吴起列传》为蓝本，夹杂历代说部、戏曲的演绎，中间穿插了不少神怪小说的内容，使孙庞斗智的故事深入人心。

庞涓墓

据《史记·孙子吴起列传》记载，庞涓在学成兵法后到魏国效力，被魏惠王拜为将军。庞涓深知孙膑的才华在自己之上，恐怕孙膑超过自己，用阴谋将孙膑骗至魏国，并对其施加膑刑和黥刑，欲使孙膑不能显名于世。后来，孙膑通过齐国使者回到齐国，并帮助田忌在赛马活动中赢得千金，田忌将孙膑推荐给齐威王，齐威王与孙膑深入交谈兵法后，拜孙膑为军师。在齐魏桂陵之战和马陵之战中,庞涓与孙膑作为双方主要参战将领而对阵疆场。

1972 年 2 月,山东临沂银雀山一号汉墓出土的竹简本《孙膑兵法》,使失传已久的《齐孙子》得以重见天日。竹简本《孙膑兵法》中的《擒庞涓》《见威王》《威王问》《陈忌问垒》等篇章为了解孙膑和庞涓在桂陵之战和马陵之战中的斗智斗勇情况提供了新的史料。

一、庞涓与桂陵之战

据古本《竹书纪年》记载,魏惠王十六年(前 354),赵国为了兼并土地和扩张势力,进攻卫国,夺取了漆和富丘两地(均在今河南长垣)。卫国原来是臣服于魏国的,因此赵国此举招致了魏国的干涉。魏国以庞涓为将,率军围困攻打赵国都城邯郸。次年,赵国派使者向齐、楚两国求救。据《孙膑兵法·擒庞涓》记载,庞涓率魏军八万到达茌丘(其地未详),随后进攻卫国。齐国方面,齐威王以田忌为将、孙膑为军师率军八万到达齐、魏两国边境地区。田忌想直接与魏军主力交战,被孙膑阻止。孙膑认为,魏国长期攻打赵国,主力消耗于外,老弱疲惫于内,国内防务空虚,应当采用声东击西、围魏救赵的战术,直捣魏国都城大梁,迫使魏国撤军,魏国一撤军,赵国自然得救。一方面,孙膑让齐城和高唐两城的都大夫率军南下佯攻宋国和卫国之间东阳地区战略要地——魏国的平陵(今山东菏泽定陶东北),吸引魏军主力,这一路齐军被魏军大败。另一方面,孙膑则派出轻装战车,直捣魏国都城大梁,“怒其气”,激怒庞涓,迫使其率军回援;又派出少数部队佯装与庞涓部队交战,“示之寡”,使其轻敌。庞涓在孙膑一系列计谋之下,果然中计,震怒而轻敌,丢弃辎重,轻装急行军,昼夜兼程,回救大梁。田忌和孙膑带领齐军主力部队在桂陵设伏,全歼魏军,庞涓在此战中被齐军俘虏。三十六计之“围魏救赵”的典型战例即源于此。

《史记》并未记载桂陵之战庞涓被齐军擒获之事,而《孙膑兵法》明确记载此战作为魏军主将的庞涓被齐军擒获。有研究者认为,鉴于庞涓作为魏国将军后来又出现在马陵之战,那么庞涓有可能通过列国会盟的方式回到魏国。公元前 351 年,魏惠王与赵成侯在漳河结盟,撤出赵国都城邯郸。大约在此时,齐国将庞涓释放,使其回到魏国再度为将。

二、庞涓与马陵之战

魏惠王二十八年(前342),魏国派庞涓率军进攻韩国,韩国向齐国求救。次年,在魏、韩打得两败俱伤之际,齐威王派田忌、田朌、田婴为将,孙膑为军师,起兵伐魏救韩。(《史记·六国年表》记载:“田忌、田婴、田朌将,孙子为师。”)孙膑再次采用“围魏救赵”的战术,率军直捣魏国都城大梁。庞涓得知消息后急忙从韩国撤军回救魏国。《史记·孙子吴起列传》记载,孙膑考虑到魏军自恃其勇,一定会轻视齐军,况且齐军也有怯战的名声,应采用诱敌深入的战术,引诱魏军进入伏击圈再加以歼灭。孙膑命令进入魏国境内的齐军第一天埋设可供十万人吃饭的炉灶,第二天减为五万人用的炉灶,第三天减为三万人用的炉灶。庞涓再一次中计,在查看齐军留下的炉灶后非常高兴,说:我本来就知道齐军怯懦,进入魏国境内才三天,齐国士兵就已经逃跑了一大半。于是丢下步兵,只带领精锐轻装部队日夜兼程追击齐军。孙膑估算庞涓天黑能行进至马陵(今河南范县西南),马陵道路狭窄,两旁又多阻碍,孙膑于是命士兵砍去道旁大树的树皮,露出白木,在树上写“庞涓死于此树之下”的字样,然后命令一万名弓弩手埋伏在马陵道两旁,约定天黑在此处看到有火光就万箭齐发。庞涓果然当晚赶到马陵,进入齐军的伏击圈,见到白木上写着字,于是点火查看。字还没读完,齐军伏兵万箭齐发,魏军大乱。庞涓自知败局已定,于是拔剑自刎。临死之际,庞涓气愤之极,骂道:“遂成竖子之名!”(竖子是对人的蔑称)齐军乘胜追击,歼灭魏军十万人,俘虏魏国主将太子申。经此一战,魏国元气大伤,失去霸主地位,而齐国称霸东方。《孙膑兵法·陈忌问垒》详细记述了孙膑在马陵的兵力部署情况:用蒺藜布阵,起壕沟的作用。用战车布阵,当作壁垒。□□当作矮墙。用盾牌当作城头带洞的矮墙,既可防御,又可往外射箭。后面部署用长兵器的部队,作为紧急救援部队。长兵器部队后面部署使用小矛的部队,用以支持用长兵器的部队。而使用短兵器的部队,用来断敌军后路,截击疲困的敌军。弓弩兵发挥抛石机的作用。齐军部署井然有序,配置得当,能充分发挥各自的长处,完全符合兵法要求。在此“隘塞死地之中”,庞涓是插翅难逃了。

马陵之战是庞涓生命终结之战,也是孙膑扬名天下之战。《史记·孙子吴起列传》记载:“孙膑以此名显天下,世传其兵法。”

庞涓死后,其遗骸葬于何处众说纷纭,目前以河南通许、山东淄川、山西榆次三个地方的庞涓墓最为出名。

据《乾隆淄川县志》记载:“庞涓墓在县西南里许。相传孙膑减炊破魏兵,(庞)涓自杀。韩、赵以(庞)涓常暴于彼,与齐兵分其尸,齐得其首,葬于此。今墓西之村仍名曰将军头。明嘉靖知县李性碑其墓曰:‘魏将军庞涓墓。’”因为庞涓常率魏军侵伐赵国和韩国,在庞涓死后,其尸体被齐、韩、赵三国瓜分,而分别埋葬于三国。从中可以推测,河南、山西、山东的三个庞涓墓应都是真的。山东淄川乃埋首之处,其他两地可能是埋身之处。

原庞涓墓前立一石碑,上刻“魏将军庞涓墓”,有“昭明古迹”四字,为明嘉靖时淄川知县李性重立。1963 年文物普查时,墓碑尚存,当时墓封土高十一米,周长六十余米。1966 年以后,因村民取土,墓逐渐被毁,将军头村一魏姓村民在挖土时曾于墓中得一石匣,石匣长一点五米,由五块石板拼成,埋在距地表半米处。石匣外雕有纹饰,内盛石香炉一个,青砖若干,石匣外有头骨(牙齿完整)。据此推测,这个头骨可能是庞涓之首。如今在原址上恢复了庞涓墓,但规模小了很多,直径仅四米左右,封土一米左右,墓碑上刻“魏将军庞涓墓”。

明朝淄川人王崇义有诗《庞涓墓》,曰:

将军失计马陵边,战骨寒沙野水咽。
青冢不随陵谷变,路人犹解笑庞涓。

(武振伟)

《孙子兵法》和《孙膑兵法》是一部书吗？

“子”，是古代对人的尊称，也指有道德、有学问的人，诸如老子、孔子、孟子、墨子、管子、韩非子等。那么，“孙子”指的究竟是谁呢？司马迁在《史记·孙子吴起列传》中同时记载了孙武和孙膑两人的生平事迹。班固在《汉书·艺文志》“兵权谋十三家”著录“《吴孙子兵法》八十二篇”“《齐孙子》八十九篇”，唐朝颜师古在其下作注“吴孙子”是孙武，“齐孙子”是孙膑。

但一直以来，由于传世文献对孙武、孙膑的生平记载粗疏，以及《孙膑兵法》在流传中亡佚等情况的出现，使得人们对孙武和孙膑是不是一个人，《孙子兵法》和《孙膑兵法》是不是一本书产生了疑问。1972 年山东临沂银雀山一号汉墓出土了《孙子兵法》和失传已久的《孙膑兵法》残简，解开了史学界悬而未决的一桩疑案，使得聚讼纷纭千年之久的难题悄然而解。

孙武，春秋末期齐国人，是陈国第十三代国君陈厉公的儿子陈完的后裔。因陈国内乱，陈完逃到齐国，被齐桓公任命为工正（管理手工业的长官），又称田氏。据《新唐书·宰相世系表》记载，田氏中的一支因军功赐姓孙氏，这应该是孙武姓氏的由来。由于齐国发生内乱，孙武从齐国来到吴国，隐姓埋名生活。从楚国逃来的吴国大夫伍子胥知道孙武很有军事才能，将其引荐给吴王阖闾。《史记· 孙子吴起列传》记载：“以兵法见于吴王阖闾，阖闾曰：‘子之十三篇，吾尽观之矣，可以小试勒兵乎？’”《吴越春秋·阖闾内传》对孙武见吴王阖闾的事也有记载：“而召孙子，问以兵法，每陈一篇，王不知□之称善，其意大悦。”吴王很欣赏孙武的军事才能，问孙武能不能现场演练一下兵法，孙武同意了。孙武从吴王宫中挑选一百八十名宫女组成队伍，进行军事操练，多次申明军纪，拒绝吴王求情，依军法斩杀担任两队队长的吴王宠姬，使得军阵整齐划一，号令严明，其军事才能初露锋芒。吴王用孙武兵法谋略，“西破强楚，入郢（楚国国都），北威齐晋，显名诸侯，孙子（武）与有力焉”（《史记·孙子吴起列传》）。

建立齐国的姜太公本身就是一位杰出的军事家，他的军事思想在齐国广泛流传，造就了齐国浓厚的兵学氛围。孙武的同族司马穰苴曾经斩杀庄贾申明军纪，成功抵御晋国、燕国军队的两面进犯。生活在这样浓厚兵学氛围的孙武，喜欢并且熟知兵法也是顺理成章的。据《史记》记载，孙武十三篇兵法在见吴王阖闾之前就已写成，在拜见吴王时献给了他，后来孙武参与吴楚之战以及其晚年时又陆续有所增补。《孙子兵法》历春秋战国，以十三篇和杂篇的形式流传。西汉成帝年间，刘向、任宏等人奉诏整理群书，对《孙子兵法》进行了校勘，到班固《汉书·艺文志》时著录“吴孙子兵法八十二篇”。魏武帝曹操非常推崇《孙子兵法》，认为孙子兵法言简意深，“审计重举，明画深图”（《汉魏六朝百三家集》卷二三《孙子兵法·序》）。当时流传的《孙子兵法》由于时代变迁而篇章繁杂，解读出现了不准确的地方，于是曹操为其作注。曹操在《孙子兵法》流传过程中发挥了重要作用，是第一个为其作注的人。《隋书·经籍志》著录“孙子兵法二卷”，并在其下注明“吴将孙武撰魏武帝注”。北宋神宗元丰年间颁行《武经七书》，《孙子兵法》成为官方军事教材。传世《孙子兵法》共十三篇，分《计》《作战》《谋攻》《形》《势》《虚实》《军争》《九变》《行军》《地形》《九地》《火攻》《用间》。1972 年山东临沂银雀山一号汉墓出土的《孙子兵法》残简，篇章名与传世《孙子兵法》十三篇相合，但次序有所不同。又新发现《吴问》《黄帝伐赤帝》《地形二》等篇，可能是《孙子兵法》的佚文。

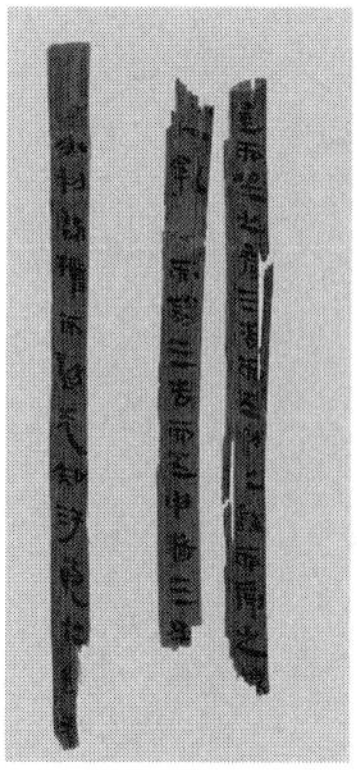

银雀山
《孙子兵法》残简

到了战国中期，孙武之后的田氏家族，又出现了一位军事奇才——孙膑。司马迁《史记》将孙武和孙膑同时列在《孙子吴起列传》中，为示区别班固《汉书·艺文志》把自齐奔吴建立功业的孙武称为“吴孙子”，将辅助齐国大将田忌击败魏国的孙膑称为“齐孙子”。

孙膑，原来的名字我们无从得知。孙膑之前的司马穰苴、孙武都是田氏家族著名的军事家，家学渊源深厚。“孙膑尝与庞涓俱学兵法。”（《史记·孙子吴起列传》）庞涓先出山，到了魏国，成为魏惠王的将军，他自知军事才能不及孙膑，害怕孙膑成为自己的对手，就假借罪名挖去他的两个膝盖骨，又在他脸上刺字。孙膑受刑后，无时无刻不在寻求离开魏国的方法。后在齐国使臣的帮助下回到齐国。孙膑得到了齐国将军田忌的赏识，并被推荐给齐威王，“威王问兵法，遂以为师”（《史记·孙子吴起列传》）。1972 年山东临沂银雀山《孙膑兵法》残简《见威王》篇可能为此次会面的记录。孙膑向齐威王陈述对战争的看法，齐威王被其精妙的军事理论折服，在遇到军事问题时经常向孙膑请教。齐威王时期，田忌为统帅，孙膑为军师，桂陵之战围魏都大梁以救赵国，重创魏军；马陵之战增兵减灶，设伏兵以逸待劳，使魏军遭致命打击。庞涓身死，孙膑名显诸侯，兵法流传后世。《史记·孟子荀卿列传》记云：“齐威王、宣王用孙子、田忌之徒，而诸侯东面朝齐。”

田忌在孙膑的协助下，多次进攻魏国均取胜。由于史料缺乏，孙膑在马陵之战后的事迹史书记载不多。当时邹忌担任齐相，和田忌一向不合。据《战国策·齐策一》记载，田忌遭邹忌陷害，孙膑曾劝田忌不要解除武装返回齐国，以轻车战马偷袭临淄城，放逐邹忌。田忌没有听从孙膑的意见，最后逃亡楚国。另有《荀子·议兵》篇记载临武君和孙卿子在赵孝成王面前议论用兵之道的事情。孙卿子也就是荀子，名况，字卿，因“荀”“孙”二字古音相通，故又称孙卿。东汉刘向在《孙卿书录》中记载此事：“（荀子）至赵，与孙膑议兵赵孝成王前，孙膑为变诈之兵，孙卿以王兵难之，不能对也，卒不能用。”（《全汉文》卷三七）认为临武君即孙膑，这恐怕是误记。公元前 353 年桂陵之战、公元前 341 年马陵之战，孙膑都曾以军师的身份参加。而赵孝成王于公元前 266 年即位，距离孙膑参与马陵之战已七十五年，参与桂陵之战已八十七年。况且，孙膑生年必然早于桂陵之战，如果有精力在赵孝成王面前议兵的话恐怕年龄已逾百岁。

《孙膑兵法》是孙膑留给后世的宝贵财富。《史记·太史公自序》曰：“孙子膑脚，而论兵法。”《汉书·司马迁传》云：“孙子膑脚，兵法修列。”《汉书·艺文志》兵家类记载“齐孙子兵法八十九篇”。然而，从《隋书·经籍志》开始，此书不见于历代著录。《孙膑兵法》的失传引起了人们的种种怀疑，认为《孙膑兵法》从来没有出现过，甚至认为和《孙子兵法》就是同一本书。1972 年银雀山汉墓的发掘使得《孙膑兵法》重见天日，揭开了遗留近千年的一桩悬案。银雀山汉墓竹简整理小组于 1975 年整理出版《孙膑兵法》竹简本，分上、下两编，每编十五篇。《孙膑兵法》内容既有孙膑自著，也有孙膑弟子的记述。1985 年文物出版社重新整理出版大字本《孙膑兵法》，删去下编十五篇，在上编增加《五教法》

一篇，成十六篇，成为现今我们研究《孙膑兵法》的参考和依据。

《孙膑兵法》继承《孙子兵法》的军事思想，同时又带有战国时代的特点。《孙子兵法》和《孙膑兵法》都强调军事对于国家的重要性。《孙子兵法·计篇》开篇明义："兵者，国之大事，死生之地，存亡之道，不可不察也。"《孙膑兵法》同样肯定战争对于国家的重要性，战胜则国家继续延续，战败则危急到国家生存。孙膑生当兼并战争激烈进行的战国时代，使得他对战争有了更进一步的理解，"战胜而强立，故天下服矣"（《孙膑兵法·见威王》）。重视战争的正义性，以战争的手段求得统一，这是他对孙武战争思想的继承与发扬。

银雀山《孙膑兵法》残简

《孙子兵法》重视战争中敌我双方力量的对比，全面考察战争胜负的形势，"经之以五事，校之以计而索其情"（《孙子兵法·计篇》），即对比双方治民之道、天时、地利、将帅、法度五个方面，全面估算敌我胜负的形势。《孙膑兵法》同样重视对战争形势的预先计算，"缭（料）适（敌）计险，必察远近"（《孙膑兵法·威王问》），战争中最紧要的事情是了解敌方情况，研究地形险易，考察距离远近，从而根据敌我力量对比做好相应的战争准备。《孙子兵法·虚实》曰："水因地而制流，兵因敌而制胜。"用兵之法就像流水，水流绕过高处流向低处，用兵要避开兵力密集、防守严密之处攻击薄弱的地方，作战没有一成不变的模式，要根据敌情变化设法创造有利的战争形势，从而达到取胜的目的。《孙膑兵法》强调"必攻不守"，战争中主动出击，打击敌人防守空虚的地方，转变战争形势，牢牢把握战场主动权。

《孙子兵法》和《孙膑兵法》并非同一著作，《孙子兵法》为春秋末期田氏家族军事家孙武所著，他自齐奔吴帮助吴王阖闾建立功业，而《孙膑兵法》是战国中期的军事家孙膑所著，他主要活动于齐威王时期。《孙子兵法》一直流传于世，然而由于史籍记载粗疏以及《孙膑兵法》失传等原因，人们误将孙武与孙膑混为一人，认为《孙子兵法》和《孙膑兵法》是一部著作。1972 年山东临沂银雀山一号汉墓出土《孙子兵法》和失传已久的《孙膑兵法》，为厘清两部兵法的作者以及内容提供了珍贵的史料。两部兵法，是古人留给后世的精神财富，更是齐文化展现给世界的中国智慧。

（王田田）

稷下学宫建立于何时？ 由何人建立？

“稷下学宫”是战国时期“百家争鸣”文化现象的主要发生地，兼具学术交流中心、高等学府和政府智库的性质，与同时期古希腊的柏拉图学园齐名，被誉为中国最早的公立大学、“中国乃至世界上的第一个智库”，在中国乃至世界文明史上占有重要地位。

那么稷下学宫建立于何时，又是由谁建立的呢？我们先来看一条史料：

> 齐桓公立稷下之官，设大夫之号，招致贤人而尊宠之，自孟轲之徒，皆游于齐。

该记载出自三国时期魏国人徐幹所著《中论 · 亡国》篇，是有关“稷下学宫”的最早的一条史料，意思是齐桓公在稷门附近（稷下）建立专门的馆舍（官），设置“大夫”的荣誉称号，用来招揽有才能的人并尊敬、厚待他们，因此孟轲这类人纷纷到齐国游学。

不过，建立稷下学宫的这位齐桓公并不是大家熟知的春秋时期的霸主齐桓公，而是战国时期的齐桓公。简单地讲，第一个齐桓公是齐国建立者“太公望”吕尚（姜太公）的后裔，姜姓，吕氏，名小白，是姜姓吕氏齐国的第十五任君主，在位时间是公元前685年至公元前643年，属于春秋初期。他就是大家耳熟能详的“春秋首霸”齐桓公，不过目前没有任何史料可以证明他与“稷下”这两个字有任何联系。另一个齐桓公妫姓，田氏，名午，是田氏齐国的第三任君主，公元前374年至公元前357年在位，属于战国初期。他极有可能是稷下学宫的建立者，不过，也有另一种说法，认为稷下学宫是这位齐桓公的孙子齐宣王田辟强建立的，因为《中论 · 亡国》中提到的孟轲（也就是孟子）与齐宣王田辟强是同时代的。

那么，稷下学宫的建立者到底是齐桓公田午还是齐宣王田辟强呢？

要解决这个问题，我们仍要回到《中论·亡国》篇，因为在不同版本的《中论》中，这条史料有着不同的表述：现存最早的几个明代版本均作“齐桓公”，清代四库全书本写作“齐宣王”。

照理说，版本年代越早越可靠，既然明代《中论》版本均作“齐桓公”，那应该就是齐桓公没错了。但向以考据严谨著称的《四库全书》在收录《中论》时，将“齐桓公”改作“齐宣王”，肯定有所依据，其依据恐怕是“孟轲之徒皆游于齐”的记载。孟轲与齐宣王同时，并且与齐宣王有许多交集，而“桓”字与“宣”字字形相近，因此《四库全书》据此将“齐桓公”改作“齐宣王”，当代学者孙启治先生在《中论解诂》中也是这样论证“齐桓公”应改为“齐宣王”的。

不过这样的论证并不足以推翻稷下学宫始建于齐桓公的观点：《中论》是一部子书而非史书，其重点在于引用历史人物的活动来讲明某个道理，因此在大时代准确的前提下，其具体年代的处理则较为灵活，这样的例子在其他汉代子书中并不少见。徐幹《中论·亡国》篇旨在讲明一个道理：尊贤纳士国家就会昌盛，反之就会亡国，正是因为齐桓公田午创立了稷下学宫，以孟子为代表的一批贤士才因统治者的尊贤而先后来到齐国，使齐国繁荣昌盛。因此，仅依据孟子游齐而否定稷下学宫始建于齐桓公田午时期的做法是不妥当的，事实上，“孟子游齐”恰好能证明这条史料所记载的齐国并不是春秋时期的姜姓齐国而是战国时期的田氏齐国。

虽然稷下学宫始建于齐桓公田午这一说法仅见于《中论》，但有两条史料可以间接证明稷下学宫并不是齐宣王而是齐桓公田午建立的。第一，《史记·田敬仲完世家》记载：“宣王喜文学游说之士，自如驺衍、淳于髡、田骈、接予、慎到、环渊之徒七十六人，皆赐列第，为上大夫，不治而议论。是以齐稷下学士复盛，且数百千人。”这里既然说“复盛”，也就是再次兴盛，说明稷下学宫的建立时间必然在齐宣王之前。第二，《新序·杂事》记载：“齐有稷下先生，喜议政事，邹忌既为齐相，稷下先生淳于髡之属七十二人，皆轻忌，以谓设以辞，邹忌不能及，乃相与俱往见邹忌。”邹忌拜相是齐威王田因齐（齐桓公田午之子、齐宣王田辟强之父）时期的事情，那时淳于髡等人已经是“稷下先生”了，说明稷下学宫的建立时间也在齐威王之前，那么，在“战国”这一大时代已经确定的前提下，稷下学宫的建立者就只有可能是齐桓公田午了。

在齐桓公田午时期，田氏一族取得齐国政权不久，本身属于篡位性质，而田午本人又是在杀害自己的兄长田剡，通过弑君篡位的方式夺得齐国君主之位的。背负双重恶名的田午，上台之后的第一件事无疑就是笼络人心、招揽人才以巩固自己的君位，因此，从历史背景和动机来看，齐桓公田午建立稷下学宫也是极有可能的。在没有可靠材料证明早于齐桓公田午已有稷下学宫之前，我们还是应该认为稷下学宫是由齐桓公田午在其执政时期建立的。

（刘东祥）

稷下学宫经历了怎样的发展历程？

稷下学宫是田氏齐国第三任君主齐桓公田午在齐都临淄城稷门附近设立的学舍，是专供游学到齐国的天下学者讲学、辩论、议政的场所，兼具学术交流中心、高等学府和政府智库的性质，是战国时期“百家争鸣”文化现象的主要发生地，在中国文化史乃至世界文化史上占有重要地位。

临淄稷下学宫遗址石碑

稷下学宫从田午初创到跟随齐国灭亡约有一百五十年的历史，经历了初创、兴盛、中断、复建、消亡的发展历程。

（一）初创于齐桓公田午时期

齐桓公田午即位之初，新生的田齐政权面临着严峻的形势：田午弑君篡位，名不正言不顺，齐国内部人心未附，外部又有列国入侵，如齐桓公二年（前373），燕败齐师于林营，鲁攻齐，入阳关，魏伐齐，至博陵；三年（前372），卫伐齐，取薛陵；五年（前370），赵伐齐，取鄄；七年（前368），赵攻齐至长城；九年（前366），齐、赵战于阿。为了摆脱危机，齐桓公延续齐国尊贤养士的传统，创立了稷下学宫，以国君的身份继续养士，《中论·亡国》记载："齐桓公立稷下之官，设大夫之号，招致贤人而尊宠之，自孟轲之徒，皆游于齐。"齐桓公专门为稷下先生设立"大夫"的荣誉称号，使他们享受大夫级别的政治待遇却不必承担实际政务，奠定了稷下学宫的制度基础。

齐桓公时期，稷下学宫已初具规模，稷下先生已活跃于齐国政坛。刘向《新序》说："齐有稷下先生，喜议政事，邹忌既为齐相，稷下先生淳于髡之属七十二人，皆轻忌，以谓设以辞，邹忌不能及，乃相与俱往见邹忌。淳于髡之徒礼倨，邹忌之礼卑。"即齐国有被称为"稷下先生"的一群人，他们喜欢议论政事，邹忌成为齐相以后，淳于髡等七十二位稷下先生都看轻邹忌，认为如果用隐语来设问的话，邹忌一定回答不了。于是他们一起去见邹忌。见面时，淳于髡这些人在礼节上十分倨傲，邹忌却十分谦卑。最终，邹忌对稷下先生们用隐语提出的问题对答如流，其才干才得到了稷下先生们的认可。

邹忌"以鼓琴见威王"，受到齐威王赏识并被任命为相国是在齐威王即位初年。此时以淳于髡为首的稷下先生已经有七十二人之多，并且能够对新上任的齐相邹忌摆出老资格来询问其施政方针、考验其治国能力，可见稷下先生早在齐威王即位之前就已经活跃于齐国政坛，稷下学宫自齐桓公田午初创便已经在田齐政权中起着重要的作用。

（二）兴盛于威王、宣王、湣王时期

齐威王时期，稷下先生十分活跃，特别是号称稷下先生之首的淳于髡，不但通过"国中有大鸟，止王之庭，三年不蜚又不鸣"的隐语来劝谏齐威王，使齐威王下决心"一飞冲天""一鸣惊人"，还被齐威王立为"诸侯主客"，为齐国从事外交活动于诸侯国之间。齐威王在接受淳于髡、邹忌等人的劝谏后，开始整顿吏治、选贤任能、推行改革，齐国国力逐渐强盛，成为当时诸侯国中实力最强的国家，于是众多一流学者纷纷到齐国稷下学宫游学，宣传自己的政治主张。据钱穆先生《先秦诸子系年》考证，孟子就是在齐威王时期来到齐国稷下学宫游学的，其他如驺衍、彭蒙、宋钘、慎到等这时也在稷下崭露头角。稷下学宫初步形成了诸子云集、百家驰说的兴盛局面，为此后百家争鸣盛况的出现奠定了基础。不过齐威王统治末期，齐国贵族集团内部政治斗争激烈，政局十分动荡。此时，魏惠王经历多次惨败战争后,终于意识到了人才的决定性作用,于是也开始礼贤下士、广招贤才,邹忌、淳于髡等人先后离开齐国到达魏国,这是齐国稷下学宫自创建之后的第一次衰落。

齐威王三十七年(前320),齐威王去世,太子田辟强即位,即后世所称齐宣王。宣王即位后,任"靖郭君"田婴为相,整顿朝政,政局迅速稳定下来。同年,魏惠王去世,魏襄王初立,淳于髡等学者重返齐国。齐宣王即位之初便发出了"寡人忧国爱民,固愿得士以治之"的强烈求贤愿望,但他没有意识到自己对"士"还不够重视,因此稷下学宫仍未恢复威王时期的活力。此时,回到齐国的稷下先生淳于髡再一次展现了他的辩才,他以"王好马、好味、好色,独不好士"的一番论述将自以为"好士"的齐宣王辩驳的理屈词穷、无言以对;此外,稷下先生中的颜斶、王斗也分别劝谏宣王要"贵士""好士""趋士"。在三位稷下先生的劝谏下,齐宣王幡然醒悟,转变了思想观念,开始"重士"并采取了一系列礼贤下士的措施。《史记·田敬仲完世家》记载:"宣王喜文学游说之士,自如驺衍、淳于髡、田骈、接予、慎到、环渊之徒七十六人,皆赐列第,为上大夫,不治而议论。是以齐稷下学士复盛,且数百千人。"对著名的学者,齐宣王赐给他们豪宅,授予他们"上大夫"的官号,使他们能够享受"上大夫"的待遇却不必承担实际的政治职务。这样一来稷下先生治学与议政的积极性被完全调动了起来,并且更多的学者被吸引到稷下学宫来,一度衰落的稷下学宫重新兴盛起来。此时的稷下先生群体既有老一辈的淳于髡、孟子、驺衍、宋钘、慎到等,又有新的来自列国的环渊、接予、季真、田骈、尹文、颜斶、王斗、荀子等。这些稷下先生一方面向齐宣王建言献策,提供富国强兵、统一天下的政治方略;一方面授徒讲学、著书立说、学术争鸣,客观上促进着学术的融合与齐国人才的培养,稷下学宫在此时达到鼎盛,成为天下学术文化中心。

齐湣王即位后,凭借威王、宣王时期积累下的强大国力,在对外战争中取得了多次胜利,用《盐铁论·论儒》的话来讲就是"奋二世之余烈,南举楚、淮,北并巨宋,苞十二国,西摧三晋,却强秦,五国宾从,邹、鲁之君,泗上诸侯皆入臣"。齐湣王一度与秦昭襄王并称东、西二帝,大有统一天下之势。与此同时,稷下学宫也继续保持着自宣王以来的兴盛。从齐湣王后期,稷下先生田巴可以"一日服千人"(《史记·鲁仲连邹阳列传》)的记载来看,稷下学宫无论从人数还是学术争鸣的氛围都不减当年;此外,《吕氏春秋》载有尹文与齐湣王论士之事,《盐铁论》有慎到、田骈、接予、荀子以治乱之事劝谏齐滑王之事，其他如徐劫、季真、环渊等也依然活跃在稷下学术的舞台上。可见，稷下学宫在齐滑王即位后的很长一段时间内还处于鼎盛时期。

（三）中断于燕军占领齐国时期

随着对外战争的不断胜利，齐滑王的心态逐渐骄横起来，特别是公元前286年灭宋之后，齐滑王更是目空一切，不讲策略地四面出击，对外穷兵黩武，对内竭泽而渔，丝毫听不进慎到、田骈、尹文、荀子等人的劝告，一意孤行，结果“百姓不附”“宗族离心”“大臣不亲”。于是“慎到、接子亡去，田骈如薛，而孙卿（荀子）适楚”（《盐铁论·论儒》）。稷下诸子在不能发挥自身作用的情况下，无奈选择离开齐国，游学别处。公元前284年，燕、秦、赵、魏、韩五国合纵攻齐，连年征战后早已外强中干的齐国在济西被五国联军打败，齐军主力丧失殆尽，紧接着燕国名将乐毅带领燕国军队继续进军，攻占齐国都城临淄，齐滑王仓皇出逃，在莒地被楚人淖齿杀害，齐国七十余城被燕国攻占，仅剩莒与即墨两城未失，齐国几乎灭亡。自公元前284年至公元前279年燕军占领齐国达五年之久，稷下学宫也因此整整中断了五年。

（四）复建于田单复国之后的齐襄王时期

公元前279年，齐国即墨守将田单，先以离间计使燕王撤掉乐毅，后团结城内军民，以火牛阵大破燕军主力于即墨城外，燕军败逃，田单率军一路追击，齐国各地军民纷纷响应，于是一举收复失地，“迎襄王于莒，入临淄”，齐国成功复国。

齐襄王回到临淄后，立即着手招揽流散各地的稷下先生，重整稷下学宫，但“田骈之属皆已死。齐襄王时，而荀卿最为老师。齐尚修列大夫之缺，而荀卿三为祭酒焉”（《史记·孟子荀卿列传》）。此时的稷下学宫虽然得以复建，但无论在人员的数量、质量上，还是在学术争鸣氛围及其社会作用方面，都与其鼎盛时期相去甚远，荀子成为硕果仅存的老一辈稷下先生，独自捍卫着稷下学宫昔日的荣耀。齐襄王在位十九年，无力使元气大伤的齐国恢复生机，稷下学宫也每况愈下，失去了往日的吸引力。

（五）逐渐消亡于齐王建时期

齐襄王之后，齐王建即位，此时，秦国一统天下已成定局，秦相吕不韦广招天下贤才，荀子的弟子李斯、韩非皆入秦游学，寻找实现政治抱负的机会。荀子曾经三为稷下学宫祭酒,他的弟子李斯与韩非可能也曾求学于稷下,他们离开稷下学宫到秦国游学,说明此时秦国已经取代齐国成为战国末年的学术文化中心,秦国能一统天下已经成为当时士人的共识。可以想象,此时的稷下学宫即使能够勉强维持,也是名存实亡了。齐王建在位四十余年,不与五国联合抗秦,只求偏安一隅、苟延残喘,齐国的败亡已成定局。公元前221年,秦国灭亡五国后大举进攻齐国,齐王建不战而降,齐国灭亡,稷下学宫随之终结。

稷下学宫是田齐政权兴衰的鲜明标志,从齐桓公田午经齐威王、齐宣王到齐滑王,是田齐政权国力的上升期,且田齐政权在威、宣时期实力达到巅峰,成为当时最有希望统一天下的政权,因此孟子、驺衍等一流学者都愿意到齐国去推行自己的政治主张,实现自己的政治抱负,助齐国早日统一天下。但当自己的政治主张不被采纳、政治抱负无望实现时,以天下为己任的稷下先生们便会毫不犹豫地离开齐国,去寻找新的能够实现自己政治抱负的国家,这就是为什么齐滑王后期稷下先生纷纷离开齐国的原因。齐滑王穷兵黩武、刚愎自用、不听忠谏使稷下先生们意识到齐国即将走下坡路,再也不会有统一天下的希望了,于是慎到、接予、田骈、荀子等一流学者纷纷离开齐国,稷下学宫此时已经失去了生机与活力。燕军占领临淄期间,稷下学宫中断达五年之久,后来虽然有齐襄王恢复稷下学宫,又有荀子重新回到齐国主持稷下学宫的工作,但齐国经五国伐齐之战元气大伤,彻底失去统一天下的希望,稷下学宫对一流学者也就没有什么吸引力了。稷下学宫虽然恢复,但再难恢复昔日的盛况。齐王建时期,随着最后的精神支柱荀子的离去,稷下学宫名存实亡,直到随着田齐政权一起覆灭。

(刘东祥)

发生在稷下学宫的“百家争鸣”是怎么回事？

春秋时期，各诸侯国内部叛乱不断，外部战争不止，日薄西山的周王室已无力镇压叛乱、平息战争，由“周礼”规定的宗法分封统治秩序逐渐被破坏；另一方面，大量没落的贵族知识分子流落民间，面对黑暗的社会现实，他们纷纷对周王朝“敬天保民”的意识形态提出了质疑，阐发各自的学术主张，意识形态领域的“大一统”遭到破坏，学术出现多元化的趋势。

春秋末年，原为周朝史官的老子，对旧制度完全丧失了信心，对社会发展前途极其悲观，因此他对旧制度作了哲学高度的反思，构建起一个以“道”为世界观，以“清静无为”为方法论的哲学思想体系，提出与旧制度截然相反的“绝圣弃智”“小国寡民”的政治主张，在当时的学术界引起极大的震动。与老子对待旧制度的态度形成鲜明对比的是孔子。孔子是“周礼”文化的传承者，他将周王朝“敬天保民”的思想发展为以“仁”和“礼”为核心的儒学，主张恢复旧的统治秩序。如果说老子与孔子都是站在统治阶层的角度来论述如何治理好国家的话，那么与孔子生活在同一时代的墨子则是平民百姓的代言人，墨子的一切学说都是从如何最有利于下层百姓的切身利益出发的，主张统治者要“兼爱”天下百姓，不要轻易发动战争，要“节葬”“节用”，爱惜民力，任用人才时要做到“尚贤”“尚功”而不计较出身等。墨子学说的社会影响力极大，拥有众多的追随者，与孔子的儒学并称为当时的“显学”。老子之学与儒、墨两家学术流派的形成拉开了“百家争鸣”的序幕。

战国时期，老子学说为关尹、杨朱、列子所传承，逐渐形成为道家学派，此后因对老子学说的理解不同，道家学派又分化为以庄子为代表的老庄学派和以稷下道家学者为代表的黄老学派；较早形成的儒家学派与墨家学派也在这一时期出现分化,据《韩非子·显学》记载,孔子死后儒家分化为八个派别,墨子死后,墨家分化为三个派别;继李悝、吴起之后,以商鞅、申不害为代表的法家学派产生于此时;自商周以来的阴阳五行思想,此时发展为以驺衍为代表的阴阳家学派;春秋后期出现的以邓析为代表的刑名之学此时被兒(倪)说、惠施、田巴所继承,形成名家学派;其他如兵家、纵横家、农家等也在此时纷纷出现。这些学派所要着力解决的问题,从根本上讲是如何结束乱世并使国家长治久安。他们的学说只有被统治者采纳并付诸实践才能体现其价值,因此这些学者会到当时最有希望帮助他们实现学术价值的诸侯国去推销自己的学说,如孔子、孟子、驺衍、荀子等。战国中期,齐国“最强于诸侯”,最有希望统一天下,又有专门招揽天下贤才的稷下学宫,因此当时各家各派的领袖人物纷纷到齐国去宣传自己的学说,稷下学宫成为他们进行学术交流、交锋的主要场所。当时的稷下学宫聚集了天下最顶尖的大学者,如孟子、驺衍、淳于髡、宋钘、尹文、田骈、慎到、接予(捷予)、环渊、兒说、田巴等,他们各自著书立说、收徒授业,形成了许多思想特征鲜明的学术流派,不同学术流派的学者在稷下学宫自由辩论、互相诘难,也在无形中彼此吸收、互相融合,这就是中国文化史上著名的“百家争鸣”的学术盛况。具体地讲,在稷下学宫,孔子之学由孟子、荀子分别加以继承和发展;墨子之学被宋钘、尹文加以改造;老子之学由慎到、田骈等人加以创造性发挥;兒说与田巴把名实之辩推向高潮;驺衍之阴阳五行学说风靡天下,极大地冲击了旧有观念;那些学无所主的学者们则游离于各派之间,对各派学说均有所取舍,高谈阔论,不拘一端。先秦诸子之学在稷下学宫真正熔为一炉,为日后更为系统完整的综合性学术思想的出现奠定了基础。

战国后期,随着天下统一趋势的日益明朗,学术思想领域的“百家争鸣”也走向了总结阶段。曾经三次出任稷下学宫“祭酒”的荀子,在亲身经历了稷下学宫“百家争鸣”的学术盛况之后,从儒家学派的基本立场出发,扬弃诸子之学,汇通百家之说,建立起一个系统而完整的新儒学思想体系,与同样融会贯通式的道家黄老之学和法家韩非之学共同成为“百家争鸣”的稷下学术乃至先秦诸子学术的集大成者,对后世产生了深远的影响。

(刘东祥)

稷下学宫的著名学者有哪些?

稷下学宫是“百家争鸣”的主要发生地,学者云集,大师辈出,活跃于稷下学宫的著名学者被称为“稷下先生”,他们是齐国君主的座上宾,为齐国君主出谋划策,平时则授徒讲道、著书立说,与其他学者进行学术交流与争鸣,那么著名的稷下先生有哪些呢?

《史记·田敬仲完世家》记载:“宣王喜文学游说之士,自如驺衍、淳于髡、田骈、接予、慎到、环渊之徒七十六人,皆赐列第,为上大夫,不治而议论。是以齐稷下学士复盛,且数百千人。”文中提到的驺衍、淳于髡、田骈、接予、慎到、环渊都是著名的稷下先生,除此之外,《史记·孟子荀卿列传》提到的驺奭(shì),《史记·鲁仲连邹阳列传》提到的田巴、鲁仲连,《韩非子·外储说左上》提到的兒说,《孟子》《荀子》二书中多次提到的宋钘(jiān),《吕氏春秋·正名》中提到的尹文等也都在稷下先生之列。

(一)淳于髡

淳于髡,齐国人,是稷下学宫最早、最著名的人物之一。淳于髡出身寒微,本是“齐之赘婿”(《史记·滑稽列传》),俗称“上门女婿”,社会地位低下,在当时是被人看不起的。后来齐桓公田午创建稷下学宫招揽贤才,淳于髡凭借其学识与才干成为最早的一批稷下先生,从此改变了命运。

齐威王即位之初不理政事,委政于卿大夫,“左右莫敢谏”(《史记·滑稽列传》),齐国陷入内外交困的局面。此时,已是稷下先生领军人物的淳于髡先是用“国中有大鸟”的隐语向齐威王进谏,达到了既不触犯其威严,又能使其幡然醒悟的效果,齐威王自此开始整顿吏治、选贤任能、虚心纳谏;后又率领稷下先生七十余人登门拜访刚被齐威王任命不久的相国邹忌,用隐语来考察邹忌的治国才能,督促其大胆进行政治改革。齐国在齐威王与邹忌的治理下很快强大起来,而淳于髡也因进谏的大功被齐威王立为上卿,齐威王“赐之千金,革车百乘,与平诸侯事”(《说苑·尊贤》)。

齐宣王即位之初好色、好乐、好味、好马而不好士(《战国策·齐策四》),淳于髡一度离开齐国到达魏国,魏惠王被淳于髡的才学折服,“壹语连三日三夜无倦。惠王欲以卿相位待之”(《史记·孟子荀卿列传》),但淳于髡认为魏惠王不能成大事,于是很快返回齐国。回齐国后,淳于髡与王斗、颜斶等稷下先生先后向齐宣王进谏,终于使齐宣王领悟了“得士则昌,失士则亡”的道理,于是齐国出现了《史记·田敬仲完世家》里记载的人才兴盛局面。据《战国策·齐策三》记载,淳于髡曾在一天之内向齐宣王举荐了七位人才,为齐国的强盛做出了贡献。

史籍中有关淳于髡活动的最后记载见于《战国策·齐策三》,齐湣王七年(前294),齐相孟尝君田文罢相返回封地薛邑。孟尝君留在薛邑期间(前294—前292),楚国曾攻打薛邑,当时淳于髡作为齐国的外交使臣刚刚从楚国回来路过薛邑,于是孟尝君亲自到郊外迎接淳于髡,请求淳于髡说服齐湣王发兵救薛,淳于髡答应了他的请求。淳于髡回到齐国后立即被齐湣王召见,齐湣王询问淳于髡在楚国的见闻,淳于髡说:楚国十分强盛、坚固而薛邑不自量力。齐湣王问他为什么这么说,淳于髡说:薛邑不自量力,竟然为先王立宗庙,如此强大的楚国去攻打薛邑,先王的宗庙一定会十分危险,所以我说楚国十分强大而薛邑不自量力。齐湣王听后大惊失色,终于意识到了薛邑对于齐国的政治意义:先王的宗庙在那里啊!于是摒弃对孟尝君的成见,立即出兵救援薛邑。

淳于髡自齐桓公田午时期成为稷下先生,经齐威王、齐宣王两代,至少到齐湣王七年(前294)时仍然活跃在齐国的政治舞台上,他对齐威王、齐宣王、齐湣王的三次进谏分别促使三位君主迷途知返,其一言一行足以改变齐国的内政外交政策,是田氏齐国历史上一位举足轻重的人物。

淳于髡的著作没有流传下来,据专家考证,《礼记》中的《王度》篇可能是淳于髡所作。淳于髡虽“学无所主”却又无所不精,他在与齐威王、齐宣王、孟子等人的对话中所表达出的“极之而衰”(《史记·滑稽列传》)、“物各有畴”(《战国策·齐策三》)、“有诸内必形诸外”(《孟子·告子下》)的认识论十分高明,以今天的眼光来看甚至与马克思主义哲学的矛盾论有些不谋而合,这是他分析问题全面而深刻,处理事情通透而机变的根本原因。正是以这样的认识论为指导,淳于髡才能够以“滑稽”的方式，举重若轻地完成对三代齐国君主的匡正，才能够在学术交流与争鸣中使孟子、荀子这样的大学者都受益匪浅。“滑”者，乱也；“稽”者，同也。“滑稽”一词原是指能言善辩，可以“言非若是，说是若非，言能乱异同”，这样的说话方式只有既博学多才又通透机变的人才可以做得到。司马迁在《史记·滑稽列传》中将淳于髡列在首位，并做出了“淳于髡仰天大笑，齐威王横行”的评价，既以“大笑”刻画淳于髡的“滑稽”，又以“齐威王横行”对淳于髡的进谏之功做出充分肯定，可谓十分中肯。

（二）驺衍与阴阳五行学派

驺衍，齐国人，约与孟子同时而稍晚，是稷下学宫阴阳五行学派的代表人物，著有“《终始》《大圣》之篇十余万言”（《史记·孟子荀卿列传》），《史记·封禅书》说：“自齐威、宣之时，驺子之徒论著终始五德之运。”可见驺衍早在齐威王末期、齐宣王初期便提出了著名的“五德终始”理论，在齐国成为名重一时的大学者。与淳于髡的经历一样，驺衍在齐宣王即位之初曾经因为齐宣王“不好士”而离开齐国到达魏国，齐宣王转变态度后才重新回到齐国稷下学宫。

齐宣王趁燕国内乱对燕国进行军事占领后，齐国成为燕国的仇国，“燕昭王于破燕之后即位，卑身厚币以招贤者……乐毅自魏往。驺衍自齐往，剧辛自赵往，士争趋燕”。驺衍此时离开齐国来到燕国可能与齐宣王在对待燕国的问题上不听取孟子、驺衍等人的主张有关。孟子主张齐宣王在燕国行王道，帮助燕国平定内乱、恢复统治秩序，但齐宣王没有听从孟子的建议，意图依靠军事手段彻底兼并燕国，于是孟子等人离开齐国。驺衍在政治主张上坚持的是儒家的“王道”立场，与孟子类似，因此驺衍也可能是因为同样的原因离开齐国到达燕国。据《史记·孟子荀卿列传》记载，驺衍到达燕国时，燕昭王亲自用衣襟裹住扫帚清洁道路来迎接他，并且恭恭敬敬地行弟子之礼，为驺衍“筑碣石宫，身亲往师之”，驺衍在燕国期间又著有《主运》，影响力进一步扩大。《史记·封禅书》说：“驺衍以阴阳主运显于诸侯，而燕齐海上之方士传其术不能通，然则怪迂阿谀苟合之徒自此兴，不可胜数也。”燕、齐之地的一些方士因为学习驺衍的学问不得要领，于是成为只知靠奇谈怪论来迎合统治者口味的“阿谀苟合之徒”。其实驺衍的基本政治立场与儒家是一致的，都希望统治者能够奉行王道，施行仁政。“五德终始”也好，“阴阳主运”也好，都是为其基本的政治立场服务的，驺衍后学不能理解驺衍之学的精髓，只注意到其学说中的神秘主义思想，因此步入歧途。

驺衍在燕国期间,燕昭王蓄意与齐国为敌,驺衍心系故国,曾试图将燕王的注意力转移到赵国,但没有成功,于是驺衍离开燕国回到齐国。驺衍晚年曾出使赵国并与公孙龙发生过学术交锋,将公孙龙的学说驳倒:“平原君厚待公孙龙。公孙龙善为坚白之辩,及驺衍过赵言至道,乃绌公孙龙。”(《史记·平原君虞卿列传》)

驺衍以善谈天道而著称,有“谈天衍”之称,其学术思想大致可以概括为“天地有始”的自然观、“大九州”的地理观、“以小推大”的认识论和“五德终始”的历史观。“天地有始”是说以天地为代表的自然界不是从一开始就有的,也不是一成不变的,它有自己发生和发展的历史,而在天地形成之前,还有一个无法考究和说明的原始的“混沌”状态,天地就是从这一“混沌”状态中分化出来的;“大九州”是说《禹贡》记载的“九州”只不过是“中国”的九个小州,“中国”叫“赤县神州”,而在天地之间像“赤县神州”这样地域广阔的大州包括赤县神州在内共有九个,每个大州都有海环绕着,而在大九州之外,还有更大的海域环绕着,这才到了天地的尽头;“以小推大”是说人的思维能力可以从对“小物”的观察与分析中推知“大物”,由对个别事物或现象的认识推出对该类事物或现象的认识;“五德终始”是说历史上每一个朝代的建立都是因为获得五行(木、火、土、金、水)之德中的某一德,黄帝是土德,夏是木德、殷商是金德、周是火德,按照五行相胜的道理(木胜土、金胜木、火胜金),由土德支配的虞最终让位于由木德支配的夏,木德之夏让位于金德之殷,金德之殷让位于火德之周,以此类推下去,终而复始。

驺衍的阴阳五行学说一经出现,立刻引起人们的广泛注意和极大兴趣,随着这种学说影响力的扩大,社会上好驺衍之术的人逐渐增多,以至最终形成了一个颇有影响力的学术派别——阴阳五行学派。这个学派的代表人物除驺衍外,还有驺奭。据《史记》记载,驺奭著书“颇采驺衍之术以纪文”,可见驺奭是驺衍的后学并且以继承和发扬驺衍之术而显名。驺奭的生平事迹以及他如何继承、发扬驺衍学说,史籍无载,据说驺奭著书很注重雕琢文辞,有“雕龙奭”之称。战国末年,随着齐国的衰微和秦国的强盛,驺衍的一些后学弟子由齐入秦,驺衍的五德终始学说随之传入秦国,后来被秦始皇采纳,成为此后中国历代王朝“改正朔,易服色”,论证政权受命于天的最佳工具。

(三)田骈、接予、慎到、环渊、尹文与黄老学派

田骈,又名陈骈,齐宣王时已负盛名,齐湣王末年到了薛,孟尝君田文待为上宾,以善辩著称,号为"天口骈",齐襄王恢复稷下学宫时已死(《史记·孟子荀卿列传》)。他从老子"无为无不为"的观点出发,向齐湣王提出"固性任物"的政治主张,强调调动人的积极性,将国家利益和个人利益结合起来;另外在哲学上,田骈讲"齐万物以为首"(《庄子·天下》),即从个性中总结出共性的东西。

接予,又作捷予,齐人,与慎到、田骈同时。齐宣王时,在稷下名声很大,后谏齐湣王不从,离开。著作早已亡佚,在哲学上主张"道"有支配万物的功能,发展了《老子》的道论,赋予"道"以能动性。

慎到,战国中期赵国人,与孟子、商鞅同时,同田骈、接予、环渊齐名。慎到于齐威王八年(前349)入齐,齐宣王时最为活跃,至齐湣王末年才"亡去"。慎到认为,道是世界的本源,天地万物都有规律,肯定事物的客观规律性并认为规律不是主观可干扰的,因此要做到"弃知去己",即摒弃私智,去掉个人的主观成分;在政治上,慎到主张"以道变法",认为"法"不应依君主个人爱好而立,而应顺应"道"这一根本规律;此外他还主张君主要持"势",保持权威。

环渊,生卒年难考,约与孟子、慎到同时,楚人,"学黄老之术"(《史记·孟子荀卿列传》)。《汉书·艺文志》有《蜎子》十三篇,班固注:"名渊,楚人,老子弟子。"也有学者认为,蜎子并不是环渊。钱穆先生认为,环渊就是老子的弟子"关尹"。

这四位学者都是活跃于齐宣王、齐湣王时期的著名稷下先生,同为稷下黄老学派的创始人,特别是慎到以"道"论"法",奠定了黄老之学道法结合的理论特质,《四库全书总目》称慎到思想为"道法之转关",其思想对申不害、韩非法家思想的影响很大。

此外,尹文虽然不与上述四人并称,但从其学术思想来看,也无疑属于黄老学派。

尹文,齐人,与宋钘同时而稍晚,活动于齐宣王、齐湣王之时。授齐宣王以"人君"之事,曾与齐湣王论"士"。尹文主张"见侮不辱",认为忠信孝悌只有与忍辱成业相结合,方可称之为"士"(《吕览·正名》),要求统治者不因意气之争而发动战争;主张在重视法治的前提下,君主要"寡为",法律要简省;要以"实为

名”,“名实相副”,认为若“名”不符“实”,便引起天下大乱。可以看出,尹文的思想比较庞杂,兼有儒、墨、道、名四家的因素,是极为典型的黄老学派风格。

(四)宋钘与墨家学派

宋钘,又名宋荣、宋牼,与孟子同时但稍长于孟子。据《孟子·告子下》记载,两人颇熟,公元前312年遇于石丘,孟子称其为“先生”,可见与孟子相比宋钘年长而学问好。他在稷下活动时,同样是齐宣王时期。荀子是稷下后期的大师,年十五游学稷下,十分熟悉宋钘的学说,在《荀子》一书中多次提到宋钘,并对宋钘的学说做了十分详尽的批评。

从《荀子》《庄子》等文献的相关记载来看,宋钘的思想主张基本上属于墨家一派。宋钘认为,人应该“情欲寡浅”(《庄子·天下》),面对战争不断的现实,他站在下层人民的立场上,要求恢复人的自然本性,勿争夺,主张“禁攻寝兵”(《庄子·天下》)。此外,他还倡导节俭,反对等级差别,主张不应以等级发生争斗,应回到“自然”中去,可以说是典型的墨家精神的传承者。

宋钘通常与尹文并称,如《汉书·艺文志》颜师古注引刘向之言说:宋钘与尹文“俱游稷下”。郭沫若先生则称二人为“宋尹学派”。两人在反对战争等方面观点确实一致,但与宋钘以墨家思想为主不同,尹文学说中虽有墨家“非攻”的成分,但核心是突出“名”与“法”的黄老思想,因此尹文并不能归入墨家一派。

(五)兒(倪)说、田巴与名家学派

春秋战国时期,新事物、新制度层出不穷,旧有名号已不足以反映新的现实,而反映新内容的新名号又尚未得到全社会的普遍认同,于是出现了“名位失守”“名实相怨”的文化现象。反映在意识形态领域,在诸子蜂起过程中形成的不同概念与范畴体系产生争鸣时也常常存在“名实惑乱”的问题。在这种背景下,战国中期出现了一些致力于辨析名实关系,分析概念、语义,探讨思维方式和规律的学者,后人称之为“辩者”或“名家”。兒说与田巴便是名家学派在稷下学宫的代表人物。

兒说,宋国人,曾经做过宋国大夫,约与淳于髡、孟子同时,主要活跃在齐威王、齐宣王时期,与惠施齐名,是当时名家最具代表性的人物。兒说以能言善辩著称,曾经以“白马非马”说折服稷下学宫的许多辩者。“白马非马”是名家的一个著名论题。从现有文献资料看,这一命题的最早提出者是兒说。后来这一命题被名家另一位著名学者公孙龙加以发挥和说明。公孙龙在《白马论》中写道:“马者所以命形也;白者所以命色也,命色者非命形也。故曰:‘白马非马。’”即“马”这个词语是用来称谓形体的,“白”这个词语是用来称谓颜色的;称谓颜色的词语不是用来称谓形体的,所以说“白马不等于马”。

从词义上讲,“白马”指的是“马”中具有“白”这一颜色属性的马,“白马”这个词语确实不等于“马”这个词语。但只有当“白马”与“马”单纯作为“名”时,这一命题才能成立;在“实”的层面,“白马非马”就讲不通了。因为“白马”在实质上只是“马”以颜色为标准的一种区分,本质上还是“马”这个实体。也就是说,“白马”作为“名”虽然不等于“马”这个“名”,但“白马”作为一个实体也是“马”这一类实体中的一种。兒说与公孙龙在“名”的层面上大讲“白马非马”,却有意无意地忽略了“实”的层面,其他辩者如果不能从“名”与“实”两个层面分析问题,便会跟着他们的思路走,从而被他们说服。有意思的是,根据《韩非子·外储说左上》,兒说虽然用“白马非马”理论说服了众多稷下学宫的辩者,但当他骑着白马过关时,无法用“白马非马”来说服守关的税吏不交马税,可见“白马非马”在“实”的层面确实是行不通的。除“白马非马”外,兒说比较著名的名家命题还有“闭结无不解”等。

田巴,齐国人,比兒说稍晚,与鲁仲连同时而年长,是齐宣王、齐湣王时期稷下名家学派的著名学者,同样以能言善辩著称于世。其辩题主要是“毁五帝,罪三王,服五伯”与“离坚白,合同异”,曾经“一日而服千人”。其辩论的要点虽然史籍没有记载,但想来应该与“白马非马”式的思路大同小异,即单独在抽象的“名”的层面发表一些违背生活常识与事实的言论。仅以“离坚白”为例,这个命题大约是说,一块石头同时具有“坚硬”和“白色”两种属性,但只能分别把它叫作“坚石”或者“白石”,而不能把它叫作“坚白石”。因为“坚”是通过触觉得到的,而“白”是通过视觉获得的。通过触觉无法得到“白”,通过视觉也无法得到“坚”。因此,同一块石头的“坚”和“白”两种属性是分离的。从逻辑上讲,这种思路是没有问题的,“坚”与“白”确实需要分别通过触觉和视觉才能得到,但在实际生活中,通常人们在看到石头颜色的同时也会用手去摸石头,可以同时得知同一块石头的两种属性。所以说“离坚白”与“白马非马”一样,是仅在抽象的“名”的层面才能成立的命题,而当时人们的思维水平显然不能正确区分“名”与“实”这两个层面,所以才会被兒说、田巴这样的“辩士”说服。后来年仅十二岁的鲁仲连当面指责田巴只知空谈,不能解决齐国实际面临的危机,劝田巴以后不要再去辩论那些没有实际意义的问题,田巴欣然接受,从此不再与他人辩论。

(六)孟轲、荀况与儒家学派

孟轲,即孟子,战国时期邹(今山东邹城)人,与商鞅、吴起、孙膑等人同时,主要活跃于齐宣王时期。孟子的先世是鲁国公族“三桓”之一的孟孙氏,但家道早落。孟子幼年丧父,母亲仉(zhǎng)氏从事女织,家境贫寒,《列女传》与《韩诗外传》载有“孟母三迁”“断织教子”的故事。孟子推崇孔子,受业于子思(孔子之孙)的门人,在青年时期已成为儒家子思学派的代表人物,开业授徒。孟子大约在五十岁时率徒游齐,受到齐威王的礼遇。齐威王三十年(前327),宋王偃始称王,将行王政,孟子约在此时离开齐国到达宋国。孟子以仁政游说宋国君臣,取得了一定的成功。随后,孟子又先后到邹国、鲁国、魏国宣传自己的“仁政”学说。齐宣王四年(前316),孟子离开魏国再次来到齐国,此时孟子名满天下,门徒众多,是游学于齐国的学者中最受齐宣王优待的一位,他出行时常常是“后车数十乘,从者数百人”(《孟子·滕文公下》)。齐宣王在许多国家大事上也都征求孟子的意见,但是并不能完全接受孟子的“仁政”主张,因此大约在齐宣王八年(前312),孟子决意离开齐国。齐宣王听说后以前所未有的优厚待遇挽留他,“我欲中国而授孟子室,养弟子,以万钟,使诸大夫国人皆有所矜式”(《孟子·公孙丑下》),打算给孟子一处位于国都的大宅院,给他六万石粟米的俸禄,让他成为大夫和国人们效法的榜样,但孟子表示他要的是“为政”而不是富贵,所以没有接受。孟子在齐国边境停留三天等待齐宣王回心转意,但“王不予追也”,于是七十三岁的孟子心灰意冷,从此归隐故乡专心著述不再出游。

孟子的政治主张与孔子一脉相承,提倡“王道”和“仁政”,但内容更为精细、广泛,提出了“制民之产”“民贵君轻”等有利于小农经济生存的主张。孟子“仁政”学说的哲学基础是他天人合一的世界观和人性论。孟子把天看作是有意志、有德性的主宰力量,但同时认为人在天面前不是无能为力的,人可以通过“思诚”去效法天命;而人之所以能够“思诚”是因为人天生就具有“仁、义、礼、智”四种美德及认知能力,这便是著名的“性善论”。孟子从天人合一与性善论出发,提出了“尽心——知性——知天”的个人“成圣”修养路线,号召人们摒弃小聪明,节制耳目口腹之欲,重义轻利,加强自我内心反省,最终养成与天的气质类似的“浩然之气”。

荀况，即荀子，战国时期赵国人，十五岁游学到齐国稷下学宫，亲眼见证了稷下学宫百家争鸣的盛况。齐襄王恢复稷下学宫时，荀子成为资格最老的稷下先生，先后三次出任稷下学宫“祭酒”，是稷下学宫后期的实际领军人物。齐王建时期，荀子因遭受谗言而被迫离开齐国。离开齐国后，荀子曾经响应楚国春申君黄歇的征召，出任兰陵令，春申君死后，荀子离任，从此定居兰陵，著书立说，直至去世。从学术思想上说，荀子是孔子学说的忠实继承者和发扬者，是先秦儒家学说的集大成者，被誉为先秦学术史上最后一位大师。荀子政治思想的核心是“礼”，但与孟子等传统儒家学者把“礼”的起源归结为先天的道德观念不同，荀子认为“礼”根源于欲与物的供求矛盾，产生于调解有限的自然资源与无限的人类物欲的矛盾的需要。荀子认为，趋利避害、贪多务得是人的自然天性(“性恶论”)，因此必须依靠后天的“礼”来加以引导，规范，以“法”来加以震慑，不然就会天下大乱。此外，在天道观上，荀子则主张“天人相分”，即认为天是没有意志的，不能影响人世间的事情。

(七)鲁仲连

鲁仲连，齐国人，活跃于齐湣王、齐襄王时期，是后期稷下学宫的重要学者之一。据《史记·鲁仲连邹阳列传》记载，鲁仲连十二岁时，就有“千里驹”的称号，有一次他面见当时的稷下名士田巴，责问田巴说：现在楚国在南阳驻军，赵国侵略高唐，燕国十万军队驻扎在聊城不走。齐国灭亡已经是旦夕之间的事情了，先生您有什么解决的办法吗？田巴回答说：我没有办法。鲁仲连接着说：不能转危为安，不能救亡图存，那么您就不是一位令人尊敬的学者了。我现在就要去让楚国罢南阳之兵，令高唐的赵军返回赵国，退却盘踞聊城的燕军。令人尊敬的辩者谈论的应该是这些事情才对。先生您所谈论的东西就好像猫头鹰的叫声，声音大到传出城去，但人们很厌恶，我希望先生您不要再这样谈论下去了。田巴说：我恭敬地接受你的教导。从此不再谈论。

鲁仲连“年十二责田巴”的说法似乎有些夸张，是否可信暂且存而不论，但这个故事充分显示出鲁仲连与传统的“不治而议论”的稷下先生是大为不同的，他反对空洞的学术辩论，更愿意投身于政治实践，以实际行动来报效国家。而他也确实做到了这一点。鲁仲连的功绩主要有以下三个方面：

其一，促成齐襄王与孟尝君田文的联合。孟尝君田文出身田齐王室，曾任齐相,后被齐湣王罢免。齐湣王灭宋之后,狂傲自大到极点,想趁势铲除田文,田文被彻底激怒。当时赵、魏、韩、秦、燕五国正在谋划联合伐齐,时任魏相的孟尝君便力主魏国参与伐齐一事,可以说他是五国伐齐的推波助澜者。至于后来齐国几乎在这场战争中灭亡,恐怕是田文始料未及的。田文自知闯下大祸,于是离开魏国返回封地薛邑,依靠强大的经济、军事实力在诸侯国中保持中立。齐襄王即位之初,齐国失地尚未恢复,十分惧怕实力强大的孟尝君继续与齐国为敌,于是有意与孟尝君拉近关系,而这一重要任务最终是由与孟尝君关系不错的鲁仲连完成的。

其二,帮助田单收复聊城。齐襄王五年(前279),齐国即墨守将田单先用离间计使燕王撤掉乐毅的主帅位置,后又出奇计,以“火牛阵”大破燕军主力,燕军仓皇北逃,田单率军一路追赶,齐国旧地民众纷纷响应,重新回归齐国治下。因聊城有燕军重兵把守,田单率军攻打一年多都没有攻下,齐军伤亡惨重。此时鲁仲连来到田单军中,给燕军守将写了一封信,用箭射入城中,分析了燕军守将在政治上的危险境遇和齐国全力夺回聊城的决心,最终使燕军守将自杀,齐国收复聊城。

其三,帮助田单攻下狄邑(今山东淄博高青)。当时田单率领齐国大军攻打狄邑,鲁仲连预言田单不能成功,田单不信,果然连续攻打三个月都没有取胜,齐国国内开始出现不利于田单的流言蜚语。田单向鲁仲连请教失败的原因,鲁仲连分析说,当初田单守即墨的时候有必死的决心,士兵虽少但斗志旺盛;现在田单功成名就有高官厚禄却没有了当年不计生死的气概,因此军队也没有了斗志。田单恍然大悟,第二天便身先士卒、冲锋陷阵,使得齐军士气高涨,一举攻下了狄邑。

此外,鲁仲连义不帝秦的事迹也被后世广为称颂。公元前259年,鲁仲连凭一己之力说服赵国与魏国坚决不向秦国俯首称臣,而是要抗争到底。当时,秦国围困赵国都城邯郸,鲁仲连也被困在城中。赵国向魏国求救,魏国却因惧怕秦国不敢贸然出兵相救,反而劝赵王尊秦王为“帝”,屈膝称臣,以此来缓解亡国的危机。正当赵国犹豫不决时,鲁仲连挺身而出,反复向魏国人陈说向秦屈膝称臣的祸患,终于说服魏国,也使赵国增强了抗秦的决心。秦国听到这个消息后退军五十里。后来魏国信陵君魏无忌“窃符救赵”,终于解了邯郸之围。

鲁仲连墓

在这一系列事件中，鲁仲连立下了很大的功劳，但他每一次都拒绝接受齐王或者赵王的赏赐，严守“士”为人排忧解难而不图回报的道德标准，被后世历代士人推崇。据《史记·鲁仲连邹阳列传》记载，鲁仲连最后归隐于少海（今山东淄博桓台境内），今山东淄博市高青县境内有鲁仲连墓。

（刘东祥）

孟子与齐宣王有哪些故事?

公元前319年,在齐国西南边境,一队车骑浩浩荡荡朝东北方向前进,坐在车上的正是被后世尊为“亚圣”的孟子,他正带领众弟子前往齐都临淄。这已经是他第二次来齐国了,上一次来齐国时他正值不惑之年,踌躇满志,却没有得到齐威王的重视,转而投奔宋国,临走前连齐威王赠送的一百镒金都没接受。再次踏上齐国的土地时,孟子年事已高,于周游列国期间,积累了大量的学识和名气,成为一名儒学大家。当时齐宣王初立,虽不及其父齐威王那样具有雄才大略,却也在大力招揽人才,使稷下学宫再度兴盛。在魏国碰壁的孟子听说这一消息,千里迢迢从魏国都城大梁赶回齐国。这一次,他要带着日臻成熟的“仁政”理念说服齐宣王,让自己的政治主张受到明君的赏识,从而得以推行于天下。

与上一次来齐国不同,此次孟子受到了齐宣王的礼遇。齐宣王经常召见他,向他请教治国方略,《孟子》一书也多次记载了二人的对话。齐宣王有称霸的野心,就问孟子关于春秋霸主齐桓公、晋文公的事迹。孟子知晓齐宣王的意图,但他想说服齐宣王推行仁政,于是他向齐宣王提出“王道”,即用道德的力量保护百姓生活安定而统一天下。齐宣王显然对统治天下感兴趣,却不确定自己用道德的力量能否做到这些。孟子很自然地把话题引到道德的层面,指出齐宣王可以做到施恩于民,并举出齐宣王用羊代替牛献祭的例子,证明齐宣王有恻隐之心,可以推及至百姓。在成功取悦齐宣王之后,孟子指出施恩于百姓、用仁政统治天下轻而易举,只有不想做而没有不能做的君王。他否定了齐宣王用武力征讨诸侯、扩张国土的做法,认为这对于统治天下而言就如“缘木求鱼”,正确的做法是推行仁政,使天下万民都来归附。齐宣王无言反驳,孟子得以进一步讲解仁政的理论：保证百姓有稳定的产业，减轻赋税和徭役，使他们衣食无忧，再辅以教化，提高他们的道德水准，从而达到社会稳定、天下归服的目的。（《孟子·梁惠王上》）

此后，在与齐宣王的对话中，孟子总能针对不同情况，以他出色的言辞和辩才谏言，宣扬仁政的主张。有一次，齐宣王在雪宫召见孟子，让他体验君王游乐的喜悦，孟子却提出君王应该与民同乐。齐宣王抱怨自己的猎场只有四十里，百姓却嫌大，而周文王的猎场有七十里，百姓还嫌小。孟子说：文王的猎场是与百姓一同享用的，而大王您的猎场恰恰相反，谁要是杀了您猎场里面的鹿就等于犯了杀人罪，这方圆四十里地对百姓而言就是一个陷阱，难道他们不应该觉得大吗？（《孟子·梁惠王下》）不仅如此，孟子还时常提醒齐宣王要关心百姓疾苦，尽到君王应尽的责任，他问齐宣王：如果一个人把妻子儿女托付给朋友照顾，自己外出游历，回来之后看到妻儿挨饿受冻。这样的朋友该怎么处置。齐宣王说应该与之绝交。孟子又问：如果长官不能管理好他的下级该怎么办呢？齐宣王说应该撤掉他。孟子再问：如果一个国家治理不好，民不聊生，该怎么办？齐宣王不敢回答了，只好“顾左右而言他”。（《孟子·梁惠王下》）齐宣王不服气，问孟子有没有听说过商汤流放夏桀、周武讨伐商纣的事，孟子说听过。齐宣王便问孟子：他们的行为属于弑君，这样也是可以的吗？面对齐宣王的发难，孟子语出惊人：“贼仁者谓之贼，贼义者谓之残，残贼之人谓之一夫。闻诛一夫纣矣，未闻弑君也。”（《孟子·梁惠王下》）齐宣王本想借此来维护君王的合法地位，却让孟子论证了“汤武革命”的合理性，指出百姓有推翻暴君的权利。

孟子的学说充满了激进和理想的气息，又不乏上古氏族和西周礼乐制度的保守色彩。战国时期，诸侯国为了能在兼并战争中存活，均把富国强兵作为当务之急。显然，孟子提出的仁政主张不能在短时间内满足他们的要求，自然在齐国也很难施行。虽然孟子在齐国身居卿位，能经常为齐宣王建言，但也像其他稷下先生一样属于“不治而议论”，只能为政事提供意见参考。

公元前318年，燕国陷入内乱，燕王哙即位后，把王位“禅让”给相国子之，引起燕国上下动乱，齐国人认为这是攻伐燕国的好机会，孟子也对齐宣王说：“今伐燕，此文、武之时，不可失也。”（《战国策·燕策一》）公元前314年，齐宣王派兵伐燕，燕国“士卒不战，城门不闭”。齐军仅用了五十天就大获全胜，杀死子之和燕王哙。齐宣王问孟子是否可以占领燕国，孟子认为如果占领燕国能够使百姓摆脱水深火热的生活,那就吞并它,否则就不要。然而,齐军占领燕国后,大肆杀戮和掠夺。面对齐军的残暴行径,燕人非常失望和不满,纷纷反抗,各诸侯国也商议伐齐救燕之计。齐宣王见大势不利,又向孟子请教,孟子提议道:大王赶快下令释放老幼俘虏,停止掠夺,与燕人商议另立新君,然后从燕国撤兵,这样也许还来得及。(《孟子·梁惠王下》)齐宣王不想放弃已经到手的燕国领土和财物,没有照孟子说的做,结果燕人抗齐愈演愈烈,诸侯联军也开始进攻齐国,大破齐军。战事告急,齐宣王这才下令从燕国撤军,虽然齐军没有造成太大损失,但齐宣王一定不会想到自己去世后不满二十年,燕国大将乐毅就率领五国联军前来报仇,把齐国推到灭亡的边缘。

齐宣王多次不听孟子的劝告,这让孟子非常失望,也看清了自己的仁政主张根本不可能在齐国推行的事实,于是决定回乡。齐宣王听说孟子要离开齐国,也很后悔,觉得愧对孟子,一度亲自挽留,还打算把位于都城的一处房子送给孟子,用万石粮食供养他的弟子,并让全国官民都敬重、效仿于他。孟子不为所动。

于是,孟子带着弟子们离开齐都临淄,一路向西南行进。他们走到齐国边境的昼地,停下来歇宿。有人想替齐宣王挽留孟子,他不予理睬。孟子心里很无奈,他其实不想离开齐国,希望齐宣王能够改行仁政。留宿边境等于给齐宣王最后的机会。但齐宣王没有派人来追回孟子。三天后,孟子离开昼地,回到家乡著书立说。

孟子和齐宣王的故事,以孟子离开齐国而告终。在齐国的日子里,他见证了稷下学宫的辉煌,通过与齐宣王的对话系统地阐述了自己的政治主张。虽然推行仁政再度碰壁,希望落空,但孟子心中依然豪情万丈。途中,弟子充虞见孟子好像不太高兴,就问老师是否在怨天尤人,孟子回答:此一时,彼一时啊。自周武王以来已经七百多年没有出现圣贤的君主,现在是时候出现一位了。如果上天想让天下太平,那么当今之世舍我其谁呢!我为什么不高兴?(《孟子·告子下》)

(杨　洋)

荀子与齐国有哪些故事?

荀子是先秦时期儒家学派的代表人物,继孟子之后,故学者多孟荀并称,《史记》将孟子、荀子合为一传。荀子是先秦时期学术的集大成者。

荀子像

《史记·孟子荀卿列传》关于荀子的记载非常简略:“荀卿,赵人。”连荀子之名也没记载。司马贞《史记索隐》说,名况,又说之所以称他为荀卿,是因为“卿者,时人相尊而号为卿也”。也就是说“卿”是一种尊号,而不是名。西汉末,刘向校定《荀子》一书,名曰《孙卿新书》。刘向在《叙录》中称:“兰陵人喜字为卿,盖以法孙卿也。”因而后世也有人认为荀子,字卿。在《荀子》书中,“荀”“孙”互见,因此荀卿又称孙卿。自唐代司马贞、颜师古以来,大都认为“荀”又称“孙”,是因为避汉宣帝刘询之名讳,实则不然,因为汉代尚少避讳,且多有不避讳之例。“荀”又称“孙”,实际上是一音之转,音同而已,与篡夺姜姓齐国政权的陈氏又称田氏是一样的道理。荀子先祖可能是周文王之子。清代人胡元仪依据林宝《元和姓纂》认为:“郇(xún)卿名况,赵人也,盖周郇伯之遗苗……郇,周文王十七子郇侯之后,以国为氏。”后来,晋武公灭郇,荀氏世代在晋国为官。荀子的生卒年代,据刘蔚华、苗润田《稷下学史》推测,大概生于公元前328年,卒于公元前235年,享年九十四岁。

荀子曾经三次(或两次)到访齐国,与齐国结下不解之缘。荀子见证了稷下学宫的兴盛和衰弱,其人生最为辉煌的时期也是在齐国度过的。

荀子第一次到访齐国的时间历来争议较大,有五十岁和十五岁两种说法。《史记·孟子荀卿列传》记载:"(荀卿)年五十始来游学于齐。"刘向《叙录》与《史记》记载相同。而应劭《风俗通义·穷通》则记载:"齐威、宣之时……孙卿有秀才,年十五,始来游学。"《史记·儒林列传》记载:"(齐)威、宣之际,孟子、荀卿之列,咸遵夫子之业而润色之,以学显于当世。"从后两则材料可知,在齐威王和齐宣王时,荀子已经到了齐国,而且是来"游学"。钱穆先生分析说:"游学,是特来从学于稷下诸先生,而不名一师,非五十以后学成为师之事也。"因此,荀子在十五岁时游学稷下,较之五十岁时至齐,更为合理。荀子游学稷下时,正值稷下学宫最为兴盛的时期。这一时期,"自如驺衍、淳于髡、田骈、接予、慎到、环渊之徒七十六人,皆赐列第,为上大夫,不治而议论,是以齐稷下学士复盛,且数百千人"(《史记·田敬仲完世家》)。驺衍、淳于髡等稷下先生居高门大屋,享受丰厚的俸禄,却没有具体的职责,专心于学术,使稷下学宫成为当时学术争鸣的中心,促成了稷下学派的形成和发展。荀子可能就是这"数百千人"之一员。据刘蔚华、苗润田《稷下学史》推测,荀子游学稷下时,可能与孟子相遇,并与孟子就人性善恶问题进行过争论。

正是因在齐国稷下学宫期间,荀子学无常师,才得以接触到各家学说,形成了以儒家思想为主同时又礼法并重的思想特色。

荀子第一次离开稷下学宫的时间大概在齐湣王后期。据《盐铁论·论儒》记载:"及湣王,奋二世之余烈,南举楚、淮,北并巨宋,苞十二国,西摧三晋,却强秦,五国宾从,邹、鲁之君,泗上诸侯皆入臣。矜功不休,百姓不堪,诸儒谏不从,各分散,慎到、捷子亡去,田骈如薛,而孙卿适楚。"荀子因为谏言而齐湣王不听,离开齐国到楚国去了。《荀子·强国》里有一段分析齐国形势的文字:现在庞大的楚国摆在我们前面,强大的燕国紧逼在我们后面,强劲的魏国牵制了我们西面,西面的领土虽然没有断送,也危险得像根细绳一样了,楚国则还有襄贲、开阳两个城监视着我们东面。在这种形势下,如果有个国家出谋划策,那么这三个国家就必然会一同来欺凌我们。如果这样,那么齐国一定会被分割成三四块,国土将像借来的城池一样而不属于自己了。可以说这正是齐湣王后期所面临的局面。公元前 284 年,燕国联合秦、赵、韩、魏共同出兵攻打齐国,齐国在济西之战大败,乐毅率领的燕军所向披靡,攻下齐都临淄在内的七十余城,齐国仅剩莒和即墨两城。燕军攻破临淄后,出于复仇的目的,不仅掠夺了齐国八百余年的积蓄,而且对临淄城内的宫殿进行焚烧破坏。据近年对临淄齐国故城十号宫殿遗址的发掘情况来看,有大量的焚烧痕迹很可能出于燕军之手。

五年后,在齐将田单的努力下,齐国以一城之力,击败燕军,成功复国。公元前279年,齐襄王被迎回临淄,稷下学宫也得以重建。

听闻稷下学宫重建的消息,荀子从楚国又回到齐国。这个时候,"田骈之属皆已死。齐襄王时,而荀卿最为老师。齐尚修列大夫之缺,而荀卿三为祭酒焉"(《史记·孟子荀卿列传》)。齐宣王时稷下学宫以荀子最为德高望重,成为最受欢迎的老师,并"三为祭酒"。关于"三为祭酒",历来解说众多。很多学者认为荀子三次担任稷下学宫的"祭酒",即稷下学宫的领袖。但汉以前并无"祭酒"之称,多称"祭尊"或"祭正"。先秦时期绝不可能出现稷下学宫祭酒之官职。"祭酒"者,大飨(合祀先王的祭礼;遍祭五方天帝)时推年高有德者居首席,举酒以祭。西汉前期,吴王刘濞(bì)以年辈最长,为刘氏祭酒。荀子三为祭酒,可能是在大飨时,因为年高德劭,最受学生欢迎,而被屡次推举为祭酒。还有一种可能就是司马迁把汉代对博士之首的称号"祭酒"放在了荀子那里。徐幹《中论·亡国》说:"齐桓公立稷下之官,设大夫之号。"可见,当时的稷下先生也可称之为学官,荀子本人担任过稷下学宫的学官长,与汉代博士祭酒的地位相仿。因"最为老师",故而"祭酒"也可理解为稷下学宫的"首席专家"。

荀子在稷下学宫"三为祭酒"乃实至名归。据清胡元仪考证,荀子善为《诗》《礼》《易》《春秋》,从其传人看,汉代研习《诗》《易》《春秋》者均出于荀子之后学。这一时期,荀子在稷下学宫最受尊重,"聚人徒,立师学"。据《韩非子·显学》记载:孔子死后,儒分为八,"有孙氏之儒",这应该就是荀子学派。荀子学派应是在齐襄王时期的稷下学宫形成的。据《史记·孟子荀卿列传》:"李斯尝为弟子,已而相秦。"《史记·李斯列传》:李斯"从荀卿学帝王之术"。《史记·老子韩非列传》:"(韩非)与李斯俱事荀卿。"李斯和韩非是荀子最为著名的两个学生,均为法家思想的代表人物,从中也可看出,荀子思想中有法家思想的成分。

因为名显天下,荀子得到秦、赵等国当政者的邀请。可能在齐襄王时,荀子离开齐国,到了秦国和赵国,以"三王之法"游说秦昭王,但当时秦昭王正忙于征伐列国,对荀子的学说根本不感兴趣。在赵国,与临武君论兵于赵孝成王前,荀子尖锐地指出:齐国的"技击"不能抵挡魏国的"武卒",魏国的"武卒"不能抵挡秦国的“锐士”,秦国的“锐士”不能抵挡齐桓公、晋文公那有纪律约束的军队,齐桓公、晋文公那有纪律约束的军队不能抵挡商汤、周武王的仁义之师。在荀子看来,齐国的“技击”是一支使国家灭亡的军队,没有比它更弱的了。公元前221年,在秦国大军兵临城下之际,齐国虽拥有数十万大军,却不战而降,也证明了荀子所论之正确。

在秦国和赵国,荀子学说不受当政者的欢迎,荀子得不到重用,大概在齐王建初年,又回到齐国,继续在稷下学宫聚徒讲学。后荀子因为遭遇谗言而不得不离开齐国。《史记·孟子荀卿列传》记载:“齐人或谗荀卿,荀卿乃适楚,而春申君以为兰陵令。”至于荀子因什么而遭谗言,记载不明。有研究者认为,《荀子·强国》中的“女主乱之宫,诈臣乱之朝,贪吏乱之官……”直指当时的女主为祸乱之源。虽然当时是齐王建在位,但是齐王建之母君王后实际听政,这可能直接刺激了君王后,导致有人进谗言,使荀子不得不离开齐国。

荀子离开齐国后,再次到了楚国。此时楚国灭了鲁国,新得兰陵,春申君为楚令尹,任用荀子为兰陵令。春申君死后,荀子担任的兰陵令一职也被削夺,但荀子并没有离开,继续在兰陵著书立说,传道授业。刘向《叙录》称:“兰陵多善为学,盖以孙卿也。长老至今称之曰:‘兰陵人喜字为卿,盖以法孙卿也。’”

荀子最后卒于兰陵,并葬于兰陵。《史记·孟子荀卿列传》记载:“荀卿嫉浊世之政,亡国乱君相属,不遂大道而营于巫祝,信禨祥,鄙儒小拘,如庄周等又滑稽乱俗,于是推儒、墨、道德之行事兴坏,序列著数万言而卒。因葬兰陵。”今临沂市兰陵县兰陵镇东南一公里处有荀子墓。荀子墓东西长十米,南北宽八米,东西两端高七米,中间高三米。墓前有石碑两块:一是清道光二十一年(1841)立,碑额篆书为“补建荀子墓碑”,碑文及署名已不清;另一块是光绪三十年(1904)山东巡抚周馥立,上刻“楚兰陵令荀卿之墓”。

(武振伟)

大九州学说为什么产生于齐地?

说起“九州”,人们自然而然的把它当作“中国”的代名词。因为《禹贡》九州,自古相传。人们把夏禹治水时走出来的足迹称为禹迹,并将“天下”分为九州。《禹贡》讲的就是禹迹的地理范围和地理观念。

“大九州学说”又是什么呢?它是针对《禹贡》“九州”提出的新的地理观念。

“大九州学说”认为,“儒者所谓中国者,于天下乃八十一分居其一分耳。中国名曰赤县神州。赤县神州内自有九州,禹之序九州是也,不得为州数。中国外如赤县神州者九,乃所谓九州也”(《史记·孟子荀卿列传》)。即儒士们所认为的中国(以雒邑为中心的中原地区或可视为冀州),仅占天下八十一分之一。“中国”应称为赤县神州。赤县神州内又有九州,即《禹贡》所载九州。陆路交通不通、被海洋包围的大陆板块,才能称为一州。天下应该有九个像赤县神州一样大的大州,其他八个大州也应由各自的九个小州组成。这就是“大九州学说”。

具有如此超前地理观念的“大九州学说”又是谁提出的呢?答曰齐人驺衍。

驺衍是先秦阴阳五行大家,生卒年不详,大约是战国中后期人,著有《驺子》四十九篇和《驺子终始》五十六篇(皆于汉末亡佚),提出“五德始终说”及“大九州学说”。驺衍出生在齐国的一个中小贵族家庭,早年曾任稷下先生。他最初学习儒术,后改攻阴阳五行学说。驺衍知识丰富、长于雄辩,“尽言天事”,时人称他“谈天衍”。驺衍前往梁国,梁惠王出城相迎;到赵国,平原君侧身陪同;到燕国,燕昭王以弟子之礼拜见他,并修建碣石宫让他居住。太史公曾感叹,驺衍游说各国皆受到高度尊敬,这与孔子在陈国、蔡国遭受饥饿,孟子在齐国、梁国遭遇困厄形成了鲜明对照。

那么,“大九州学说”为什么产生于齐地?具体原因有以下几点:

第一,“大九州学说”和稷下学宫。稷下学宫是田齐政权出于政治上的需要创办的,且为稷下先生提供了宽松、自由的政治环境,使稷下学宫又成为学术交流中心和图书资料中心。不难看出,稷下学宫是集学术性和政治性于一身的。从学术性上看,在稷下学宫这一百家争鸣的学术交流中心,驺衍可以接触到来自四面八方的学者,从而知晓各地的风土人情。而且驺衍早年在齐国任稷下先生,也更容易获取相关文献资料。这为“大九州学说”的提出,提供了物质条件和学术理论来源。顾颉刚在《古史辨·自序》“驺衍以后的世界观——神州和昆仑”中说,驺衍的“大九州学说”受《山海经》的影响是很大的。而在战国时期,大概也只有稷下学宫有着较为丰富的上古地理图书资料。从政治性上看,司马迁认为,驺衍学说的提出动机是:“驺衍睹有国者益淫侈,不能尚德,若大雅整之于身,施及黎庶矣。乃深观阴阳消息而作怪迂之变,《终始》《大圣》之篇十余万言。”(《史记·孟子荀卿列传》)即驺衍的学说只是他用来游说诸侯的话语策略。这是不全面的。《盐铁论》则说:“驺子疾晚世之儒墨,不知天地之弘,昭旷之道,将一曲而欲道九折,守一隅而欲知万方,犹无准平而欲知高下,无规矩而欲知方圆也。于是推大圣终始之运,以喻王公。”即驺衍是为破除儒、墨的固陋之见,“晓喻”那些“即将受天命的人”,把握住时机,使自己的行为符合盛世之德,达到“王天下”的目的。

于是,驺衍建立了一个极长的历史系统,又建立了一个极广的地理系统,来晓喻王公。“大九州学说”就是他认识并建立的地理系统,并以其打破周人构建的政治地理空间秩序,为田齐政权“王天下”营造政治舆论氛围。在周人的观念中,“天下”是“中国”与“四海”的简单相加。“中国”是以雒邑为中心的统治区域,“中国”之外是“蛮夷戎狄”所居的“四海”。这一观念来源于周朝取代商朝的合法性:周初武王与周公拟定,“我图夷兹殷,其惟依天。其有宪命,求兹无远,天有求绎,相我不难。自洛汭延于伊汭,居易无固,其有夏之居”(《逸周书·度邑解》)。“大九州学说”破除了周人的“天下观”。一是针对天下的地理空间范围。周人的“天下”是以“禹迹”“九州”为区域的;而“大九州学说”认为“中国”仅占天下八十一分之一,天下是由九个被瀛海环绕的大陆组成,每个大州又有九个小州。二是关于“天下之中”的论断。周人认为雒邑为“天下之中”;而“大九州学说”认为世界的中心远在“中国”之外的昆仑,并且《禹贡》九州也仅在天下的东南一隅。如此,周王朝的法统地位被消解殆尽,周人“王者必居天下之中”的说法,也失去了理论上的支持。可以这样认为,驺衍的“大九州学说”之于周王朝,就如同哥白尼的日心说之于欧洲教廷。所以,驺衍的“大九州学说”应出自齐国稷下学宫,与燕昭王或无关系。

第二,“大九州学说”和齐人的实践经验。齐国濒海,有着较长的海岸线,所以齐地人民与海洋的关系极为密切。据宋承钧、史明的《胶东史前文化与莱夷的历史贡献》载:“长岛大浩发现龙山时代的船尾,从结构看榫口非常整齐,残船桨和近代的无多大区别,可见造船业的先进。”与造船业相关联的是捕鱼和航海。长岛有许多石网坠等器物发现,足以说明捕鱼是岛上居民生存的方式。同时“有船尾发现,而且在海底发现了原始的石锚”。另外,据王永波的《胶东半岛上发现的古代独木舟》显示,在荣成泊于公社郭家村的毛子沟处发现一只独木舟,经考证这一独木舟的年代不会晚于商周时期。这些考古证据皆表明,当时齐地的先民不仅可以进行浅海捕鱼,还可以进行远洋深海捕捞。其后,海上交通线路逐渐开辟。《管子·揆度》中载,齐桓公问管仲:“吾闻海内玉币有七荚,可得而闻乎?”管子对曰:“朝鲜之文皮,一荚也。”顾颉刚先生认为“这是古籍中记及古朝鲜的最早的一条”。此可作为齐国海上交通线路开辟的证据之一。同时《左传·哀公十年》载:“齐人弑悼公……徐承帅舟师,将自海入齐,齐人败之,吴师乃还。”这是中国历史上可考的第一次大规模海战,并且以齐国的胜利告终。充分说明当时齐国在船舶建造、航海经验和航海技术等方面已趋于成熟,并且可以进行大规模应用。航海的发展,使齐人对广袤无垠的海洋有所了解。随着海外见闻、异域风情的传入,一部分人便认为,在海洋的彼岸有仙人、仙术,是目前“人民禽兽莫能相通”的大陆。所以说,齐地先进的航海技术,为“大九州学说”的提出,提供了必要的公共实践经验和认识。

第三,“大九州学说”和类推法。在无法实际测量天下之大的先秦时期,驺衍采用了类推法进行论证。即“先验小物,推而大之,至于无垠”。这是一种由小及大、由近至远、由可见到不见的方法。一是“推而大之”;二是“推而远之”;三是“因而推之”。通过“先验小物”推至“无垠”,“先序今”推至“天地未生”,“先列中国”而推至“海外”的方法,为“大九州学说”提供了理论依据。

所以说,对于驺衍的“大九州学说”我们不能单纯地将其视为荒诞不经的怪迂之谈。“大九州学说”在一定程度上反映了先秦时期人们对“天下”的认识水平。由于这种认识是由此物推至彼物得来,推导方法也未臻完备,所以有诸多的不足之处,因此是一种原始的、朴素的世界观。

(张晓彤)

稷下学术对后世有何影响?

公元前221年,拥有一百五十余年历史的稷下学宫随着田齐政权的覆灭走到了尽头。但稷下学宫的学术思想没有消亡,反而随着大一统帝国的建立走出齐国一隅,走向更为广阔的地理空间和政治舞台,对中国历史与社会产生了更为深远的影响。

诞生于稷下学宫百家争鸣过程中的诸子百家学术,最终以两种思想体系固定下来:黄老之学(稷下道家)与荀子之学(稷下儒家),其中黄老之学是楚地道家哲学与齐国政治文化传统相结合的产物,荀子之学则是邹鲁儒家哲学与齐国政治文化传统相结合的产物。此外,韩非之学作为法家学术思想的集大成者,虽然不直接产生于稷下学宫,却与黄老之学、荀子之学有着千丝万缕的联系。《史记·老子韩非列传》称:“(韩非)喜刑名法术之学,而其归本于黄老……与李斯俱事荀卿。”荀卿就是曾在稷下学宫三为“祭酒”的荀子,韩非作为荀子的学生,其学术思想自然深受稷下学术的影响,因此韩非之学从广义上也可归为“稷下法家”。

黄老之学的精髓在于统治集团制定好符合“道”(自然与社会的根本规律)的“法”之后,就严格按照“法”来治理国家,不能任意妄为,给予臣子和百姓充分的自主权,这样就可以实现百官各司其职,百姓自给自足,达到“无为而治”的效果;荀子之学的精髓在于同样主张以“法”来治理国家,但认为“法”的制定一定要符合“礼”,因为“礼”才是最根本的“人道”(人类社会规律),“天道”并不能影响人类社会,只要统治者能够以“礼”为制定法律的依据,靠“礼”来维系人心,靠“法”来禁止犯罪,做到“隆礼重法”就能实现国家的长治久安;韩非之学的精髓却在于将“法”作为治理国家的唯一手段,他认为“法”只需符合统治集团的利益即可，在他看来，统治集团是社会精英，掌握真理，而普通百姓无知无识，是不用考虑他们的意愿的。用严刑峻法来震慑百姓，使他们不敢违背国家意志；用“术”（驾驭群臣之术）和“势”（君主表现出的威严）来驾驭群臣，使他们不敢谋反，这样君主就可以无后顾之忧，国家就可以有效调动一切力量进行兼并战争。

韩非在继承荀子“重法”思想的基础上，弃“礼”而独重“法”，集先秦法家思想之大成，建立了一套更适应秦国统一战争需要的君主专制主义思想体系。这种学术思想体系，与商鞅变法以来的秦国意识形态深度契合，但更适应秦国新时期统一战争以及统一后君主专制的需要，所以得到秦王嬴政的推崇，成为秦统一六国后治理国家的指导思想。不过，这种君主专制主义思想体系虽然在战争年代能够确保秦国内部统治的绝对稳定和国家战争机器运转的绝对高效，但在秦国统一六国，进入相对和平的统治时期后，就逐渐显露出它的致命缺陷：虽然能够通过严密的官僚体系和社会监视制度，使中央、地方乃至基层的权利牢牢掌握在皇帝手中，并以严刑峻法、思想专制的高压政策加以保证，却把百姓彻底置于政权的对立面，使百姓视统治集团为寇仇。因此，韩非之学虽然在战国末年那段特定的历史时期更为简单实用，但绝不是能够使国家长治久安的治世良学。它虽然诞生于稷下，脱胎于荀子之学，却将荀子之学的“王道”学说抛弃，将急功近利的“霸道”发挥到极致，与作为稷下学术总结与主流的荀子之学背道而驰。秦国在战争时期因奉行韩非之学迅速完成统一六国的大业，但统一之后的秦帝国同样因奉行韩非之学导致“二世而亡”，陈胜、吴广一句“天下苦秦久矣”便揭开了秦末战争的序幕，刘邦入咸阳后一句“父老苦秦苛法久矣”便得到了关中地区的民心，足见百姓对奉行韩非之学的秦帝国暴政的仇恨。

进入汉代，主张顺势而为、无为而治的稷下道家学术——黄老之学，作为韩非之学的对立面被汉帝国统治集团确立为治理国家的指导思想。汉初统治集团中的核心人物如曹参、陈平、汉文帝、汉景帝、窦太后（文帝皇后、景帝之母）等无不尊崇黄老之学的“无为而治”。仅以曹参为例，曹参是沛县小吏出身，在帮助刘邦得天下时期，主要以战功著称。汉王朝建立后，曹参以第二功臣的身份被刘邦任命为齐国相国，辅佐刘邦长子齐王刘肥治理齐国。当时的齐国下辖七十余城，与战国时期的齐国版图几乎相同，对于如何治理这样一个大国，曹参在初任相国时没有任何经验，于是他召集齐国学者，询问他们治理百姓的方法，但齐国的近一百名儒生,每个人提出的方案都不一样,曹参不知道该听谁的。后来曹参听说齐国的胶西有一位姓盖的先生(盖公),精研黄老之学,便派人用重金把他请来。盖公对曹参说“治道贵清静而民自定”,并结合具体事务详细地加以解释,曹参恍然大悟,于是厚待盖公,让他居住在自己身边以便随时请教。曹参听从盖公的建议,用清静无为的黄老之学来治理齐国,齐国迅速安定下来,“其治要用黄老术,故相齐九年,齐国安集,大称贤相”(《史记·曹相国世家》)。不久曹参接替萧何出任汉王朝的第二任丞相,他仍然以黄老之学“清静无为”的原则治理国家,对刘邦与萧何制定好的与民休息的政策及相关制度、法律不做任何改变,史称“萧规曹随”,百姓因此得以继续安宁的生活。除上层统治集团的推崇外,当时的许多大学者如刘安、司马谈、司马迁等也无一不是精研黄老之术者,刘安召集门客编写黄老之学的集大成之作《淮南鸿烈》(《淮南子》),司马谈更是在《论六家要旨》中认为黄老之学是先秦各派学术的集大成者,其集各派之所长而无各派之缺陷。黄老之学在汉初六七十年的时间里是占据绝对统治地位的学术思想。

与韩非之学强调君主通过“法、术、势”将大权独握,通过严密的监视制度和暴力手段奴役臣民截然相反,同样诞生于稷下学宫的黄老之学却主张君主个人最大限度地放权以便最大程度地发挥“法”的作用,因为黄老之学认为“法”是“道”(宇宙根本规律)在人类社会的落实与化身,只要统治集团能够制定好律法并且严格遵守,不任意妄为,百姓就能自给自足,国家就能长治久安。历史证明,黄老之学很好地适应了秦末汉初的社会需要,汉初数代最高统治者高祖、吕后、文帝、景帝在黄老之学的指导下轻徭薄赋、与民休息,使自战国以来久经摧残的中国社会逐渐恢复了元气。

汉武帝即位时,汉帝国经过几十年的休养生息,已经完全恢复了生机,国势十分强盛,但民间风气仍然深受秦帝国文化灭绝政策的影响,粗鄙而野蛮,同时国家制度也十分简陋。此时仅凭黄老之学“无为而治”原则治理国家的方式已经不能适应教化百姓的需要,汉帝国迫切需要重建自周王室衰微以来被迫中断的“王道”文化传统与“礼乐”教化体系,一来可以重建统治集团在百姓心目中的正义性和公信力,二来使百姓“知礼节”“知荣辱”,易于治理。因此“隆礼重法”的荀子之学再次引起了最高统治者的注意。

汉武帝时期,齐派儒家学者董仲舒在继承荀子“王道”“隆礼重法”基本政治主张的前提下，充分吸收齐地阴阳五行学派的神秘主义思想，将儒家的政治伦理重新上升到“天”的高度，认为人世间的一切现象都是上天意志的体现，君主受命于天，是“天之子”，因此要做到“敬天保民”（敬畏上天，爱护百姓），否则上天就会降下各种灾异来警告君主，君主如果还不改正，那么上天就会选择其他有德之人来取代君主；他认为“敬天保民”的“周道”（周王朝之道）是最完美的国家治理方式，周王室后来的衰微使人们对“周道”的信仰发生了动摇，产生了各种各样不符合“周道”的学说，但周王朝恰恰是因为丧失“周道”才被上天遗弃，因此他建议汉武帝重新按照“周道”来治理天下，将传承“周道”的儒家学术思想确立为官方学术思想，并设立配套的博士官、太学、察举制等儒家人才教育选拔机制，为国家源源不断地输送能奉行“周道”的人才；至于不符合“周道”的其他各派学说则要加以禁止，“诸不在六艺之科孔子之术者，皆绝其道，勿使并进”（《汉书·董仲舒传》），这就是后世学者总结的“罢黜百家，独尊儒术”。

韩非之“法”高效实用接地气，利于兼并战争但缺乏正义性；黄老之“法”清静无为合“天道”，利于休养生息但缺乏制度建设；荀子之“法”以“礼”为基础，与“礼”互为表里，兼具正义性与实践性，但因主张“天人相分”（天道与人道没有联系）而使“礼”缺乏“天道”的哲学高度，不能从深层次上论证“礼”自身存在的合理性。董仲舒的贡献在于，用同样诞生于齐地的阴阳五行学派神秘主义思想将荀子之学加以完善，以“天人感应”为基本原理，为其“王道”与“隆礼重法”的治国理念提供“天道”的哲学基础，从而使稷下儒学在汉代获得新生，成为此后中国两千余年的主流政治学说与官方意识形态。

简单地讲，直接或间接诞生于稷下学宫的四大学术思想——黄老之学的“天道”、荀子之学的“礼”、韩非之学的“法”、阴阳学的“天人感应”共同塑造了中国政治文化的基本精神，对中国历史产生了深远的影响。

（刘东祥）

屈原到过临淄吗？

屈原，战国时期楚国诗人，出生于楚国秭归（今湖北宜昌）。楚武王熊通之子屈瑕的后代。芈（mǐ）姓，屈氏，名平，字原。上古时期，人们的姓和氏是有所区别的。那时，男子称氏，女子称姓。“氏”用来区分出身的高低；“姓”则用来区别婚姻，防止同姓通婚。“屈”是屈原的氏。屈原的先祖，也就是熊通（“熊”为其氏）之子暇，被封到了屈地，故而其支以“屈”为氏。

屈原少年时受过良好的教育，博闻强识，志向远大，早年受楚怀王信任，任左徒、三闾大夫，兼管内政外交大事。屈原的政治主张是对内举贤任能、修明法度，对外联齐抗秦。因遭贵族排挤诽谤，先后被流放至汉水以北和沅水、湘水流域。公元前 278 年，楚国郢都被秦军攻破后，屈原自沉于汨罗江。屈原是中国历史上第一位伟大的爱国诗人，中国浪漫主义文学的奠基人，“楚辞”的创立者和代表作家，开辟了“香草美人”的传统，被誉为“辞赋之祖”和“中华诗祖”。其主要作品有《离骚》《九歌》《九章》《天问》等。以屈原作品为主体的《楚辞》是中国浪漫主义文学的源头之一，与《诗经》并称“风骚”，对后世诗歌产生了深远影响。

屈原生活的战国后期，正是即将实现大一统的前夕，各国斗争激烈，攻伐连年，政局动荡，而且各国随着政治、经济改革的深入，实力不断消长。到屈原时期，燕、韩、赵、魏等国已经明显衰弱下去，秦、齐、楚成为当时的三大强国。秦国自商鞅变法以后，国富民强，经过几代君主的努力已经发展成为列国之中军事实力最强的国家。齐国经过齐威王改革，进入第二个发展高峰，到齐宣王时期成为当仁不让的经济和文化强国。楚国则地广人多，富庶繁华，也跻身大国之列。三大强国相互拉拢又彼此攻伐，国际关系也随之变化。三国中以秦国的崛起尤为迅猛，不断攻打其他各国以增强自身国力，灭六国之势逐渐显现，成为六国的强大威胁。在这种形势下,只有齐楚结盟,形成一股强大力量以抗击秦国,才能遏制住秦国东进的步伐。

屈原一生经历了楚威王、楚怀王、楚顷襄王三个时期,其政治生涯主要是在楚怀王时期。他一心振兴楚国大业,辅佐楚怀王变法图强。对于当时的国际形势,屈原有着清醒深刻的认识,他知道只有与齐国联合,才能对抗秦国的威胁,所以他力主联齐抗秦。早年的屈原是受到楚怀王信任和重用的,据《史记·屈原贾生列传》记载:"屈原者,名平,楚之同姓也。为楚怀王左徒……入则与王图议国事,以出号令;出则接遇宾客,应付诸侯。"所以在这一时期,楚怀王对联齐抗秦的政策是十分支持的。在这样的背景下,楚国与齐国必然发生关于缔结联盟的接洽,而屈原出使齐国也成为历史的必然。

屈原到过临淄吗?答案是肯定的。关于屈原出使齐国,《史记》《新序》等著作皆有记载。

《史记·屈原贾生列传》记载:"是时屈平既疏,不复在位,使于齐。"说的是楚怀王十七年(前312),已经被楚怀王疏远罢黜的屈原出使齐国。

《史记·楚世家》中也有关于屈原出使齐国的记载:"(楚怀王)十八年(前311)……张仪已去,屈原使从齐来,谏王曰:'何不诛张仪?'怀王悔。"

《新序·节士》也明确记载了屈原曾两次出使齐国:"屈原为楚东使于齐,以结强党。秦国患之,使张仪之楚,货楚贵臣上官大夫、靳尚之属,上及令尹子兰,司马子椒;内赂夫人郑袖,共谮屈原。屈原遂放于外,乃作《离骚》。张仪因使楚绝齐,许谢地六百里,怀王信左右之奸谋,听张仪之邪说,遂绝强齐之大辅。楚既绝齐,而秦欺以六里。……是时怀王悔不用屈原之策,以至于此,于是复用屈原。屈原使齐。"

因古籍资料的记述有所差别,因而关于屈原出使齐国和流放的时间也有所争议,但这些史料可以充分说明,屈原为了联齐抗秦,出使齐国,到过临淄,是确定无疑的。

《新序·节士》记载屈原两次出使齐国,其他史料关于第二次的记载较为翔实。据《史记·屈原贾生列传》记载,公元前313年,张仪前往楚国,对楚怀王进行外交欺诈,说:大王如果能够与齐国断绝盟约,我请秦王献商於之地六百里给楚国。楚怀王利欲熏心,与齐国断绝了关系,派使臣跟张仪到秦国收取土地,然而张仪不肯认账,说:我与楚王约定的是六里土地,没有说过六百里。受骗的楚怀王十分愤怒,发兵攻打秦国。楚国大败,伤亡八万将士,失去了汉中之地(今陕西秦岭以南)。这是楚怀王时期最大的一场败仗,也是楚国由盛而衰的转折点。楚怀王恼羞成怒,倾全国之力再次攻打秦国,两军战于蓝田(今陕西蓝田西三十里),楚军又一次大败。这时,韩、魏两国也趁机向南攻打楚国,齐国因楚国背弃在前而十分不满,“齐竟怒,不救楚”。到这时,楚怀王再一次意识到联合齐国共同抗秦才是正确的选择,于是公元前312年,楚怀王派屈原出使齐国,目的是修复楚国与齐国的关系。屈原此次出使齐国,即《新序·节士》中所记载的屈原第二次使齐,也是史料中记载最为明确的一次,屈原见到的齐国君主为齐宣王。

关于《新序·节士》记载的屈原第一次出使齐国,其他史料记载较为模糊。但根据当时的历史背景和相关资料亦可稍做推测。据钱穆先生《先秦诸子系年》考证,屈原担任楚怀王左徒一职大约在楚怀王十一年,即公元前318年。《史记·楚世家》记载,这一年,六国合纵伐秦,楚怀王为合纵长。按照当时的各国形势分析,担任楚国外交官的屈原在那一时期为了联齐抗秦而出使齐国,拜见齐宣王,是极为可能的。

另有观点认为,屈原于公元前325年第一次出使齐国,见到的齐国国君为齐威王。假如按照一般认为的屈原生于公元前340年前后这一时间推算,此时的屈原年仅十五岁左右,尚未出仕,因此可能性较小。屈原于公元前325年出使齐国这一观点的得出,应该是在屈原生卒年及生平重大事件时间的推算上,与其他几种观点有所不同,存有争议。

关于屈原的史料,现多见于司马迁《史记·屈原列传》、刘向《新序·节士》、班固《离骚赞序》等汉代文献,资料较少,关于屈原生卒年、出使齐国等问题的记载也非常有限。目前可知,屈原确实曾出使齐国,到过临淄,但许多具体的问题依然存疑。

屈原的一生仕途并不顺遂,尽管早年受到楚怀王的信任和重用,但因力主改革受到楚国贵族旧势力的排挤和诽谤,楚怀王和楚顷襄王皆听信谗言,两次将其罢黜流放。公元前278年,秦国大将白起率秦国虎狼之师攻破了楚国郢都,流放中的屈原悲愤交加,自沉于汨罗江,他的政治理想被淹没在了大一统的历史洪流之中。屈原人生的最后时刻定格在了“贬谪之客”这一身份上,却因此更加衬托出他强烈的爱国精神。

相传屈原死后，百姓纷纷划船打捞他的尸体，并将准备好的饭团、雄黄酒等物扔到江中，以保护屈原尸体不被蛟龙鱼虾等吃掉。屈原投江的时间，在五月初五前后，五月初五原本是楚地的一个传统民俗节日，因此后人就把这一天作为纪念屈原的节日，每年的五月初五，也就有了龙舟竞渡、吃粽子、喝雄黄酒等风俗。

屈原使齐，是一个重大的历史事件。齐宣王时期正是稷下学宫最为兴盛的时期，屈原来到齐国，很有可能与当时的诸子百家有过文化交流和思想碰撞，对那一时期齐文化和楚文化的交流、发展起到了重要的促进作用。

（石志丹）

为什么淄川有个苏秦墓?

淄博市淄川经济开发区有两个村,名为南苏村和北苏村,村西一百米有一座古墓,相传为战国时纵横家苏秦之墓。墓南原有一石桥,名苏相桥,为古般阳县二十四景之一,苏相桥村因此得名,因村庄分布在桥的南北两侧,后来分为南、北两村。

苏秦墓

苏秦何许人?为什么葬在淄川?

《史记·苏秦列传》记载:"苏秦者,东周雒阳(今河南洛阳)人也。东事师于齐,而习之于鬼谷先生。"值得说明的是,此东周并非东周王朝,而是东周王室分裂出来的小国,除东周国外,还有一个西周国。苏秦正是东周国人。司马贞

《史记索隐》曰:“苏秦字季子。”但史载未详。《史记·苏秦列传》记载,苏秦到齐国拜师求学于鬼谷先生(即鬼谷子)。他外出游历多年,穷困潦倒,狼狈回家。《战国策》也记载:苏秦乃洛阳人,学纵横之术,游说秦王,书十上而不为用,资用匮乏,潦倒而归。与《史记》记载有所不同。在兄嫂、弟妹、妻妾的讥笑下,苏秦非常惭愧,发奋读书,“得周书《阴符》(《战国策·秦策一》作《太公阴符》),伏而读之。期年,以出揣摩,曰:‘此可以说当世之君矣。’”(可参看本书《苏秦发奋苦读的〈太公阴符〉是什么书?》)通过研读《太公阴符》之书,苏秦的游说本领得到质的飞跃。后世形容刻苦读书的“头悬梁、锥刺股”中的“锥刺股”正是苏秦所为。[《战国策·秦策一》记载:“(苏秦)读书欲睡,引锥自刺其股,血流至足。”]司马迁记载,苏秦在游说周显王、秦惠王失败后,到燕国得到了燕文侯的赏识,并开始游说六国,合纵以抗秦;“六国从合而并力焉。苏秦为纵约长,并相六国……赵肃侯封为武安君,乃投从约书于秦。秦兵不敢窥函谷关十五年”。苏秦以一己之力,合纵成功,佩六国相印,并使秦国不敢东出函谷关攻伐其他诸侯国。

然而,真正让苏秦死于齐国的原因是苏秦为燕昭王在齐国从事反间活动。苏秦是怎么来到齐国的呢?《史记》记载,苏秦与燕文侯的夫人(燕易王之母)私通。燕易王知道这件事,却更加礼遇苏秦,苏秦恐怕被杀,就劝燕易王说:我留在燕国,不能使燕国的地位提高,假如我到齐国,就一定能提高燕国的地位。燕易王听信了苏秦的话,于是,苏秦假装得罪了燕易王而逃到齐国,齐宣王便任用他为客卿。《史记·苏秦列传》有关苏秦事迹的记载可以说非常混乱,此处尤甚,按照《史记》的说法,苏秦是在燕国犯下重罪之后,找借口逃到齐国的,实则不然,苏秦是背负着“破齐”的使命来到齐国的。

苏秦从燕国到齐国的目的是为了破齐,为什么要破齐,《史记》却没有说明。公元前318年,燕王哙将君位让于相国子之,三年后燕国国内大乱。据《战国策·燕策一》记载,齐国乘燕国内乱,一举伐灭燕国,后因齐军的暴行,燕国人驱逐齐军而复国,燕昭王即位。1982年,出土于江苏盱眙的陈璋圆壶正是齐国伐燕的铁证。陈璋即史书中的章子,此壶正是齐国在攻下燕国后掠获的战利品,铜壶铭文记

陈璋圆壶(南京博物馆藏)

载,齐伐燕是在齐宣王五年(前315)。《战国策·燕策一》记载:“燕昭王收破燕后即位,卑身厚币,以招贤者。欲将以报仇。”燕昭王怀着亡国之痛,欲向齐国报仇,“燕昭王怨齐,未尝一日而忘报齐也”(《史记·乐毅列传》)。苏秦到齐国正是燕国破齐报仇的阴谋之一。

1973年12月,湖南长沙马王堆三号汉墓发现了一部类似《战国策》的帛书,该书未标书名,分二十七章,共一万一千余字。其中有百分之六十左右的内容不见于《战国策》和《史记》,这部分文字以记述苏秦、苏厉、苏代的言行为主。这部新出土的文献后经整理者定名为《战国纵横家书》,为战国后期的历史研究提供了重要的史料。《战国纵横家书》有十六章内容涉及苏秦,而所载苏秦事迹与《战国策》《史记·苏秦列传》相距甚大。

如上所言,《战国策》和《史记》所记苏秦、苏代的事迹往往混淆不清。《战国策》所述同一件事,有时作苏秦,有时作苏代;《战国策》中作苏秦的《史记》中改作苏代,这类例子很多。司马迁在《史记》中将苏秦说成与张仪同一时代,把苏秦与张仪合纵连横的斗争写得十分生动壮观,且言苏秦死在张仪之前。(《苏秦列传》:“苏秦恐秦兵之至赵也,乃激怒张仪,入之于秦。”)但事实上,和张仪敌对的主要人物是公孙衍(犀首)和陈轸。张仪在秦国当权时,苏秦只不过是一个年轻的游说者。苏秦的年辈要比张仪晚得多,张仪死于公元前310年,苏秦去世的时间要晚于张仪二十五年左右。

据《战国纵横家书》记载,燕昭王对苏秦有知遇之恩,“王(燕昭王)之于臣(苏秦)也,贱而贵之,辱而显之”。即使在燕昭王的大臣进其谗言时,苏秦始终心向燕国,为谋求燕国的强大,出谋划策,奔走于齐、赵、魏等国之间。苏秦的目标在于使齐、赵两国关系恶化,防止齐国进攻燕国,并发动合纵攻秦,以便燕昭王成就振兴燕国和攻破齐国的“大事”。如《战国纵横家书》第四章所言:“臣之计曰:‘齐必为燕之大患,臣循用于齐,大者可以使齐毋谋燕,次可以恶齐、赵之交,以便王之大事,是王之所与臣期也。’”苏秦在齐国,处处为燕国着想,以破齐为目的。苏秦及时地将齐国的消息传给燕昭王,使燕国有充分准备。如当齐滑王第二次攻宋时,燕国图谋攻齐的消息被齐滑王得知,齐滑王当即决定即使不得宋地,也要在八月份收兵,以应对燕国的进攻。当齐滑王将这一决定告知苏秦时,苏秦迅速写信给燕昭王,告知他这一重要情报。(《战国纵横家书》第六章)

苏秦为取得齐滑王的信任,曾信誓旦旦地对齐滑王说:如果三个月内,齐王看不到称霸天下的伟业实现,我自请被赐死。(《战国纵横家书》第十四章:"请毋至三月而王不见王天下之业,臣请死。")在苏秦的反间活动下,齐滑王听从苏秦之计,取消东帝称号,四处出击,南面攻楚,西面攻秦,北面伐燕,三次伐宋,终于灭掉了宋国,如苏秦所言,齐国的连年战事,耗尽了国力。"虽有清济、浊河,恶足以为固!民力罢(疲)敝,虽有长城、巨防,恶足以为塞!"(《史记·苏秦列传》)齐国以前不征发济西的兵丁,是为了防备赵国的入侵,不征发黄河以北的兵丁,是为了防备燕国的入侵。如今,济西、黄河以北的兵丁都被征发参战,齐国境内的防卫力量已很薄弱。公元前286年,齐国发兵灭了宋国,齐滑王沉浸在胜利之中,甚至做起了吞并周王室、即位为天子的美梦[《史记·田敬仲完世家》:"(齐滑王)欲以并周室,为天子。"],而不知灭国之危险正在一步步靠近。齐国因亡宋不仅加剧了同秦、赵的矛盾,也对韩、魏、楚形成严重威胁,各诸侯国都不愿看到一个更加强大的齐国出现,因此导致齐与各国矛盾异常尖锐。燕国利用这种形势,积极活动,秦国也出于削弱齐国的目的,拉拢韩、赵、魏三国,五国结成了攻齐联盟。

对于苏秦的反间活动,齐滑王一直没有察觉,甚至在与燕国作战时,仍任命苏秦为将。据《战国策·燕策二》记载,苏秦率兵与燕国交战,两战都损兵折将,齐滑王听信苏秦而不予惩罚,引起君臣不和,百姓离心,以致国破家亡。

公元前284年,燕国大将乐毅统率燕、秦、韩、赵、魏五国军队攻打齐国,在济西之战大败齐军主力。《史记·田敬仲完世家》记载,燕、秦、楚及三晋合谋,联合进攻齐国,在济水以西大败齐军。燕将乐毅率领燕军独自攻入齐都临淄,掠取了齐国的珍宝礼器,齐滑王出逃,燕国一雪前耻。燕国经过数十年的精心准备,联合其他四国出兵,又有苏秦在齐国的反间,在名将乐毅的率领下轻易攻破齐国,齐国几乎亡国。可以说,齐国之亡与苏秦有着密不可分的联系。《吕氏春秋·知度》总结说:"齐用苏秦,而天下知其亡。"

苏秦之死《战国纵横家书》没有记载,《史记·苏秦列传》记载苏秦死在了齐国,"齐大夫多与苏秦争宠者,而使人刺苏秦"。司马迁认为,苏秦之死是因为他与齐国大夫争宠,并非是因为苏秦反间计泄露。当时,齐国大夫的行刺并没有将苏秦当即杀死,齐滑王要抓捕刺客,此时苏秦要求齐滑王以车裂之极刑处置他,并对外扬言是苏秦为燕国在齐国作乱,被齐王处置。司马迁记载:"苏秦既死，其事大泄。”苏秦死后，其设计颠覆齐国的阴谋才泄露。联系其他史料，可推测苏秦之死是在五国伐齐之后，齐国败亡之际，为齐滑王所杀。

苏秦葬于何地，史书没有明确记载。淄川，战国时期是齐国的腹地，距离齐都临淄不远，在齐国临淄失陷后，齐滑王曾向南逃亡，极有可能经过淄川，苏秦随行，后因阴谋败露而死于淄川，并葬于此地。《乾隆淄川县志》记载：“苏秦墓，县西十里，墓南有桥，墓东有村，咸以苏秦名。墓临崖，有泉出其下。旧传为‘苏相’耳，不言‘秦’也。后人遂疑为（苏）秦墓，然无确据。”此墓未经发掘，墓主是否为苏秦，尚待进一步考证后才能做出结论。

除淄川有苏秦墓外，河南洛阳、巩义，山东青州等地也有苏秦墓，现存苏秦墓有六七处之多，仅洛阳就有三处。从苏秦之死看，淄川一说较为可信。

（武振伟）

苏秦发奋苦读的《太公阴符》是什么书？

苏秦，战国时期东周国雒阳人，是历史上与张仪齐名的舌辩游说之士，曾成功游说燕、赵、韩、魏、齐、楚六国诸侯联合抗秦，佩六国相印。据《战国策·秦策一》记载，苏秦起初到秦国开展游说活动，但没有被秦国接受，受挫回家后又受到父母妻嫂的非议和奚落，羞惭之下发奋苦读《太公阴符》(《史记·苏秦列传》称《周书阴符》)，掌握了《太公阴符》的精髓"揣摩"之道，于是再次游说诸侯，并最终取得成功。使苏秦的学识发生质变的"太公阴符之谋"是什么？

简单来讲，《太公阴符》是战国时期出现的大量托名姜太公所著的兵法权谋类著作。姜太公在辅佐周文王倾覆殷商政权时，运用了很多兵法权谋之术，帮助周文王取得了"三分天下有其二"的大势，因此他的兵法权谋思想成为后世兵法权谋类著作的源头和典范。

据《汉书·艺文志》记载，托名姜太公的兵法权谋类著作流传到西汉时，至少有二百三十七篇，分为三类：《谋》八十一篇、《言》七十一篇、《兵》八十五篇。苏秦发奋苦读的《太公阴符》大致不出这些"太公书"的范围。"太公书"在魏晋南北朝时期的流传情形我们已经无从知晓，但从《隋书·经籍志》所列"太公书"(计有《太公六韬》《太公阴谋》《太公阴符钤录》《太公金匮》《太公兵法》《太公伏符阴阳谋》《太公三宫兵法》《太公书禁忌立成集》《太公枕中记》《周书阴符》等)的书名来看，"太公书"在两汉乃至隋代的流传过程中有很多拆分重组与更名的现象，重组后的"太公书"书名比《汉书·艺文志》所载多出许多。

在《隋书·经籍志》所列"太公书"中，《太公六韬》因不见于《汉书·艺文志》而被后世学者认定为魏晋之后的伪书，如北宋元丰年间校正《武经七书》的何去非、南宋叶适、明胡应麟、清姚际恒等。《太公阴符钤录》《周书阴符》则因书名中有“阴符”二字引起后世学者的关注，认为二者与苏秦所读的《太公阴符》有密切联系。如明代学者胡应麟认为，《隋书·经籍志》著录的《太公阴符钤录》或者《周书阴符》就是苏秦当年所读的《太公阴符》，并且二者之一就是传世的《黄帝阴符经》的前身。但实际上，《黄帝阴符经》绝不可能是《太公阴符钤录》或者《周书阴符》。因为《黄帝阴符经》自唐代开始流传后在内容上基本没有变化，多为道家修身养性的理论，并无与权谋直接相关的内容。《黄帝阴符经》是典型的道家著作而非兵家权谋著作，《四库全书总目提要》对此有详细论述。此外《周书阴符》与《太公阴符钤录》的部分内容作为引文仍零星存在于《昭明文选》《初学记》等类书中，其所论均为军国权谋之事，与现存《黄帝阴符经》内容并无重合。因此，苏秦所读“太公阴符之谋”确有可能与《太公阴符钤录》或《周书阴符》存在某种密切联系，但与《黄帝阴符经》无多大关系。

《隋书·经籍志》著录的《太公阴符钤录》或者《周书阴符》与苏秦当年所读的《太公阴符》有什么密切联系呢？苏秦读的《太公阴符》实际上是战国时期形成的托名姜太公的记载权谋思想的著作，它虽有可能在战国时期就已独立成书，但在数量上可能不止一种，并且在后世流传过程中可能经过多次拆分重组与更名。《汉书·艺文志》所载“《太公》二百三十七篇”，《隋书·经籍志》著录《太公六韬》《太公阴谋》《太公阴符钤录》《太公金匮》《太公兵法》《周书阴符》等极有可能是同一批形成于战国时期的不同“太公书”在不同历史时期的不同表现形式，与苏秦所读《太公阴符》本就是同根同源，这一点也已被考古证实。

1972 年，在山东临沂银雀山一号汉墓出土了未署《六韬》之名但部分内容与今本《六韬》基本一致的《太公》书竹简。1973 年，在河北定县八角廊西汉墓又出土了一批被称为《太公》的竹简，其篇目均有编序，内容有的同今本《六韬》一致，有的则超出今本。从银雀山竹简与定县竹简的内容来看，简文中不避讳汉高祖刘邦的“邦”字和汉文帝刘恒的“恒”字，证明其成书应早于汉代，很有可能是战国时期的著作。

由此可以推测，今本《六韬》极有可能是战国时期形成的一系列“太公书”在后世辗转流传过程中残存各篇的合编本。因此，在当代传世文献中，与苏秦所读《太公阴符》有真正联系的并不是《黄帝阴符经》而是《六韬》。《六韬》是战国时期形成的一系列托名太公的兵法权谋类著作流传演变至今的产物，在思想内容上与苏秦所读《太公阴符》最为接近。

（刘东祥）

齐湣王为什么称“东帝”?

齐国经过威王和宣王两代的励精图治,已成为诸侯国中的强国。公元前301年,齐宣王去世,其子田地(《史记索隐》引《系本》作“田遂”)继承王位,他就是田齐的第六任君主齐湣王(又称齐闵王、齐愍王)。齐湣王即位后,继承两代霸业威势,继续保持着强国地位。他雄心勃勃,仍以一统天下为目标,发动对外战争。齐湣王在位时期是齐国由盛转衰的时期。

齐湣王时代,战国七雄的兼并战争已日趋白热化、明朗化。总体上看,齐、秦依然是攻伐征战的主要角色,其他国家主要是围绕两国参与争雄兼并的战争。合纵连横的斗争,在这一时期更为纷繁复杂。齐国围绕争雄称霸的目标,挟韩、攻秦、破燕、灭宋,展开了一系列外交活动和战争。

干预韩国内政。据《战国策·韩策二》记载,公元前300年,韩国公子咎和公子几瑟争掌政权。得到齐国支持的韩相公叔支持公子咎反对公子几瑟,在这种形势下,齐国准备出兵韩国,干预韩国内政。《史记·韩世家》记载:韩襄王十三年(前299),齐国邀请魏王一起到韩国,胁迫韩王立公子咎为太子。

攻打秦国。据《史记·穰侯列传》记载,秦昭王即位后,因昭王年少,其母宣太后执政,宣太后任用亲信治国,将其同母异父的弟弟魏冉封为穰侯,将同父的弟弟芈戎封为华阳君,将昭王的同母兄弟封为高陵君、泾阳君,形成了宣太后专制、近臣擅权的局面。此时的秦国,已与赵、宋结为盟国,为了与秦国对抗,争夺宋国,齐国发动韩、魏两国共同伐秦。公元前298年,对秦国怀有仇恨的齐国孟尝君统帅齐、韩、魏之师攻打秦国。为什么孟尝君对秦国怀有仇恨呢?在此对作为战国四公子之一的孟尝君田文作一简单的介绍。

《史记·孟尝君列传》记载,孟尝君本名田文,是齐国贵族,他继承了其父田婴的爵位，封地于薛，门下有食客数千。秦昭王仰慕他的贤名，多次邀请他去秦国。孟尝君的门客劝他说秦国用心险恶，于是他多次拒不前往。公元前299年，孟尝君奉齐王之命，前往秦国。秦王封他为相，但是考虑到孟尝君是齐国宗室，若在秦国为相，很可能对秦国不利，所以就想将其杀死。孟尝君知道了秦王的意图，便暗中讨好秦王宠妃，让她为自己求情。他门下一名善于钻狗洞进行偷盗的门客连夜潜入皇宫，盗出了原本已经进献给秦昭王的一件白色狐裘，送给宠妃。宠妃为孟尝君求情，于是秦王答应释放孟尝君。孟尝君立即逃离，夜至函谷关。此时秦王后悔纵虎归山，派人追杀他。按照函谷关的关法规定，每天鸡叫的时候才允许人们进出关卡，为了连夜逃出函谷关，孟尝君门客中一位善于模仿鸡叫的人学起了鸡鸣，附近的鸡随着一起叫了起来，守城者误以为时间到了，打开关门，孟尝君逃离了秦国。孟尝君在“鸡鸣狗盗之徒”的帮助下，历经险阻，回到齐国，由此，孟尝君与秦国结怨。孟尝君归齐之后，担任齐相。后来孟尝君被齐湣王疑忌，为了避难，称病归隐。齐湣王灭掉宋国后，愈发骄狂，想杀死孟尝君。孟尝君离开了齐国，投奔魏国，在魏国任相，并联合赵、燕共同伐齐。直到齐湣王在莒地被杀，齐襄王继位后，他才开始“中立于诸侯”。他去世后，谥号孟尝君。他的几个儿子争着继承爵位，后齐、魏两国联合共同灭掉了薛邑，没有给他留下后嗣。

孟尝君差点丧命于秦，对秦国十分仇视，公元前296年，他率齐、韩、魏之师伐秦，攻势凶猛，联军攻破函谷关。秦昭王在“割河东”讲和与继续作战之间，最终做出了“宁亡三城而悔，无危咸阳而悔也”（《战国策·秦策四》）的决定，秦国割地求和，以保咸阳安全。齐、韩、魏三国答应了秦国割地求和的请求而退兵。这件事在《史记·孟尝君列传》《史记·魏世家》《史记·韩世家》中都有记载。

秦为“虎狼之国”，有兼并天下之心，这是当时有目共睹的事实。魏、韩两国地处中原，在形势上是必争之地。齐国利用魏、韩两国与秦国的矛盾，三国联合攻秦，兵破函谷关，在一定程度上阻止了秦国东进。但是在攻破函谷关后，齐国只顾眼前利益，接受了秦国的请和，丧失了进一步打击、削弱秦国的良机。

战胜燕国。打败秦国后，齐湣王又把战火烧到了燕国。据《战国策·齐策五》记载：公元前295年，齐、燕在权地（今河北正定北）开战，齐军大胜，击灭燕国大军，燕“十万之众尽”。《战国策·燕策一》也有记载：“（齐）北与燕战，覆三军，获二将。”这场战争的胜利，使齐湣王称霸天下的野心进一步膨胀。

除此之外，齐国还发动了多场对外战争，《史记·乐毅列传》记载：公元前301年，齐国向南于重丘（今河南泌阳东北）战败了楚国；公元前317年，向西于观津（今河北武邑）打垮了魏国和赵国；在联合韩、赵、魏三国攻打秦国之余，还于公元前296年，帮助赵国灭掉中山国，大面积扩展了领土。各诸侯国多对强齐之势望而生畏。

齐、秦称“帝”。齐湣王时期，国力强盛的秦国和处于鼎盛之势的齐国曾相约共同称帝，秦为“西帝”，齐为“东帝”。由于齐、秦称帝并没有得到各诸侯国的认同和臣服，称帝的条件并不成熟，因此两国称帝的时间非常短，很快便恢复了“王”的称号，可谓昙花一现。但齐、秦称帝在当时是一件十分重大的事件，各国历史都有记载。《史记·秦本纪》载：“（秦昭襄王）十九年，王为西帝，齐为东帝，皆复去之。”《史记·魏世家》记载：“八年，秦昭王为西帝，齐湣王为东帝，月余，皆复称王归帝。”《史记·田敬仲完世家》记载：“齐湣王为东帝，秦昭王为西帝。”《史记·穰侯列传》记载：“昭王十九年，秦称西帝，齐称东帝。月余，吕礼来，而齐、秦各复归帝为王。”由此可见，齐、秦称帝在当时是极为轰动的事情。这也是中国历史文献上关于称帝的最早记载。

在齐、秦称帝之前，“王”是对各国最高统治者的称号，夏、商、周三代的君主都称为“王”。战国时，周王室已虚有其名，早已不能号令天下，因此当时的强国之君都想取而代之。战国初期，魏国变法成功而强盛起来，魏惠王首先自称为“王”，企图号令天下，要求小国君主把他看作天子来朝见。不久，魏国在桂陵之战和马陵之战中被齐国打败，丧失了强国地位。公元前334年，魏王“变服折节”而拜见齐威王于徐州，两国“徐州相王”。公元前325年，秦惠王称王。同年，魏惠王为了拉拢韩国，与韩在巫沙相会，尊韩威侯为韩王。公元前323年，魏、韩、燕、赵、中山五国互相尊称为王，即历史上的“五国相王”。至此，“王”这一称谓已经不再尊贵。

此时的秦国，国力强盛，尽管在对齐、韩、魏三国的战争中战败求和，但并未伤及元气，依旧对列国虎视眈眈，它早已不满足于和其他国家共同称王，而决定称帝。春秋战国时期，许多上古帝王作为神话传说，在民间广为流传，战国时已经存在“五帝”之说，《大戴礼记·五帝德》认为，黄帝、颛顼、帝喾、尧、舜并称“五帝”，而《吕氏春秋》十二纪认为，太昊、炎帝、黄帝、少昊、颛顼为“五帝”。尽管说法有异，但可见那时人们对“帝”的尊崇。同时，在上古传说中慢慢兴起了一股建构宗法族谱的潮流，诸侯霸主祭祀过去有功于民的神灵，黄帝和炎帝首当其冲。齐威王时把黄帝称为自己的“高祖”，“帝”在古史传说中已成为德行和功绩比“王”高一级的称谓。所以秦国在图霸的过程中，决意称“帝”。用“帝”号作为最高统治者的称号，成为后来秦始皇自称“皇帝”的先声。

在向东兼并的过程中，秦国越来越感觉到齐国是自己扫平天下的最大障碍。在齐国强盛，无法贸然窥兵齐国的情况下，秦国改变了策略，开始推行联齐政策。而这时，齐湣王早已对孟尝君专政十分不满，将孟尝君罢免，改变了过去联合韩、魏的外交政策，改行联秦政策。秦国拉拢齐国的目的，在于挑拨齐国与韩、赵、魏的关系，使秦、齐达到暂时的联合，从而没有顾虑地进攻韩、赵、魏三国。《战国纵横家书·韩献书于齐》记载：“秦取粱（梁）之上党，乾（韩）粱（梁）从，以功（攻）勺（赵）……秦取乾（韩）之上地，齐取燕之阳地。三晋大破。而（攻楚）。……齐秦虽立百帝，天下孰能禁之。”这段话记载的是齐、韩、魏打败秦国后，秦国派使者游说、拉拢齐国的内容，秦国向齐国提出了瓜分其他国家的设想。

公元前 294 年，秦国大举进攻韩、魏，韩、魏因失去齐国的支持节节败退。秦军连连获胜，攻取了三晋大片土地，力量大大增强。

秦国以牺牲三晋和燕、楚利益为条件，拉拢齐湣王共同称帝。此时的齐湣王也有称帝的政治野心，于是答应了秦国的提议。在公元前 288 年，秦昭王和齐湣王相约共同称帝，秦为“西帝”，齐为“东帝”。这就是齐湣王为“东帝”的由来。

齐、秦称帝清楚地表明了两国兼并其他诸侯国的意图，因此也遭到了其他诸侯国的强烈反对，各国想尽办法，破坏齐、秦联盟。据《战国策·齐策四》记载，著名的纵横家苏秦（《史记·田敬仲完世家》记为苏代）对齐湣王说：您以为称帝怎样？齐湣王说：如果不称帝，秦国会怨恨齐国；如果称帝，天下会怨恨齐国。不过我觉得还是称帝好。苏秦又说：齐、秦两国并立称帝，您认为天下人是尊重齐国还是尊重秦国？齐湣王说：尊重秦国。苏秦又问：如果您放弃帝号，天下人是爱戴齐国还是爱戴秦国？齐湣王道：当然是爱戴齐国。苏秦继续说：如果您放弃帝号，再去攻打宋国，那么齐国的地位就会加强，受到尊重，大王的声名也会远播。那时燕国和楚国也会归附齐国，天下诸侯会听您号令。这样做，名义上是尊重秦国，而实际上是让天下人憎恨秦国，请您仔细考虑。齐湣王为了得到各诸侯国支持,主动放弃帝号,改变了联秦的政策。据《史记·鲁仲连列传》记载,公元前288年,齐、赵会盟,相约攻秦,强迫秦国废去帝号。

公元前287年,五国联合发兵攻打秦国。秦昭王迫于五国的压力,称帝仅两个月就废除了帝号,并且割地求和。

与此同时,齐国开始了对宋国的吞并战争。宋国地处中原,"皆平原四达,膏腴之地"(《史记·春申君列传》),"与其得百里于燕,不如得十里于宋"(《战国策·燕策二》)。齐国觊觎宋国由来已久,进攻宋国是势在必行的。公元前288年,齐军发动了第一次攻宋的战争,迫使宋国割淮北地与齐国讲和。公元前287年,当五国联合攻秦的时候,齐国并没有全力以赴,而是把兵力抽出来攻打宋国平陵,发动了第二次攻宋战争。公元前286年,在赵国的支持下,齐湣王第三次举兵伐宋。"三覆宋,宋遂举。"(《战国策·燕策二》)齐湣王终于如愿以偿地吞并了宋国。

齐湣王灭宋,表明齐国政治、军事实力达到了顶峰。齐国此时的疆域,东从大海,西至宋地,南从淮泗,北至燕国,幅员数千里。《史记·田敬仲完世家》记载:齐湣王灭宋后,"欲以并周室,为天子。泗上诸侯邹鲁之君皆称臣,诸侯恐惧"。齐国达到了在战国史上的极盛时期。

此时的齐湣王被眼前的胜利冲昏了头脑,野心极度膨胀,狷狂自傲,看不到国内外的各种隐患,这也成为后来齐国在乐毅伐齐之战中惨败以及齐湣王惨死的非常重要的原因。乐毅攻破临淄后,齐湣王仓皇出逃,先后逃到卫国和邹、鲁,却依然凭恃曾经的"东帝"身份,以"天子"自居,遭到了几个国家的反感和驱逐,最终被迫逃回齐国莒地,被楚国以救齐为名派到齐国的淖齿残忍杀死。

称帝和灭宋,使齐国达到了极盛,然而事实上,连年的战争耗尽了齐国的人力、物力,齐国已成强弩之末,加上灭宋后齐湣王专横跋扈,穷兵黩武,致使国力空虚,很快从军事胜利的高峰跌落惨败的深谷。齐湣王称"东帝",仅两个月时间,可谓昙花一现。此后不久,随着燕将乐毅率诸侯联军伐齐战争的到来,齐国几代君主"莅中国而抚四夷"的梦想彻底破灭了。

(石志丹)

乐毅是如何率领五国联军破齐的?

公元前318年,燕王哙将王位禅让燕相子之,导致燕国内乱。公元前315年,齐国打着平定燕国内乱的幌子,趁机攻破燕国,对燕国进行残暴的掳掠和暴虐的统治,燕国沦为齐国的臣属,丧失了列国中的平等地位。齐国的行为遭到了燕人的强烈反抗,也引起各诸侯国的反对。公元前312年,在燕人强烈反对和其他诸侯国的军事压力之下,齐军从燕国撤退,燕昭王姬职(一说为平)即位。对齐国怀有“破国之仇”的燕昭王无法忍受齐国对燕国的奴役和控制,决心复仇。

《战国策·燕策一》记载,燕昭王“居处不安,食饮不甘,思念报齐”,为了报复齐国,他积极准备力量,求贤若渴。燕昭王即位后礼贤下士,用丰厚的聘礼招纳贤士。他去见燕国客卿郭隗(wěi),说:齐国乘人之危,攻破我们燕国,我深知燕国势单力薄,无力报复。如果能得到贤士与我共同治理国家,以雪先王之耻,这是我的愿望。请问先生要报国家的大仇应该怎么办?郭隗说:成就帝业的国君,把贤人当作师长对待;成就王业的国君,把贤人当作朋友对待;亡国的君主,则把贤人当作仆役对待。国君如果能屈己奉人,像弟子一样向贤人求教,才能超过自己百倍的人就会到来。他还对燕昭王说:如今大王真想招纳贤士,请先从我郭隗开始。燕昭王欣然接受,为郭隗修建了房舍,拜他为师,燕昭王纳贤之名传遍各国。于是,“乐毅自魏往,驺衍自齐往,剧辛自赵往”,诸国贤士纷纷而至。燕昭王又在国内祭奠死者,慰问生者,和百姓同甘共苦。由于他励精图治,燕国的经济、军事逐渐强大起来。

在积蓄力量的同时,燕昭王还派人到齐国进行反间,苏秦就是其中之一。苏秦是战国时期著名的纵横家,提出六国合纵抗秦的战略思想。后来自燕至齐,从事反间活动,受到齐王信任,做了齐相,参与齐国的政治决策。在他的劝说下,齐国放弃了“东帝”之号,并攻灭了各国都觊觎的宋国,遭到了列国仇视。

齐国灭宋,引起了各诸侯国极大的不安。同时,在这一时期,齐湣王还发动了多场对外扩张战争。《史记·乐毅列传》记载:齐湣王向南在重丘打败了楚国,向西在观津打垮了魏国和赵国,随即又联合韩、赵、魏三国攻打秦国,还帮助赵国灭掉中山国,继而灭了宋国,使领土扩展了一千多里。齐湣王自傲自大,很是骄横,四面树敌,使齐国在列国中成为众矢之的。与此同时,在齐国国内,百姓也不堪忍受他的暴政。燕昭王认为攻打齐国的机会来了。在这种情势下,燕国游说各诸侯国共同伐齐。其中秦国对于齐国的强大尤为忌惮,燕昭王就趁机拉拢秦昭王。据《战国策·燕策一》记载,苏秦游说秦王说:燕、赵两国支持攻破宋国,壮大齐国,并屈从于它,燕、赵并不想从中得利……如果现在您不拉拢燕、赵,齐国的霸业一定会成功。如果诸侯都拥护齐国,只有您不服从,国家将遭到攻伐;如果诸侯都拥护齐国,您也一样服从,您的名声就卑下了。现在您拉拢燕、赵,会使国家安定而名望崇高。抛弃名尊国安的做法而选取名卑国危的做法,聪明人是不会这么做的。苏秦以此激怒秦国,使秦国成为攻齐的主要力量。同时,燕国又拉拢赵国,游说魏、楚等国,“举天下而图之”(《战国策·燕策二》)。于是各诸侯国相谋共同伐齐。

公元前284年,燕、秦、赵、魏、韩五国联合攻齐。燕昭王任用乐毅为上将,赵惠文王也把相国印授予乐毅,诸侯各国皆听乐毅指挥。乐毅率五国联军向齐国展开了大规模的进攻。

乐毅,是战国初年魏文侯的名将乐羊的后裔。据《史记·乐毅列传》记载,乐毅很有才德,喜好军事,起先在赵国任职,因赵武灵王时的沙丘之乱离开赵国,到了魏国。后听说燕昭王招贤,便前往燕国。乐毅是一位有才干的军事家,受到燕昭王的赏识和重用,燕昭王以客卿之礼款待乐毅,乐毅辞让,要求作燕昭王的臣子,燕昭王任用乐毅为亚卿。

在乐毅的率领下,五国联军气势汹汹。而此时的齐湣王“灭宋而骄”,狂傲轻敌,得知五国伐齐,连忙派大将触子率齐兵迎战五国之师,在济西对峙。齐湣王求胜心切,派人督促触子。据《吕氏春秋·权勋》记载:齐湣王派人羞辱并斥令触子说:再不开战,我就灭掉你们这些人,挖掉你们的祖坟!触子非常愤怒,想让齐军战败,他率齐军与诸侯国军队刚一交战,就鸣金收兵。齐军败退,诸侯军乘胜追击。触子乘一辆兵车离开后,不知去向。

济西之战后,乐毅遣返了秦、韩之军,让魏国进攻原宋国地区,赵国攻取河间,自己则率领燕军长驱进击,准备一举攻下齐国。此时的齐国,受到五国联军重创,“大乱失度”,早已无力抵抗燕军的进攻。乐毅抓住时机,率军深入齐国,直逼临淄。一位叫达子的将领又率领齐军继续迎击五国联军,因为没有东西赏赐士卒,达子向齐滑王请求财力支援,齐滑王不但没有答应,还愤怒地骂道:你们这些残兵败将,我怎么能给钱?齐军士气更加低落,在与燕军交战时,迅速溃败,达子战死。

临淄很快失守,齐滑王仓皇出逃。燕军对临淄进行洗劫,“珠玉财宝,车甲珍器,尽收入于燕”(《史记・乐毅列传》)。齐国的祭器陈列在燕国的宁台,齐国的大吕巨钟陈列在燕国的元英殿,燕国原先被掠走的大鼎又回到燕国的王宫。《史记・乐毅列传》记载:乐毅将齐国的财宝祭器送回燕国,燕昭王大喜,亲自到济水慰劳军队,奖赏兵士,同时将齐国的昌国一地赏给乐毅,封他为昌国君。

在此,简略介绍一下昌国故城的由来和战国时期的“封君制”。

昌国,今为淄博市张店区东南三公里的昌城村,西临沣水,东依涝淄河。昌国故城是古代齐国的城邑,“昌国”一名,正是因战国时期燕昭王封赏大将军乐毅为昌国君而得。燕昭王死后,他的儿子燕惠王即位。燕惠王因早年与乐毅不和,又听信离间之言,于是改用骑(jì)劫替换了乐毅大将军之职,乐毅逃往赵国。齐将田单很快收复了被燕国占领的齐国领土。燕惠王十分后悔,因此又把乐毅的儿子乐间封为昌国君。但乐间一直生活在燕国,并没有到过昌国。公元前251年,燕王喜打算攻打赵国,乐间劝阻无效,燕军惨败。乐间也逃到赵国,最终成为赵国将领。

封君制在战国时期十分盛行,被封君的多是各国国君的宗室、宠臣以及有功的将相大臣等,且多以封邑之名为封号。封君拥有私田和在封邑征收租税的特权,但必须奉行国家的统一法令,接受国君的命令。封君的“相”往往是由国君从中央派遣,并且主管对封邑的治理,掌握封邑的兵权。当时,封邑在传统上是可以世袭的,但事实上,各国为了加强中央集权的政治体制,都注意取消封君世袭的特权,因此所封功臣,能够世袭的非常少,在所封宗室中,也只有齐国的孟尝君、魏国的安陵君出于世袭,赵国的平原君死后,其“子孙后代”世袭直到亡国(《史记·平原君列传》),其余不见世袭。因而,乐毅和乐间父子先后被燕国国君封为昌国君,这在战国时期是独一无二的。

关于昌国,战国时为昌国邑,秦汉时为昌国县。清代文人毕际有《淄乘徵》记载道:"昌国城,汉县也,前汉属齐郡,后汉属齐国,晋亦属齐国,《宋书·州郡志》属齐郡,《魏书·地形志》属青州齐郡,至隋朝,昌国县之名不见于史。"据《临朐县志》记载:隋文帝杨坚时,将"昌国县"更名为"逄山县",到隋炀帝杨广时,又将"逄山县"更名为"临朐县"。此后,"昌国"之名不见于史册。

昌国故城遗址

据清乾隆四十一年(1776)《淄川县志》记载:"昌国城,《史记》燕昭王封乐毅于昌国,号为昌国君。《正义》曰:故昌城在淄川县东北四十里也,今故址犹在,土人呼为昌城。南曰乐店,有竖旗石,孔广数寸,相传乐毅曾破齐兵于此。"又载:东乡岳店,古名乐毅店,建有乐毅庙。庙中有唐朝名家李邕写的碑刻,并有当年乐毅屯军练兵的旗杆石。如今的昌国故城遗址基本成正方形,西北角稍缺,四周边长各近 1.5 公里,有东、西、南、北四个角门。经钻探,文化层厚一米左右,地表多汉代遗迹。1984 年被公布为市级重点文物保护单位,2006 年被公布为省级文物保护单位。

尽管因历史上郡县不断迁改,"昌国"这一城名早已不见于史册,但保留下来的昌国故城遗址成为当代研究战国时期齐国文化的重要历史遗迹之一。

燕昭王封赏后,命乐毅留守于齐,继续攻打齐国城邑,乐毅准备乘胜攻占齐国全部领土。画邑的王蠋在燕军包围下拒不投降,他说:"忠臣不事二君,烈女不更二夫。国破君王，吾不能存，而又欲劫之以兵；吾与其不义而生，不若死！”于是以死殉职。乐毅意识到只靠军事进攻是不行的，于是采取了一些瓦解齐军、齐民抵抗心理的措施，“修整燕军，禁止侵掠，求齐之逸民，显而礼之。宽其赋敛，除其暴令，修其旧政”，缓和了齐人的敌对情绪。之后乐毅部署军事进攻：“遣左军渡胶东、东莱；前军循泰山以东至海，略琅邪；右军循河、济，屯阿、鄄以连魏师；后军旁北海以抚千乘；中军据临淄而镇齐都”（见《资治通鉴·周纪四·赧王中三十一年》）。乐毅用了六个月的时间，攻下齐国七十余城，使其皆划为燕国的郡县。齐国仅剩即墨和莒两座城池没有被攻克。五国联合伐齐后，秦国攻取原来被齐国所占的宋国大邑定陶（今山东定陶西），魏国攻取大部分原属宋国的领土，赵国攻取济水以西的大片土地，连鲁国也乘机攻占齐国的徐州，齐遭受沉重打击，元气大伤，从此一蹶不振。

齐湣王出逃后，先逃到了卫国。起初卫国国君对他还十分恭敬，但齐湣王此时仍以大国之君的身份自居，傲慢不逊，遭到卫国君臣的反感，被卫人驱逐。之后他被迫投奔到邹、鲁，但两国也拒不接纳，最后齐湣王回到了莒。回莒之后，楚顷襄王为救齐派淖齿率兵进入齐国，齐湣王得到救援后，任淖齿为相。淖齿想伺机瓜分齐国，并置齐湣王于死地。据《战国策·齐策六》记载，淖齿对齐湣王说：千乘和博昌之间，方圆几百里下血雨，你知道吗？湣王说：不知道。淖齿又问：嬴地和博地之间，地裂泉涌，你知道吗？湣王说：不知道。淖齿又问：有人对着宫阙哭，去寻找却又见不到人，离开那里却听到哭声，你知道吗？湣王还是回答不知。淖齿杀气腾腾地说：天下血雨是上天警告你，地裂泉涌是地神警告你，人迎着宫阙哭是人在警告你。天、地、人都警告你了，可你仍然不引以为戒，怎么能不受上天的惩罚呢？之后杀死了齐湣王。《韩非子·奸劫弑臣》载：“擢湣王之筋，悬之庙梁，宿昔而死。”

郾王剑铭文

（齐文化博物馆藏）

在威王和宣王的时代，齐国雄踞东方，号令天下，曾在很长时间内与秦国势均力敌，东西并峙，在合纵连横的战争中，也长期处于领导地位。齐湣王凭借这样一份雄厚的基业，也曾在一段时期内战绩辉煌，欲“并二周为天子”，一度称帝。然而，因为齐湣王的刚愎自用、穷兵黩武，且缺乏长远、准确的战略眼光，使得齐国连年征战，财尽民乏，齐国上下百姓不附，宗族离心，最终在五国伐齐和乐毅破齐的战争中一败涂地。

五国联合攻齐和燕国破齐，是战国时期的重要事件。齐国在此之后一蹶不振，盛世一去不返，齐、秦两国对峙的局面结束。这在客观上为秦国控制六国、统一天下创造了有利的条件。

（石志丹）

战国四公子中的孟尝君是一个怎样的人?

战国时期,诸侯国中有四位贵族子弟因“养士”而名闻天下,他们分别是齐国的孟尝君田文、赵国的平原君赵胜、魏国的信陵君魏无忌与楚国的春申君黄歇,被后世合称为“战国四公子”,其中影响最大的是齐国的孟尝君田文。

田文出身于田齐王室,他的父亲靖郭君田婴,据说是齐威王的少子、齐宣王的少弟(也有说法认为,田婴只是齐国田氏的枝庶子孙,并不是齐威王的儿子)。田婴妻妾众多,孩子有四十余个。田文的母亲只是田婴一个身份低下的妾。田文出生在五月五日,按照当时的观念,这一天出生的男孩将不利于他的父亲,因此田婴命令田文的母亲遗弃田文,他的母亲却偷偷把他养大。田文长大后,面见父亲田婴,据理力争,破除了田婴对“五月子不利于父母”的迷信,不久之后又对田婴直言进谏:您在齐国为相已历三代齐王,齐国没有强盛起来,您自己家中富累万金却没有一位贤人。您的妻妾和仆人们穿着绫罗绸缎,肉和粮食吃都吃不完,生活十分奢侈,但齐国的士人们连粗布衣服都没得穿,连糟糠都吃不上。如今您还要继续大肆积聚财富,想要把这些财富送给什么人呢?您忘记了齐国的国事日益衰败,我对您的做法暗中觉得奇怪。田文凭借这一番高瞻远瞩的谏言,得到了田婴的认可与重用,从此主持家事,接待宾客。

田文重义轻财、礼贤下士,田府的宾客一天天多起来,田文的名声也逐渐传于诸侯之间。各国诸侯都派人请求田婴把田文立为继承人,于是田文在四十多个兄弟中获得了世子的地位。田婴死后,田文继承了薛邑的封地,人称“薛公”,号“孟尝君”。

田文继续礼贤下士,门客越来越多,政治声望也越来越高,很快成为齐国政坛上的风云人物。(田文及其门客的故事在《战国策·齐策》《史记·孟尝君列传》中多有记载)齐宣王时期,田文多次率领军队进行对外战争,其中最为著名的是齐宣王十九年（前301）田文率领齐国军队与韩国、魏国联合攻打楚国，大败楚军后帮助韩、魏两国夺取了楚国的宛、叶两地。（《战国策·西周策》）

齐湣王元年（前300），田文因功高震主被齐湣王罢免官职，回到薛邑封地。齐湣王二年（前299），田文应秦昭王之邀到秦国任相。不久秦昭王听从赵国使者楼缓的建议，想要杀掉田文，田文得知消息后在两位"鸡鸣狗盗"门客的帮助下连夜逃回薛邑。回到薛邑后，田文的门客冯谖（xuān）游说魏国，使魏王聘田文为相，而冯谖暗中让田文不要答应，魏国使者先后三次往返薛邑，惊动了齐湣王，齐湣王于是派太傅携带自己的致歉信向田文请罪，并请田文出任齐相，执掌齐国朝政。田文在提出包括把齐王室宗庙设在薛邑的一系列条件后，才答应重返齐国任相。

值得一提的是，这位冯谖是孟尝君众多门客中最有才能的一位，《战国策·齐策四》"齐人有冯谖者章"专门记载了冯谖为孟尝君出谋划策的故事。冯谖家境贫寒，托人请求做孟尝君的门客，孟尝君问他有什么爱好和才能，他都回答说没有，孟尝君笑了笑还是接纳了他，把他作为一个下等的门客奉养。不久，冯谖先后三次倚着柱子敲击剑刃歌唱，第一次是"长铗（jiá）归来乎！食无鱼"，孟尝君听说后便提高了他的饮食规格；第二次是"长铗归来乎！出无车"，孟尝君听说后便赐给他马车；第三次是"长铗归来乎！无以为家"，这一次连孟尝君身边的其他门客都看不下去了，认为冯谖既没有才能又得寸进尺、贪得无厌，但孟尝君还是细心地询问冯谖家中还有什么亲人。冯谖说还有老母，于是孟尝君便派人供养他的老母，使她的生活没有缺乏。于是冯谖不再弹剑歌唱了。后来孟尝君为了奉养门客，开始在封地薛邑放高利贷，冯谖自告奋勇应召前往收取利息。冯谖用先收到的十万钱的利息置办酒肉，请所有欠债的百姓都来赴宴。在宴会上，冯谖一一核对他们的借据，让有能力还债的定下还债的期限，至于那些还不起债的百姓，冯谖便烧掉他们的借据，并谎称这是孟尝君的意思。于是薛邑百姓对孟尝君无不感恩戴德。孟尝君听说此事后，不理解冯谖的用意，很不高兴，但后来当他罢相返回薛邑时，薛邑百姓走出一百里地来迎接孟尝君，孟尝君这才意识到冯谖的良苦用心。冯谖为孟尝君收买了薛邑的民心，恢复了齐相的地位，帮助孟尝君争取到把宗庙设在薛邑的优势，从而使孟尝君立于不败之地。

田文任齐相后，立即展开对秦国的疯狂报复。齐湣王三年（前298），田文联合韩、魏两国攻打秦国至函谷关，战争一直持续到齐湣王五年（前296），秦国被迫割地求和。此役过后，田文威震天下，声望达到巅峰，以至于“闻齐之有田文,不闻其有王也”(《史记·范雎蔡泽列传》),这再次引起齐湣王的不安。齐湣王七年(前294),田甲叛乱,加上此前齐国有人制造流言说“孟尝君将为乱”,所以齐湣王怀疑田文是这次叛乱的主谋,于是田文称病返回封地薛邑。

田文返回薛邑后,秦国人吕礼任齐相,吕礼想要促成齐国与秦国的结盟,因此与主张六国合纵攻秦的齐国大臣苏代(秦)产生不可调和的矛盾。苏代(秦)游说田文,希望借助田文的外交手段,破坏秦国与齐国的关系,这样就可以驱逐吕礼,使田文夺回齐国相位。田文依计而行,写信给秦相魏冉,使魏冉劝秦王出兵攻打齐国,结果秦昭王伐齐,吕礼被齐湣王罢免。田文虽然借助秦国伐齐一事驱逐了吕礼,却没能重返齐相之位,反而与齐湣王的关系更加紧张。

齐湣王十年(前291),复任齐相无望的田文应魏昭王之邀,离开薛邑到魏国任相。齐湣王十五年(前286),齐灭宋,齐湣王日益骄横,想要除掉田文,收回薛邑。田文为求自保,于是在魏相任上,力主魏国响应燕国号召伐齐,最终五国联军在济水之西大败齐军主力,燕国继续进军,攻占齐都临淄,连克齐国七十余城,使齐国几乎灭亡,这恐怕是田文始料不及的。

五国伐齐后,田文怀着复杂的心情离开魏国回到薛邑,从此在诸侯之间保持中立。齐襄王即位之初,慑于田文的实力,与他和解并亲近他。齐襄王五年(前279),田单收复齐国失地,齐国成功复国。同年,田文去世,他的几个儿子争位,齐国与魏国趁机一起出兵攻占了薛邑,田文家族全部死于此战,没有留下后代。

田文在齐宣王、湣王时期出将入相,是左右齐国政局乃至国际形势的关键人物。他以“养士”“重义”闻名天下,有着巨大的政治声望和强大的经济、军事实力,是各国君主争相拉拢的对象。宣王时期与湣王前期,他以齐相的身份活跃于国际外交与军事舞台,曾率领齐、韩、魏联军南败楚,西败秦,有一定的军事才能。但田文本身也有着极大的人格缺陷,那就是自私自利,有仇必报,不顾大局。五国伐齐之战,虽不能说是他一手促成的,但他以魏相的身份联合秦、赵两国共同参与到燕国伐齐之战中,无疑起到了推波助澜的作用,而他之所以这样做的原因无非两点,一是保全自己的薛邑封地,二是向齐湣王复仇。田文舍国而保家的行为最终导致了齐国的衰亡,而他的封地薛邑也最终没能保全,落得一个国破家亡、绝嗣无后的下场。

(刘东祥)

田单是如何光复齐国的?

燕军破齐后,齐国全面陷入血雨腥风、哀鸿遍野的境地,只有即墨和莒两座城池还在坚守。

《战国策·齐策六》记载,在莒城,淖齿(受楚王之命率军救齐,被齐湣王任用为相)杀死齐湣王激起了齐人的愤怒,湣王的臣子王孙贾召集齐人,想要为湣王报仇,他说:淖齿在齐国作乱,杀了湣王,谁愿意跟我去讨伐淖齿的,就脱下右边的衣袖!响应的有四百人。王孙贾率领这四百人杀死了淖齿后,继续固守莒地抗击燕军。与此同时,在另一座未被燕军攻克的城池即墨,守将田单也率领民众顽强坚守,并以即墨为据点,寻找反攻燕国的机会。

据《史记·田单列传》记载,田单是田齐王族较远的庶族分支。齐湣王时期,田单只是临淄的一个小官,没有名气。当乐毅攻破临淄,齐湣王出逃时,田单也带着自己的族人离开了国都,逃至安平。田单了解燕军的攻势,知道安平也不是久留之地,便提早做好了逃离的准备。他令族人将乘坐的车子进行了改造,减小了车的体积。在燕军攻下安平后,齐人纷纷逃亡,道路拥堵不堪,许多人因车子坏掉而被燕军俘虏,唯独田单和其族人因车轻便得以逃脱至即墨。

即墨是一个较大的城邑,粮食物资都较为充沛。燕军进攻即墨时,即墨人民殊死抵抗,燕军一度难以攻克。但不久之后,即墨大夫出城迎战,战败而亡。这时,即墨人认为田单有勇有谋,于是共同推举田单为将军。田单受命于危难之时,在极其艰苦的情况下,抵抗燕军,坚守六年。

田单受任之后,冷静分析了所面临的形势,他清楚地认识到,在敌我力量悬殊的情况下,如果只依靠硬打猛冲是不可能取胜的,只有采取策略才能赢得出路。基于此,他一方面采取措施激励即墨军民的斗志,一方面屡出奇计,使形势逐渐朝着有利于齐军的方向转化。为了激励军民的斗志,田单事事以身作则,与士兵一起劳作,一起战斗,同甘共苦,并把妻妾编到守城的队伍中,以增强守城力量。此外,他拿出个人财物,犒赏有功的部下。很快,田单赢得了人心,在守城军民中建立起很高的威望,为统一指挥和坚守即墨创造了条件。面对燕军的进攻,田单采取守而不战的策略,燕军数次进攻都没有成功。

田单意识到,齐军想要战胜燕军,首先必须除掉有勇有谋的燕将乐毅,为此他不断等待和寻找机会。公元前279年,燕昭王去世,其子燕惠王即位。田单了解到乐毅曾与燕惠王不和,知道除掉乐毅的机会来了。田单便利用燕惠王和乐毅的矛盾进行离间,他派人到燕国散布流言说:齐国久攻不下的只有两座城而已,之所以不及早拿下,听说是因为乐毅与燕国新即位的国君有怨仇,乐毅断断续续用兵,是故意拖延时间留在齐国,准备在齐国称王。齐人担心的,是燕国再派其他的将领来。(《史记·乐毅列传》)燕惠王原本就对乐毅心存芥蒂,听到反间的话,便令骑劫取代乐毅为将。乐毅逃往赵国。而骑劫无德无才,根本无法应付严峻复杂的战争局面。燕军将士因而军心涣散,士气低落。

《史记·田单列传》记载,田单为了打击燕军的气焰,采取了一系列的智谋奇计。首先,他巧妙地假托"神意"。他命令即墨城中居民吃饭时要把饭端到院中供奉祖先,结果引来许多飞鸟结群觅食。逐食的飞鸟在空中盘旋,燕军感到很奇怪。田单令人散布消息说这是有神人下来助齐。之后又找了一个机灵的兵卒,诈称他就是神师。此后每每有命令,都说是神师下达的指示。即墨军民信以为真,士气更盛。

为了进一步激起齐人的仇恨,田单还诱使燕军对齐人施以种种残暴行为,以坚定齐国军民必战之心。他令人散布消息说:我只害怕燕军将俘虏的齐国士兵割掉鼻子,并把他们放在燕军最前列同我作战,即墨会因此而被攻下。燕人听说后,果然把俘虏的齐卒全部施以劓刑,再在打仗时将这些人安排在前列。即墨城中人看到自己的国人遭到这种对待,恼羞成怒,增强了誓死不降的决心。田单又派人扬言:我害怕燕军挖掘我们城外的坟墓,侮辱我们的祖先,我们会为此感到痛心。燕人闻此,挖掘城外齐人的坟墓,焚烧死尸。即墨人从城上望见,都流泪哭泣,无比愤恨,强烈要求与燕军血战到底。清代顾炎武《日知录》卷一五道:"田单守即墨之孤邑,积五年,思出万死一生之计以激其民,故袭用其毒,误燕人掘齐墓,烧死人,齐人望之涕泣,怒十倍,而齐破燕矣。然则焚其先人之尸,为子孙者所痛愤,而不自爱其身,故田单思之五年,出此诡计以误敌也。”

田单看到齐军士气高涨,知道与燕军决战的时刻已经到了。亲自拿着筑板和铁锹参加修建防御工事,和士兵分担辛劳。他让青壮年士兵隐蔽起来,只让老弱病残和妇女登城防守,佯装城中已无强大战斗力,又派遣使者到燕军投降,早已疲惫不堪、思乡厌战的燕国士卒都高呼万岁,逐渐放松了警惕。为了进一步麻痹燕军,田单又在百姓中收集金钱,共得千镒,让即墨的富豪赠给燕国将士,说:即墨立刻投降,希望燕军进城时不要掳掠我同族的家小。燕国将士深信不疑,答应了他的请求,停止了进攻,一心等待齐军投降,完全放松了警惕。

万事俱备,只待决战,于是历史上著名的“田单大摆火牛阵”登场了。田单一面设计麻痹燕军,一面厉兵秣马,他把城里的一千多头牛征集起来,日夜训练,首先把牛吃的草料制成人形,外面套上燕军的服装,然后在饿了一段时间的牛的角上绑上锐利的尖刀。牛只有用角上的尖刀将穿着燕军衣服的草人刺破,才能吃到草料充饥。在反复训练之后,这千头牛对身穿燕军服装的草人充满了攻击性。这时,田单认为时机已到。他命人给牛穿上红色的外衣,身上画上五彩龙纹,牛角绑上锋利的尖刀,牛尾巴扎上浸透了油的芦苇,在城墙上挖出数十个洞。到了晚上,田单下令把饿了一段时间的牛赶到洞口,点燃了牛尾巴上的芦苇。牛尾一烧,牛疼痛难忍,就从洞口冲了出去,向着燕军的营地狂奔。牛尾巴的火炬明亮刺眼,牛群的后面还跟随五千壮士,一同杀向燕军。这时,城墙上的老弱病残一起擂鼓呐喊,角鼓声、喊杀声、牛吼声同时响起,地动山摇,齐军声威大震。又饿又痛的牛,晃着头上的尖刀,暴怒着冲进燕军阵营,见到身穿燕军服装的战士,以为是可以充饥的草料,就用尖刀去挑。而跟在牛群后面的五千齐军,个个骁勇善战。燕军毫无防备,慌作一团,四散逃命。燕军最终死伤惨重,溃不成军,只好败退,骑劫在混战中被杀。田单乘胜追击,所向披靡,击溃了燕军主力。

这就是历史上有名的“火牛阵”。实际上,田单在大摆火牛阵之前,已经做足了功课,使用了一整套计策,是一套完整的战争方略。这一战在中国军事史上是以少胜多、以弱胜强的典型战例。

在齐国的燕军,听说主将阵亡,主力溃败,纷纷逃走,燕军日益败亡。田单率领的齐军,在追击燕军途中不断壮大,被占领的齐地百姓也纷纷起来响应。很快,齐军追击燕军至齐国最北境,把燕军全部赶出了齐国。乐毅当年攻下的齐国七十多座城邑,又归齐国所有。

在田单收复齐国的过程中,聊城久攻不下,经过一年多的战争,士卒死伤无数。这时,齐国的高士鲁仲连给守城的燕将写信,陈述利弊,希望聊城守将放弃守城,减少无谓的牺牲。鲁仲连,又名鲁连,被尊称为"鲁仲连子"或"鲁连子",战国末期齐国人,长于阐发奇特不凡的谋略,却不肯做官任职,是齐国历史上有名的辩士。《史记·鲁仲连列传》记载,鲁仲连对燕将说:您用聊城疲惫的军民抵抗整个齐国军队的进攻,这是如同墨翟一样地善于据守了。缺乏粮食吃人肉充饥,没有柴烧,烧人的骨头,士兵却没有叛离之心,这是如同孙膑一样擅长带兵啊。您的本领已在天下显现。虽然如此,可是替您考虑,不如保全兵力用来答谢燕国。兵力完好回归燕国,燕王一定高兴;身体完好地回归本国,百姓好像重见父母,朋友们在一起都会振奋地称赞、推崇,功业可得以显扬。对上,辅佐国君统率群臣;对下,既养百姓又资游说之士,矫正国事,更换风俗,事业名声都可以建立。如果没有回归燕国的心志,就放弃燕国,摒弃世俗的议论,向东到齐国来,齐国会割裂土地予以分封,使您富贵得可以和魏冉、商鞅相比,世世代代称孤道寡,和齐国长久并存。这两种方案,是显扬名声丰厚实惠的好主意,希望您仔细地考虑,审慎地选择其中一条。燕将看了鲁仲连的信,哭了好几天,犹豫不能决断。想要回归燕国,却已经和燕君产生了嫌隙,怕被诛杀;想要投降齐国,却因杀死和俘虏的齐人太多,恐怕降服后被污辱。燕将长长地叹息说:与其让别人杀死我,不如自杀。燕将自杀,聊城大乱,于是田单进军收复聊城。田单归来向齐王报告鲁仲连的事迹,齐王想封鲁仲连爵位。鲁仲连听后跑到海边隐居起来,他说:我与其富贵而屈身侍奉于人,还不如在贫贱中轻视世俗,放任自己的心志。

田单在进攻狄城的时候,拜见鲁仲连,鲁仲连说:将军进攻狄城,是不会攻下的。田单说:我曾以区区即墨五里之城(内城),七里之郭(外城),带领残兵败将,打败了万乘的燕国,收复了失地,为什么进攻狄城,就攻不下呢?说罢,他登车没有告辞就走了。随后,他带兵进攻狄城,一连三月,却没有攻下。齐国的小孩唱着童谣说:高高的官帽像簸箕,长长的宝剑托腮齐,攻打狄城不能下,梧丘筑城空伤悲。田单听了有些害怕,便又去问鲁仲连:先生说我攻不下狄城,请您讲讲其中的道理吧。鲁仲连说:将军从前在即墨时,坐下去就编织草袋,站起来就舞动铁锹,身先士卒,您号召大家说,神圣的祖国将要灭亡,每个人将会走进坟场，因此只有一条路，就是勇敢地杀上战场。在那时，将军有决死之心，士卒没有生还之意，听了您的号召，将士们没有一个不挥泪振臂，奋勇求战。这就是当初您打败燕国的原因。现在，您东可收纳夜邑封地的租税，西可在淄水之上尽情地欢乐，金光闪闪的宝剑横挎在腰间，驰骋在淄水、渑水之间。现在您有贪生的欢乐，而没有战死的决心。这就是您攻不下狄城的原因。田单听后就深入士卒之中，激励士气，巡视城防，研究最佳进攻方案，最终攻下了狄城。

田单在齐国几乎全被占领的情况下，坚守六年，凭借即墨一座孤城的据守，收复了齐国全境，可谓齐国历史上有着重要地位的军事家，为齐国立下旷世功勋。

《战国策·齐策六》记载，当时很多人怀疑田单，认为他会自立为王。然而他在收复失地之后，到莒城迎回了已在莒即位的齐襄王。

安平故城遗址

据《史记·田单列传》记载，齐湣王在莒被杀死的时候，他的儿子法章逃了出来，更名换姓，在莒太史敫家做佣工。太史敫的女儿觉得法章样貌奇特，认为他并不是平常之人，对他非常关照，常常私下拿衣服、食物接济他，不久二人成婚。王孙贾聚众杀死淖齿后，莒人和齐国的旧臣共同寻找齐湣王的儿子，希望立其为王。起初，法章害怕有诈，没敢露面，当了解情况属实后，才公开了自己的身份。于是齐大臣及莒人共同拥护法章即位，是为齐襄王。齐襄王即位后，立太史敫的女儿为王后，生下太子建。

齐襄王在莒五年，于田单驱走燕军后，被迎回临淄，齐国正式复国。襄王封田单为安平君。

齐国复国后,田单协助齐襄王治国,他爱抚百姓,任人唯贤,对刚刚复国的齐国在经济、政治方面的恢复起到了很大的作用。然而,齐襄王对田单的功勋有所忌惮,又听信小人谗言,因此对田单非常不礼貌。一次,齐襄王在酒酣之时高喊:叫田单马上来!这时齐襄王的臣子貂勃离席叩首道:大王怎么能说出这种亡国的话呢?他问齐襄王比周文王、齐桓公如何,襄王自感不如,他又说:周文王得到姜尚以之为太公,齐桓公得到管仲尊为仲父,如今大王得到安平君却直呼其名,这是多么不应该啊!貂勃历数了田单在齐国生死存亡时的功绩,感慨地说:在那个时候,如果安平君自称为王,天下人谁能去阻止?然而,他考虑到君臣之道,本着浩然正气,认为不能这样做,去迎接了大王。大王却直呼其名,就算是孩子也不会这样做的。请大王赶快杀掉进谗言的小人,向安平君谢罪吧!否则国家就危险了!齐襄王恍然大悟,立即杀掉了进谗言的小人,又把万户的夜邑加封给了安平君,君臣重新和好。

尽管田单辅佐齐襄王采取了一些振兴齐国的措施,但经历浩劫的齐国,国力大损,终究没有再强盛起来。

田单复国是历史上的一件大事。司马迁在《史记·田单列传》中说:“太史公曰:兵以正合,以奇胜。善之者,出奇无穷。奇正还相生,如环之无端。夫始如处女,适人开户;后如脱兔,适不及距:其田单之谓邪!”《吕氏春秋·行论》说:“湣王以大齐骄而残,田单以即墨城而立功。”荀子称赞田单是“世俗之所善用兵者也”。西汉刘向《说苑·尊贤》说:“齐有田单,襄王得国。由此观之,国无贤佐俊士,而能以成功立名、安危继绝者,未尝有也。”后人从各个方面对田单给予了非常高的评价。不可否认,田单是我国历史上一位杰出的政治家、军事家。

(石志丹)

齐国为什么最后亡于秦国?

公元前265年,齐襄王死,他的儿子齐王建即位。因为齐王建年幼,由他的母亲君王后执政。早在襄王时期,田单因功高震主,遭受君主忌惮,在齐国屡受排挤和陷害,最终离开了齐国。他的出走,使齐国更加虚弱。到君王后执政时期,齐国早已无力对外兼并。此时,秦昭王采纳了范雎的建议,对各国采取"远交近攻"的外交政策,拉拢远方的齐国和秦建立友好关系,攻打与秦邻近的韩、魏等国。面对势力日盛的秦国对六国发起的军事和外交攻势,君王后采取了"事秦谨,与诸侯信"(《史记·田敬仲完世家》)的外交政策,自守其国,不参与其他国家的战事。

《史记·田敬仲完世家》记载,公元前260年,秦国进攻赵国长平(今山西高平西北),赵国军粮短缺,向齐国求援,君王后和齐王建没有同意。这时谋臣周子劝齐王建说:我们帮助赵国,那么秦军会退兵,如果不帮助赵国,秦国不会退却,这就中了秦国的计谋,是齐、楚两国的失策之举。赵国对齐、楚两国而言,是屏障,如同牙齿之外有嘴唇,若嘴唇没有了,必定唇亡齿寒。今天秦国灭了赵国,明天就会攻打齐、楚。而且救赵是高义之举,退却秦军,也可以彰显齐国声誉。但君王后和齐王建没有采纳这个建议。最终秦在长平大破赵军,坑杀赵兵四十万。齐国拒绝救赵,既丧失了道义,也助长了秦的威风。赵国是当时能与齐国联合抗击秦国的诸侯中力量较强的一个,赵国势力的削弱,对秦国推行兼并政策而言又减少了一道障碍。齐国隔岸观火,注定导致引火烧身。

齐王建十六年(前249),君王后死,齐王建亲政,齐国大权落入了齐王建的舅父齐相后胜手中。后胜是贪财庸碌之辈,收受了秦国许多贿赂,竭力逢迎秦国,促使齐王建大力奉行"事秦谨"政策,劝齐王建"不修攻战之备,不助五国攻秦,秦以故得灭五国”(《史记·田敬仲完世家》)。公元前247年,秦国伐魏,魏国派人向各国求援,燕、赵、韩、楚纷纷出兵救魏,只有齐国不肯出兵。公元前241年,赵国组织合纵攻秦,这时秦国的疆域已经一再扩大,东边已与齐国接境,但齐国仍然不加防备,不参加反秦活动。齐王建在位时期,出现了“王建立四十余年不受兵”(《史记·田敬仲完世家》)的局面。同时,秦国利用后胜贪财的特点,向齐国派遣大批间谍,造成齐国内乱。

在秦国向东方各国发起猛攻的时候,东方各国利害相关,但并未团结起来一致抗秦,几次合纵抗秦都很快解散。各国都从本国的眼前利益出发,对秦国的进攻采取割地求和、苟且偷安的态度。汉代贾谊在《过秦论》中指出,六国“从约散解,争割地而奉秦,秦有余力而制其弊”。宋代苏洵在《六国论》中分析六国灭亡的原因时说:“六国破灭,非兵不利,战不善,弊在赂秦。赂秦而力亏,破灭之道也。”各国的苟且偷安,相互倾轧,为秦国的进攻提供了便利。

公元前237年,秦王嬴政亲政,重用李斯和尉缭,加紧策划消灭六国的计谋。这时的秦国,政治、经济、军事力量大增,而六国皆已削弱不堪,既无单独抗秦之力,又无合纵抗秦之势。秦灭六国的条件已经成熟。

公元前230年,秦国展开了吞并六国的行动。这一年,秦国攻韩,俘虏韩王安,韩国亡。次年,秦军大举攻赵,攻克邯郸,俘虏赵王迁,赵公子嘉率宗族数百人逃到代郡(今山西东北部),自立为代王。公元前227年,秦军攻燕,燕派荆轲刺杀秦王未遂,次年,秦军攻到燕都蓟(今北京西南),燕王喜逃到辽东。公元前225年,秦军攻魏,包围大梁,魏王假投降,被秦所杀,魏国亡。公元前223年,秦军攻占楚都寿春(今安徽寿县),俘虏楚王负刍,楚国亡。公元前222年,秦军进攻辽东的燕,俘虏燕王喜,燕国亡。同年,秦军攻打代郡,俘虏赵王嘉,赵国亡。就这样,在十年之间,秦国相继灭掉了除齐国之外的五个国家,只剩下一个孤零零的齐国在东方。在秦国吞并五国的过程中,齐王建和后胜依然推行“事秦谨”的外交政策,对他国的求援一律拒绝,等待它的只有灭亡。

公元前221年,秦将王贲率军从燕地向南发起了进攻齐国的战争。齐国因长年不修战备,根本无力抵抗,面对如狼似虎的秦军,齐军望风而逃。这时,齐王建仍然不做任何抵抗准备,反而打算到秦国入朝称臣,幻想用这种方法获得秦国的怜悯。许多大臣反对齐王建的做法。雍门司马谏诤道:我们为什么要拥立大王,是为了国家呢,还是为了立王才来立王?齐王建说:为了国家。司马反问道:既然是为了国家才立王,那么大王为什么离开齐国到秦国去呢?即墨大夫建议齐王建征集五国的亡国兵将,共同抵抗秦国,他说:齐国的土地还有数千里,披带铠甲的士兵也有数十万。三晋的大夫都不愿靠近秦国,聚集在阿地(今山东东阿西二十五里)和鄄地之间的也有百余人,大王可以收留他们,给他们十万军队,让他们收复三晋失地,即使是临晋之关也可以攻进去;鄢地和郢都的大夫,都不愿为秦效劳,聚集在齐城南边的也有百余人,大王可以收留他们,给他们十万军队,让他们收复楚国的失地,即使是武关也可以打进去。如果能这样,齐王的威望可以树立,秦国就能被消灭。如今您抛弃南面称王的愿望,却要到西边侍奉秦王,我认为是不可取的。但齐王建不以为然。(《资治通鉴·秦纪二·始皇帝下二十五年》)就在这时,秦王嬴政派陈驰来诱骗齐王,说只要齐王投降,秦王可以封他五百里的采邑。(《战国策·齐策六》)另据《战国策·秦策四》记载,秦国还派顿弱诱骗齐王入朝秦国,说明秦国派出诱说齐王建的说客不止一人。齐王建信以为真,不顾国内臣子的反对和劝谏,没做任何抵抗,投降了秦国。齐国亡。

战国时期的齐国从威王改革走上强盛之路,到被秦所灭,前后经历了一百多年的时间。齐威王时期,曾大败魏国,取代了魏国的首强地位;曾与秦国东西并强,难分胜负,都有统一天下的希望。宣、湣时期,齐国遵循齐威王的既定方针,以兼并土地、号令诸侯、一统天下为基本国策,积极开展合纵的军事与外交活动,战领燕国,征伐楚国,进攻秦国,灭亡宋国,号称强齐。然而,在对外进攻的同时,也削弱了自己,秦强齐弱的形势渐渐分明。公元前 284 年,五国伐齐,剥下了“强齐”的面具,齐国几近灭国,从此一蹶不振,此后的六十余年间,齐国再也未能奋起。

本来有条件统一六国的齐国,在最后一代国君齐王建的昏庸和奸臣后胜的贪贿谄媚中灭亡了。尽管,天下大势分久必合,合久必分,用历史的眼光看,那时的统一是有利于社会发展进步的,但在当时的历史条件下,由谁来统一中国,齐国为什么从春秋五霸之首、战国七雄之冠的东方大国最终被强秦所灭,是有其原因的。

首先,政治上日益腐败。齐威王顺应时代潮流,在齐国进行改革,整顿吏治,招揽人才,还采取了一系列发展农业、商业、手工业以及加强军事的措施,使齐国走上强盛之路,然而他的改革并不彻底。一方面,对贵族的特权没有从制度上加以限制;另一方面,赏赐军功没有形成制度。这就为贵族专权留下了空子。贵族专权必然会破坏任人唯贤的原则,加速腐败。威王重用宗室田婴,田婴仗势排斥异己,逐渐改变了齐国政治清明的风气。宣、湣时期,尽管军事盛极一时,但丧失了改革精神,政治上日趋保守、腐败,威王时期的纳贤、纳谏之风丧失殆尽,吏治日益混乱,贵族势力逐渐强大。特别是齐湣王晚年,齐国政治已经十分黑暗,出现了百姓不附、宗族离心、大臣不亲,全国上下离心离德的局面,而"政乱于内,此亡国之本也"(《韩非子·内储说上》)。田单复国后,齐襄王嫉贤妒能,听信谗言,迫使立下旷世之功的田单不得不避祸赵国。到齐王建时,更加不知任人唯贤,而是听从后胜等奸臣的诡言诈计,造成了政治决策上的失误:一是对外推行"事秦谨"的孤立主义政策,破坏合纵之盟,给予秦国将各诸侯国逐个击破的机会,二是破坏了国内的君臣关系,涣散了国人斗志,使堡垒从内部不攻自破。

其次,军事上策略失误。宣王、湣王时期,齐国对燕国、楚国、宋国等国发起多次对外战争,可以说,齐国在这些军事行动中连连失误。齐国攻占燕国后,施行了残暴统治,激起燕国人民的反抗,最终被赶出燕国。这次出兵,不仅没有达到兼并燕国的目的,反而树立起一个对齐国有灭国之仇的敌国。齐国联合韩、魏攻楚、攻秦,尽管一度占了上风,但并没有在战争中得到领土,壮大势力,相反,因战争旷日持久,齐国国力大受损耗。在攻打秦国时,没有乘胜削弱秦国力量,反而答应了秦国议和的要求,使攻秦半途而废。齐湣王时期,没有认识到齐国需要革新政治、休养生息、积蓄国力、充实国防,而是穷兵黩武,一味地推行战争兼并,导致国弱民乏。齐湣王吞并了宋国,看似胜利,却在列国中成为众矢之的,后来在五国联军和乐毅伐齐的战争中全面崩溃,几乎灭国,元气大伤。田单收复齐国之后,齐国恢复了失地,但统治者缺乏重建强齐的气魄,齐王建在位的四十余年里采取"事秦谨"的政策,不修战备,不助五国,苟且偷安,终于使齐国走向灭亡。

再次,从齐国和秦国对比的角度分析,在政治、军事原因的背后,更加强大的是文化和思想的力量。究其根源,齐国与秦国,在文化思想上是存在较大差异的。

第一,齐俗尚侈而秦俗尚朴。齐国在创业之初,由于自然条件限制,生产不发达,民风较为朴素。后来随着生产日益发展,特别是桓管首霸中原,成为东方大国后,渐渐奢靡成风。《列子·杨朱》说:"管仲之相齐也,君淫亦淫,君奢亦奢。"到战国时,奢侈之风愈演愈烈,张仪曾称:"天下强国无过齐者,大臣父兄殷众富乐,无过齐者。"(《战国策·齐策一》)可见富足享乐已成风气,"临淄甚富而实,其民无不吹竽、鼓瑟,击筑、弹琴,斗鸡、走犬,六博、蹹踘者"(《战国策·齐策一》),齐国上下充斥着玩物丧志的风习,这种民风必然对国家的战斗力造成影响。而秦国的情况与之相反。据《荀子·强国》载,荀子曾到秦国,"入境观其风俗,其百姓朴,其声乐不流污,其服不挑,甚畏有司而顺,古之民也"。这样的民风就会使"百吏肃然,莫不恭俭敦敬忠信而不楛"。《汉书·地理志》记载,秦国百姓形成了"修习战备,高上气力,以射猎为先"的风气,时刻保持战备状态,这无疑会大大增强秦国士兵的素质和在战场上的战斗力。齐、秦的风俗民习对其在统一战争中战斗力的影响,可由此略知。

第二,齐人贪利而秦人好功。齐国建立政权之初,因太公以功德为首封,加上齐地贫乏,人民寡贫,曾以"尊贤尚功"相号召,形成了尚功的风尚。到战国中后期,由于经济发达,奢侈之风盛行,齐人贪图安逸之心日重,齐人的重功传统逐渐被趋利所代替,加之齐国始终没有明确的军功奖励机制,导致齐人对物质的追求胜过对军功的向往,"众庶百姓皆以贪利争夺为俗"(《荀子·强国》),朝野上下形成一种追名逐利之风。到齐王建时,后胜贪利误齐,卖国求利之徒直接断送了齐国的命运。秦国则不然,秦人极重军功。秦国地处西陲,其风俗有浓厚的戎狄特点,"其人不让,皆有斗心"(《吴子·料敌》),"秦之野人,以小利之故,弟兄相狱,亲戚相忍"(《吕氏春秋·高义》)。特别是自秦孝公用商鞅变法之后,更是"变法修刑,内务耕稼,外劝战死之赏罚,孝公善之"(《史记·秦本纪》),"修守战之具,外连横而斗诸侯"(《过秦论》),实行军功爵制,奖励耕战,极大地调动了秦人勇于战斗的热情,使秦军成为当时作战最勇敢、战斗力最强的军队。同时,商鞅变法的举措也极大地激发了秦人积极、奋发、进取、自强的精神。这些使秦国在列国纷争局面中具有了取胜的优势。

第三,齐贵黄老、阴阳之学而秦重法制。黄老之学崛起于齐威王、齐宣王时期的稷下。最初它是出于政治的需要,宣称黄帝是田齐的远祖,将当时流行的黄帝学说与老子学说相结合,作为维护田齐统治的思想武器。但黄老之学主张统治者把效法天地、因任自然作为至高无上的准则。这种思想产生于齐国相对和平稳定的环境,并在战国后期十分盛行,成为齐国社会的主导思潮。许多著名学者如田骈、慎到、环渊等,都研习黄老道德之术。然而,这种学说对战国后期处于列国纷争的齐国,不仅不合时宜,反而起到了涣散民心,衰败士气的负面作用。秦国的社会思想却呈现另一番景象,他们主张君王专制、中央集权、重势尚刑,在思想上主张排斥百家,实行文化专制,崇尚赤裸裸的功利主义,注重严刑峻法的法家思想。这种思想虽然在秦统一六国后成为人民不堪暴政、起义反秦的重要原因,但在以武力统一天下的过程中,无疑是一种极合时宜的思想,为秦国最终统一六国奠定了思想基础。

春秋战国时期,列国战争频繁,结束诸侯割据的局面,完成国家统一,是历史发展的必然趋势,也是各国人民的渴望和要求。一次大的统一往往是政治、经济、人文、军事、自然地理等多种因素共同作用的结果。在整个春秋战国时期的演变和发展中,随着各国政治举措、国力角逐、强弱变化以及时机把握等各种因素的演变,秦国逐渐壮大崛起,最终由秦始皇完成了统一。

总之,齐亡于秦,是一个复杂的历史现象,是历史的偶然,也是历史的必然。

(石志丹)

姜氏齐国和田氏齐国的最后一任国君结局如何?

齐国,从西周到春秋战国,延续了八百余年,分为姜齐和田齐两个时代。姜齐从太公封齐开始,到田氏代齐为止,共二十九位国君;田齐从田氏代齐开始,到秦国灭齐为止,共八位国君。那么姜齐和田齐的最后一位国君结局分别是怎样的呢?

姜氏齐国的最后一位国君是齐康公。齐康公,名贷,齐宣公吕积之子,公元前404年即位,在位二十六年。齐康公即位时,田氏已经掌控了齐国大权,他本人是一位软弱无能的君主。清华简《系年》称,公元前404年,韩、赵、魏三国联合越国国君翳攻打齐国,齐国向越国割地求和,越国国君与齐侯贷、鲁侯衍会盟于稷门之外,“戉(越)公内(入)亯(飨)于鲁,(鲁)侯驭(御),齐侯晶(参)䡔(乘)以内(入)”。此外,魏文侯亲帅三晋大军大败齐国军队,齐国又被迫向三晋求和,并约定齐国不再修建长城,放弃讨伐廪丘。战争结束后,晋烈公把战争中得到的齐国战俘的左耳割下来献给了周天子。可见,齐康公时期对外是十分软弱的。另外,齐康公还非常贪图享乐。据《墨子·非乐》记载,齐康公曾作《万舞》乐曲,跳这种舞的人不能穿粗布短衣,不能吃糟糠,他说:饮食若不精美,面容就不好看了;衣服若不华美,身体举止就不好看了。所以必须吃好饭和肉,必须穿绣有花纹的衣裳。《史记·田敬仲完世家》也记载,齐康公在位时,沉迷酒色,不理政事,齐国的政权完全被田和把持。田和“迁康公于海上,食一城,以奉其先祀”。齐康公死后,因为无后,这一城也被收回了。公元前386年,周天子正式册命田和为齐侯,仍以“齐”作为国号,史称“田齐”。这段历史叫作“田氏代齐”,田和史称“田齐太公”,也就是齐国历史上除姜太公之外的另一位“太公”。此后,姜氏齐君和田氏齐君并存数年。公元前379年,齐康公死去,至此,姜姓齐国完全被田氏齐国取代。

齐康公被放逐后究竟居住在哪里,《史记》没有明确记载。后世传说,田和代齐之后,将齐康公贷放逐到芝罘岛附近。

另据《百家姓》记载,当时的齐康公以及齐国原先的姜姓王族被流放到海边,生活十分艰难,他们住在山洞里,靠打猎捕鱼为生,以青铜酒器钭作为釜锅来煮食物。因此,其后世子孙就以青铜酒器钭为姓,称为"钭氏",这就是今天钭姓的起源。

关于齐康公墓,历来有几种说法。其中一说它位于现在的山东省淄博市临淄区齐陵街道聂仙村西北四百五十米处,西临淄水。墓呈圆形,现存封土高十一米,面积为六百九十七平方米。此外,在淄博市张店区炒米山和烟台市芝罘山也有康公墓。

田氏齐国的最后一位君主是齐王田建。他是秦国灭齐时的齐国君主,也是齐国历史上的最后一位君主。

齐王田建,齐襄王法章之子,公元前 264 年即位,在位四十四年。齐王建即位时年龄较小,所以由他的母亲君王后执政。这时的秦国采取"远交近攻"的外交策略,集中力量攻打邻近的韩、赵、魏等国,对齐国进行拉拢,齐王建也借此时机,采取"事秦谨,与诸侯信"的政策,自守其国。齐王建在位时期,齐国基本没有战争,国内较为安定。然而在秦国攻打其他诸侯国,各诸侯国向齐求援时,齐王建也予以拒绝,诸侯国难以形成联合抗秦之势,加速了秦国攻灭诸国的步伐。君王后死后,齐国政权落入齐相后胜手中,后胜是贪财庸碌之辈,收受了秦国许多贿赂,竭力逢迎秦国,促使齐王建大力奉行"事秦谨"政策,劝齐王建"不修攻战之备,不助五国攻秦",齐国政治动荡,国内大乱。公元前 230 年,秦王嬴政开始了灭六国的战争,仅仅用了十年时间,先后灭了韩、赵、魏、楚、燕五国,于公元前 221 年攻打齐国。秦王假意招降,说只要齐王投降,秦王可以封他五百里采邑。齐王建听信谗言,放弃抵抗,投降秦国。至此,齐国亡。齐国是最后一个被秦国灭国的诸侯国。

齐王建在位四十四年,其政权的前半期由他的母亲君王后主政,后半期由齐相后胜辅佐,相当软弱无能。他降秦后,秦国并没有履行承诺,而是将他迁至共地(今河南辉县)软禁起来。《史记·田敬仲完世家》记载:"五国已亡,秦兵卒入临淄,民莫敢格者。王建遂降,迁于共。"《战国策·齐策六》载:"齐王不听即墨大夫而听陈驰，遂入秦，处之共松柏之间，饿而死。”由此可见，在齐王建投降之后，秦国将他软禁在共地荒僻的松树、柏树之间，在没有食物供应的情况下，齐王建被活活饿死，最终没有葬于临淄。齐人听闻这一消息，编了一首松柏歌，唱道：“松邪！柏邪！住建共者，客耶！”（《战国策·齐策六》）以此伤怀齐王之死。

从另一个角度言，因为在秦军攻来时齐王建采取了不抵抗的政策，临淄城没有遭受战火的洗礼，这在一定程度上保护了临淄的经济发展和社会安定繁荣。

公元前221年，秦国统一六国，秦王嬴政开创了帝制，改称始皇帝。但他横征暴敛、穷兵黩武，以“焚书坑儒”为标志的一系列暴政，加上秦二世的昏暴无能，致使民怨沸腾，各地纷纷举兵起义。公元前209年，陈胜、吴广在大泽乡揭竿而起，点燃了中国历史上第一次农民大起义的烈火。此时，田齐旧贵族乘势起兵反秦，战国时齐王田建的弟弟田假、族弟田儋等人先后裂地称王，对秦军作战，加速了秦朝的灭亡。

齐国亡于秦，但齐文化并没有就此消失，它变革、开放、包容、务实以及礼法结合、义利并重的精神融入了浩瀚的中华传统文化，并在历史的发展过程中传承下来，成为中国传统文化的主要源头之一，也是中国传统文化的重要组成部分。

（石志丹）

为什么田齐国君之墓称为冢,又称为陵?坟、墓、冢、陵有什么区别?

在古代,有些人的墓叫陵,有些人的叫冢,有些人的叫墓,还有的叫坟,为什么田齐国君之墓当地人称之四王冢,又称其为田齐王陵?这有什么区别吗?实际上这与我国封建时代的等级制度密切相关。

"陵",原为大土山之意,如《左传·僖公三十二年》:"殽有二陵焉。"就是说殽有两座大山。其实在周朝以前,君王的坟墓都称"墓",而不称"陵"。《周礼·春官·冢人》:"掌公墓之地,辨其兆域而为之图。"《周礼·春官·墓大夫》:"掌凡邦墓之地域,为之图。"冢人的职责是掌管国君的墓,分清方位、地形并画为图;墓大夫则专职管理全国墓地,并将坟墓形势画成图。因此,周代君王的墓称"墓"而不称"陵"。姜氏齐国的君主之墓一般都称为墓,而不称陵。

齐丁公墓,俗称丁冢子,位于淄博市临淄区齐都镇西关村南,墓高八米。齐丁公,是太公之子,名伋,齐国第二任国君,是周成王、周康王时期的王室重臣。《礼记·檀弓上》记载:"太公封于营丘,比及五世,皆反葬于周。"由此推之,丁公之墓不应在临淄,临淄之墓是否属丁公,待考。

齐庄公墓,位于淄博市临淄区敬仲镇泄柳村西、齐故城西北三千米处,为齐后庄公吕光之墓。齐后庄公,名光,齐灵公之子,公元前553年至前548年在位,因与权臣崔杼妻私通,为崔杼所杀。

约从战国中期以后,君王的坟墓开始称为"陵",首先出现于战国中期以后的赵、楚、秦等国。《史记·赵世家》载:"(赵肃侯)十五年,起寿陵。"《史记·秦始皇本纪》记载，秦惠文王葬公陵，悼武王葬永陵，孝文王葬寿陵。由此可见，这是君王墓称“陵”之始。因为当时王权不断增强，为表现君王至高无上的地位，其坟墓不仅占地广阔，封土之高也如同山陵，因此帝王的坟墓就称为“陵”。《水经注·渭水》：“秦名天子冢曰山，汉曰陵。”《文选·西征赋》注引《三秦记》曰：“秦名天子冢曰长山，汉曰陵。故通名山陵。”可见，君王之墓广泛称陵始于汉代。后世，陵专指帝王诸侯的陵墓，有高大封土和地面建筑，例如唐太宗昭陵、宋太祖永昌陵、明十三陵等。此外，比较特殊的是，做出重要贡献的孙中山，其墓葬被称为“中山陵”。

“冢”，读音为 zhǒng。从勹豖（chù）声。本义是高大的坟墓。《说文》：“冢，高坟也。”可见，冢要比坟更高。《史记·高祖本纪》：“项羽烧秦宫室，掘始皇帝冢。”在汉初，国君之墓还没有专门的称呼，秦始皇之墓也称为冢。在古代，一般的坟墓是无法称为“冢”的，“冢”是用来称呼古代的诸侯、贵族等有身份人的坟墓。在此基础上，历史上出现了诸多以冢命名的称谓。如冢人，古代管理墓葬的官吏；冢土，墓土，又指大社，天子祭神的地方；疑冢，为迷惑人而虚设的坟墓。

四王陵，又称四王冢。田氏代齐之后，自齐威王开始，齐国国君开始称王。齐威王、齐宣王、齐湣王和齐襄王都葬于临淄区齐陵街道淄河店村南两千五百米处的山坡上，其墓依山而建，呈东西方向直线排列，墓高在二十二米至三十四米之间。据有关志书记载，四王陵自西向东分别为齐威王、齐宣王、齐湣王和齐襄王之墓。

四王陵

二王冢

二王冢，俗称二王坟、齐王冢。位于淄博市临淄区齐陵街道郑家沟村西一千米处的鼎足山上。民间传说和史料多记载为姜齐桓公和齐景公之墓，经文物考古部门勘察，认为二王冢应为战国前期田齐第二代国君齐侯剡和第三代国君桓公午之墓。齐侯剡，田齐太公田和之子，公元前384年即位，在位十年，被田午所杀。田齐桓公午，田齐太公田和之子，杀齐侯剡后即位，公元前357年卒，在位十八年。

田齐王陵是四王陵和二王冢的合称，是后世对田齐国君之墓葬的称呼。

除此之外，也有特殊情况。一些人死后不一定留下尸体，没有尸体后人就用他们生前的物品代替，而埋藏死者物品的墓叫衣冠冢。如姜太公衣冠冢。

姜太公衣冠冢，位于淄博市临淄区闻韶街道张家社区南姜太公祠院内，封土高约九米。姜太公辅佐周武王伐纣灭商后，以首功被封于齐地，是齐国第一代国君。《礼记》记载：齐国国君“五世反葬于周”，《齐记补遗》记载：“太公葬于周，齐人思其德，葬衣冠于此。”

姜太公衣冠冢

坟，“土之高者曰坟”（《礼记·檀弓》注）。可见“坟”就是封土。坟，本义为高出地面的土堆，不过到后来，坟也指埋葬死人的地方。与此相对应的是墓，“墓谓兆域，今之封茔也”（《礼记·檀弓》注）。墓，从字形上看，上“莫”下“土”，直白的意思就是“在黄昏时刻下葬”，从而入土为安。因为墓与太阳一起隐没，故墓葬不垒坟头。正所谓“墓而不坟”，就是埋葬死人后不封土以做标志，但后来逐渐演变为也有封土、植树做记。

对于坟和墓的区别，简单来说，“墓”一般是平的，不高于地面，而“坟”是在墓上堆起一个土包，以做标记。经过历史的演变，“坟墓”连在一起指埋葬死人的墓穴和上面的坟头，后一般连用并不做区分。

黔敖墓，位于淄博市临淄区齐陵街道刘营村西。黔敖，春秋时期齐国大夫。《礼记·檀弓上》记载，齐国发生大灾荒，黔敖在路上准备食物，发放给逃难之人，有一个很饥饿的人不接受黔敖的“嗟来之食”而饿死。“不食嗟来之食”就是出自这个故事。

依礼制，皇帝的墓可建九丈高，老百姓的墓则称为“坟”，限在三尺以下，其他大臣们的坟墓也有规格限制，不能随便超越。但有两位比较特殊，他们是孔子和关羽，一个是文圣人，一个是武圣人，圣人的坟墓叫林，山东省曲阜的孔林、河南省洛阳的关林，就是这种情况。

现在，陵、坟、墓、冢实际都是一个意思了。如按尊卑排列，在古代应该是：陵、冢、墓、坟。

（武振伟）

齐长城始建于何时?

长城是我国古代一项伟大的建筑工程,是一种彼此相望的城堡和城墙连接起来的防御体系。齐国是东周时期较早修筑长城的诸侯国之一,齐国所修的长城,后世称之为齐长城。齐长城在先秦的传世文献和出土文献中多次出现,且只称之为“长城”,列国长城也都称之为“长城”,并没有“齐长城”这一专有称谓。

一、齐长城始建年代的主要说法

关于齐长城的修筑年代,历来有齐桓公、齐威王、齐宣王时等多种说法。

持齐桓公时说法者,多以《管子》为据。《管子·轻重丁》记载:“管子问于桓公:‘敢问齐方于几何里?’桓公曰:‘方五百里。’管子曰:‘阴雍长城之地,其于齐国三分之一,非谷之所生也。’”“长城之阳,鲁也;长城之阴,齐也。”说明齐桓公时齐长城已经修筑。据此认为,齐长城是中国古代修筑时间最早的长城。

持齐威王时说法者,以《竹书纪年》为据。《水经注·汶水》引古本《竹书纪年》云:“梁惠成王二十年,齐筑防以为长城。”梁惠王二十年当齐威王七年(前350)。

持齐宣王时说法者,以《齐记》为据。《史记正义》引《齐记》说:“齐宣王乘山岭之上筑长城,东至海,西至济洲千有余里,以备楚。”

鉴于《管子》一书成书的复杂性,特别是《轻重》各篇可能成书于战国后期,甚至西汉时期,内容不乏后世之假托,因此,齐桓公始建齐长城说并不可靠。原因有二:一是齐桓公时国势较强,一直对外扩张,九合诸侯,一匡天下。长城之建,重在防守,非进取形势下的产物,齐桓公绝无画地自保、筑城为限的道理。

二是春秋时期,大国诸侯之间的争霸战争,主要是为了争取控制他国,让其听从自己的号令,而不是为了攻城略地,争夺地盘,这也是春秋时期大国攻占小国地盘,又屡屡归还的原因。正因如此,当时的关塞并不设防。清代人顾栋高在《春秋大事表·春秋列国不守关隘》中说:“春秋时……凡一切关隘阨塞之处,多不遣兵设守,敌国之兵平行往来如入空虚之境……必待纷纭有事而后遣将设守。”所以,齐长城之始建,不应在齐桓公时。以《管子·轻重丁》中这则史料来断定齐长城是中国最早的长城是不合适的。

先秦时期大规模修筑长城源于战争方式的改变。西周和春秋时期,诸侯国之间的战争主要是以车战为主,战场会选择平原或是空旷开阔地区展开。春秋战国之交,战争方式开始发生改变。“结日定地”、速战速决的车战逐渐被步兵、骑兵联合作战的方式取代。战场不再局限于平原旷野或城郭都邑,山地有可能也被开辟为战场。偷袭战越来越成为战争中的一种取胜方式。如果继续采取春秋时期只在某些险要地段和交通要道设防的方式,显然不能适应新的战争形势。明末清初的顾炎武曾总结说:“至于战国,井田始废,而车变为骑,于是寇钞易而防守难,不得已而有长城之筑。”(《日知录》卷三一)可以说是切中要害。

将齐长城修筑年代定到齐威王和齐宣王时,同样也是不正确的,年代太靠后。《左传·襄公十八年》记载:“冬十月,会于鲁济,寻溴梁之言,同伐齐。齐侯御诸平阴,堑防门,而守之广里。”齐灵公时为防御晋国的进攻,在平阴修筑“防门”,可以说筑“防”不始于齐威王时期,齐长城的修筑必然在齐威王之前。

二十世纪五十年代以来,随着考古实地勘探和研究的深入,关于齐长城修筑的时间已逐渐达成共识,一般认为,齐长城规模宏大,不可能是一次性筑就,必然是经历了先后多次长时间的修筑,才告完成。

二、齐长城的大规模修筑始于何时

清华大学于2008年7月收藏的一批竹简,记载了周初至战国间的诸多史事,其中多有传世文献所不载者,其重要价值不言而喻。经整理出版的第二辑清华简《系年》第二十章的内容为研究齐长城提供了新的史料。

▲清华简《系年》第四章（局部）。

►清华简《系年》第六章。

▼清华简《系年》第五章（局部）。

清华简《系年》

《系年》第二十章:“晋敬公立十又一年,𧺆(赵)𧻚(桓)子会[诸]侯之夫,以与戉(越)命(令)尹宋𥅆(盟)于邧,述(遂)以伐齐,(齐)人女(焉)𠭁(始)为长城于济,自南山逗(属)之北𣴎(海)。晋幽公立四年,𧺆(赵)狗衒(率)𠂤(师)与戉(越)公株(朱)句伐齐,晋𠂤(师)閔(门)长城句俞之门。”晋敬公十一年即齐宣公十五年，为公元前441年。《系年》明确标注了齐长城的始建年代。在晋幽公四年即齐宣公二十六年（前430），齐长城已初具规模，并在三晋伐齐之战中发挥了作用。

《系年》第二十二章也记载了齐长城。公元前405年，齐国执政田悼子去世，齐国发生内乱，引发与晋国的战争。公元前404年，“晋三子之夫内（入）齐，明（盟）陈和与陈淏于溋门之外，曰：‘母（毋）攸（修）长城，母（毋）伐穈（廪）丘。’”三晋与齐盟誓“毋修长城”，可见，当时齐国仍在大规模修筑长城，而且齐长城在齐国的防御战中起到了积极作用。

古本《竹书纪年》对这场战争也有记载。《水经注·汶水》引古本《竹书纪年》：“晋烈公十二年，王命韩景子、赵烈子、翟员伐齐，入长城。”

二十世纪三十年代挖掘河南洛阳城东金村太仓古墓，出土的“骉（biāo）羌钟”铭文为“三晋伐齐”提供了新的证据。骉羌钟铭文如下：“唯廿又再祀，骉羌作戎，厥辟韩宗撤率，征秦迮齐，入长城，先会于平阴……”（《殷周金文集成》）记述了晋国权臣韩氏之属将骉羌跟随韩君征秦讨齐，受到韩君封赏的事迹。这是最早出现“长城”两字的青铜器物。

从以上文献看，齐长城至迟在公元前404年已经修筑完比较重要的一段，且此段长城处于晋国进攻齐国的必经之路。

考古学者通过对齐长城源头遗迹的调查认为，齐长城源头现存夯土城墙的建筑年代在春秋晚期偏晚阶段，推断齐长城源头设置年代的上限不会超越春秋晚期偏晚阶段，更不会早到齐桓公之时，齐长城源头建置年代上限不超过鲁襄公十三年（前560），下限不晚于周威烈王二十二年（前404）……筑城年代始于春秋晚期偏晚阶段，使用于战国时期，田齐为其鼎盛时期。（任相宏《齐长城源头建置考》）

可以说，从考古学上看，已经基本可以与出土文献和传世文献相佐证，齐长城大规模修筑的时间可以确定在春秋战国之际。

有意思的是，2009年3月29日至4月7日，山东省第三次文物普查工作队在莱芜南部徂徕山脉发现大型石墙遗迹，初步确定这是一段鲁国的长城遗迹，大致与齐长城现存遗迹平行，全长三十余公里，使用时间不长，可能在春秋晚期、战国早期修筑后不久即被废弃。鲁长城不见于文献记载，它的发现也说明春秋战国之际的确是长城大规模修筑的时代。

三、齐长城何时完成修筑

齐长城的修筑是与齐国南部受到他国威胁紧密相关的。《史记·越王勾践世家》记载:“楚威王兴兵而伐之,大败越,杀王无强,尽取故吴地至浙江,北破齐于徐州。”《史记·楚世家》也记载:“(楚威王)七年,齐孟尝君父田婴欺楚,楚威王伐齐,败之于徐州,而令齐必逐田婴。”在此之前,据《史记·楚世家》记载:“(楚惠王)四十四年,楚灭杞……简王元年,北伐灭莒。”杞国位于今潍坊安丘市境内,楚国竟然北上把齐国的附庸国杞灭掉。莒国位于今山东莒县境内,与齐国接境,莒国也臣服于齐国。灭杞、灭莒足见楚国势力十分强大。齐威王时修筑长城已经主要是为了防御楚国的进攻。齐宣王时期,齐国南部的威胁也主要是楚国,修筑长城,也是为了防御楚国。

综合文献记载可以看出,齐长城是历经长时间修筑而成,大致可以分为四个时期。第一个时期,春秋末期之前,齐国在险要地段和交通要道修筑关塞,这些关塞成为后来齐长城的重要关口,如平阴之防门、穆陵关等;第二个时期,自齐宣公十五年(前441)开始大规模修筑,此时应该是修筑了齐长城的西段;第三个时期,战国时齐威王又向东修建了一段;第四个时期,齐宣王时,面对楚国的威胁,在齐威王时期修筑的齐长城基础上,又向东修至海滨,使一千多里的长城衔接起来。

(武振伟)

齐长城的起止点在哪里？是怎样修筑的？

齐长城位于山东省中部，东西横亘，几乎将山东分为南北两半。它西起济南市长清区孝里镇广里村东北的现存土长城西端，东经长清、肥城、岱岳、泰山、历城、章丘、莱芜、博山、淄川、沂源、临朐、沂水、安丘、莒县、五莲、诸城，至青岛市黄岛区小珠山阴、徐山之北的东于家河庄入海，共历十七个县(市、区)。2008年至2009年，经山东省齐长城资源调查队实测，齐长城总长度为641322.4米。从起点到终点，蜿蜒起伏在一千五百余座山峰上。长城所经，多崇山峻岭，犹如东西横带，将泰山、鲁山、沂山等山脉连为一体，气势雄伟。

齐长城的走向曲折蜿蜒，与齐人对地形的科学选择有关。值得说明的是，齐长城并不沿齐国的边境修筑，只是一条规模庞大的军事防御工程，不是齐国的边境线。齐长城的起止点备受历史学家关注，古籍记载颇多。

齐长城的东端在黄海之滨，史书记载说法有三：琅琊台、大珠山和小珠山阴。《太山郡记》《括地志》《水经注》均记载，齐长城在“琅琊台入海”；《泰山道里记》《通典》《太平寰宇记》《齐乘》皆称“大朱(珠)山入海”；道光《胶州志》记载：“长城在治南八十里齐城等山……又东历小珠山阴、鹁鸽山，至徐山之北于家河庄，东入海三十里。”

大朱山即大珠山，在小珠山南四十里，而琅琊台在大珠山南三十五里(直线距离)。大珠山、琅琊台都无长城遗址，所谓“琅琊台入海”说和“大珠山入海”说都应予以否定。经实地勘察，齐长城自青岛市黄岛区大黑涧山沿小珠山西峰、北峰过鹁鸽山、瞅候山、大顶山，经徐山东去，在青岛市黄岛区东于家河庄东北入海。道光《胶州志》的记载是比较正确的。

齐长城西起古济水东侧，关于齐长城的西端，《水经注·济水》记载：“济水又北经平阴城西。”又引京相璠说：“平阴城南有长城，东至海，西至济河，道所由名，防门去平阴三里。”经实地考察，可以确定齐长城的起点为今济南市长清区孝里镇广里村东北的现存土长城西端。

2008 年，入藏清华大学的简书《系年》则向我们展示了另一条不同走向的齐长城。

齐长城城子段

《系年》第二十章：“晋敬公立十又一年，屶(赵)趄(桓)子会[诸]侯之夫，以与戉(越)命(令)尹宋盟(盟)于邧，述(遂)以伐齐，(齐)人女(焉)刣(始)为长城于济，自南山逗(属)之北海(海)。”这句话不仅清楚地指出齐长城的修筑时间，还说明了齐长城的走向及起止地点，即“自南山属之北海”。整理者认为：“(齐长城)最初当是在济水的防护堤坝基础上加固改建而成，其走向是东起平阴东部的山陵，沿济水东北行，经过济南，东北入渤海。南山，疑指平阴一带丘陵地带。北海，今之渤海。”这条齐长城的走向是东北—西南走向的，沿济水修筑。山东省文物考古研究院王永波研究员认为，济水齐长城“其南部起点大致与山地长城相同，沿济水东岸直至‘北海’，全长约计 300 公里。与‘山地长城’以‘人字形’布局，联结三面环海的岸线，共同构成了中国乃至世界上独一无二的、完整闭合的军事防御体系”。虽然目前没有直接的实物和考古证据，但不能因此而抹杀这条济水长城的存在。《系年》的记载使我们对齐长城有了新的认识。

那么现存齐长城是怎样修筑的呢？

齐长城多依山而筑，山岭之地又多筑在峰顶处，故齐长城又有“长城岭”之称，但齐长城所经之处也有平坦之地，所以齐长城的整体建筑结构设计、城墙结构并不完全相同。随山势而筑的长城多由大小不一的自然石块垒砌而成，一般不用灰浆等物凝固，而平原低谷地段所筑长城多是夯筑而成。就长城所用建筑材料看，多就近取材，山岭地段所筑城墙，因取石方便，即用石砌，平地筑墙则用土筑。齐长城土筑墙体的不平凡之处在于，据实地调查，从东到西，很多地段的齐长城是加盐水板筑，盐水造成泥土板结，墙体非常坚固，至今盐渍随处可见。这是齐国发达的渔盐业在齐长城上独特的科学应用，也是中国古代军事建筑上的重大创造。

齐长城是由城墙、关隘、城堡兵营和烽燧共同组成的一条军事巨防。调查发现了齐长城沿线十二处重要关隘、九处便门、城堡兵营遗址五十余处、烽燧十二处，构成了一个系统完整的军事防御体系。

城墙的建筑因地制宜。平地和矮丘夯土板筑城墙，底宽十至十三米，高六至八米；山区垒砌石墙，宽四至八米，高五至六米；丘陵和土、石墙交接处以土石混筑，宽五至十米，高六至八米。石墙有的沿山脊砌筑，且多数建在山脊外侧。石墙外侧看上去很陡险，便于御敌；内侧较平坦，便于守卫巡逻。有的山脊外侧为悬崖峭壁，更有崇山峻岭无法攀越的天险，无须筑城墙。在易受侵犯的特别重要的地段则修筑两道城墙，以重点防御。

关隘是防御的要冲之地，也是出入长城的要道。古人多在山涧谷口设立关塞，这样既能控制险要，又可节约人力和材料。平坦往来必经之道也要筑雄关进行重点防御。

城堡兵营是专门用以屯兵防守的建筑。多数建在险要的山峰，有的在关隘附近，有的依城墙而建，也有的设在便于机动调配的重要之地。

烽火台是利用烽火、烟气传递军事情报的建筑。白天燃烟叫燧，夜间放火叫烽。有石砌、土夯，亦有土石混筑，其分布多在山巅高岗，城墙之外五百米左右有之，城墙之内两千五百米处亦有。

2008 年，山东省文物局组织专业人员进行齐长城资源调查。此次调查有非常重要的发现：即根据特殊防御需要，在不同时期，齐长城主线外侧（南侧）修建了三条（段）复线，与主线相呼应，形成强有力的军事防御与安全守卫。

公元前 221 年，秦始皇灭六国，一统天下，齐长城作为过去诸侯国之间的军事防御工事，已经失去了原有的军事价值而被废弃。秦始皇为了防止人民反抗和地方势力割据，甚至征发民力，拆除内地长城和阻碍交通的关塞。《史记·秦始皇本纪》中就有关于秦始皇三十二年“堕坏城郭，决通川防，夷去险阻”的记载，齐长城自然难逃劫难。加上两千多年的风雨剥蚀和人为破坏等原因，齐长城的墙体大部分已经倾颓，平地城垣以及关塞更是毁灭无存。昔日蜿蜒不绝、雄伟壮观的齐长城，变得时有时无，若断若续，难窥全貌了。修筑在崇山峻岭中的齐长城，因山高林密、人迹罕至而遗迹犹存，有不少地段保存比较完好。

据调查，目前齐长城消失部分占总体长度的30%以上，还有许多仅存痕迹且保存较差的部分。公路、铁路的修建与山口的开挖是造成齐长城被破坏的主要原因，百姓种地垦荒对长城本体造成了危害，矿坑开采也毁坏了长城经过的山体和周边环境。

春秋战国以后，齐长城在对内巩固统治，对外抵御入侵方面仍然发挥着重要作用，即便在近现代战争中也有它的一席之地。清朝后期就曾加修齐长城，把起义的捻军阻止在锦阳关、青石关之南。

纵观齐长城的修筑，有因地制宜、充分利用地形、就地取材的特点，故而现今所见齐长城不是整齐划一的设计。现存城墙遗迹一般不见于顶峰险要处，有的山顶即使修筑，规模也很小，充分利用山险代替长城的修筑，这样可以节省大量人力和物力。可以说，齐长城的修筑，是一项浩繁的工程，规模宏伟，设计科学，结构合理，充分体现了齐国人民的智慧。

（武振伟）

齐长城是齐、鲁两国的边界吗？

先秦时期，山东境内诸侯国林立，据不完全统计，大概有一百多个诸侯国，其中作为周王室东部屏藩的重要诸侯国有两个——齐国和鲁国。

在讨论齐国和鲁国疆界时，人们多认为齐国和鲁国以齐长城为界。持此说法者使用最多的一条史料即《管子》。《管子·轻重丁》记载："管子问于桓公：'敢问齐方于几何里？'桓公曰：'方五百里。'管子曰：'阴雍长城之地，其于齐国三分之一，非谷之所生也'"；"长城之阳，鲁也；长城之阴，齐也"。

然而，齐长城真的是齐、鲁两国的边界吗？答案：不是。

如前篇《齐长城始建于何时？》所言，齐长城并非建于齐桓公之时，而是在春秋战国之际。因此，在战国之前以齐长城作为齐、鲁两国疆界的说法是不对的。

齐桓公时期，齐国疆界已经超出齐长城的范围。齐桓公任用管仲为相，对内进行了全面改革，国力强盛，成为五霸之首，对周边小国也多有兼并。《国语·齐语》记载："即位数年，东南多有淫乱者，莱、莒、徐夷、吴、越，一战帅服三十一国。"《韩非子·有度》也记载："齐桓公并国三十，启地三千里。"虽然有所夸张，但春秋时期，齐国先后灭谭、遂、鄣、铸（祝）等小国，从中可以看出齐国的疆界远不止齐长城以北地区。

齐桓公时期的齐国疆界大体如史籍所记，《管子·小匡》："正其封疆，地南至于岱阴，西至于济，北至于海，东至于纪随，地方三百六十里。"《国语·齐语》对齐国疆界的记载与此几乎相同："正其封疆，地南至于岱阴，西至于济，北至于河，东至于纪酅。"岱阴即泰山以北；济为古济水；河即古黄河；纪为纪国，国都在今潍坊寿光市南；酅为纪国城邑，在今临淄区境内。据以上记载可知，当时齐国的疆域，南不过泰山，西在今德州市齐河县一带，北至古黄河（今天津市以南），东北至海,东不过今潍坊市弥河一线。

齐桓公之后,齐国继续开疆拓土,到春秋后期兼并了更多的诸侯国。莱国是一个面积较大的东夷国家,经齐惠公、齐灵公的不断用兵,到齐灵公十五年(前567),齐国终于灭掉莱国,使领土向东得到极大扩展。据《左传·昭公二十年》晏子所说,到齐景公二十六年(前522)时,齐国的东、西两境为“聊、摄以东,姑、尤以西”,杜预注曰:“姑、尤,齐东界也。姑水、尤水皆在城阳郡东南入海。”姑、尤二水即后世的大沽河与小沽河。可见,春秋中晚期齐国的东界在今平度一带。莱国灭亡后,齐国继续对东莱用兵,在齐景公后期,齐国灭东莱,占有了整个山东半岛。《晏子春秋》记载:“景公伐莱,胜之,问晏子曰:‘吾欲赏于莱何如?’……破莱之臣,东邑之卒,皆有加利。”在齐景公后期,齐国疆土拓展到了胶东半岛的东部。据考古发现,至春秋中晚期,齐国国土已达今临沂市境内,远远超出了齐长城的界线,临沂至新泰一线以北成为齐国固定之疆域。

战国之后,齐国继续扩大疆域,临近诸侯国之领土为齐国占有。到齐威王时,齐国“最强于诸侯”,对外扩张的规模比以前更大。《史记·田敬仲完世家》记载,齐威王与魏惠王论国宝时曾说:“吾臣有檀子者,使守南城,则楚人不敢为寇东取,泗上十二诸侯皆来朝。吾臣有朌子者,使守高唐,则赵人不敢东渔于河。吾吏有黔夫者,使守徐州,则燕人祭北门,赵人祭西门,徙而从者七千余家。吾臣有种首者,使备盗贼,则道不拾遗。”据考证,南城,在今枣庄北;高唐,在今高唐县东;徐州(北徐州),在今河北沧州市北。据《战国策·齐策一》,邹忌对齐威王进谏时说:“今齐地方千里,百二十城。”由此可以看出齐威王时齐国疆域的大致轮廓。齐国权臣靖郭君、孟尝君父子的封地在薛,现仍有孟尝君之墓,说明当时齐国之南部疆界至少已在此地区。齐宣王时一度灭亡了燕国,虽然之后退出燕地,但西北之疆界仍在今河北徐水、大名境内。齐湣王时,齐国出兵灭亡了宋国,疆域一度扩展到江苏北部和河南东部。这也是齐国八百多年历史上国土最辽阔的时期。《战国策·秦策一》张仪说秦王时曾说:“齐南破荆,中破宋,西服秦,北破燕,中使韩、魏之君,地广而兵强,战胜攻取,诏令天下。”可见当时齐国的疆域之广。当时在纵横家的眼中,“齐南有泰山,东有琅琊,西有清河,北有渤海,此所谓四塞之国也”(《战国策·齐策一》)。这主要是渲染齐国四境的险要及军事上的地利条件,而非指齐国疆界。

从以上齐国疆域的沿革看,齐国从来没有以齐长城作为与他国的边界。齐国南部偏西的边界,春秋后期游移于汶水一线,战国时代游移于泗水一线;南部偏东的边界则长期稳定在今临沂至日照一线。

从考古发掘出土的文物看,在齐长城以南的宁阳、阳谷、沂水、泰安、高密等地出土了齐国的货币、兵器和带有戳印的齐制陶量器,也说明齐国之疆域包含了这些地区。

齐国之所以修筑长城,主要是从军事防御的需要着眼的。齐长城的修筑是齐国实施积极防御战略的结果。齐长城是齐国向南开疆拓土的基地和跳板,齐国在齐长城沿线进行了周密的部署,从出土文物看,齐长城以南,齐国有许多军事据点和战略重镇,且大多配有铸造和储备兵器的武库。从齐长城的修建最初是从建立关隘来看,有研究者指出,齐长城还有另一个重要的功能,即为设关收税。

齐长城亮兵台

可以说,齐国的疆域不限于齐长城之北,齐国仅以此为守界,战时防守于此,又可以长城为依托向外进攻。齐长城是齐国最重要的一道防御线,而不是边界。

(武振伟)

孟姜女哭倒的是哪个长城?

孟姜女哭长城的故事,作为中国古代四大爱情故事之一(其他三个是《牛郎织女》《梁山伯与祝英台》《白蛇传》),千百年来一直广为流传,家喻户晓。但是,长期以来,世人认为孟姜女哭的是秦长城,事实真的是这样吗?

孟姜女哭长城的故事源自春秋时期“杞梁妻哭夫”的史实。《左传·襄公二十三年》记载,齐国攻打莒国,将领杞梁战死,“齐侯归,遇杞梁之妻于郊,使吊之。辞曰:‘殖之有罪,何辱命焉?若免于罪,犹有先人之敝庐在下,妾不得与郊吊。’齐侯吊诸其室”。齐庄公四年(前550)秋,齐庄公伐卫、晋,夺取朝歌。公元前549年,齐庄公从朝歌回师,没有直接回齐都临淄,而是突袭莒国。在袭莒的战斗中,齐国将领杞梁、华周英勇战死。后来齐、莒讲和罢战,齐人载杞梁尸回临淄。杞梁妻在临淄郊外迎接丈夫的灵柩。齐庄公派人吊唁。杞梁妻认为自己的丈夫有功于国,齐庄公派人在郊外吊唁,既缺乏诚意,又仓促草率,对烈士不够尊重,便回绝了齐庄公的郊外吊唁。后来,齐庄公亲自到杞梁家吊唁,并把杞梁安葬在齐都郊外。应该说,这个故事明文记载在《左传》中,是真人实事。从最早的这则记载看,当时尚无孟姜女之名,女主人公是杞梁妻,也没有“哭夫”“城崩”“投水”等情节,故事主要是表现杞梁妻大义凛然的刚烈性格,但其反对战争、热爱丈夫的主体框架已隐隐显现。

《礼记·檀弓》引曾子的话中对这段史实增加了“其妻迎其柩于路而哭之哀”一语,增加了杞梁妻“哭夫”的情节。到战国时期的《孟子》,又引淳于髡的话说“华周杞梁之妻善哭其夫而变国俗”,使《左传》中记载的史实“杞梁妻拒齐庄公郊外吊唁”变成了“杞梁妻哭夫”,故事的重心发生偏移。

“崩城”情节的增加是在西汉时期,刘向在《列女传》中又平添了“投淄水”

的情节。《列女传》说:“杞梁之妻无子,内外无五属之亲。既无所归,乃枕其夫之尸于城下而哭,内诚感人,道路过者莫不为之挥涕,十日而城为之崩。”杞梁妻的故事到了汉代,“哭夫”“崩城”“投水”已成系列。

到了东汉,王充的《论衡》、邯郸淳的《曹娥碑》进一步演绎,说杞梁妻哭崩的是杞城,并且哭崩了五丈。西晋时,崔豹《古今注》中有:“杞植妻抗声长哭,杞都城感之而颓,遂投水而死。”杞梁妻高声哭倒了杞国都城。到西晋时,杞梁妻的故事已经走出了史实的范围,演变成“三分实七分虚”的文学作品了。

到了唐朝,诗僧贯休作诗《杞梁妻》:“秦之无道兮四海枯,筑长城兮遮北胡。筑人筑土一万里,杞梁贞妇啼呜呜。上无父兮中无夫,下无子兮孤复孤。一号城崩塞色苦,再号杞梁骨出土。疲魂饥魄相逐归,陌上少年莫相非。”贯休在这首诗里,把春秋时期发生的事挪到了秦代,把临淄发生的事搬到了长城内外,把“城”嫁接到“长城”,再把“长城”直接定义为“秦长城”。经过贯休的大幅度改造,杞梁妻的故事开始向“孟姜女哭长城”的传说靠近,杞梁妻的故事大变模样。

到了明代,为了防止蒙古入侵,大修长城,招致民怨沸腾。老百姓为了发泄对封建统治者的不满,又改杞梁妻为“孟姜女”,改杞梁为“万喜梁”(或范喜梁),加了诸如招亲、夫妻恩爱、千里送寒衣等情节,创造出全新的“孟姜女哭长城”传说。

既然杞梁和杞梁妻是春秋时期齐国人,当然也就不可能事发在三百多年后秦始皇修筑秦长城时期。其实,著名历史学家顾颉刚先生早在二十世纪三十年代就对此进行了系统地研究,写出了《孟姜女故事的转变》《孟姜女故事研究》等一系列文章,认为“孟姜女”即《左传》中的“杞梁妻”,而孟姜女的故事是杞梁妻哭夫的再创造。

可以说,长城是孟姜女传说最核心的因素。历史上,孟姜女传说的几次大范围传播和演绎,都与修筑长城有关。目前流传最广的孟姜女传说版本是明清时期形成的,而明代正是中国古代最后一次大修长城的时期。齐国是先秦时期较早修筑长城的国家,至今齐长城遗迹尚有较多的保存。据调查,在齐长城蜿蜒经过的一百多公里的沿线地区,都有孟姜女传说的流传。

淄博地区关于孟姜女的传说极为丰富,且情节完整,在淄川等地几乎人人都能讲孟姜女的故事。淄河又称淄水或淄江,是山东境内重要的河流之一,是淄博境内最大的河流。淄河发源于莱芜地区的禹王山,流域面积一千五百一十一平方公里。早期孟姜女故事的中心情节是哭崩长城、投淄水而死。这两件惊天动地的大事接连发生,给后人以强烈的暗示:两地应该相隔不远。淄博市境内有齐长城横卧东西,有淄河纵穿南北,处于齐长城和淄河地理坐标交叉点的淄川区太河镇,在地理位置上符合杞梁妻哭城投水的情节要求。而且在太河镇三泰山、劈山交界处有两个大平台,当地百姓称其为"孟梁台",也叫"姜女台",传说是孟姜女和万喜良升天的地方,也有说是孟姜女投淄水的地方。从明代始,每逢三月初三和九月初九,当地乡民借佛道吉日,便在此烧香祈祷,并搭台唱戏三天,风俗延续至今。据《淄川文化遗产·非物质文化遗产卷》记载,淄博市淄川区太河镇城子村就是孟姜女哭长城故事的发生地,村东山上有孟姜女哭长城遗址,并在遗址上建有孟姜女庙。孟姜女跳河处、孟姜女庙、哭夫石、滚石坡等遗迹的存在,都显示出淄河一带对孟姜女故事强烈的文化认同。山东大学民俗学研究所所长张士闪教授曾带领考察组,在太河镇进行实地考察,采集到孟姜女故事异文二十二种及多种"孟姜女小调",这些文本绝大多数都与本地风物相结合,或与当地风俗相联系。

淄川孟姜女哭长城处

2006 年,淄博市孟姜女传说被列入首批国家级非物质文化遗产名录。其后,河北秦皇岛、湖南津市、山东莱芜等地的"孟姜女传说"也正式被公布为国家级非物质文化遗产。孟姜女传说的流传,范围早已超出了山东地区。

从上述内容可以看出,孟姜女最早的原型人物——杞梁妻并无"哭夫""城崩""投水"的史实,也就是说根本没有哭长城这个原型,当然也就没有必要论证哭倒的是哪个长城了;到西汉时,才开始传说杞梁妻哭倒了城墙。从故事发生地来看,这段城墙实为齐国都城临淄的城墙,而非齐长城,更不是秦长城了。

(武振伟)

徐福东渡是怎么回事?

春秋战国以来,在阴阳家学说的影响下,齐、燕沿海地区掀起了一股笃信方术、寻求仙药的热潮。秦始皇一统天下之后,志得意满,便转而追求长生不老的仙药、法术。据史书记载,秦始皇先后三次派人入海求不死之药,其中最为后世津津乐道的当为徐福东渡。

关于徐福东渡一事,最早见于《史记·秦始皇本纪》:"(始皇二十八年)齐人徐市等上书,言海中有三神山,名曰蓬莱、方丈、瀛洲,仙人居之。请得斋戒,与童男女求之。于是遣徐市发童男女数千人,入海求仙人。"九年之后,徐福在琅琊郡向秦始皇汇报,谎称自己已经探明海中神山上确实有仙药,但因为海中大鱼作怪,无法前往。于是恳求秦始皇派遣勇士跟他一起出海,射杀大鱼,取得仙药。秦始皇求药心切,便答应了他的请求。但是,徐福这一次出海后,渺如黄鹤,远走高飞,再也没有回来。文中的"徐市"即徐福,"徐市又作'福'者,'市'与'芾'同,即'黻'字,语转又为'福',非徐有二名"(《史记志疑》卷三)。

在《史记·淮南衡山列传》中有一段与上述内容大体一致但更为详细的记载,说秦始皇"遣振男女三千人,资之五谷种种百工而行",而徐福"得平原广泽,止王不来"。此后徐福东渡的故事又陆续出现在《汉书·伍被传》和《后汉书·东夷列传》等正史中,且基本上都沿用了《史记·淮南衡山列传》的说法。

从时间上说,《史记》作为最早记载徐福东渡事迹的史料,其撰写时间大致为汉武帝太初元年(前104)至征和二年间(前91),与徐福东渡的时间相差不过百余年,应该具有一定的可信度。其次,从内容上说,虽然《秦始皇本纪》与《淮南衡山列传》对徐福东渡的记载有些许出入,但考虑到《淮南衡山列传》中对徐福的记载是在写伍被(汉初淮南王刘安的谋士)如何劝谏刘安不要谋反作乱时提及的,是司马迁对伍被言论的转述。而伍被的本意是借徐福东渡一事体现秦始皇的残暴奢靡、扰民不止,其政治意义远远超出了史实意义。况且以司马迁治史之严谨,不可能在几处都写到一件并不存在的事情。因此,可以确定徐福东渡在历史上是确有其事的。

关于徐福东渡的动机,历来众说纷纭。历史上对徐福的评价,也多有涉及对其东渡事件的猜测和评论。目前为止,学术界关于徐福东渡动因的研究中,占主流的是“求仙说”和“避秦说”。这两种说法都有一定的道理,但孤立地强调其中某一种意见未免失之偏颇。对于徐福东渡的动机应该用动态的观点去考察。徐福东渡的动机,应该定位在寻仙求药上,而非最初就意图避秦逃脱,至于后来滞留海外未能返回,原因之一就是没能找到仙药,回国交不了差,害怕会被暴虐的秦王降罪甚至诛杀,最后才产生避秦的想法。

那么,徐福东渡最终去了哪里?关于徐福东渡的终点,司马迁在《史记·淮南衡山列传》中,只是简略而含糊地交代了“徐福得平原广泽,止王不来”,至于“平原广泽”是什么地方,司马迁未能说清楚。因此,徐福东渡的去向便成了难解之谜。大多数学者认为,徐福“得平原广泽,止王不来”之地是日本列岛,有些学者甚至做出了徐福就是日本历史上的神武天皇、徐福船队的三千童男童女就是现代日本人的祖先等大胆猜测。除此之外,还有部分学者持舟山群岛说、朝鲜半岛说、台湾岛说、吕宋岛说甚至美洲大陆说等。综合来看,徐福东渡日本的可能性最大,依据主要有以下几点:

其一,在日本古代史上,绵延了六千多年的绳文文化在公元前三世纪前后突然中断,日本列岛的文明进程,从石器时代一下跃入了金石并用的弥生文化,这可以说是一次奇迹般的飞跃。从出土的文物及相关研究成果来看,这次生产力水平的巨大飞跃,绝不是绳文文化自身发展、演化的结果,是源自大陆文明的传入,而这个阶段正与徐福东渡的时间相符合。《史记》中提到,徐福的船队中有“五谷百工”“振男女三千人”,他们掌握着十分可观的物质生产资料和先进技术,促成日本列岛这次文明跃进的可能性与可行性极大。

其二,从秦时的造船、航海技术看,徐福船队大规模东渡日本的客观条件已经具备。《竹书纪年·帝芒》中已有“东狩于海,获大鱼”的记载,据此可以推断,当时的人们已经有能力从事海洋捕捞作业。《说苑》中也有“齐景公游于海上而乐之,六月不归”的记载。春秋战国时期,造船业已经具有一定的规模,越国灭吴时动用的战船就有三百艘之多,秦始皇甚至组织过一支能运输五十万石粮食的大船队来支援其在南方的作战。由此可见,徐福东渡日本在技术上是完全可以实现的。

其三,徐福的传说在日本也相当流行。据台湾学者彭双松先生统计,日本各地与徐福姓名联系在一起的墓、祠、碑、宫、庙、神庄等遗址有五十余处,登陆地有二十余处,传说故事有三十余个。和歌山县、佐贺县、广岛县、爱知县、秋田县、富士山地区都有徐福活动的遗迹。此外,在中国两千年来的历史记载中,涉及日本一带的风俗民情记载时,常常会提到自称秦氏或秦人后代的,如《义楚六帖》中"至今,子孙皆曰秦氏";《隋书·倭国传》中"又东至秦王国,其人同于华夏"。至今,日本的羽田、波多、羽太、八田等姓氏仍自豪地称自己为秦氏。日本姓氏"斋藤",在汉语中的意思就是"齐"。

其四,另外几个说法难以成立。《史记》中有《朝鲜列传》,详细记载了燕人卫满至朝鲜为王的事,如果徐福在朝鲜称王,司马迁不可能没有记载,更不可能将朝鲜写作"平原广泽"。而舟山群岛在周秦时即我国疆域,且距大陆仅一二百里,极易到达。因此,令司马迁搞不清具体位置的"平原广泽"不可能是舟山群岛。同理,也不可能是台湾岛。徐福到达美洲和吕宋岛的说法也很难成立,徐福船队自琅琊(今青岛一带)起航,纵使航海技术相当发达,恐怕也难以深入到遥远的美洲和吕宋岛。

由此,我们可以初步断定徐福东渡的终点可能是日本,但徐福东渡日本一说的最终确认,仍须有更多的证据。从考古学的角度讲,徐福东渡日本说还需要更多出土材料的验证,日本各地的徐福遗迹目前还难以判定真伪;从文献学的角度讲,虽然自唐代以来就有徐福到了日本之说,但因为材料年代较晚,多为传闻,未见实证,权威性不够,只可作为参考。相较于"徐福东渡"的终点,更为重要的是以徐福为代表的先民们的勤劳智慧,是他们不惜漂洋越海、历经磨难去传播先进文化、开拓新生活的精神,这才是他们留给我们最宝贵的财富。

(张　浩)

秦末田氏齐国复国了吗?

公元前221年,秦将王贲(bēn)攻入临淄,齐王建向秦军投降,历经一百多年的田氏政权灭亡。秦灭齐后,将一部分田氏宗族迁往关中,虽然如此,齐地的田氏仍然保持着强大的地方势力,一直伺机东山再起。公元前209年,陈胜、吴广起义揭开了秦末农民战争的序幕,六国旧贵族乘势而起,纷纷复辟旧国。项梁找到在民间为人牧羊的前楚怀王的孙子熊心,拥立其为王,仍号楚怀王,定都盱眙;与魏旧贵族有密切关系的张耳、陈余等起义者拥立武臣为赵王,武臣死后,又拥立赵国旧贵族赵歇为王;陈胜的将军周市立故魏公子咎为魏王;燕国旧贵族拥立旧燕上谷卒使、武臣的将军韩广为燕王。华夏大地一夜间仿佛重新回到了六国并立的战国时代。齐地的田氏也不甘落后,先后有田儋、田假、田市、田都、田荣、田广和田横称齐王,在齐地为王十余年。

率先称齐王的是狄邑的田儋,他与堂弟田荣、田横皆为齐国王室旁支,在狄邑当地属于强宗豪族,史书上说他们"皆豪,宗强,能得人"(《史记·田儋列传》)。陈胜起兵称王后,派遣部将周市攻占旧时魏国的领土,并乘势深入齐国狄邑。田儋杀死县令,召集当地豪吏子弟说:"诸侯皆反秦自立,齐,古之建国,儋,田氏,当王。"(《史记·田儋列传》)于是自立为王,攻击周市,很快占领了原有的齐国故地。田儋在位十个月,他主政期间吸收了战国末年孤立自保的亡国教训,积极参与各势力联合灭秦的大业,亲自领军救助魏国。公元前208年,田儋被秦将章邯所杀,田荣率残兵逃到东阿。

齐人听说田儋已死,于是立故齐王建之弟田假为齐王,田角为相,田间为将。逃至东阿的田荣与项梁率领的楚军达成联合,击败章邯。田荣立田儋之子田市为齐王,自己为相,田横为将,重新统治齐地。而田假、田角抵挡不住田荣的进攻只得逃出齐地，田假逃到项羽处躲避起来，田角、田间则逃到赵国。项梁击败章邯后乘胜追击，但章邯的军队反倒日渐强盛，于是项梁就派遣使者通报齐国和赵国，要两国共同发兵攻打章邯。田荣却提出条件："使楚杀田假，赵杀田角、田间，乃肯出兵。"（《史记·田儋列传》）楚国否决了田荣的提议，田荣于是拒绝发兵。之后项梁兵败被杀，项羽由此怨恨田荣，加之田荣也因项羽收留田假而对楚国不满，两方由此反目成仇。秦亡后，项羽分封，自立为西楚霸王，分立十八个诸侯王，田市被改立为胶东王，另立田都为齐王，而齐王建之孙田安则被立为济北王。田荣对此极为不满，起兵赶走田都，攻杀田市、田安，自立为齐王。项羽闻此消息，挥师北上，田荣兵败被杀。

田荣死后，田横收集齐军残部，退入城阳地区（今山东沂蒙山区），继续抵抗项羽。就在这个时候，攻占了关中的刘邦，乘势联合各诸侯国，结成反楚同盟，一举攻入楚都彭城，迫使项羽回师楚国，全力应对刘邦。乘此机会，田横收复齐国，拥立田荣的儿子田广为齐王，自己出任丞相主持国政，如同兄长田荣当年一般。彭城之战，项羽以三万楚军精锐大败刘邦五十六万联军，以汉为盟主的反楚联盟瓦解，秦末合纵连横的各股势力重新洗牌组合。以此为契机，田横与项羽和解，加入以楚为盟主的反汉联盟。公元前204年，汉军大将韩信在攻灭赵国后准备进攻齐国，谋臣郦食（yì）其（jī）向刘邦提出让自己去游说齐王，争取兵不血刃地让齐国归附。在郦食其地游说下，齐王田广、相国田横同意放弃战备，以七十余城降汉。但韩信趁机率大军渡过黄河，攻占了齐国都城临淄，田广、田横认为被骗，将郦食其烹之。之后，韩信又在潍水大破齐楚联军，齐王田广被俘处死。

田广被刘邦俘获后，田横自立为齐王，与刘邦对抗。不久，刘邦统一天下，田横畏惧，率徒属五百余人逃到海中的小岛（今山东青岛田横岛）。刘邦深知田横兄弟在齐地的潜在势力，田横一日不死，刘邦一日不安，于是派使者持赦令召田横，并发话："田横来，大者王，小者乃侯耳；不来，且发兵加诛焉。"（《史记·田儋列传》）此时的田横已深知自己的处境，便只率随从两人前往，等到了洛阳附近，田横自杀，不久，两个随从也在田横的葬礼结束后自杀。当岛上的五百余人听到田横的死讯后，集体自杀为田横殉葬。这一冲天壮举历来为后人感慨和敬佩，这就是历史上著名的"田横五百士"。至此，田氏后裔复辟齐国的活动彻底结束，田氏政权终究如那追随田横而死的壮士一般在历史的长河中烟消云散了。

正如本文开头所述,作为一个独立国家的田氏政权实际上在公元前221年就已经灭亡了。田氏后裔试图复辟齐国的尝试其实是秦末反秦战争的一段插曲。六国一去不复返的事实,已为历史的铁律锁定,反秦战争及随后的楚汉战争中出现的以齐国复辟为代表的“六国阴魂”,不过是那个时代反秦的工具,是一面号召的旗帜,其本身并没有任何生命力,一如项羽对其部下所说:“天下初发难时,假立诸侯后以伐秦。然身被坚执锐首事,暴露于野三年,灭秦定天者,皆将相诸君与籍之力也。”(《史记·项羽本纪》)所谓“天下初发难时,假立诸侯后以伐秦”,道出了反秦斗争中六国诸侯作为“复辟”的政权存在的唯一合理性。当反秦战争结束,胜利者重构秩序时,他们就会被彻底抛弃。无论是田儋兄弟还是其他在齐地称王的田氏后裔,在一定意义上都是空有“齐王”之名,他们既不能重建旧时齐国有效的统治秩序,又不能在浩浩荡荡的反秦战争中占据一席之地,或昙花一现,或依附楚、汉,实在称不上是真正的复国。

(张　浩)

田横五百士是怎么回事？

秦末汉初，田横自立为王。刘邦称帝后，田横奉诏觐见，自刎于赴洛阳途中，部下闻悉田横死讯，皆自尽以守节。世人惊叹五百义士之忠烈，在他们所居海岛上修筑五百义士墓和田横祠，并将海岛命名为田横岛，借以旌表他们的气节，这就是被后世广为传颂的“田横五百士”的故事。那么，田横为什么要自杀，五百义士又为何要追随田横赴死呢？

这就要从秦末田氏复国说起。田儋、田荣和田横三兄弟，齐地狄邑人，皆为秦末叱咤风云的起义首领。在田儋、田荣相继失败被杀后，田横担当起复兴齐国的大任。田横重建齐国之际，正值楚汉相争最惨烈之时，项羽气势如虹，刘邦亦针锋相对。公元前 203 年，刘邦派郦食其游说齐王田广和相国田横，表示齐与汉友好相处，共同对付项羽。田广、田横相信了郦食其的话，决定归服刘邦。不料，这一年的十月，汉将韩信在平定了赵、燕之后，用蒯（kuǎi）通计策，出其不意率兵攻破临淄。田广、田横直呼上当受骗，一怒之下将郦食其烹之，以示血战到底之决心。然而最终齐王田广被俘处死，田横逃到梁地，投到了彭越帐下。

公元前 202 年五月，刘邦打败项羽后一统天下，做了皇帝，分封诸侯，彭越被封为梁王。此时田横寄人篱下，手下只剩五百余人，因害怕刘邦追究其背汉向楚的罪过，就与跟随他的五百余人乘夜逃出梁地，辗转入海，匿居岛中。刘邦听说后，感慨颇多，认为田横兄弟曾经平定齐国，齐国的贤士大都依附于他，如今要让他流落岛上而不加以收揽的话，以后难免有祸患。于是派使者持特赦令召田横至洛阳，田横对使者说：我曾经烹了陛下的使者郦生（郦食其），现在我又听说郦生的弟弟郦商是一个很有才能的将领，所以我非常害怕，不敢奉诏进京，请求您让我做一个平民百姓，住在这海岛上。为了使田横毫无疑虑地来洛阳，刘邦立即对担任卫尉的郦商下了一道十分严厉的命令：齐王田横如果来洛阳，谁要敢动一下他的随从人员，立刻满门抄斩！接着，再令使者前去海岛，一方面向田横转述刘邦给郦商下诏的内容，一方面传达刘邦要他立即赶赴洛阳的命令：田横若是来洛阳，最大可以封为王，最小也可以封为侯；若是不来，我将派军队加以诛灭。（《史记·田儋列传》）为了五百余义士的生死安危，田横将所剩银两分给他们，并叮嘱他们马上化妆分散、解甲归田以奉养高堂。而自己只带两名门客赶往洛阳。当行至距洛阳三十里的尸乡（今河南偃师）时，田横停下来对汉使说：面见天子，理当沐浴一新。又趁使者不在时与他的两位门客说：当年我和汉王都是南面称王，现在汉王成了天子，我却成了亡国奴，这是奇耻大辱；我烹了郦食其，现在却要与他的兄弟一起侍奉天子，我心存羞愧。至于皇帝招我进京，只是想一睹我的容貌，我此刻割下头颅，你们快马入朝，皇帝还能看个清楚。说罢，跪对东方故国，拔剑自刎。刘邦见到田横的头颅后，直呼："嗟乎，有以也夫！起自布衣，兄弟三人更王，岂不贤乎哉！"（《史记·田儋列传》）于是刘邦下令任命田横的两位门客为都尉，发士卒两千人，以王者礼葬田横。葬礼结束后，田横的两位门客各在田横坟茔旁挖了个坑，自杀陪葬田横。刘邦听说后，更觉田横门下宾客义高节重、至圣至贤，同时对留在岛上的五百余人也愈加不放心。于是急派使者前去海岛，并命令把他们统统迁到洛阳。岛上的五百余义士听到田横的死讯后，痛哭欲绝，他们高唱挽歌："薤上露，何易晞，露晞明朝更复落，人死一去何时归？"歌声壮烈悲怆，经久不息，五百余人集体自杀于岛上。

田横自杀的原因，司马迁在《史记》中记载得很清楚，一是因为他不愿北面而事原本同等地位、后又位及至尊的新朝国君；二是因为他曾以酷刑杀害了刘邦的重臣郦食其。但除此之外，应该还有一种更为深层的原因，那就是面对故国灰飞烟灭的无奈和绝望。田横虽是一方割据诸侯，但曾有功于刘邦。楚汉相争期间，田横和彭越曾是后方抗击项羽的主力，他们使项羽在战场上陷入被动的局面，始终无法全力对付汉王刘邦。刘邦定天下后，彭越作为有功之臣受封梁王。田横虽从未归附刘邦，但凭借其抗击项羽的功劳，获得侯爵以上的封赏完全是可能的。况且刘邦亟须安抚天下，不会因郦食其的死而加害田横这个在齐地众望所归的人物。但田横毕生致力于复兴齐国,他的思想一直停留在六国并立的时代,追求的仅仅是恢复齐国,缺乏放眼天下的格局,不能洞察楚汉之际诸侯并立的局面是暂时性的,幻想着重现齐国自立于东方而各诸侯国共存的政治秩序。田横自跟随田儋起兵以来,他的这个理想就不断受到打击,田儋、田荣先后战死,他们的齐国也在楚汉相争的波谲云诡中逐渐远去。当刘邦称帝时,田横明白自己“与汉王俱南面称孤”的日子是永远不可能回来了,于是在刘邦召其入朝时自刎而亡。

五百余义士的死和田横的死是不同的。战国时期养士成风,形成了以“四公子”——齐国的孟尝君田文、魏国的信陵君魏无忌、赵国的平原君赵胜、楚国的春申君黄歇为代表的人才中心,大量的人才迅速地聚结起来。据史书记载,“四公子”门下的食客都超过三千人。齐国王室素有“养士”“尊士”“重士”的传统,这种传统延续到了田横时期,这五百余义士应该就是田横的门下食客。田横向来有“义高能得士”的美誉,所以直到齐国为韩信所灭,田氏家族大势已去,依然有众多的门客愿意跟随田横。从孟尝君门下的鸡鸣狗盗之辈,到士为知己者死的豫让,再到慷慨悲歌的荆轲,这些门客与他们的主人之间实际上结成了一种牢固的生死与共的关系。以孟尝君为例,孟尝君对待投奔之人,皆舍业厚遇之。司马贞《史记索隐》曰:“舍业者,舍弃其家产而厚事宾客也。”由此可知,孟尝君“食客三千”“一时倾天下士”与其厚待宾客是分不开的。基于这种礼遇,门客士人对主人的回报往往也是非常丰厚的,所谓士为知己者死,这里的知己,不是别人,正是供养他们的权贵豪强。战国时期墨家巨子(对墨家领袖的称呼)孟胜为楚国阳城君所信赖,奉命守护其领地,后因无法阻止楚王收回封地而自杀,另外还有约一百八十人追随孟胜赴死。同理,田横为保全五百余义士的性命而去洛阳,然五百余义士听说田横自杀后也集体自刎,这充分体现了介于主仆间的忠义精神,是对恩主“养士”“尊士”“重士”政策的回报。

长久以来,“田横五百士”都被视为忠贞不屈与节义高尚的代表,历代文人墨客无不对他们大加推崇,司马迁在《史记》中写道:“田横之高节,宾客慕义而从横死,岂非至贤!”唐代诗人李白有诗赞曰:“海上五百人,同日死田横。当时不好贤,岂传千古名。”徐悲鸿更是用两年的时间完成了《田横五百士》巨幅名画……在两千多年的历史长河中,田横和他的追随者们,像流星一样悲壮,以他们史诗般的殉道行为,在历史的浩渺夜空里划出了短暂微弱却动人心魄的光芒,给世人留下了“不屈”和“节义”的精神内涵。

徐悲鸿《田横五百士》油画

(张　浩)

临淄有个韩信岭，与韩信有关吗?

齐国故城的东北部,今淄博市临淄区齐都镇河崖头村西南有个地方叫韩信岭。传说当年汉朝大将军韩信在齐国称王时,在此建造宫殿,故而又称韩信宅。韩信是否在齐地称王,事情还要从秦末农民大起义说起。

韩信(? —前196),淮阴(今江苏省淮安市淮阴区)人。《史记·淮阴侯列传》记载:“(韩信)始为布衣时,贫无行,不得推择为吏,又不能治生商贾(经商)。”从日后韩信带兵屡战屡胜来看,韩信应该是战国末年兵家思想的接受者。战国时期,齐国兵学(以《孙子兵法》《孙膑兵法》为代表)已经广泛流行,韩信的出生地淮阴,是齐楚文化的交融地,韩信应该深受齐国兵学和南方兵学的浸染。然而在秦朝以法家思想治国、以吏为师的大环境下,战国间各国争相养士、游士“入楚楚重,出齐齐轻,为赵赵完,畔魏魏伤”(《论衡·效力》)的局面已不复存在,韩信这种有知识的“士”阶层自然很难有生路。

在秦末农民大起义的浪潮中,韩信起初投奔项梁,项梁死后,复归项羽,但屡次献计,都没被项羽采纳。韩信愤而投奔刘邦,经萧何保举,刘邦拜韩信为大将军。韩信以明修栈道、暗度陈仓之计,占取了关中。在楚汉战争中,韩信发挥了卓越的军事才能。先是平定了魏国,后又背水一战击败代、赵。之后,他又北上降服了燕国,且奉刘邦之命,南下平定了齐国。此时的齐国,正为田齐王室的旁支田广和田横统治着。齐王田广是前齐王田荣之子,在田横赶走项羽的势力后,收复齐地,立田广为齐王,自任相国。刘邦在派韩信南下击齐的同时,又听信郦食其之言,派郦食其前去游说齐王,让齐国归降刘邦。在郦食其的游说下,田广和田横答应归降刘邦。

此时,韩信引兵东进击齐,未到平原渡口,得知郦食其已说齐归汉。韩信想停止，范阳辩士蒯通劝韩信说：将军奉诏攻打齐国，而汉王只不过派密使说服齐国归顺，难道有诏令叫您停止进攻吗？况且郦生不过是个说客，凭三寸之舌就降服齐国七十多个城邑，将军统帅几万人马，一年多时间才攻占赵国五十多个城邑。一个将军反倒不如一个儒生的功劳吗？韩信听从蒯通建议，率兵渡河击齐。这时齐国已决计降汉，对汉军的戒备松懈，韩信乘机袭击了齐国驻守历下的军队，一直打到齐国国都临淄。齐王田广惊恐，认为是郦食其出卖了自己，便把他烹了。齐王逃到高密后，派人向楚国求救。项羽派遣大将龙且率兵马与齐王田广合力抗汉。有人前来向龙且献计：汉军远征作战，所向披靡，而齐、楚本土作战，兵易涣散，不如深沟高垒，以守为攻。龙且却轻视韩信，急求战功，不用此计，率兵与韩信军隔潍水东西摆开阵势。韩信连夜派人做了一万多个袋子，将其盛满沙土，壅塞潍水上游，并率一半军队涉水进击龙且之阵，龙且出兵迎击，韩信佯装败退，龙且以为韩信怯弱，率军渡河进击。这时韩信命人决开壅塞潍水的沙袋，河水奔流而至，龙且的军队大半没有渡过河。韩信挥军截杀，杀死龙且。东岸齐、楚联军见西岸军队被歼，四处逃散。韩信率军渡河追击至城阳，楚兵皆被俘。齐王田广逃走，不久被杀。汉四年（前 203），齐地全部平定。

齐国平定后，韩信派人向刘邦上书说：齐国人狡诈多变，是个反复无常的国家，南边又与楚国相邻，如不设立一个代理王来统治它，局势将不会安定。我希望做代理齐王，这样对形势有利。当时，刘邦正被项羽紧紧围困在荥阳，情势危急，看了韩信的上书内容，刘邦十分恼怒，大骂韩信不救荥阳之急，竟想自立为王。张良、陈平对刘邦说：汉军处境不利，怎么能禁止韩信称王呢？不如就此机会立他为王，好好善待他，使他自守一方，否则可能发生变乱。刘邦经提醒也明白过来，改口骂道：大丈夫平定了诸侯，就做真王罢了，何必做个假王呢？于是派张良前去立韩信为齐王，并征调他的部队攻打楚军。

齐国失利，龙且战死，使项羽非常恐慌，于是派盱眙人武涉前去游说韩信反汉与楚联合，三分天下，称王齐地。韩信谢绝说：我奉事项王多年，官不过是个郎中，位不过执戟之士。我的话没人听，我的计谋没人用，所以才离楚归汉。汉王刘邦授我上将军印，让我率数万之众，脱衣服给我穿，分食物给我吃，而且对我言听计从，所以我才有今天的成就。汉王如此亲近、信任我，我背叛他是不会有好结果的。我至死不叛汉，请替我辞谢项王的美意。

武涉游说韩信失败后，辩士蒯通知道天下大局之关键在韩信手中，于是用相人术劝说韩信，认为他虽居臣子之位，却有震主之功，名高天下，所以很危险。韩信犹豫而不忍背叛刘邦，又自以为功劳大，刘邦不会来夺取自己的齐国，于是没有听从蒯通的计谋。

汉五年（前202），刘邦趁项羽无备、楚军饥饿疲劳之际，突然对楚军发动进攻。刘邦约韩信从齐地（今山东），彭越从梁地（今河南东北部）南下合围楚军。十月（汉初承秦制，十月为岁首），韩信、彭越却未能如期南下，刘邦追击楚军至固陵（今河南太康），楚军反击，刘邦大败而归。

为调动韩信、彭越之军，刘邦听从张良之谋，划陈（今河南淮阳）以东至海广大地区为齐王韩信封地；封彭越为梁王，划睢阳以北至谷城（今山东平阴）为其封地，并由韩信全权指挥此战。韩信、彭越遂率兵攻楚。韩信从齐地南下，占领楚都彭城和今苏北、皖北、豫东等广大地区，兵锋直指楚军侧背；彭越亦从梁地西进。汉将刘贾会同九江王英布自下城父（今安徽亳州）北上；刘邦则率军出固陵东进。汉军形成从南、北、西三面合围楚军之势，项羽被迫向垓下（今安徽灵璧）退兵。十二月，约计四十万汉军与十万楚军在垓下展开决战。楚军大败，退入壁垒坚守，被汉军重重包围。楚军屡战不胜，兵疲粮尽。韩信命汉军夜唱楚歌，致使楚军思乡厌战，军心瓦解，韩信乘势进攻，楚军大败，项羽自刎乌江。

打败项羽后，刘邦迅速剥夺了韩信的兵权，改封韩信为楚王，都下邳。后又以韩信窝藏项羽部将钟离眛为由，贬韩信为淮阴侯。韩信在刘邦危难之际，不是主动出击解刘邦之危，而是要挟刘邦给予更广的封地和更多的好处，这无疑大大得罪了刘邦，使刘邦即使在韩信打败项羽的大功之下，也不能释怀，必欲除之而后快。之后，吕后与相国萧何合谋，将韩信骗入长乐宫，斩于钟室，夷其三族。

韩信一生跌宕起伏，因萧何而发迹，又因萧何而被杀，如后人所说“成也萧何，败也萧何”；因漂母一饭之恩而得以存活，又因功高震主，为汉高祖和吕后所不容，被诛三族。所谓“生死一知己，存亡两妇人”。韩信被萧何誉为“国士无双”。刘邦评价他：“战必胜，攻必取，吾不如韩信。”但韩信只是个将才，没有刘邦那样放眼天下的胸怀，如韩信所说：“陛下不能将兵，而善将将，此乃信之所以为陛下禽也。”韩信的本领在于带兵，并且多多益善；刘邦不善于统领士卒而善于领导将领，这正是韩信悲剧的根源所在。

自汉四年（前203）韩信被刘邦立为齐王，至汉五年（前202）韩信被徙为楚王，韩信当齐王只有短短两年时间。韩信在临淄称王，除了韩信岭的遗迹外，还有蒯通墓（该墓位于临淄区皇城镇五路口村东）。蒯通因何葬于临淄，史载不详。

1964 年，山东省和淄博市的文物考古单位曾对韩信岭一带进行了全面的勘探，发现这里文化堆积特别厚，且过去每次大雨过后，古币、泥封、小铜印等文物时有露出。1971 年秋，在韩信岭西南边缘阚家寨发掘出土的陶鬲，与陕西长安普渡村墓葬出土的陶鬲形制相似。据《临淄文物志》记载，韩信岭是一处地层复杂的高地，基本呈正方形，高出地面约四米，四面有三层台阶。经考古勘探，发现西周晚期、春秋、战国至汉代的文化层，其厚度一般三至四米，有四至五层堆积，有居住、冶铁、炼铜、制骨等遗迹，是齐国故城内文化堆积最早、最厚、最复杂之处。

（武振伟）

西汉齐国与先秦齐国有什么不同？

汉初，鉴于秦二代而亡，汉高祖刘邦及众大臣在总结秦朝灭亡的原因时，认为秦朝的灭亡是实行了“内无骨肉本根之辅，外无尺土藩翼之卫”（《资治通鉴·汉纪》）的制度导致的，于是汉高祖总结经验，巩固统治，采用周朝的分封制度，大量分封同姓子弟和功臣，希望利用宗法血缘关系巩固刘氏家族的统治。高祖在世时，逐渐铲除了绝大多数异姓王，七个异姓王仅剩长沙王吴芮因地少力弱、忠于汉廷而得以保留王位。汉高祖与臣下杀白马盟誓：如果不是刘姓子弟封王的，天下人一起来诛灭他。（《史记·汉兴以来诸侯王年表》：“非刘氏而王者，若无功上所不置而侯者，天下共诛之。”又《史记·吕太后本纪》：“高帝刑白马盟曰：‘非刘氏而王，天下共击之。’”）

西汉齐国正是在汉初分封诸侯的背景下建立的。《史记·高祖本纪》记载：“夫齐，东有琅邪、即墨之饶，南有泰山之固，西有浊河之限，北有勃（渤）海之利。地方二千里，持戟百万，县（悬）隔千里之外，齐得十二焉。故此东西秦也。非亲子弟，莫可使王齐矣。”齐国地理位置险要，土地肥沃，人民富饶，在刘邦的谋臣看来，不是亲子弟不能在齐地为王。西汉第一任齐王是汉高祖刘邦的庶长子刘肥，《史记·齐悼惠王世家》记载：“高祖六年，立（刘）肥为齐王，食七十城，诸民能齐言者皆予齐王。”齐王刘肥的封地几乎和先秦齐国的疆土相当。（《史记·田单列传》：“齐七十余城皆复为齐。”）司马迁曾说：“诸侯大国无过齐悼惠王。”刘肥的封地在汉初是最大的，加之齐地的富饶，西汉齐国的实力在各诸侯国中也是最强的。汉高祖十一年（前196），淮南王英布造反，刘邦御驾亲征，齐王刘肥没有作壁上观，而是亲自统领十余万齐军，与朝廷大军协同作战，为平定英布叛乱立下大功。刘肥为齐王时，可以在自己的封地内任命两千石（dàn）以下的官职(《史记·齐悼惠王世家》:“始,悼惠王得自置二千石。”),可以拥有数量庞大的军队,还可以在封地内煮盐,开采矿山,铸造钱币等,俨然一个相对独立的王国。

汉高祖刘邦死后,刘盈登基,是为汉惠帝。刘盈生性懦弱,优柔寡断,大权渐渐落在吕后手中。惠帝二年(前193),刘肥入朝朝见天子。因是同父异母的长兄,惠帝刘盈非常尊重刘肥,以家人之礼款待之,《史记·吕太后本纪》:“孝惠以为齐王兄,置上坐,如家人之礼。”刘肥这种僭越礼制的行为引起了吕后的不满,起了杀意。刘肥十分恐惧,献出齐国的城阳郡作为吕后女儿鲁元公主的汤沐邑(收取赋税的私邑),并尊鲁元公主为王太后,才使得吕后转怒为喜,放刘肥回国。即使没了城阳郡,齐国仍不失为诸侯国中的大国,有较强的实力。刘肥在位十三年,于惠帝六年(前189)卒,谥为悼惠王。其子刘襄立为齐王,是为齐哀王。

吕后死后,吕氏诸王欲作乱,夺取刘氏天下,齐哀王刘襄在其兄弟刘章、刘兴居的协助下,果断出兵西进,攻打吕国济南城,与长安拥戴刘氏的大臣遥相呼应,在铲除诸吕、稳定汉室江山的过程中起到了非常重要的作用。汉文帝元年(前179),齐哀王刘襄去世,太子刘则即位,是为齐文王。第二年,汉文帝分齐国的城阳郡封朱虚侯刘章为城阳王,分齐国的济北郡封东牟侯刘兴居为济北王。看上去,刘章和刘兴居分别封王,得到了应有的封赏,但齐国的实力再次被削弱,这是西汉中央朝廷对齐国不放心导致的必然结果。济北王刘兴居于文帝三年(前177)乘汉文帝亲自北击匈奴之机,起兵叛乱,欲袭荥阳,事败自杀,济北国被废除。

齐文王刘则在位十四年后去世,因没有儿子,齐国被废除,封地归入朝廷。一年后,汉文帝大封齐悼惠王诸子,以刘将闾为齐王,是为齐孝王,同时封刘志为济北王,刘辟光为济南王,刘贤为淄川王,刘卬(áng)为胶西王,刘雄渠为胶东王,与之前所封的城阳王共为七王。齐国仅有一郡之地,成为一个小国,再也不是拥有七十余邑的大国了。汉文帝此次分封,可看作是汉武帝时期“推恩令”的先期实践。

汉景帝时期,济南王刘辟光、淄川王刘贤、胶西王刘卬、胶东王刘雄渠参与七国之乱,被汉军攻破,四王以罪被诛,封国被废除。齐孝王刘将闾以齐国一国之力拖住了七国中三国的兵力,为汉军平叛七国之乱提供了有力的时机。

济北王刘志被胁迫参与叛乱，后坚守不发兵，所以赦而未杀，平乱之后，改封淄川王。齐孝王刘将闾为朝廷守城有功，但是他在被围困时又与胶西王等图谋讲和，因此朝廷欲兴兵讨伐，齐孝王刘将闾因恐惧而饮药自杀。齐孝王死后，汉文帝认为齐国在平定七国之乱时是有功的，齐国在胁迫之下与三国图谋讲和，并不是大罪，因此又立齐孝王太子刘寿为齐王，是为齐懿王。齐懿王在位二十二年后，其子刘次景（一作"次昌"）即位，是为齐厉王。齐厉王因与其姐纪翁主通奸，被人告发，朝廷派主父偃前往齐国为相国，查办此事，齐厉王畏罪自杀。齐国被废除，封地入于朝廷。

西汉齐国自刘肥于公元前 201 年受封建国，共经历四代六任齐王，至公元前 127 年废除，刘肥及其子孙享国七十余年。在齐地，齐悼惠王诸子封国中唯有城阳国和淄川国保存下来，后来朝廷把临淄以东环绕悼惠王墓园的城邑全部划给淄川国，以供奉齐悼惠王的祭祀。

在齐国被废除十年之后的公元前 117 年，汉武帝将次子刘闳封为齐王，是为齐怀王，七年之后，刘闳去世，因没有儿子，齐国再次被废除，封地入于朝廷。终西汉一朝，再没有皇室子孙封为齐王。

西汉齐国经济发达，人口众多，如汉武帝时大臣主父偃所说："齐临菑十万户，市租千金，人众殷富，巨于长安，此非天子亲弟爱子不得王此。"（《史记·齐悼惠王世家》）主父偃正是临淄人，其说应为实情。西汉时的齐国国都临淄已经非常繁荣。《战国策·齐策》记载："临淄之中七万户。"单从人口数量看，西汉时的临淄就已经超过了战国时期。《汉书·高五王传》说："悼惠之王齐，最为大国。"齐国实力雄厚，地位非同一般。到汉武帝时，齐国仍然是天下最为富饶的地方。《史记·三王世家》载："关东之国无大于齐者。齐东负海而城郭大，古时独临淄中十万户，天下膏腴地莫盛于齐者矣。"如此重要之地，确实非亲弟爱子不能封，所以汉武帝才将最为宠幸的王夫人所生次子刘闳封为齐王。

近数十年来，在山东境内发现了多座西汉齐地封王的墓葬。如临淄大武汉墓的墓主人可能是齐哀王刘襄，临淄山王村汉代兵马俑坑的主人可能是齐怀王刘闳，济南长清双乳山汉墓的墓主人可能是济北王刘宽（非刘肥一系），济南章丘危山汉墓的墓主人可能是济南王刘辟光，济南章丘洛庄汉墓的墓主人可能是吕后所封吕国第一任国王吕台。这些封王的墓葬气势宏大，且出土了数量众多的珍贵文物，展现了当年西汉齐地封国的雄厚实力。

2007年,临淄山王村汉代兵马俑坑的考古发现,让我们可以一睹当年西汉齐王的出行和家居场景。俑坑内,前有四十九名骑兵俑及五辆战车组成行进行列,中间为大型步卒俑(三百多个)构成的护卫方阵,后院布置有陶殿堂、楼阁、戏楼、粮仓、猪圈以及陶羊、猪、鸭等生活院落场景,而且在俑坑四周排列一圈手持盾牌面向坑壁的步卒护卫俑,随葬的马车达十一辆之多。这充分显示了墓主人(可能是齐怀王刘闳)的地位之高,生活之优裕。

临淄山王村汉代兵马俑坑

与先秦齐国不同的是,西汉齐国始终是一个受中央直接控制的诸侯国,虽然前三代齐王时期,齐国有相对独立的自主权,也有较强的实力,但远不能与先秦齐国相比,特别是西汉齐国已经没有了春秋战国时期齐国作为一个国家的完全自主权,随时都可能被中央朝廷削地、除国,齐文王刘则、齐厉王刘次景因为无子等原因,齐国便被中央朝廷废除,封地被收回。第四代齐王刘将闾以后,齐国一分为七,齐国仅有一郡之地,实力大为削弱,到了齐怀王刘闳时期,西汉中央朝廷为了削弱诸侯国的实力,"令诸侯王不得复治国,天子为置吏",此时的诸侯王只是得到封地上的租税而已,再也没有治国的权力了。

(武振伟)

临淄大武汉墓的墓主人是谁?

淄博市临淄区辛店街道窝托村南有一座古墓,原封土高大,附近群众称之为“窝托冢”“驸马冢”“相公冢”“淳于髡墓”。明嘉靖《青州府志》、民国《临淄县志》也将此墓记载为淳于髡墓。传说,淳于髡是齐威王的女婿,故而此墓又称驸马冢。

这座古墓为长方形,圆顶,东西长二百五十米,南北宽两百米,高三十二米,占地面积五万余平方米。经考古发掘,断定此墓为西汉墓,此地原属临淄区大武乡(镇),故名大武汉墓。

大武汉墓原封土

淳于髡,齐国稷下先生之首,《史记·滑稽列传》记载:“淳于髡者,齐之赘婿也。长不满七尺,滑稽多辩,数使诸侯,未尝屈辱。”齐威王初即位时,沉湎酒色,不理朝政,淳于髡用“大鸟三年不飞不鸣”的隐语,使齐威王幡然醒悟,一鸣惊人,令当时的各诸侯国刮目相看。从民间将淳于髡当成齐王的女婿看,是对“齐之赘婿”的误解。赘婿之婚实际上是女子不出嫁,招男子入女家为婿,也称作“入赘”。在当时,赘婿的社会地位是很低的。可以说,赘婿与驸马、相公根本不是一回事。而且“驸马”一词,到西汉武帝时才出现,全称为“驸马都尉”,淳于髡自然不可能是齐国的驸马。因而,大多数人认为,大武汉墓并非淳于髡之墓,但墓主人到底是谁,谁也说不清楚。

1978年,为配合东风站的建设,淄博市博物馆与临淄区文物部门对大武汉墓进行了系统的勘探和发掘。此墓属“中”字形汉墓,墓口长四十二米,宽四十一米,墓室深十七至二十米,墓室南北各有一条墓道。1978年11月至1980年11月,先后清理了五个陪葬坑。其中,器物坑一个,车马坑一个,兵器坑两个,殉狗坑一个。出土文物有陶器七十九件,铜器六千七百五十一件,铁器四百一十件,银器一百三十一件,铅器九百九十四件,漆器一百三十六件,骨器三百一十一件,泥器约三千件,车马器及其他三百一十一件,总计一万两千一百余件,是当时山东省重要考古发现之一。其中,有铭文的铜器和银器五十三件。出土文物中的矩形龙纹大铜镜、鎏金银盘、金樽铜戈、鎏金熏炉、三牺钮银豆等,是难得的珍品。2010年,上海世博会期间,三牺钮银豆作为山东省唯一的文物展品在中国馆展出。

这些出土文物多具有西汉前期的特征,证明这座大墓绝非淳于髡之墓。那么墓主人到底是谁呢?此墓工程浩大,营造如此规模的墓葬,耗费的人力、物力是巨大的,如果没有稳定的政治、繁荣的经济做后盾,是不可能完成的。从墓葬形制看,墓主人当是王侯一级的高级贵族,出土铜器亦多刻有“齐大官”“齐食官”等铭文。大官,即太官,主管宫廷饮食。食官,是掌管皇后、太子事务的官员。《后汉书·百官志》记载:“汉初立诸王,因项羽所立诸王之制,地既广大,且至千里。又其官职傅为大傅,相为丞相,又有御史大夫及诸卿,皆秩二千石,百官皆如朝廷。”所以这些职官可与汉廷制度对比,据此推测,墓主可能是汉初封于齐地的某一代齐王。汉武帝时,为削弱诸侯国实力,推行“推恩令”,“众建诸侯而少其力”,将齐国一分为七,使齐国版图急剧缩小,国势衰微。因此汉武帝之后的诸侯王是无力承担这项工程的。而汉武帝之前、西汉齐国国势强盛时期的齐王仅有三位,分别是齐悼惠王刘肥(前201—前189)、哀王刘襄(前188—前179)、文王刘则(前178—前165),并且从历史记载看,这三代齐王在众诸侯王中的地位都是举足轻重的,“诸侯大国无过齐悼惠王(刘肥)”。在汉初前三代齐王在位期间,西汉齐国政治比较稳定,经济恢复后有了较大的发展,并有较大的独立性,制度仿照皇室,具备营造如此规模大墓的条件和可能。因此,墓主人极有可能为这三人中的一位。《史记·齐悼惠王世家》记载:“齐悼惠王后尚有二国，城阳及菑川。菑川地比齐。天子怜齐，为悼惠王冢园在郡，割临菑东环悼惠王冢园邑尽以予菑川，以奉悼惠王祭祀。”从中可以看出，齐悼惠王刘肥的陵墓应在临淄以东。又记载：“齐文王立十四年卒，无子，国除，地入于汉。”这说明刘则死后，大规模建陵的可能性不大。依据上述文献资料记载，大武汉墓的主人极有可能就是第二代齐王刘襄。因当时国家文物局认为墓室内的文物出土后难以保护，因此从文物保护的角度考虑，主墓室并没有进行发掘。因而，要解开大武汉墓主人之谜，可能要从将来主墓室的发掘出土文物中寻找答案了。

西汉齐王墓的考古发掘，反映出当时齐国强盛的国力，这主要体现在以下两个方面：

第一，汉初齐地社会经济繁荣。大武汉墓陪葬坑中出土如此众多和精美的随葬品，客观上反映了汉初齐国的经济实力和较高的手工业发展水平。《史记·货殖列传》记载：“齐带山海，膏壤千里，宜桑麻。”经过汉初的休养生息，到汉武帝时期，齐都临淄已经成为“人众殷富，巨于长安”的天下名都了。

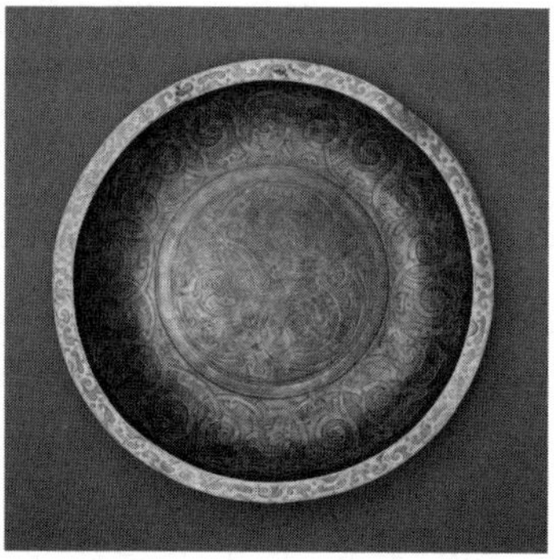

西汉齐王墓陪葬坑出土银盘

（淄博市博物馆藏　王傧摄影）

西汉齐王墓陪葬坑出土铜鼎铭文拓片

第二，汉初齐国拥有强大的军事实力。大量兵器的出土，是大武汉墓随葬器物坑的一个显著特点，五个陪葬坑就有两个以随葬兵器为主，且数量众多，种类齐全，居各类器物之首。《史记·齐悼惠王世家》记载，吕后死后，诸吕专权，企图夺取汉室江山（“聚兵以威大臣，欲为乱”）。齐哀王刘襄曾率兵屯驻济南以为外援，配合朝廷平息了诸吕之乱。汉初齐国在稳定刘氏政权的过程中起到了非常重要的作用。

非常有意思的是，大武汉墓出土的多件器物上有不同时期的铭文。从鎏金银盘铭文反映的情况分析,墓中出土的三件银盘应为战国时期三晋中的某一国铸造;秦灭三晋后,银盘作为战利品归秦;秦灭亡后,银盘被西汉宫室收藏。汉高祖刘邦定国后,封其庶长子刘肥为齐王。刘邦将银盘赐给齐王刘肥。刘肥死后,银盘又归其子齐哀王刘襄所有,刘襄死后,银盘随葬墓中。

(武振伟)

西汉齐国在中央政权的稳固中起到了什么作用?

公元前201年,汉高祖刘邦的庶长子刘肥被封为齐王,《史记·齐悼惠王世家》记载:“高祖六年,立肥为齐王,食七十城,诸民能齐言者皆予齐王。”“诸侯大国无过齐悼惠王(刘肥谥号)。”刘肥死后,其子刘襄即位,是为齐哀王。

齐哀王元年(惠帝七年),发生了一件大事,惠帝驾崩,吕后当政,《史记·齐悼惠王世家》称:“吕太后称制,天下事皆决于高后。”吕后虽然没有称帝,一切政务却都由吕后决定,在吕后称制的八年里,还先后立惠帝的两个儿子(刘恭、刘弘)为帝,他们形同傀儡,《史记》也没有给他们立传,吕后去世后,少帝刘弘及其他惠帝的儿子都被大臣们以非惠帝亲生为名杀死。

吕后为了巩固自己的统治,先是杀了刘邦的儿子赵王刘友、刘如意、刘恢等,并大封其母家吕氏的兄弟子侄辈为王。《汉书·外戚传》:“杀高祖子赵幽王友、共王恢及燕灵王建。遂立周吕侯子台为吕王,台弟(吕)产为梁王,建城侯释之子(吕)禄为赵王,台子(吕)通为燕王。”吕氏势力不断壮大,刘氏宗室和大臣们对吕后都深感愤慨,但都惧怕吕后的残暴,敢怒不敢言。对于封地辽阔的齐国,吕后始终放心不下,一心要削弱齐国。吕后二年(前186),割齐国的济南郡为吕王封地;八年(前180),割齐国的琅琊郡封营陵侯刘泽为琅琊王,加上刘肥时献给鲁元公主的城阳郡,齐国原有六郡,被夺去了三郡,齐国实力大损。如刘襄所说:“分齐国为四。”

公元前180年七月,吕后去世。吕后在临终时,十分担心诸吕被拥戴刘氏的大臣铲除,便以赵王吕禄为上将军,统领北军;吕王吕产为相国,统领南军。北军和南军是国都长安城的禁卫军。吕氏掌握了军政大权,吕氏的诸侯王密谋造反,夺取刘氏政权,史称诸吕“聚兵以威大臣,欲为乱”,但是诸吕畏惧刘邦时的老臣周勃、灌婴等人,一时不敢作乱。诸吕密谋的消息首先被刘肥之子朱虚侯刘章知晓,刘章早在齐哀王三年就已进宫担任宿卫一职,刘章的妻子是吕禄的女儿,正是她将吕氏要政变的消息告诉了刘章。刘章马上派人去齐国,向其兄长齐王刘襄汇报此事,并让刘襄马上起兵西进,讨伐诸吕,以保卫刘氏的江山。朱虚侯刘章和兄弟东牟侯刘兴居则在长安作为刘襄的内应,约定在诛除吕氏之后,拥立刘襄为帝。《史记》记载,刘章"有气力",而且做事果断,是个有勇有谋之人,曾在吕后宴饮之时,身当执法之人:诸吕中有一人逃酒,刘章追出去将其斩杀,自此之后,诸吕之人都十分忌惮刘章,而朝中的大臣都依附刘章。

齐王刘襄在接到刘章的消息后,用计杀死不同意出兵的齐国相国之后,恐怕自己的实力不够,便使诈将琅琊王刘泽骗到临淄,兼并了琅琊国的军队,刘襄率齐国和琅琊国的军队向西攻打吕国的济南城,并发布讨吕檄文,以争取朝廷和各诸侯国的支持。诸吕听说齐国发兵,十分慌乱,派遣大将军灌婴率兵讨伐齐国。灌婴是跟随刘邦建立西汉政权的老将,本身就对吕氏专权不满,因而领兵至荥阳,便不再前进,并派人与齐王刘襄联络,等待时机铲除诸吕。齐王刘襄攻取济南后,也屯兵在齐国的西界,以待朝廷的变动。

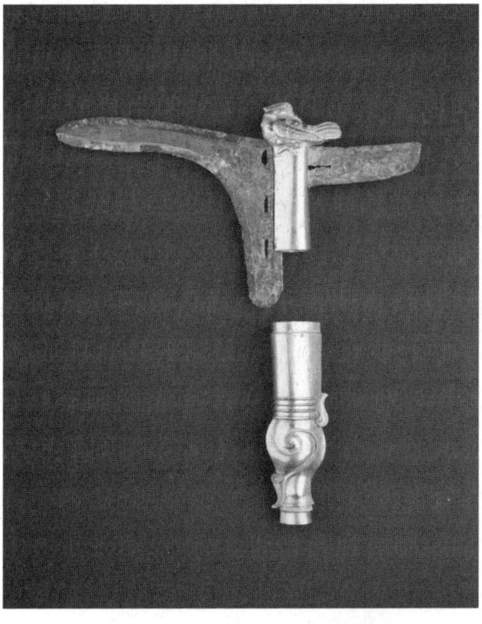

西汉齐王墓陪葬坑出土金樽铜戈
(淄博市博物馆藏　王滨摄影)

在刘襄进兵的同时,长安城中也开启了群臣诛除诸吕的大幕。太尉周勃设计使吕禄自动交出了北军的指挥权。朱虚侯刘章杀死了南军的统领吕产和长乐卫尉吕更始,军权全部为拥护刘氏的大臣掌握。太尉周勃下令,将吕氏所有人,不分男女老幼,一律斩杀,诸吕之乱在一场血雨腥风中被平息。齐王刘襄也被告知动乱已平息,让其罢兵归国。

在铲除诸吕的过程中,齐悼惠王之子刘襄、刘章发挥了决定性的作用,正因为外有齐国之兵,诸吕才不敢作乱;在与南军统领吕产的激战中,刘章以千余人的力量击杀吕产,从而奠定了铲除诸吕的胜利局面。如太尉周勃所言:"所患独吕产,今已诛,天下定矣。"(《史记·吕太后本纪》)可以说,齐国在平定诸吕之乱中是首功。

齐王刘襄在事前有即位为帝的想法,平乱之后,朝中也有大臣提出,刘肥是刘邦的长子,刘襄是刘肥的嫡长子,可以立为帝。但刘襄在起兵时诈取了琅琊王刘泽的兵马,得罪了刘泽,刘泽到长安后,对拥立刘襄的大臣说,齐王的母舅驷钧,凶恶残暴,刚刚由于外戚吕氏的缘故几乎使天下大乱,现在又要立齐王,恐怕要再出现一次吕氏之乱。正是因为刘泽的话,刘襄错失了帝位。汉文帝即位后,为安抚齐国,将吕后时分自齐国的城阳郡、琅琊郡、济南郡重新封给齐国。对于立有大功的朱虚侯刘章和东牟侯刘兴居加封领地各两千户。汉景帝即位后,御史大夫晁错提议削弱诸侯王势力,加强中央集权。吴王刘濞联合楚王刘戊、赵王刘遂、济南王刘辟光、淄川王刘贤、胶西王刘印、胶东王刘雄渠等刘姓宗室诸侯王,以"清君侧"为名发动叛乱。济南王刘辟光、淄川王刘贤、胶西王刘印、胶东王刘雄渠都是齐悼惠王刘肥之子,在汉文帝时期分封为诸侯王。叛乱初期,胶西王、胶东王、淄川王合兵攻打齐国临淄,想让齐孝王刘将闾也响应叛乱,但刘将闾狐疑不决,没有听从,"三国兵围临菑数重",但三个月都没有攻下临淄。之后,汉将栾布、平阳侯率军救齐,三国之兵被击破,三国被迫退兵回到封国。《史记·吴王刘濞列传》记载,胶西王回国后,其子刘德建议袭击汉军,不成则逃到海上,胶西王不听,到汉营请罪,汉将韩颓当面斥责他阴谋叛乱,宣读诏书,胶西王自杀而死。胶东王、淄川王、济南王也都伏法被诛。在吴楚齐国之乱中,齐国以一国之力拖住了七国中三国的兵力,为汉军平叛七国之乱提供了有力的时机,发挥了重要的作用。

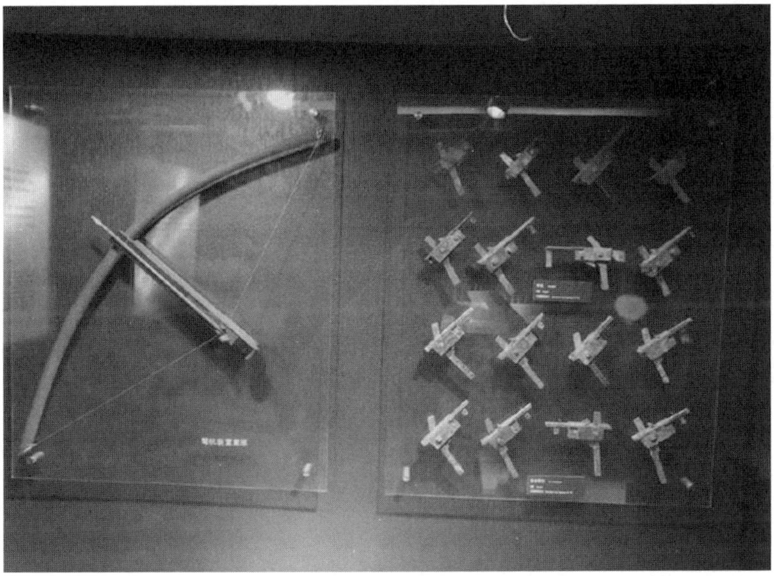

西汉齐王墓陪葬坑出土铜弩机

1978 年,在淄博市临淄区辛店街道窝托村发掘的齐王(极有可能是齐哀王刘襄)墓显示出汉初齐国具有强大的军事实力,连当年诸吕叛乱也不得不顾忌东方齐国的反应。《史记·高祖本纪》载:“地方二千里,持戟百万,县隔千里之外,齐得十二焉。”持戟兵士的多寡是一国军事力量强弱的重要标志。大量先进兵器的随葬,反映了汉初齐国军事实力之强大。

(武振伟)

西汉经学传承中齐人发挥了什么作用？

“经”从本意上讲是织布时用梭穿织的竖纱，编织物的纵线，引申为书籍的统称，春秋战国时期泛指官府的重要典籍和各学派的重要著述。其中，《诗》《书》《礼》《易》《乐》《春秋》被儒家奉为六经，也叫六艺。孔子整理、编订六经，创立儒家学派。《乐》在汉代就已经失传，所以通常称为五经。孔子去世后，他的弟子散落于各诸侯国，继续传授儒家经典，儒学在代代相传的过程中不断丰富自身的内涵。经历了秦始皇焚书坑儒的毁灭性打击，以及秦末战乱的洗礼，儒学在口耳相传以及残存的典籍中延续下来，并在西汉逐渐得到统治者的重视，一度兴盛并占据独尊地位，形成了一门关于整理、阐释和研究儒家经典的学问经学。在此过程中，西汉初年的齐地儒生功不可没。

首先，齐人是经学传承体系的主力。《史记·儒林列传》提到，汉武帝即位之初，招揽许多通晓儒家经典的学者，“言《诗》于鲁则申培公，于齐则辕固生，于燕则韩太傅。言《尚书》自济南伏生。言《礼》自鲁高堂生。言《易》自菑川田生。言《春秋》于齐鲁自胡毋生，于赵自董仲舒”。在这份名单里，辕固生、伏生、田生、胡毋生均为齐人。由此可知，从数量上，齐人在西汉初年的经学系统中占据绝大多数。而具体在经学传授谱系中，齐人也扮演着重要角色。

《诗》分齐、鲁、韩三家，还有后来出现的毛诗。齐人辕固以治《诗》有名于时，汉景帝时为博士，后被拜为清河王太傅。齐《诗》因此显扬，依靠治《诗》得以显贵的齐人，几乎都是辕固的弟子。申培虽为鲁人，但鲁《诗》是他从齐人浮丘伯那里传下来的，刘邦的异母弟楚元王刘交也与申培一起随浮丘伯学《诗》。

《尚书》传自济南人伏胜。伏胜是秦朝博士，当年秦始皇焚书时，他把《尚书》藏在墙壁中，随后流亡于战乱。到了汉初安定之时，仅得二十九篇，在齐鲁之间传授。汉文帝时,能治《尚书》的人只有伏胜,可他当时已经年过九十,不能再被征召,于是汉文帝派时任太常史掌故的晁错前去向他学习。

[明]杜堇《伏生授经图》
(美国大都会艺术博物馆藏)

齐地通晓《尚书》的学者几乎都是伏胜的传人,他的学生有欧阳生和张生。欧阳生传给倪宽,倪宽还从孔子的后人孔安国那里学习了古文《尚书》,后官至御史大夫,与司马迁共同制定汉《太初历》,其学传给欧阳生之子,形成欧阳之学。张生被征召为博士,《尚书》中著名的大、小夏侯之学均传自于他。

在《易经》的传授系统中,齐人田何是一个承上启下的人物。鲁人商瞿跟随孔子学习《易》经,六代之后传于田何。田何,字子庄,传《易》于王同、梁人丁宽、齐人服生等人。汉惠帝时田何"年老家贫,守道不仕"(皇甫谧《高士传》),惠帝亲自到他家中受业。汉代《易》学宗派众多,人才繁盛,田何便是其宗师。王同传齐人杨何,杨何因通晓《易经》而被征召,官至中大夫,太史公司马谈曾受业于他(《史记·太史公自序》)。丁宽传田王孙,田王孙又传施雠(chóu)、孟喜,创立了施孟之学。杨何传京房,京房传梁丘贺,梁丘贺又在田王孙门下学习,自成一家,创梁丘之学。东莱人费直受业于京房,创费氏之学,东汉经学大家马融、郑玄、王弼都是费氏派传人。

《公羊春秋》传自齐人胡毋子都(复姓胡毋,一作胡母,字子都)。相传孔子把《春秋》之学口授给子夏，子夏传给齐人公羊高，于是开创了公羊学，公羊氏世代相传，至第五代公羊寿用竹帛传给弟子胡毋子都。胡毋子都在汉景帝初年被征召为博士，年老回齐地教学，齐地学习《公羊春秋》的儒生几乎都是他的传人，其中包括官至丞相的公孙弘。胡毋子都与赵人董仲舒同时授业，把《公羊春秋》发扬光大。

综上所述，五经中有四经与齐人密切相关，在学习人数上占据绝对优势，可以说齐人是西汉经学传承的主力军。他们在各自擅长的经学领域阐释儒家经义，传经讲学，不仅自成体系，还衍生出更多的支脉，影响着后世经学的走向。

其次，从内容上看，齐人影响了西汉经学的面貌，形成了独具特色的齐学。关于齐学，广义上一般被认为是战国时期以临淄为中心形成的齐地文化，狭义上则专指西汉初年与齐人有关的经学流派。所以，齐《诗》、今文《尚书》、《易经》诸派和《公羊春秋》均在齐学之列。韩《诗》虽不出自齐地但内容也具有齐学特色，一般被归入齐学范畴。

齐学最大的特点是用阴阳灾异之学阐释经书、推论时事。伏胜传《尚书》，对《洪范》篇中的“五行”尤为重视。《尚书·洪范》被认为写于战国后期，托周武王和箕子的对话，谈论帝王治理国家必须遵守的“天地之大法”。战国后期，齐人驺衍提出了五德终始说，对齐地的思想和文化影响深远，可见在那时齐学与阴阳、谶纬的关系非常密切。除了《尚书》，齐《诗》《易传》《公羊春秋》中也充斥着阴阳灾异的内容。齐学的另一个特点是积极进取、开放入世，这一点源自先秦稷下的传统。经学家们关心社会政治，积极参与政事，力求自己所学能够为现实所用，在从政中贯彻自己的经学大义。董仲舒是研究《公羊春秋》的大家，通过解释《春秋》经义，提出了大一统、天人感应、君权神授、三纲五常等观念，以儒学为主体，融合道、法、阴阳家等诸子学说，把齐学与治国相结合，为统治者的合法性找到了神学依据。汉武帝采纳了董仲舒的主张，罢黜百家，独尊儒术，以“通经”作为选官标准，使儒家经学渗透到政治层面，实现了思想的大一统。至此，齐学真正达到了“通经致用”的目的。

与齐学相对的是鲁学，顾名思义是鲁人所传的经学，有鲁《诗》《礼》《穀梁春秋》和古文《尚书》。关于齐学和鲁学的区别，钱穆认为，鲁学“纯谨”，不能“驰骋见奇，趋时求合”，齐学“恢宏”，能够经世致用，所以一开始齐学就受到重视，鲁学就被抑制。（钱穆《两汉经学今古文平议》）相较之下，齐学的特点尤为明显,更重要的是,它迎合了时势的需求,尤其受到了锐意进取又喜好阴阳、方士之说的汉武帝的青睐,因此能够在西汉经学流派中成为显学。

此外,在推动经学成为汉代主流思想的过程中,齐人也功不可没。齐《诗》的创始人辕固为了推介儒学,曾在汉景帝面前与黄生争论“汤武受命”一事,还一度直言对抗信奉黄老之学的掌权者窦太后,且险些丧命。淄川人公孙弘四十多岁开始研读《春秋》,六十岁得到汉武帝赏识,荣登相位,位列三公,封平津侯。他的成功为儒生入仕发出了有力的信号,使天下学士争相效仿,推动了儒学特别是齐学的繁盛。官至丞相的公孙弘不忘向汉武帝提出为太学博士设置弟子、免除他们的徭役赋税和定期的考核及任用等建议,从此打开了儒生入仕进取的便捷通道,使西汉政坛上至公卿、下到小吏,多为文学之士。通过他们和更多儒学大家的努力,儒家经学的独尊地位得以确立,更多学者通过治经得以显贵。

总之,西汉经学的传承和兴盛离不开齐人辕固、伏胜、田何、杨何、胡毋子都、公孙弘等人的努力,他们保存和整理了儒家经典,广泛传播了儒家思想,把齐地阴阳之学注入经义,迎合了西汉统治的需要,促使西汉经学整体上呈现出齐学风貌,为经学在两汉乃至其后一千多年统治地位的确立做出了重要贡献。

(杨　洋)

齐地有哪些著名的孝子？

孝是中华传统美德之一，也是齐文化的重要组成部分。淄博有着丰富的孝文化资源，以孝妇颜文姜为代表的孝文化独树一帜，历史悠久。东晋《续述征记》中就有“齐孝妇”的记载，经过一千多年的流传、补充和润饰，颜文姜的传说逐渐丰满，并且在淄博及周边地区被尊奉为神，世世代代为人供奉、膜拜。淄博的母亲河叫“孝妇河”，颜文姜的故里博山旧时被称为颜山、孝妇乡、颜神镇，如今成为“孝乡”。这些都体现了齐地的民间文化价值取向，是对孝道的重视和弘扬。除此之外，齐地历史上还涌现出很多著名的孝子，他们以自己的孝行来诠释孝道，在后世留下美名。

西汉时期有孝女缇萦。缇萦，复姓淳于，齐国临淄人。父亲淳于意在齐国任太仓长，世称仓公或太仓公。淳于意年轻时爱好医术，拜名医公乘阳庆为师，他深得真传，医术非常精湛。然而他喜好周游各地，四海为家，有时不能给病人治病，因此病人多有怨恨他的。汉文帝十三年（前167），有人到朝廷控告淳于意，朝廷根据刑律，判处淳于意肉刑（脸上刺字、割去鼻子、砍去左足或右足等刑罚的统称），押送到长安执行。临行时，淳于意的五个女儿跟在车子后面哭泣，淳于意很生气，骂道：“生子不生男，缓急无可使者！”（《史记·扁鹊仓公列传》）小女儿缇萦听到这话很伤心，就随父西行到长安，上书朝廷说：我父亲是朝廷官吏，齐人称赞他廉洁奉公，现被判刑，我痛心人死不能复生，受刑致残也不能复原，即使想改过自新也不能如愿。既如此，我情愿自己入官府为奴，来替父亲赎罪，让他有机会改过自新。（《史记·扁鹊仓公列传》）同为孝子的汉文帝看到缇萦的上书后，怜悯她的孝心，于是赦免淳于意，并且废除了肉刑。缇萦以弱女子的身份上书救父，又促使残酷的肉刑被废除，其孝行流传千古，为后人称颂，东汉史学家班固有诗赞云:“百男何愦愦,不如一缇萦。”

东汉齐地孝子有临淄人江革。他少年丧父,与母亲生活在一起。两汉之际,王莽篡权,天下大乱,江革背着母亲逃难。途中几次遇到匪盗,他哭着向贼人哀告,说老母年迈无人奉养,贼人被他的孝心感动,不忍心杀他。他们在江苏下邳安居,但一贫如洗,江革做工挣钱供养母亲。母亲所用的东西一样不少,自己却没有鞋穿。汉光武帝建武末年,江革与母亲回到家乡,乡里称他为“江巨孝”,太守备下礼物征召他做官,他以母亲年迈为由谢绝。母亲去世后,他住在墓旁日夜相伴,守孝期满还不愿脱去孝服。后来,他被举荐为孝廉(汉代由各郡推举孝顺清廉的人充任官职),官至谏议大夫。江革退休后,汉章帝感念他的孝行,还关心他的起居状况,给予他丰厚的赏赐,使江革的“巨孝”之名传遍天下。元代人编著的《二十四孝》就把“江革负母”的事迹收入其中。

除了江革,《二十四孝》中还有一位齐地孝子董永。董永,东汉千乘(今山东高青)人,少年丧母,家境贫寒,与父亲相依为命。父亲去世,家里没有钱,他就把自己卖到富人家为奴,用得到的钱来安葬父亲。在做工的路上,董永遇到一位女子,她自求结为夫妇。女子用了一个月的时间织出三百匹锦缎,替董永赎身。董永重获自由,夫妇二人回家,中途女子告诉董永,自己是天上的织女,由于他的孝行感动了天帝,她奉命帮助他还债,说完凌空而去。这个故事收入干宝的《搜神记》,首次提到是在曹植的《灵芝篇》:“董永遭家贫,父老财无遗。举假以供养,佣作致甘肥。债家填门至,不知何用归。天灵感至德,神女为秉机。”随着时间的推移,董永的故事不断丰富,逐渐演变成董永和七仙女天仙配的爱情传说,还衍生出了多个版本,被改编成戏曲、故事片等艺术形式。但是一开始,董永仅仅是一位孝子,历史上他的原型来自《汉书》,是高昌侯董忠的第四代玄孙,董忠的孙子董武被王莽所废,汉光武帝开国后找到董武的儿子董永再度封为高昌侯。也许正是因为父亲被废去侯位,又逢战乱,家里才变得贫穷,董永为了供养父亲欠下债务,从而有了神女相助的传说,这与曹植的《灵芝篇》所述相吻合。董永的孝名广为流传,河南、江苏、湖北、山东等地都有董永的墓,山东的董永墓在淄博市周村区韩家窝村东北,相传这里还是董永卖身葬父之地。

周村韩家窝董永墓

淄川区北部的梓潼山除了鬼谷子以外,还出了一位孝子,他叫王樵,字肩望,北宋淄州(今山东淄博淄川)人。他博通群书,尤其喜爱《老子》《易经》,如果没有后来的遭际,他将一直在梓潼山过着隐逸的生活,做一个怡然自得的隐士。宋真宗咸平年间,契丹大军侵扰淄州,王樵的父母和乡亲被掳走。王樵闻讯后,一路北上寻亲,行程数千里,几年后失望而归。他刻了双亲的木像,然后埋葬,并把双亲的画像挂在祠堂,如生前一般侍奉。他守孝六年,自号"赘世翁",发奋著书,希望能得到朝廷的重用,以北上伐辽,报仇雪恨。无奈朝政腐败未能任用,国仇家恨无处伸张,他忧愤成疾,把自己关在家中,不久就去世了。后人仰慕其忠孝,为他修建了祠堂。

齐地的孝子还有很多,如元代高家二女供奉双亲终身不嫁,明代王让为母亲结庐守墓,清代冷日升万里寻父,王敏入为救老父舍身哀求贼人,等等。他们生活在齐地的不同时代,很多人都是普通百姓,事迹也大抵类似,但正是他们用最朴素的行为诠释着孝道,丰富了齐地孝文化的内涵,影响了后世一代又一代人,引导我们坚定不移地弘扬和传承孝文化。

(杨 洋)

齐派医学有哪些代表人物？他们有哪些贡献？

在长期的生产生活实践中，我国古代先民创造出了独特的医学理论与诊断方法——中国传统医学，它挽救了许多人的生命。然而，中国医学的起源，呈多元性和地域性的特点，后来才逐渐融合为我们现在熟知的“中医”。位于东方的齐地就是中医的起源地之一。

二十世纪五十年代，陈直先生在《玺印木简中发现的古代医学史料》一文中指出，春秋战国至秦汉时期的医学流派可以划分为东西两大派别，即齐派和秦派。二十世纪七十年代，日本学者石原明在《汉方》中，对中国古代医学进行了分类，暗示针灸之术诞生于黄河文化圈，且主要在齐地。

中医起源地区、流派划分一览表

	东方	北方	西方	南方	中央
《异法方宜论》	砭石	灸焫（ruò）	毒药	九针	引导按跷
陈　直	齐派：重在汤药		秦派：重在针灸		
石原明	黄河文化圈（内经系）：以针灸、经络的发现为代表，主要在齐地			长江文化圈（本草系）：主要是长寿不老的医学 江南文化圈（汤液系）：以《伤寒杂病论》一系的经方代表	

二十世纪八十年代，俞慎初在《中国医学简史》中明确指出扁鹊和仓公同属齐派医学，但未做深入阐释。二十世纪九十年代，何爱华在前人的基础上，比较

清晰地勾画出齐派医学的基本轮廓。目前学术界主流观点认为，春秋至秦汉时期，齐派医学主要包括两个学术共同体，一个以扁鹊（秦越人）为核心，一个以淳于意（仓公）为核心。他们不但有独特的理论和技术，而且形成了完整的传承谱系。

先秦时期，齐派医学以扁鹊为核心。扁鹊“勃海郡郑人也，姓秦氏，名越人”（《史记·扁鹊仓公列传》）。扁鹊年轻的时候曾担任过“舍长”（旅店或客馆的负责人）。期间扁鹊结识了长桑君，向其拜师学医，接受了长桑君所授的“禁方”，终成一代名医，为我国的医学发展做出了里程碑式的贡献。

相传，如今中医临床上仍在沿用的“望闻问切”四诊法，便始于扁鹊。同时，扁鹊精于脉诊，并创立了脉学理论，司马迁曾说：“至今天下言脉者，由扁鹊也”。扁鹊还提出了“六不治”的原则，即“骄恣不论于理，一不治也；轻身重财，二不治也；衣食不能适，三不治也；阴阳并，藏气不定，四不治也；形羸不能服药，五不治也；信巫不信医，六不治也。”（《史记·扁鹊仓公列传》）

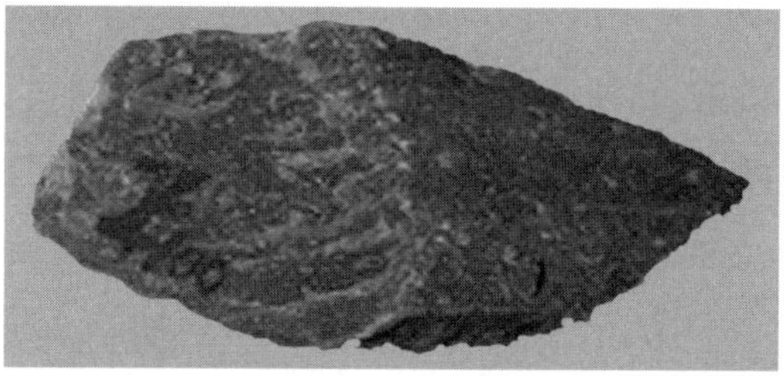
砭石

《史记·扁鹊仓公列传》中，记载扁鹊治病救人的医案主要有三个：一是诊断赵简子昏睡五日不省人事之症；二是治虢太子“尸厥症”；三是诊断齐桓侯隐疾。其中，最精彩的便是治疗虢太子“尸厥症”的医案。扁鹊过虢，闻太子死，便来到虢宫门下，中庶子告诉扁鹊虢太子的死因。扁鹊听罢，认为太子没有死，遂让中庶子通报虢君，言其能救活太子。扁鹊为虢君分析病因说：太子只是得了“假死症”。于是，扁鹊先用针灸的方法让太子苏醒过来，即“厉针砥石，以取外三阳五会”；然后又用熨法进行治疗，太子能够坐起来了；之后太子服了二十多天的汤剂便完全复原了。自此，扁鹊以“能生死人”而闻名天下。

扁鹊医德高尚，行医“随俗而变”，他在赵国邯郸主要给妇女治病，到洛阳就着重治疗耳聋、目昏、肢体麻痹等老年病，到秦国咸阳就重点治疗小儿病症。后来，扁鹊被秦太医令李醯刺杀身亡。

据《史记》《韩诗外传》《说苑》等文献记载，扁鹊授徒弟子有：子阳、子豹、子容、子明、子仪、子越、子游，从而形成了一个以扁鹊为核心的齐派医学群体。

汉代，齐派医学以淳于意为核心。淳于意，汉初临淄人，曾担任齐国太仓长，世称仓公。

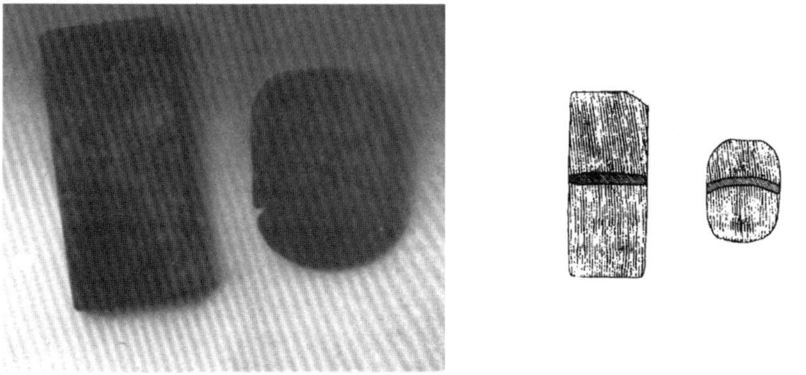

临淄商王村一号战国墓出土的陶熨具

淳于意年少时就喜欢医术，最初跟随淄川唐里的公孙光学医。公孙光教授方化阴阳、传语法等医术于淳于意。后来淳于意又跟随临淄名医公乘阳庆学医。公乘阳庆精于医，擅于禁方、秘方。公乘阳庆将上古遗书中所载的黄帝、扁鹊脉诊之术、五色诊病之法、脉书上下经、奇咳术、揆度阴阳外变、药论、石神、接阴阳禁书等，都传授给淳于意。淳于意的医术由此精湛起来，名噪当世。后来淳于意受诬被判肉刑，押解京师。其小女儿缇萦一路跟随，并上书汉文帝，表示自己愿意做官府奴婢，来赎父亲的罪过。汉文帝很感动，免去了对淳于意的刑罚。后来汉文帝又下诏询问淳于意“所为治病死生验者几何人也，主名为谁”，淳于意整理了二十五个医案献上作为对答。这些医案后来都被存到了朝廷的档案中，又由司马迁整理写入《史记》，流传至今。这是我们目前能见到的，我国乃至世界上最早、最完整的病历记录。

淳于意的二十五个医案，不仅涉及当代的消化、泌尿、呼吸、心脑血管等内科疾病，还有外科、妇科、产科、小儿科、口腔科等领域，展现了他高超的医学水平。在诊断方面，他发展了扁鹊的医学理论，通过对各种脉象的界定，来分析病因、病情。同时，淳于意还改变了医学的传授方式，由秘密传授改为公开带徒。从而带出了一大批优秀的徒弟，在当时临淄、淄川、济北一带形成了一个初具规模的齐派医学群体。

淳于意传授的弟子有：(1)宋邑，临淄人，从淳于意学医，意教以五诊。邑性情仁爱，志尚医术，为汉代良医。(2)高期、王禹，济北王太医，从淳于意学医。意教以经脉高下、奇络结、论俞（腧）所居等医术。(3)冯信，临淄人，淄川王太仓马长。冯信正方，性好医方，精于诊脉。意教以案法逆顺、论药法、定五味、和齐汤法等医术。信精心探讨，擅名汉世。(4)杜信，高永侯家丞，喜脉，来学。意教以上下经脉、五诊等医术。(5)唐安，临淄召里人，风仪温雅，性好医术，从淳于意学医。意教以五诊、上下经脉、奇咳、四时应阴阳重等医术。

魏晋时期，齐派医学代表人物当为脉学大师王叔和。

王叔和，名熙，高平（今山东微山湖）人。据明万历二十九年新安吴勉学翻刻宋板《脉经》，其《校定脉经序》言："叔和，西晋，高平人。性度沉靖，尤好著述，博通经方，精意诊处，洞识修养之道。其行事具唐（唐代）甘伯宗《名医传》中。"王叔和不但有丰富的临床经验，而且有坚实的理论基础，著有《脉经》一书。

《脉经》共计十卷九十八篇，内容丰富，具有很高的科学价值，是我国现存最早的一部脉学专著。书中从阴阳内外，三部九候，人迎气口，十二经络到三焦、五脏、六腑的病变，都有详细的阐述；并把各脉象总结为二十四种，还将八组相类似的脉象，进行鉴别比较，使脉名、脉象特点进行了规范统一。还阐明了各种切脉方法和必要的观识，辨析脉的阴阳、逆顺、虚实、生死，排列脏腑各部生理的脉象，罗列脏腑各部脉证，排比各种杂病脉象，以及妇人、小儿脉的辨识等内容。

王叔和继承和发展了齐派医学中脉诊的医学理论，对"脉学"进行了第一次全面系统地总结，奠定了脉学理论技术系统化、规范化的基础，对齐派医学的发展做出了杰出的贡献。

明代齐派医学家群体中，成就最高、影响最大的是翟良。

翟良，字玉华，益都颜神镇河西村人。翟良年幼时体弱多病，幸得良医诊治。翟良也由此对医术产生了浓厚的兴趣。后来他潜心学习、钻研医理医术，终成远近闻名的良医。

在诊断上，翟良主张"四诊合参，以脉为统"，强调脉诊的重要性，但并不排斥望、闻、问三法在诊断中的作用，主张综合性诊断。这一观点，既全面继承了中医传统的诊断方法，又突出了脉诊的独特作用。在治疗上，翟良主张"复平求因"和"方不一病""病不一方"。即在探求病因的同时，根据病人的致病原因予以治疗——虽然病人的病症相同，但病因不同，这就需要不同的处方；虽然病人的病症不同，但病因相同，可用同一个处方。

除此之外，翟良非常注重医学的普及教育，勤于著述，著有《经络汇编》《脉诀汇编》等医书。他的著作文辞浅显，通俗易懂。翟良在《痘科类编》自序中说，该书“原为幼学小儿辈开门导路，非敢使高明长者见也。其词多鄙俚冗俗”；《医学启蒙》一书，则是专门为初学医学的人编写的，给初学者以“行远自迩、登高自卑之阶梯”。翟良毕生致力于医学普及工作，为古代医学事业的发展做出了贡献。

明代齐地名医还有精于脉学、人称“卢扁”的高昶，著有《钤法书》一卷。

齐派医学传至清代，于当时诸多名医之中，当属岳含珍最为著名。他所著的《经穴解》是我国现存最早以解释腧(shù)穴为主的针灸专著。

岳含珍，字玉也，号思莲子，益都孝妇乡人。他自幼聪颖，博览群书，不仅对医学有极高造诣，而且精于四书五经等儒家经典。岳含珍极为擅长针灸，被誉为“当世神医”“活神仙”。著有《经穴解》《灵素区别》《针灸阐岐》《幼科阐岐》《大病论》《咳嗽议》等医书。其中《经穴解》一书，以经脉为纲，以每条经脉的总论和腧穴为目，加以论述，着重于分析腧穴的穴名含义、主治病症、辨证分治等内容，对当代中医针灸治疗仍然具有重要意义。

除岳含珍以外，清代齐派医学还有擅长针灸，被誉为“神砭”的杨作质。

几千年间，齐派医学家名人辈出，他们悬壶济世、救死扶伤，为我国古代医学的发展奠定了深厚的基础，对中国医学产生了深远影响。

（张晓彤）

齐地在后世有哪些著名人物?

齐地物华天宝,人杰地灵,经过先秦齐国政权经营,积淀了深厚的文化底蕴,孕育出灿烂的齐地文化。一代又一代仁人志士诞生在这片曾经建立起繁盛大国的土地上,用自己辉煌的人生丰富着齐文化乃至中华传统文化的内涵。

西汉时期,齐地的著名人物有经学名家辕固、伏胜、胡毋子都、公孙弘,名医淳于意和他的女儿缇萦。除此之外,还有散文家邹阳和名臣主父偃。

邹阳,临淄人,西汉前期散文的代表人物,被《汉书·艺文志》列为纵横家。汉文帝时为吴王刘濞的门客,以能言善辩著名。吴王意图谋反,邹阳作《上吴王书》委婉劝阻,吴王不听。邹阳劝谏吴王不成,离开吴国。结果吴王联合六国起兵,发动叛乱,史称"七国之乱",但很快被汉廷平息。梁孝王刘武是汉景帝的胞弟,平"七国之乱"有功,深受窦太后宠爱,还广招天下文人名士。于是,邹阳便投到梁孝王门下。邹阳有谋略、为人耿直,不料遭人嫉恨,被诬陷下狱,险些处死。为洗雪冤屈,他在狱中上书梁孝王,这就是流传千古的《狱中上梁王书》。信中列举了自古以来忠诚直言之士受谗言所害的事实,表明自己真心实意地为梁王效命,文采飞扬,感情真切,恢宏大气,颇有战国纵横家的风采。梁孝王看后非常感动,并且十分欣赏邹阳的才华,立即命人将其释放,把他尊为上客。司马迁在《史记》中将邹阳附在义士鲁仲连之后,为之合传,并称赞他"抗直不桡"。

主父偃(?—前126),临淄人,出身贫寒,早年学习纵横家的思想,后来听闻汉武帝重儒术,就改学《易》《春秋》。他在齐国游学时受到儒生排挤,于是北游燕、赵、中山等诸侯国,但都未受到礼遇。元光元年(前134),主父偃抵达长安,拜见将军卫青,希望能得到其引荐。卫青多次向武帝举荐无果,主父偃于是直接上书汉武帝,当天傍晚就得到汉武帝召见。汉武帝深感相见恨晚,任命主父偃为郎中,一年之中升迁四次。主父偃向汉武帝献策,对诸侯实行"推恩令",让诸侯分封土地给自己的子孙。"推思令"表面推恩,实则分散、削弱封国,如此分封下来,地方诸侯的势力便可得到有效控制。主父偃建议把地方的豪强富户迁徙至茂陵(今陕西兴平东北),以达到强干弱枝的目的。他还提出了设置朔方郡,加强防御匈奴等建议。这些建议满足了汉武帝强化中央集权的需要,也对西汉政治产生了重要影响。但另一方面,主父偃为人偏狭,心胸狭窄。他尊立卫皇后,揭发燕王刘定国的丑事有功,深得汉武帝欢心。大臣们都很害怕他,争相向他行贿,他也毫不推辞。有了权势之后,主父偃便向以前得罪过他的人展开报复,哪怕是连对他态度稍有冷淡的人都不放过,甚至置人于死地。他与齐王有嫌隙,便在担任齐国相国时,揭发齐王与其姐通奸之事,公报私仇,迫使齐王畏罪自尽。汉武帝闻后大怒,把主父偃调回京城治罪。最终,主父偃落得身死族灭的下场,门人宾客四散,只有一人肯替他收尸。

西晋时期最著名的齐地名人是左思、左棻(fēn)兄妹。左思(约250—约305),字太冲,临淄人,西晋文学家。先秦齐国公族有左、右公子,便以左为氏,家中世代研习儒学。其父左熹,字彦雍,从小吏做起,后任殿中侍御史,品级不高。左思幼年学习书法及鼓琴,没有学成,其父对朋友说:"思所晓解,不及我少时。"(《晋书·文苑列传》)于是左思受到激励,发奋学习。左思其貌不扬,不善言辞,不喜交游,平时以闲居为乐,但辞藻壮丽,用一年时间完成《齐都赋》(已散佚,只见残篇),写尽了齐都临淄的气度繁华。其妹左棻(《晋书》作"芬")同样以文才闻名于世。泰始八年(272),因才华被晋武帝纳入后宫,左思一家因此举家迁至京城洛阳。魏晋时期,世族门阀势力强大,阻塞了寒门士人的上升渠道。左思出身寒微,为了让自己的才华不被埋没,于是历经十年,呕心沥血,完成了上万字的《三都赋》。这一长篇大赋经过当时名士皇甫谧等人的推崇,一时"豪贵之家竞相传写,洛阳为之纸贵"(《晋书·文苑

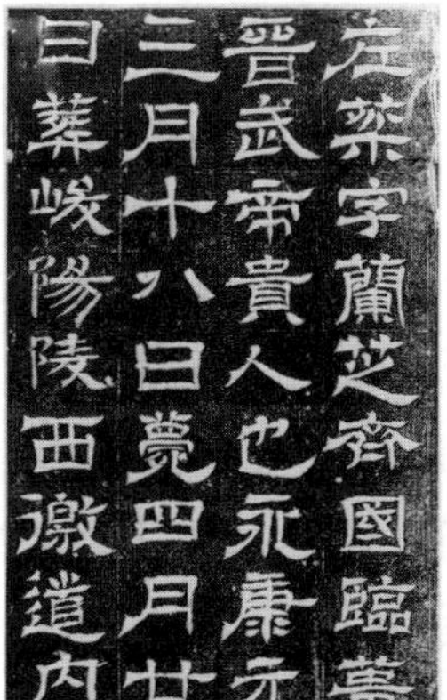
左棻字蘭芝齊國臨菑人
晉武帝貴人也永康元年
三月十八日薨四月廿五
日葬峻陽陵西徼道內

左棻墓志拓片 1930 年出土于河南省偃师县蔡庄村

列传》)。左思凭借《三都赋》蜚声文坛,而真正奠定他文学史地位、使他在魏晋文学中脱颖而出的作品是《咏史》诗八首。“郁郁涧底松,离离山上苗”抒发了抑郁不得志的苦闷,也饱含着对当时门阀制度压抑人才的控诉,诗风清新刚健,在继承“建安风骨”的基础上创造了一种独特的“左思风力”。晋惠帝时期,左思依附于权贵贾谧,成为文人集团“金谷二十四友”的成员,贾谧请他主讲《汉书》。后来贾谧在八王之乱中被杀,左思退居宜春里,专心整理典籍。公元303年,张方在洛阳作乱,左思携全家搬到冀州,几年后病逝。左棻,字兰芝,自幼好学,能诗善文,入宫后被封为修仪,后为贵人。她体弱多病,相貌也不出众,不得晋武帝宠爱,却因才德受到敬重。她常与晋武帝谈论文学,每有风物异宝,晋武帝必定命她作赋称颂。她的诗文多为应制之作,却也有《离思赋》这样抒发深宫幽怨的佳作。左思与左棻兄妹情深,有诗歌赠答,表达了入宫后亲人分离的悲痛和对家人的深切思念。更重要的是,左思、左棻兄妹二人相互扶持和成就,均凭借其作品在文学史上享有崇高的地位,成为一段文坛佳话。

唐初开国功臣、一代贤相房玄龄也出自齐地。房玄龄(579—648),名乔,字玄龄,齐州临淄人。其父房彦谦,通涉五经,有辩才,是齐地有名的学者。隋朝末年天下大乱,李渊起兵,房玄龄投入李世民帐下,多次随李世民出征,出谋划策,为唐朝统一做出重要贡献,后又参与玄武门之变的谋划,帮助李世民取得帝位,李世民称赞他有“筹谋帷幄,定社稷之功”(《旧唐书·房玄龄传》)。房玄龄任中书令、尚书左仆射,行宰相之职。他重视吏治,知人善任,精减冗官;修订典制政令,免除酷刑,主持编写《晋书》及唐朝国史。贞观年间,房玄龄与尚书右仆射杜如晦共掌朝政,他擅长谋划,杜如晦处事果断,人称“房谋杜断”。房玄龄尽心竭诚,谋略高远,敢于进谏,与杜如晦、魏徵等同为唐太宗李世民的股肱之臣,堪称良相的典范。贞观二十二年(648)七月,房玄龄病逝,太宗为之废朝三日,赠太尉,谥号“文昭”,陪葬昭陵(今陕西礼泉县),其画像与初唐其他二十三位开国功臣一并供奉于“凌烟阁”。

唐代时,齐地出现了善导和慧沼两位高僧。善导(613—681),临淄人,净土宗第二代祖师和实际创始人,被日本净土宗尊为高祖,著有《观无量寿经疏》等。他所提倡的“专念南无阿弥陀佛”修行法门,影响遍及古今中外,深入人心。慧沼,祖籍彭城,后迁至淄州,又称淄州大师,唐代法相宗三祖之一,曾受学于玄奘法师,慧解超群,被称为“山东一遍照”,著有《成唯识论了义灯》等。

晚唐齐地还出现了一位文学家段成式。段成式(约803—863),字柯古,齐州临淄人,宰相段文昌之子,后家居荆州。他凭借父亲的恩荫入仕,任秘书省校书郎,官至吉州刺史、处州刺史、江州刺史,后入为太常少卿。晚年居长安时,他闲放自适,钻研佛经,饮酒赋诗唱和,终年六十一岁。他能诗善文,与温庭筠、李商隐齐名,号为"三十六体"(三人均排行十六)。《全唐诗》收其诗词三十余首,多为绝句和律诗,辞采华艳,风格清丽秀美。段成式年轻时随父转徙,了解各地风土人情、趣事逸闻,开阔了视野,加之他精研苦学,博闻强记,其才学为时人叹服。代表作有小说集《酉阳杂俎》,该书内容驳杂,包罗万象,远远超出了志怪题材,是一部上承六朝,下启宋、明以及清初的重要作品,具有很高的史料和艺术价值。他的儿子段安节是唐代著名的音乐理论家,所撰《乐府杂录》记述了唐代以前的音乐情况,为后世研究唐代音律和音乐源流提供了宝贵的史料。

宋元明时期,齐地著名人物有北宋画家李成、《渑水燕谈录》的作者王辟之、元末明初杂剧作家贾仲明等。贾仲明(1343—1422以后),淄川人,号云水散人,曾侍奉当时还是燕王的明成祖朱棣,甚得宠爱。他聪明好学,博览群书,善吟咏,所作传奇戏曲、乐府极多,骈俪工巧。所撰《录鬼簿续编》,为八十二位戏曲作家补写了数十曲悼词,对他们及其创作予以梳理和评论,其中有不少曲论评语中肯公允,至今被广泛征引。

明末清初之际,齐地还出现了一位天文学家薛凤祚(zuò)。薛凤祚(1599—1656),字仪甫,号寄斋,益都人。薛凤祚少承家学,中秀才,后学习中国传统的天文历算方法。天启年间,受业于理学大师鹿善继和孙奇逢,学习陆(九渊)王(阳明)心学。后致力于西方自然科学研究,师从魏文魁、意大利传教士罗雅各、波兰传教士穆尼阁、德国人汤若望等。他集众师之长,尽得西方历学之精要,终于成为学贯中西、以历算知名海内的天文学家。除此之外,他在数学、地理、水利等方面也颇有建树,所撰《对数比例》是中国最早的一部对数专著;《两河清汇》结合河漕利弊,提出了独到的治河见解,被收入《四库全书》。薛凤祚与穆尼阁合作,翻译了西方天文历算著作《天步真原》。康熙三年(1664),薛凤祚将当时各家历算方法、实用科学方面的知识及其本人的天文著作汇集为《天学会通》刊行于世,集中反映了他的学术成就。薛凤祚是中国历史上学习西方科学的先驱,对中国自然科学的发展具有开创之功,《清史稿·畴人传》把他列于首位,说他"不愧为一代畴人之功首"。

清代齐地文人众多,诗文著述颇丰,在互相唱和之间形成了一些小团体。特别是顺治、康熙年间,孝妇河流域文风鼎盛,众星璀璨,聚集成了一个文化圈,主要成员有:王士禛(zhēn)、蒲松龄、赵执信(shēn)、高珩(héng)、唐梦赉(lài)、孙廷铨、袁藩、张笃庆等。其中,在文学史上享有崇高地位、最负盛名的是王士禛、蒲松龄、赵执信三位文化名人。

王士禛(1634—1711),字贻上,号阮亭,别号渔洋山人,新城(今山东桓台)人。王士禛出生于官宦家庭,祖父王象晋(1561—1653),字荩(jìn)臣,官至河南按察使、浙江右布政使,所撰《群芳谱》是汇集十六世纪以前中国古代农学大成的一部巨著。伯祖父王象乾(1546—1630),字子廓,号霁宇,官至兵部尚书,曾驻守山海关,威震九边,保卫明朝有功,被万历皇帝授予牌坊,并追封三代,包括其曾祖王麟、祖父王重光、父王之垣,被称为"四世宫保"坊。三位兄长王士禄、王士禧、王士祜皆有诗名。顺治十四年(1657)中进士,任扬州推官,后转至翰林院,官至刑部尚书。康熙四十三年(1704)罢官回归故里。他在做官之前作《秋柳》诗,崭露头角,在扬州任职期间诗名大起,因"善诗文"受到康熙皇帝召见,得到了皇帝的褒扬,从此受到恩宠,成为诗坛领袖,主盟诗坛数十年,引领一代诗风。他在诗坛上独创诗论"神韵说",以"不著一字,尽得风流"为作诗要诀,与清代著名诗人朱彝尊齐名,号称"南朱北王"。其诗多抒写个人情怀,清新蕴藉、刻画工整,早年作品清丽华赡,中年后转为清淡苍劲。诗作甚丰,散文、词也很出色,著有《带经堂集》《渔洋诗话》《池北偶谈》等。

桓台"四世宫保"坊,位于山东省桓台县新城镇南村大街北端

[清]朱湘鳞绘《蒲松龄像》

蒲松龄(1640—1715),字留仙,一字剑臣,别号柳泉居士,自称异史氏,淄川区洪山镇蒲家庄人。蒲松龄出生时家道中落,早年热衷于科举功名,十九岁参加县府的考试,考取县、府、道三试第一名,受到山东学政施闰章的赞誉,此后屡试不第,直至七十一岁时才援例授予岁贡生。他为生活所迫,曾应同乡宝应知县孙蕙之请去做幕宾,还在本县西铺村毕际友家做过塾师。一生贫苦,未曾考中举人,郁郁不得志,于康熙五十四年(1715)正月因病去世,终年七十六岁。他以数十年时间,写成短篇小说集《聊斋志异》,运用唐传奇小说的文体和笔法来谈狐说鬼,揭露和批判社会的黑暗,集志怪传奇小说之大成,使中国古代短篇小说的艺术水平达到了前所未有的高度。此外又著有《聊斋文集》《聊斋诗集》,还结合自己的创作与当时家乡流传的俗曲编写了十四种聊斋俚曲,对地方戏曲的发展产生了深远影响。2006 年 5 月 20 日,聊斋俚曲被列入第一批国家级非物质文化遗产名录。

赵执信(1662—1744),字伸符,号秋谷,晚号饴山,青州府益都县颜神镇人。“执信”二字出自《周礼·春官·大宗伯》,周代把玉分为六瑞,以不同形象区别“王、公、侯、伯、子、男”六个等级,其中“侯执信圭”,信圭为六瑞之一,刻人形,作屈伸状,“信”通“伸”,因此读 shēn。赵执信出身名门,自幼聪慧,九岁时作《海棠赋》震惊乡里,十四岁中秀才,十七岁中举人,十九岁中进士,二十五岁任右春坊右赞善兼翰林院检讨,同时还担任《明史》纂修官,参与编修《大清会典》。他以才华闻名,深受名士朱彝尊、陈维崧等人赏识,与戏剧家洪升成为挚友,一代诗宗王士禛也倾心于他的才华并常以诗文赠答,可谓风光无限。然而,康熙二十八年(1689)即他二十八岁时,因为在国丧未除时期观看洪升《长生殿》的演出,被人乘机弹劾,以“大不敬”的罪名被革职,断送他的仕宦生涯。此后五十年间赵执信终身不仕,浪迹远游,徜徉于林壑之间,六十三岁返回故里,退居别墅因园,以八十三岁高龄去世。赵执信虽为王士禛甥婿,但其诗论不同于王士禛的“神韵说”,他强调“文意为主,言语为役”(《谈龙录》),认为诗歌应具有现实意义和教育作用，反对脱离现实，无病呻吟。所作诗文深沉峭拔，其中不乏反映民生疾苦的篇目，著有《饴山集》《谈龙录》等。

齐地后世历朝历代的名人还有很多，不能一一列举。他们在各自的领域里有所成就，为齐地乃至中华大地的历史与文化的繁荣做出重要贡献，在青史上留下了姓名的同时，也必将为我们后人所铭记。

（杨　洋）

后世与临淄有关的名人有哪些?

作为齐国故都,临淄蕴含着悠久的历史和灿烂的文化,它见证了先秦齐国的强大与辉煌,也曾经历过政权更迭、风云变幻。这里诞生过许多著名的历史人物,有西汉散文家邹阳、能臣主父偃、西晋的左氏兄妹、唐代名相房玄龄、晚唐才子段成式等人。此外,一些文化名人虽然没有生长在临淄,但他们曾与临淄产生过交集。

终军墓　淄博市临淄区齐陵街道办事处梁家终村东约四百五十米处

临淄稷山北麓,即现在的齐陵街道办梁家终村以东,西汉使臣终军长眠于此。“初唐四杰”王勃的《滕王阁序》中有“无路请缨,等终军之弱冠”句,用的就是他的典故。终军(?—前113),字子雲,济南人,少时聪颖好学,能文善辩。十八岁被选为博士弟子,深受汉武帝赏识。汉朝与南越和亲,要派使者前去说服南越王归顺。终军自请出使南越,并对汉武帝说:“愿受长缨,必羁南越王而致之阙下。”(《汉书·严朱吾丘主父徐严终王贾传》)当时终军才二十岁,正值弱冠之年,这就是“弱冠请缨”的由来。终军到达南越后,虽然说服了南越王,但南越丞相吕嘉不愿归附,发兵杀了南越王和汉朝使者。勇敢的终军为国捐躯,后世人称“终童”。他被葬于临淄稷山北麓,附近的村庄以“终村”为名。

建安十九年(214),曹植从平原侯改封临淄侯。这一年,曹操东征孙权,令曹植留守邺城,临走时告诫他:当年我担任顿邱令的时候二十三岁,回想起那时候的所作所为,至今都不曾后悔。如今你也二十三岁,怎能不发奋图强呢!(《三国志·魏书·任城陈萧王传》)当时的曹植意气风发,一篇《登台赋》挥笔即成,随父征战多年,曹操对他特别宠爱,有意立他为太子。曹植从平原侯改封临淄侯,并留守邺城,体现了其父曹操对他寄予厚望。建安二十二年(217),曹植的食邑增加了五千户,加上原来的共有一万户。但曹植任性而为,饮酒过度,不注意约束自己,一次次让曹操失望。有一次,他在曹操外出期间,借着酒兴私自坐着王室的车马,从王宫司马门出去,违反了禁令,使曹操大怒,处死了掌管王室车马的公车令。曹植日渐失去了曹操的信任和宠爱,也失去了继位的机会。曹丕被立为太子,曹操顾虑曹植的势力太大会成为后患,于是杀了曹植的谋士杨修。曹丕称帝后,对曹植严加防范,以曹植醉酒傲慢、要挟使者为由治罪,但因为太后的缘故,只把他贬为安乡侯,同年又改封鄄城侯。黄初三年(222),立曹植为鄄城王,食邑两千五百户。虽然升至王位,待遇却大不如以前做临淄侯时的光景。此后,曹植生命中昂扬奋发的时期结束了。

临淄朱台镇南高阳村,往西二百米就是高阳故城,这里因为北魏农学家贾思勰和他的农学巨作而被载入史册。春秋时期这里叫作渠丘,位于齐国都城西北。南北朝时,刘宋王朝在这里设高阳郡,后来归北魏政权管辖。高阳酒馆林立,清代《临淄县志》将其繁华景象列入临淄八景之一。北魏时期,贾思勰在此任高阳郡太守,约公元 533 至公元 544 年完成了我国最早的一部完整、系统的农学著作《齐民要术》,全面总结了我国六世纪以前北方黄河中下游特别是齐地的农业生产情况。

历朝历代,被封临淄王的人有七位,他们多为郡王级别,其中最著名的是唐玄宗李隆基。当时,李隆基正与诸兄弟一起幽闭宫中。祖母武则天已经称帝,父亲李旦从皇帝变成太子,幽居东宫。父亲在位时,李隆基以皇子的身份被封为楚王。武则天废除了李旦的帝位后,疯狂打击李氏宗族和反对她的朝臣,一时间宗室凋零,冤狱迭起,而武氏家族权倾朝野。天授二年(691)初,李旦私自接见大臣被武则天得知,武则天杀了两位大臣,并把李隆基兄弟与二伯父李贤的三个儿子幽闭在宫中。李隆基在宫中幽闭了七年之久,十四岁时才与诸兄弟重获自由,得以在自己的府第居住。那段日子对李隆基而言十分艰难,不仅他以皇孙的身份被降为临淄王,母亲窦氏还被武则天秘密处死。武则天去世后,他的七伯父李显即位,是为唐中宗。景龙二年(708),李隆基兼任潞州别驾。在潞州期间,他暗中聚结才勇之士,培植自己的势力。景龙四年(710),唐中宗被韦皇后与安乐公主毒杀,李隆基回到京城长安。韦后意图效仿武则天称帝,与安乐公主及韦氏亲信把持朝政,政局被搞得乌烟瘴气,李唐宗室岌岌可危。一直静观时变的李隆基联合姑母太平公主密谋策划,终于在同年六月发动政变,诛杀韦后、安乐公主及其党羽,由于这一年改元“唐隆”,故史称“唐隆政变”。政变平息后,李隆基才把经过告诉父亲,拥立他重新登基,李旦连忙上前,抱住儿子痛哭道:宗庙社稷的灾祸是你平定的,神明与百姓也都仰赖你的力量了!(《旧唐书·玄宗本纪》)唐睿宗李旦即位后,封李隆基为平王,不久又立他为太子。李隆基粉碎了韦氏集团的阴谋,挽救李唐政权于危难之际,功不可没,自己也从一个临淄郡王变成万人瞩目的储君,开启了人生的上升阶段。

北宋时期与临淄有深厚渊源的名人有画家李成。李成(919—967),字咸熙,本是李唐宗室后裔,五代时避乱于营丘,因此世称李营丘。他曾遍游东山(今临淄南蒙山、鲁山一带),深得临淄山水之灵气。他博学多才,生性放达,在官场上不得志,于是纵情诗酒书画,四十九岁醉死在客舍。李成擅长画山水,师承荆浩、关仝,多画郊野平远旷阔之景,画法简练,笔势锋利,好用淡墨,有“惜墨如金”之称。他画的山石好像卷动的云,这种绘画技法被后世称为“卷云皴(cūn)”。《圣朝名画评》将其画定为“神品”,并称其“思清格老,古无其人”。他和关仝、范宽成为五代、北宋间北方山水画的三个主要流派,传世作品有《读碑窠石图》《寒林平野图》《晴峦萧寺图》《茂林远岫图》等。

[北宋]李成《晴峦萧寺图》

“击鼓吹竽七百年,临淄城阙尚依然。如今只有耕耘者,曾得当时九府钱。”北宋诗人李格非路过临淄,写下这首怀古绝句。胜地不常,盛筵难再,齐国故都的繁华经时光的冲刷已难再寻觅,只留下残破的遗址。北宋临淄的农民在耕作中尚且能捡到齐国钱币,而如今我们所能拾得的无非文字里的蛛丝马迹,以证明他们的名字曾与临淄联系在一起,让他们的辉煌人生照亮临淄这片土地。

(杨　洋)

《考工记》是一本什么书？

《考工记》，又称《周礼·考工记》，是《周礼》的一部分。《周礼》原名《周官》，是儒家经典著作，记载周王朝官制礼仪，全书分“天官冢宰”“地官司徒”“春官宗伯”“夏官司马”“秋官司寇”“冬官司空”六部分。经秦始皇“焚书坑儒”和秦末战火，大量书籍亡佚残缺，《周礼》也是如此。据《隋书·经籍志》记载，西汉时李氏曾向河间献王进献《周礼》一书，然而所献《周礼》缺《冬官》篇，河间献王以千金购求于民间，没有得到，于是河间献王用《考工记》补足《周礼·冬官》所缺。汉朝时，《考工记》即有用先秦六国文字书写的古文书，也有用当时通行隶书书写的今文书。刘歆时改《周官》名为《周礼》，所以《考工记》又称《周礼·冬官·考工记》。《考工记》作为儒家经典《周礼》的一部分，受到历代注家的青睐，东汉郑玄为其作注，唐朝贾公彦为其作疏，清朝江永《周礼疑义举要》、戴震《考工记图》、程瑶田《考工创物小记》、孙诒让《周礼正义》都是《考工记》注疏研究取得的重要成就。

作为中国古代最早系统整理官营手工业生产技术的专著，《考工记》内容涉及先秦时期手工业的选材用料、生产工艺、制造原则、检验标准，囊括马车、兵器、皮革、乐器、陶器等制造以及建筑、水利工程的营造，涵盖天文、历法、数学、物理、化学、生物、音乐等自然和人文学科知识，是中国古代科学技术的奠基之作。现今流传的《考工记》篇幅不长，七千一百余字，记载了当时官营手工业生产制造的三十个工种，包括“攻木之工”七种，轮、舆、弓、庐、匠、车、梓；“攻金之工”六种，筑、冶、凫、栗、段、桃；“攻皮之工”五种，函、鲍、韗(yùn)、韦、裘；“设色之工”五种，画、缋、钟、筐、㡛；“刮摩之工”五种，玉、楖(zhì)、雕、矢、磬；“抟埴之工”两种，陶、瓬(fǎng)。该书在流传过程中又有增补和亡佚，其中“段氏”“韦氏”“裘氏”“筐人”“楖人”“雕人”六条仅存条目，内容已阙，而“舆人为车”条下衍出“辀人为辀”条。所以，今本《考工记》实际记载二十五个手工艺工种的内容。

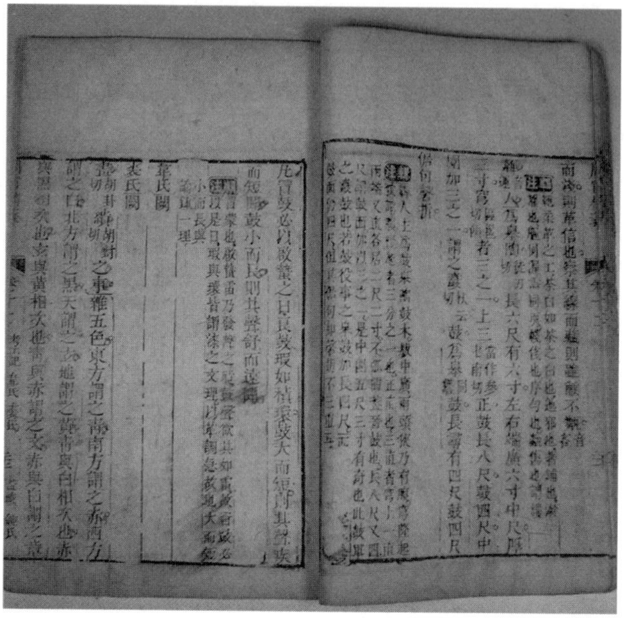

《考工记》书影

关于《考工记》的写作年代和国别，一直以来疑问颇多。一般认为，《考工记》产生于春秋战国时期的齐国。齐国素来以手工业发达著称，据《史记·货殖列传》记载：“太公望封于营丘，地潟卤，人民寡，于是太公劝其女功，极技巧，通鱼盐，则人物归之，襁至而辐凑。”齐地依山傍海，鱼、盐资源丰富，自然条件优越，重视手工业发展。春秋战国时期的齐国纺织业发达，号为“冠带衣履天下”，“齐纨”是当时齐地著名的丝织品。齐国冶炼规模和水平不断提高，据《国语·齐语》记载：“美金以铸剑戟，试诸狗马；恶金以铸鉏（chú）、夷、斤、斸（zhú），试诸壤土。”青铜因为硬度大，于是用来铸造兵器，铁因为硬度不足，则用来制造农具。1964 年出土于临淄区齐都镇河崖头村的西周大铜盂，1970 年出土于临淄区敬仲镇白兔丘村高墓附近的春秋时期高子戈，都是齐国精湛金属冶炼技艺的见证。齐国交通便利，工商业发达，作为古代交通工具车的制造工艺逐渐提高，位于临淄区齐陵镇后李村的春秋车马坑是研究古代车制的重要标本。

齐国统治者重工崇商的思想和齐国工商业发达的现实条件为《考工记》的

创作提供了可能。《考工记》开篇写道“国有六职”,王公、士大夫、百工、商旅、农夫、妇功,把“百工”列为国家六种职事之一。《管子·小匡》曰:“士农工商四民者,国之石民也。”充分肯定作为国家柱石之一的“工”的重要性,说明当时的齐国是非常重视手工业发展的。郑玄注《考工记》“栗氏为量”条:“四升为豆,四豆曰区,四区曰鬴(fǔ),鬴十曰钟。”“鬴”同“釜”。《左传·昭公三年》记载齐国量制:“齐旧四量,豆、区、釜、钟。四升为豆,各自其四,以登于釜,釜十则钟。”正与《考工记》相合。《考工记》不仅记载齐国量制,也保存了齐国的地名与谚语。《考工记·总叙》曰:“橘逾淮而北为枳,鸜(qú)鹆(yù)不逾济,貉(hé)逾汶则死。”淮水、济水、汶水都是齐国的界河。《晏子春秋·内篇杂下》记载晏子出使楚国,楚王问晏子是不是齐国人生来就善于偷盗,晏子回答道:“橘生淮南则为橘,生于淮北则为枳。”综上,《考工记》应成书于春秋战国时代的齐国,在后世流传过程中陆续有增补。

《考工记》具有官书性质。《考工记》记载木器制造、金属冶炼、皮革鞣制、染色工艺、雕刻打磨、制陶方法六大类技术,其下又细分三十五个工种,每个工种有具体从事生产加工的“百工”,由专职管理人员进行管理、把控生产流程及检验环节,如“轮人”主管造车、“匠人”掌管营造、“弓人”专攻制弓。《考工记·轮人》:“良盖弗冒弗纮,殷亩而驰,不队,谓之国工。”好的车盖,即使盖弓(古代车上支撑车盖的弓形木架)上不蒙幕布,弓末不连缀绳子,随车驰骋在颠簸不平的陇上,盖弓也不会脱落,有这种技艺的人,可以称之为国家一流的工匠,也就是“国工”。《考工记》记录的兵器冶炼、城池营建以及天子礼器的制作等内容,显然不是民间手工业生产所能达到的。《考工记》既是先秦时期手工业生产经验的总结,又是指导当时生产实践的规范原则。

“天有时,地有气,材有美,工有巧,合此四者,然后可以为良。”(《考工记·总叙》)《考工记》讲求天人合一、和合相生的制造理念。气候以及地理等因素的变化往往会影响器物的质量,工匠要发挥主观能动性,适应自然因素的变化,顺应气候以及地理等因素的改变,合理的选材,同时认识材料的特性,从而使得制造出来的器物精良。不仅仅在器物的设计制造上需要重视人与自然之间的协调,人与器物之间也讲究协调配合。《考工记·辀人》:“辀欲弧而无折,经而无绝,进则与马谋,退则与人谋。终日驰骋,左不楗;行数千里,马不契需;终岁御,衣衽不敝,此唯辀之和也。”人、马、辀之间要相互配合,辀的制作要弯曲适度、顺应木理，配合人、马进退自如，即使行千里路，马蹄也不会有损伤，人一年到头驾驶车马，也不会磨破衣裳。

作为研究中国古代技术史的最早文献著作，《考工记》蕴含了丰富的科技知识。考察车子是否合乎要求，要注意它的结构是否稳固，和地面的接触面积是否小。"不微至，无以为戚速也。"(《考工记·总叙》)如果轮子和地面的接触面积大，就会影响车的运转速度。将车轮做得圆一些，车轮和地面的接触面积就会变小，车轮和地面摩擦产生的阻力也会降低，这涉及物理学上的滚动摩擦理论。《考工记·矢人》介绍制造箭的工艺，将箭杆浮于水面，根据箭杆各部分入水的程度来观察各部分的比重，"水之，以辨其阴阳。夹其阴阳，以设其比；夹其比，以设其羽；叁分其羽，以设其刃。则虽有疾风，亦弗之能惮矣"。《考工记·攻金之工》记述古代青铜冶炼的调配比例，"金有六齐"，不同的合金比例用来制作不同的器物，如钟鼎、斧斤、戈戟等。这是世界上公认的有关青铜合金成分比例配置的最早文献记载。

《考工记》所保存的春秋战国时期官营手工业的生产技术，不仅改变了当时齐国手工业生产的格局和面貌，更推动着当时周边诸国生产技术的革新与运用。作为研究中国古代科学技术和自然科学的宝贵文献，《考工记》是展现齐文化内涵的一个重要侧面。

（王田田）

齐地兵学的代表人物和代表著作有哪些?

先秦时期,激烈动荡的社会格局以及“百家争鸣”的社会思潮共同催生了兵学的繁荣。先秦兵学呈现出地域性特征,出现了以秦晋兵学、荆楚吴越兵学等为代表的地域性兵学流派。其中,齐国兵学从中脱颖而出,占据主导和核心地位,代表了先秦时期兵学的发展成就。

齐地素来有尚武习战的传统。早在齐国政权建立以前,东夷人就以勇武善战著称。姜太公以文韬武略辅周灭商,治理齐国因旧俗而简周礼,东夷人尚武习战传统得以延续与发扬,使得齐国大地孕育了浓厚的兵学文化因子。历代齐国统治者重视军事建设,勤修甲兵,招揽良才,齐国以强盛的军事实力震慑周边诸国,成为春秋首霸,战国七雄之一。“齐地方二千余里,带甲数十万,粟如丘山。三军之良,五家之兵,进如锋矢,战如雷霆,解如风雨。”(《史记·苏秦列传》)齐桓公招揽勇武之士,“有拳勇股肱之力,秀出于众者,有则以告”(《国语·齐语》);齐景公帐下三员大将公孙接、田开疆、古冶子恃勇力而骄被晏婴用计谋除掉;齐威王时孙膑因赛马取胜得到重用成为军师。不仅齐国统治者重视军事,齐国百姓也崇尚武力,“士民,贵勇武而贱得利”(《管子·五辅》),“齐人甚好毂击,相犯以为乐,禁之不止”(《晏子春秋·内篇杂下》),“齐人隆技击”(《荀子·议兵》),齐地人民喜好研读兵法,练武习兵,参与体育竞技活动,斗鸡、走狗、蹴鞠、毂击……齐地传统的尚武风气以及诸侯争霸、富国强兵的时代需求,共同孕育出冠绝天下的齐国兵学。

激烈的兼并战争营造了适宜的环境和土壤,使齐国造就出一大批杰出的军事家,他们不仅身经百战,具有丰富的实战经验,更博览兵书,有丰富的兵学知识储备,并结合战争实践形成了系统性的兵学理论成果,创作出一大批经典的兵学著述。齐国大将司马穰苴曾对古代的司马兵法予以新的阐释，孙武在齐国著述并整理兵法十三篇。齐威宣之时，稷下学宫兴盛，天下学者齐聚临淄，为大规模整理兵书创造了条件，许多兵书可能编成或定型于这一时期。宋代官修的《武经七书》作为军事教科书，集合了中国古代军事著作的精华，其中的《六韬》《司马法》《孙子兵法》都产生于齐地。以《孙子兵法》为代表的齐地兵学著作，批判性继承传统兵学思想，结合春秋战国时期新的战争形势形成的新型兵学理论体系，集中体现了先秦时期兵学的最高理论水平，不仅在当时广为流传，在如今也备受海内外研究者的推崇。

姜太公，商末周初人，齐国的建立者。姜太公在渭河之滨得遇周文王，辅佐周文王"阴谋修德以倾商政"（《史记·齐太公世家》），周朝三分天下有其二。牧野决战，周武王出兵前得出的占卜结果不祥，行军途中风雨大作，群臣决心一度动摇。姜太公力排众议，重新坚定伐商决心，并在对阵时身先士卒鼓舞士气，商朝军队溃败而逃。姜太公辅佐周武王兴周灭商，继而就封齐国，藩屏周室，将齐国发展成为"通商工之业，便鱼盐之利"（《史记·齐太公世家》）的东方大国。"后世之言兵及周之阴权皆宗太公为本谋"（《史记·齐太公世家》），姜太公在兴周灭商及治理齐国过程中采取的军事战略思想，体现在《六韬》一书中。《六韬》以姜太公与周文王、周武王问答的形式写成，今传本共计六十篇，分《文韬》《武韬》《龙韬》《虎韬》《豹韬》《犬韬》六部分，其中蕴含丰富的治国思想，也包含宝贵的军事智慧。"兵者，国之大事；存亡之道。"（《六韬·龙韬·论将》）武力夺取天下，"文伐"得取民心。天下不是一个人的天下，而是天下人的天下，对天下有利的，人民就拥护；对天下有害的，人民就反对。"全胜不斗，大兵无创。"（《六韬·武韬·发启》）不经过战斗就能取得战争的全胜，全军出战能够完好无损，在战争中要善于运用策略以达到战胜敌人的目的。姜太公被后世称为兵家权谋思想的始祖，是齐国兵学的奠基者。

管仲，春秋前期齐国人，世人多尊称他为管子。管仲"复修太公法"（《李卫公问对》），继承姜太公治国方略，辅佐齐桓公勤修内政，富国强兵，外联诸侯，尊王攘夷，成为春秋首霸。管仲在齐国推行军政合一的政策，"作内政而寓军令"（《管子·中匡》），将行政组织和军事组织牢固结合起来，农闲训练，战时征伐，寓兵于农，为齐国对外军事作战提供了充足的兵源。管仲在辅佐齐桓公称霸的过程中打出"尊王攘夷"的旗号，借助周天子的权威讨伐周边不臣，北伐山戎救燕,抵御狄人救邢、卫二国,集合八国军队南下楚国问罪包茅之贡。至葵丘会盟与诸侯共订盟约,齐国成为中原地区首位霸主。管仲能辅佐齐桓公“九合诸侯,一匡天下”(《史记·管仲列传》),离不开军事策略的正确运用。其军事思想与智慧凝结在《管子》一书中,《管子》中的《七法》《幼官》《兵法》《地图》《参患》《制分》《九变》等篇,或通篇谈兵事,或其中夹杂着有关兵事的内容。“兵者,尊主安国之经也。”(《管子·参患》)管仲重视军事的重要作用,他认为君主的尊卑,国家的安危,要看本国军事强大与否。军队对外用于征讨暴乱的国家,对内用于稳定统治秩序,军事是君主权威的保障。《管子·七法》:“成功立事,必顺于礼义。”对外作战,一定要合乎正义,无理的战争不能得到人民的拥护,也就无法取胜。处在兼并战争激烈的年代,管仲清醒地认识到连年战争带来的危害,《管子·幼官》:“数战则士疲,数胜则君骄;骄君使疲民,则国危。”管子认为最好不作战,如果不得已作战的话,一次成功是最好的。《管子》蕴含的军事思想方法,至今仍有指导意义。

司马穰苴,春秋末期齐国人,是陈国公子田完的后代子孙。齐景公时,晋国出兵攻打齐国的东城和鄄城,燕国进犯齐国黄河南岸的领土,齐国面临两面夹击屡次战败,在这万分危急的时刻,晏婴上奏齐桓公,推荐田穰苴为将军。田穰苴斩杀违反约定时间的宠臣庄贾以整肃军纪,他关心士兵的饮食和疾病,与士兵同甘共苦凝聚人心,使得士兵奋勇杀敌,晋、燕两国军队望风而逃,齐国军队凯旋。田穰苴因功被封大司马,故后世多称其司马穰苴。司马穰苴墓,在现今淄博市临淄区齐都镇尹家村南。齐威王时曾令大夫追述古代司马兵法并将司马穰苴对兵法的理解也加在里面,定名《司马穰苴兵法》。所以,自齐威王之后流传的《司马穰苴兵法》不仅包括西周至战国时期的兵学资料,也包括司马穰苴对古代司马法的理解、阐释。《汉书·艺文志》著录《军礼司马法》一百五十五篇,《隋书·经籍志》著录《司马法》为三卷。《司马法》在流传过程中散亡了大部分,现今我们看到的《司马法》仅存五篇:《仁本》《天子之义》《定爵》《严位》《用众》,三千余字。《司马法》提倡“以仁为本”的战争观,战争的目的在于“以战止战”,用战争的手段禁暴乱、安百姓。《司马法·天子之义》主张“国容不入军,军容不入国”,朝廷的礼仪法度不用在军队中,军队的礼仪法度不用在朝廷中,礼和法互为表里,文和武不可偏废。《司马法》强调要做好充分的战前准备,重视作战时机、物资准备、士卒训练,战场上将帅意志与士卒意志相统一,作战讲究策略方法，因地制宜，灵活应敌。《司马法》上承西周春秋军事古制，下接以孙武为代表的新型军事制度，并且糅合了当时齐国军事的典型特点，是现今研究齐国军事不可或缺的兵学著作。

孙武，春秋末期齐国人，田完的后代子孙。面对齐国内争的混乱局面，孙武为避祸从齐国来到吴国，隐居山林。伍子胥知道孙武很有军事才能，多次向吴王阖闾推荐孙武。孙武以十三篇兵法上陈吴王阖闾，又用宫女一百八十人操演兵法，得到吴王阖闾的尊敬和赞赏。吴王用孙武的兵法谋略，向西攻破国力强盛的楚国，威慑北方齐国、晋国，使南方越国臣服。孙武军事思想的智慧，凝结在《孙子兵法》十三篇中。1972 年山东临沂银雀山一号汉墓发掘出的《孙子兵法》残简，又新发现《吴问》《黄帝伐赤帝》《地形二》等佚文。生活在社会大变革时代的孙武，吸收西周春秋时期的军事古制，结合时代特点、总结新型作战方式写成的《孙子兵法》代表了先秦时期兵学的最高理论成就。《孙子兵法》开篇云“兵者，国之大事”，将战争提到了国家政治层面，战争是国家存亡的关键，军民死生之所系。作战前要进行“庙算”，计算敌我力量，“知己知彼，百战不殆”（《孙子兵法・谋攻篇》），熟悉掌握治民之道、天时、地利、将帅、法度五个方面，充分了解敌我力量对比，是战争胜负的基本要素。“兵无成势，无恒形”（《孙子兵法・虚实篇》），战场瞬息万变，作战没有一成不变的态势，没有恒久不变的模式，因此善于作战的将帅，能够运用“奇正”变化，创造出有利于己方的战争态势。《孙子兵法》是中国古代军事史上划时代的著作，被誉为“兵学圣典”，不仅影响着整个民族，更走出国门，向世界宣扬中国优秀传统文化。

孙膑，战国时齐国人。孙膑曾经和庞涓共同学习兵法，后来庞涓效力于魏国，自知军事才能不及孙膑，便设计使孙膑在魏国遭受膑刑和黥刑。孙膑在齐国使臣的帮助下离开魏国，成为齐国将军田忌的门客。孙膑用聪明才智帮助田忌在赛马时赢得胜利，“田忌赛马”成为流传千古的佳话。经田忌举荐，孙膑获得齐威王的赏识，帮助齐国取得了桂陵之战和马陵之战的胜利，使齐国称雄于诸侯。有《孙膑兵法》传世。班固《汉书・艺文志》著录“齐孙子八十九篇”，然而自《隋书・经籍志》始，历代志书未见著录。至 1972 年银雀山汉墓同时发现《孙子兵法》和《孙膑兵法》残简，才使失传千年的《孙膑兵法》重见天日。《孙膑兵法》继承《孙子兵法》的思想，总结春秋以来战争经验。《孙膑兵法》认为，战争不是可以永远依赖的手段，但战争不是可以完全避免的。战争中要“事备而后动”(《孙膑兵法·见威王》),做好充分的战前准备,要了解敌军情况,观察地势特点,考察距离远近,有针对性地做好军队组建、军阵陈列和武器准备等。《孙膑兵法》强调“必攻不守”,认为这是用兵最紧要的方面,面临战事时要主动出击,攻击敌人兵力薄弱的地方。孙膑在桂陵之战避实击虚,不直接和魏军主力交手,直捣兵力空虚的魏国国都大梁,逼迫魏军回救大梁,从而达到救援赵国的目的。以攻代守,将劣势转化为优势,牢牢掌握战场上的主动权,最终达到战胜的目的。《孙膑兵法》历经千年重见天日,是中国古代军事史上的珍贵著述。

田单,战国末期齐国人,田齐王室的远支。齐湣王当政时,田单只是临淄的一个小官,不为人所知。齐湣王十七年(前284),燕将乐毅率领燕、秦、赵、韩、魏五国伐齐,于济西大破齐军,燕国军队长驱直入,直捣齐都临淄,齐湣王出奔,退守莒城。这一事件彻底改写了田单的命运。田单离开临淄逃往安平,后令族人砍断过长的车轴并包上铁皮做好防护工作,顺利撤退到即墨。即墨大夫战死,城中百姓共同推举熟悉兵法的田单为将军守卫即墨城。公元前279年,燕昭王去世,田单利用新即位的燕惠王猜忌乐毅这一点,施行反间计,使得燕惠王派骑劫取代乐毅。田单向外散布谣言,使燕军相信齐军害怕被俘虏后割掉鼻子,并在双方对阵时将齐军俘虏排列在阵前以抵御齐军进攻,且挖掘祖坟引得即墨百姓群情激奋;田单亲自参与防御工事建设,将妻妾编在军队里服役,和士兵同甘共苦凝聚人心;田单派遣使者向燕军约定日期,假意投降,并在城中收集黄金假令城中富豪贿赂燕国将领,使得燕军守卫松懈。在充分做好战前准备工作后,田单给训练好的一千多头牛穿上深红色的绸衣,画上五彩花纹,把锋利的尖刀绑在牛的犄角上,在牛尾扎上浇了油脂的芦苇,于夜间点燃牛尾上的芦苇,以此掩护五千多名精锐士卒冲向燕军阵营,城中百姓击打各种器具制造声响,燕国士兵人人惊骇,大败而逃。田单率军追击逃跑的燕军,一鼓作气,收复被燕国攻下的七十多座城池,亲自到莒城迎回了齐襄王。田单因复国有功,被封为安平君,拜为相国。田单一生,守卫即墨,收复国土,因功拜相,忠君爱民,满怀爱国之情,即使齐襄王死后田单不被把持朝政的齐王后所信任,出走赵国仍未向齐国这片土地动过一兵一卒。田单没有兵书流传后世,但其用兵之奇谋,借助《战国策·齐策六》和《史记·田单列传》的记载可见一斑。田单墓,在今淄博市临淄区皇城镇皇城营东南,墓前曾有1918年所立石碑,上刻“齐相田单之墓”。

立国八百余年间，接连不断的军事斗争，使得齐国造就出一批杰出的军事家，产生了一大批优秀的兵学著作，形成了比较完备的兵学理论体系，齐国成为先秦时期兵学文化的中心。齐国兵学作为先秦兵学的重要组成部分，代表了先秦时期兵学的最高理论水平，是中国古代兵学史上一座不朽的丰碑，至今仍闪烁着耀眼的光芒。

（王田田）

《齐民要术》是记载齐国人农业技术的书吗?

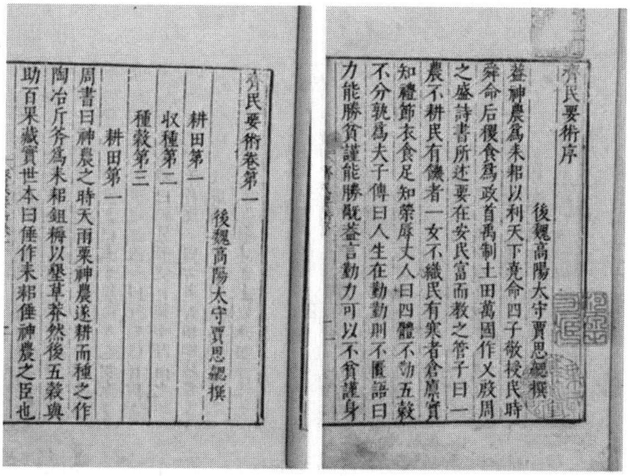
齊民要術序
後魏高陽太守賈思勰撰
蓋神農爲耒耜以利天下堯命四子敬授民時
舜命后稷食爲政首禹制土田萬國作乂殷周
之盛詩書所述要在安民富而教之管子曰一
農不耕民有饑者一女不織民有寒者倉廩實
知禮節衣食足知榮辱丈人曰四體不勤五穀
不分孰爲夫子傳曰人生在勤勤則不匱語曰
力能勝貧謹能勝禍蓋言勤力可以不貧謹身

齊民要術卷第一
後魏高陽太守賈思勰撰
耕田第一
收種第二
種穀第三
耕田第一
周書曰神農之時天雨粟神農遂耕而種之作
陶冶斤斧爲耒耜鉏耨以墾草莽然後五穀興
助百果藏實世本曰倕作耒耜倕神農之臣也

《齐民要术》书影

《齐民要术》,北魏贾思勰著。全书正文十卷,九十二章,正文加上自注约十一万字,书前有《序》和《杂说》各一篇。该书记载了六世纪及其以前时期黄河以北中下游地区的农业生产技术,包括谷物、菜蔬、果树、林木、特种作物的栽培技术,兽禽以及水生生物的养殖方法,酿造、烹调等农产品加工技术,涉及农、林、牧、副、渔等多种生产活动,包含种植、生产、加工、流通等多个生产环节。《齐民要求》是世界农学史上最早的综合性农业专著之一,是现存可知最古最完整的农书。与西汉氾(fán)胜之《氾胜之书》、元代王祯《农书》、明朝徐光启《农政全书》并称中国古代四大农书,是研究中国古代农业生产技术的珍贵著述。贾思勰在书中引用了百余种古籍,其中大部分现已经散佚,《氾胜之书》《四民月令》等书借助《齐民要术》的引用而保存了下来。

贾思勰定书名为“齐民要术”应该如何理解?贾思勰在自序标题下加了一段小注,引用《史记》“(齐)民无盖藏”,以及曹魏时如淳对这句话的注解:“齐,无贵贱故。谓之‘齐人’者,古,今言‘平人’也。”唐朝时避太宗李世民讳,把“民”改成了“人”。“齐”,是指没有高低贵贱之别,“齐民”也就是今天的“平民”。“齐民要术”，指平民谋生的重要方法。所以说，将“齐民”理解成齐国人，将“齐民要术”理解为齐国人的农业种植技术用书是不对的。

贾思勰是北魏益都人，曾任高阳郡太守。现存《齐民要求》各种刊本一般作“后魏高阳太守贾思勰撰”。当时的北魏有两个高阳郡，一个治所在今河北省高阳县附近，另一个在今山东省临淄区附近。《齐民要术》书中多处提到齐地地名，如在“种枣篇”中，贾思勰讲到青州有一种乐氏枣，核小肉厚，甘甜肥美，传说是乐毅破齐军时从燕国带来种下的。据《齐民要术·种枣》记载：“齐郡西安（今山东淄博临淄附近）、广饶（今山东广饶）二县，所有名枣，即是也。”“常选好味者，留栽之。”在《齐民要术·种椒》中，贾思勰提道：“今青州有蜀椒种……遂分布栽移，略遍州境也。”如果没有长期在齐地生产生活的实践，很难对齐地作物有如此透彻的认知和详细的记载。一般认为，贾思勰任职的地方是今山东省境内的高阳郡。贾思勰留心观察、亲身实践的农业生产活动，大多是在其出生地和做官地范围内进行的，也就是齐地范围内。

寿光农圣公园
贾思勰雕塑

贾思勰著作《齐民要术》深受齐地精神的影响。《六韬·文韬·文师》曰：“天下非一人之天下，乃天下之天下也。”《管子·治国》云：“治国之道，必先富民。”贾思勰继承齐地“以民为本”的思想，重视农业生产。在《齐民要术·序》中，贾思勰引用舜“食为政首”的观点，强调粮食问题是施政的第一件大事，“要在安民，富而教之”，百姓衣食充足，生活安定，然后再施行教化。“夫治生之道，不仕则农。”（《齐民要术·杂说》）如果不种田，往往会缺乏日用，因为农业生产与百姓生活息息相关。《齐民要术·种谷》：“为治之本，务在安民；安民之本，在于足用；足用之本，在于勿夺时。”贾思勰的重农思想和齐地民本精神一脉相承。

自姜太公建立齐国以来，齐国特殊的自然条件以及传统的人文精神孕育出齐地变革创新、包容务实的文化基因。《齐民要术》承继齐文化精神，在农业生产时强调不违农时，在尊重自然规律的同时，因地制宜，根据土地的条件合理布局和种植。“地势有良薄，良田宜种晚，薄田宜种早……晚必不成实也。”（《齐民要术·种谷》）在《齐民要术·种蒜》中贾思勰讲到，山西并州没有大蒜，得去河南地区取蒜种，然而种了一年，又成了“百子蒜”，蒜瓣非常小；并州的蔓菁长势非常好，就算是从旁的州郡取来种子种下，第二年也会变大。《齐民要术》重视农业生产，强调精耕细作，从多个方面提高农作物收成。耕地时把田中的杂草翻到下面去，草腐烂后作为肥料来滋养土地，这样可以提高土壤肥力。《齐民要术·种谷》：“薄田不能粪者，以原蚕矢杂禾种种之，则禾不虫。”《齐民要术·耕田》：“凡美田之法，绿豆为上；小豆、胡麻次之。”用豆科植物固氮的方法也可以保持土壤的肥沃程度。书中记载种子的选育，要把长得好的、颜色纯净的穗子割下来挂到高处，明年单独种下去以作留种用。储存种子的地方要保持干燥，如果处在不通风、闷热潮湿的地方则容易坏掉，即使出芽也长得不好。

“舍本逐末，贤哲所非；日富岁贫，饥寒之渐。故商贾之事，阙而不录。”（《齐民要术·序》）贾思勰反对纯粹逐利的商业行为，而强调农业生产的多种经营，所谓“资生之业，靡不毕书”（《齐民要术·序》）。《齐民要术》不单单关注到粮食作物的种植，还重视瓜果蔬菜的培植、用材林木的栽种、牲畜家禽的饲养以及农副产品的深加工，只要是与供给农家生活资料相关的，书中都有涉及。《齐民要术·蔓菁》讲在选择蔓菁种植品种时，打算卖给别人的，就种植“九英”这个品种，因为其根叶粗大比较好卖；准备自己吃的，就选择细根的品种。种植蔓菁，应选择靠近都市的好地一顷，在七月初下种。在六月种的，根固然粗大些，但蔓菁叶子易遭虫吃；七月底种的，蔓菁叶子固然肥嫩些，但根长得不够壮实；只有七月初种的，根和叶子都长得比较合适。

贾思勰之《齐民要术》，是通过亲身实践总结出的宝贵经验之汇总，“今采捃(jùn)经传，爰及歌谣，询之老成，验之行事。起自耕农，终于醯醢，资生之业，靡不毕书”（《齐民要术·序》）。贾思勰著此书，引用前人的著述，收集流传于百姓间的农谚歌谣，向有经验的老农请教生产经验，并在亲身参与农业生产实践中加以检验。从耕田务农，到酿造酱醋，凡是与农家生产生活有关的事项没有不收入的。北魏时士族田庄经济发展，家族经济活动的需要，使贾思勰关心农业生产。作为高阳郡太守，贾思勰也理应关心民生，劝导百姓致力于稼穑。贾思勰曾经到过山西、河南、河北考察当地的农业生产情况，《齐民要术·种桑柘》篇云：“今自河以北，大家收百石，少者尚数十斛。”在《齐民要术·养羊》中贾思勰提到过自己养羊的经历：“有羊二百口，茭豆既少，无以饲。一岁之中，饿死过半；假有在者，疥、瘦、羸、弊，与死不殊；毛复浅短，全无润泽。”

贾思勰生活的北魏，是鲜卑族拓跋氏建立起来的。拓跋氏以畜牧和狩猎经济为主，在入主中原后逐步汉化，以适应中原地区以农耕经济为主的经济结构。北方游牧民族在吸收汉族文化的同时，也给汉族文化注入了新鲜血液。《齐民要术》兼收并蓄，吸收了许多北方游牧民族的经济文化内容，包括牲畜的饲养技术、兽医医方的收集、肉乳类食品的加工保存等。《齐民要术·养牛、马、驴、骡》总结畜牧业生产实践的经验：“服牛乘马，量其力能；寒温饮饲，适其天性。”做到这样，牛和马膘肥体壮，精力充沛，大量繁殖。《齐民要术》讲述相马的方法，先淘汰“三羸五驽”外形严重不良的马，再观察其余的部分。划定重点，由表及里，将马的外部形态和内部器官相联系，考察马的脾性，确定马的优劣。苜蓿是马喜爱吃的一种饲料，《齐民要术·种苜蓿》专门记载种植苜蓿的方法，说明在当时畜牧养殖是很受重视的。乳酪、胡饼、炙豘（tún）、胡炮肉法（用羊肚包裹调味好的羊肉置于热火坑中烧烤）……不仅是在牲畜养殖上，在饮食习惯上胡汉民族也趋向融合。

《齐民要术》卷十记述“五谷、果蓏、菜茹非中国物产者”。当时南北并立，贾思勰是南北朝时期的北方人，他所说的“中国”是处于北魏统治范围内的中原地区。“非中国物产”，也就是中原地区以外的物产。卷十中所记载的枇杷、柚、杨梅、槟榔、荔枝、龙眼等，通常产自南方地区。南方地区水网密织，盛产鱼虾，《齐民要术》专章记载“作鱼鲊（zhà）”，加盐等调料腌渍鱼，这样制作出来的鱼久藏不坏；“作酱法”一章也有制作刀鱼酱、鱼肠酱等的记载。

《齐民要术》系统记载和总结了我国古代北方各族劳动人民在农业生活方面的发明创造，充分反映了当时农业生产技术的成就和水平。《齐民要术》承继齐文化精神，是产生于齐地，以记载齐地农业生产生活为主，反映黄河以北中下游地区农业生产情况，并兼及当时北方游牧民族和南方境内生产情况的综合性农业专著。《齐民要术》所保存的当时先进的农业生产技术和宝贵经验成果，至今仍是重要的借鉴和参考。

（王田田）

齐地在后世有哪些著名作品？

齐地名人辈出，留下的典籍浩如烟海。在这片孕育出《六韬》《管子》《诗经·齐风》《考工记》《孙子兵法》《晏子春秋》《齐民要术》等传世经典的土地上，千百年间名篇佳作不断涌现。它们有的享誉海内外，有的鲜为人知，但都有其独特的价值和意义，是齐文化不可或缺的瑰宝。

出生于临淄的西晋文学家左思能诗善文，一生留下不少佳作。其中，《齐都赋》是一篇描写齐地风貌的京都大赋。这是左思成名之前在家乡临淄耗费一年时间才完成的，全文现已散佚，仅见于典籍引文中，但从中依然能窥见其磅礴恢宏之气势。《齐都赋》写尽了齐都临淄的繁华景象，“连袵有云覆之阴，挥汗有雨洒之濡”(《太平御览》)。其内容包括齐地的山川地貌、城池设施、树木花草、鸟兽虫鱼、军事武备、歌曲礼乐，还有齐国的历史人物和故事，如稷下学者淳于髡，更提到了该地称之为齐国的渊源：“天齐之池，因名国也。”(《太平寰宇记》)其体制庞大，内容繁复，颇有汉赋大家司马相如、张衡的气度，也为左思后来创作《三都赋》做好了准备。《三都赋》的体例和篇幅更为宏大，从多个方面对三国时期魏、蜀、吴的都城分别进行了详细描述，经名士皇甫谧传扬，京城豪贵之家竞相传抄，一度出现“洛阳纸贵”的盛况。

《酉阳杂俎》是唐代临淄人段成式所著的一部奇书。“酉阳”为地名，指现今重庆市酉阳县。相传小酉山石穴中，有藏书千卷，秦代时有人在此避乱，隐居学习。梁元帝为湘东王时，喜好聚书，其赋有“访酉阳之逸典”之语。段成式少年时客居荆州，而酉阳属于荆州地界，因此段成式可能在此游历过。《新唐书·段成式传》称他“博学强记，多奇篇秘籍”，以家藏秘籍与酉阳逸典相比。“杂”，意为驳杂；“俎”，即祭祀宴飨时盛肉的器皿。该书内容广泛驳杂，别有滋味，因此称为“杂俎”。可见,“酉阳杂俎”之名涵盖了作者的才气与匠心。全书有二十卷,续集十卷,记录秘闻异事,又有仙佛人鬼杂糅其中,可谓包罗万象。《四库全书总目》把它归入子部小说家琐语之列,鲁迅在《中国小说史略》中,于传奇、志怪之外,为它独辟“杂俎”一体。《酉阳杂俎》中一部分内容属于传奇志怪小说,但也保存了不少有关天象、矿藏、动植物方面的史料,还引述了一些民间风情和异域传说。可见其书远远超出了志怪小说题材,是一部上承六朝,下启宋、明及至清初的重要作品,具有很高的史料和艺术价值。

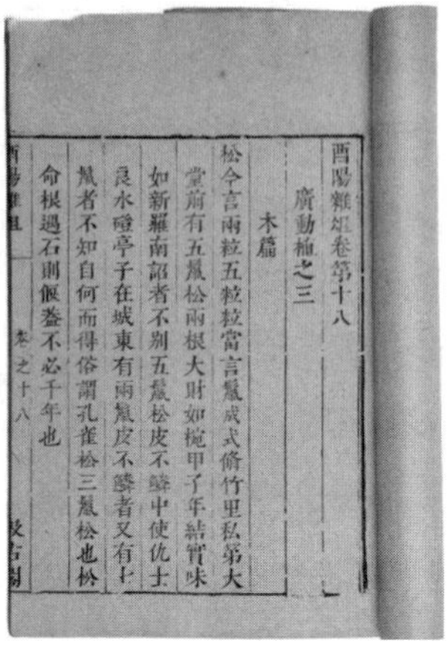
酉陽雜俎卷第十八
廣動植之三
木篇
松今言兩粒五粒粒當言鬣成式脩竹里私第大
堂前有五鬣松兩根大財如椀甲子年結實味
如新羅南詔者不別五鬣松皮不鱗中使仇士
良水磑亭子在城東有兩鬣皮不鱗者又有七
鬣者不知自何而得俗謂孔雀松三鬣松也松
命根遇石則偃蓋不必千年也

《酉阳杂俎》
明汲古阁刊本书影

《渑水燕谈录》是一部史料笔记。作者王辟之(约1031—?),北宋临淄人,曾任高唐县令、河东县令、忠州太守等职,晚年隐居在临淄渑水河畔。渑水,发源于临淄齐故城小城西的申池,与系水同源,两者是古代齐都以北、以西的两条重要河流。王辟之在渑水边过着悠闲自在的生活,与来访的朋友畅谈风土人情和官场趣闻。《渑水燕谈录》记述了大量北宋时期的朝野遗事,内容丰富,体裁广泛,为后世研究北宋时期的政治、经济、军事、文化,特别是一些政治家、文学家的生平以及山东省的地方史、宋诗,提供了大量真实可靠的史料。书中记录了北宋名臣、文学家范仲淹任青州知州时的事迹。我国古代文学史上将苏门父子苏洵、苏轼、苏辙并称“三苏”,也最早源于该书。此外,卷八《事志》中有我国关于“瓦当”的最早记载,说明瓦当早在一千多年前的北宋就已经成为文人雅士案头的赏玩之物,这在瓦当的收藏、研究史上可谓前无古人,因而意义极大。《渑水燕谈录》语言简洁、叙事洗练、幽默诙谐,是北宋史料笔记中具有代表性的作品,其风格对于后世笔记体小说的创作有很大影响。

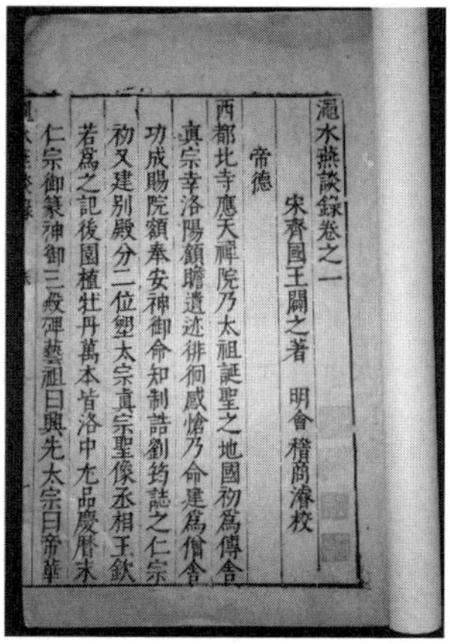
澠水燕談録卷之一
宋齊國王闢之著　明會稽商濬校
帝德
西都北寺應天禪院乃太祖誕聖之地國初爲傳舍
真宗幸洛陽顧瞻遺迹徘徊感愴乃命建爲僧舍
功成賜院額奉安神御命知制誥劉筠誌之仁宗
初又建別殿分二位塑太宗真宗聖像丞相王欽
若爲之記後園植牡丹萬本皆洛中尤品慶曆末
仁宗御篆神御三殿碑額曰興先太宗曰帝華

《渑水燕谈录》
明万历刻本书影

《醒世姻缘传》是明末清初的一部长篇世情小说,原名“恶姻缘”,共一百回。作者不可考,署名“西周生辑著”。清代杨复吉认为该书作者系蒲松龄,胡适在此基础上考证其确为蒲松龄所作,但近年来许多研究者对此持不同意见。不管怎样,《醒世姻缘传》在题材、情节方面与《聊斋志异》确实有相同之处,其叙述语言、风俗人情都具有鲁中特色,是齐地的一部杰出作品。该书故事发生在明代正统至成化年间的山东济南府绣江县明水镇,讲述了一段冤仇相报的两世姻缘。前二十二回是"前世姻缘",写乡宦之子晁源携戏子珍哥打猎,射死一只仙狐并剥了皮,后娶珍哥为妾,虐待其妻计氏,使之自缢而死;二十三回以后是"今世姻缘",写晁源死后托生为秀才狄希陈,仙狐托生为其妻薛素姐,计氏托生为其妾童寄姐,珍哥转生为婢女珍珠。狄希陈变成一个极端怕老婆的人,受尽薛素姐、童寄姐的百般折磨和残酷虐待,珍珠也被童寄姐摧残致死,前世冤仇在今世相报。最后,高僧胡无翳点明因果,教狄希陈虔诵《金刚经》一万遍,才得以消除冤业。小说以人生业果、冤仇相报的两世姻缘为线索,对当时社会两大症状——腐败的官场和浅薄的世风作了鞭辟入里的解剖,表现出十七世纪中国的人情世态,以及包括家庭生活在内的广阔的社会生活面貌。在塑造人物、梳理故事等手法上,《醒世姻缘传》都是同类小说的杰出者。

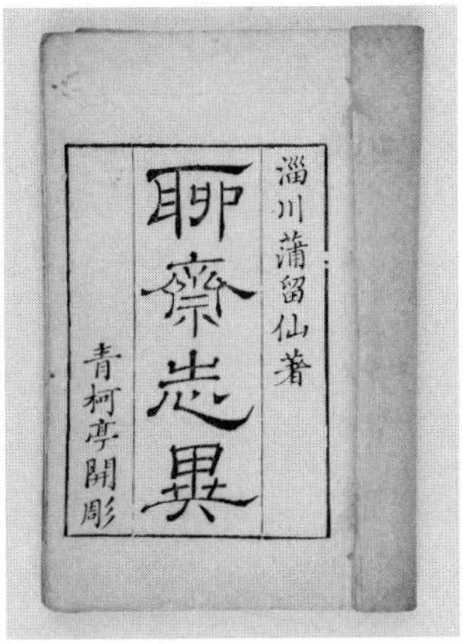

《聊斋志异》青柯亭刻本书影
(王滨摄影)

《聊斋志异》是清初蒲松龄创作的文言短篇小说集。全书共有短篇小说四百九十一篇,无论是从思想内容还是艺术成就方面,均超越了以往任何时期的同类作品。作者蒲松龄来自齐地淄川,一生追求科举功名,却屡试不进,他天生喜欢谈鬼说狐,便借此来抒发自己的情感。《聊斋志异》凝聚了蒲松龄一生的心血,是中国古代文学的瑰宝,也是齐地的骄傲。《聊斋志异》题材广泛,内容丰富,有的故事吸收了前人著作,如《种梨》《续黄粱》;有的故事根据社会传闻写成,如《林四娘》《张诚》;更多的是结合自身经历、处境完成,如表现科场失利的《叶生》《司文郎》《于去恶》,揭露官府黑暗的《席方平》《梦狼》,向往自由爱情和婚姻的《婴宁》《聂小倩》《阿宝》,还有记录明清之际战乱之痛的《野狗》《公孙九娘》。《聊斋志异》成功地塑造了众多鲜明生动的艺术形象,故事情节曲折离奇,结构布局严谨巧妙,文笔简练,描写细腻,运用唐传奇小说的文体和笔法来谈狐说鬼,揭露和批判社会的黑暗,集志怪传奇小说之大成,使中国古代文言小说的艺术水平达到了前所未有的高度。《聊斋志异》中的许多故事被改编成各种艺术形式延续至今,并在十九世纪中叶流传到西方国家,至今已有二十多种译本。

《颜山杂记》是一部具有博山地域特色的笔记杂说,作者是清初山左文人孙廷铨。孙廷铨(1613—1674),字枚先,号沚园灌长氏,谥号文定,山东省益都县颜神镇人。历明、清两代,官至兵部尚书、户部尚书、吏部尚书等要职。康熙元年(1662)官拜秘书院大学士,备受隆宠。1664年冬,孙廷铨告病还乡,虔心著书,以清白闻名于时。一生著作颇丰,其中《颜山杂记》是他的重要代表作,成书于康熙五年(1666),收入《四库全书》。《颜山杂记》对颜神镇的地理沿革、政区设置、武备兵防、物产田赋、山川形胜、民情风俗等做了较为详尽的载录,成为了解与研究博山历史的重要史料,被视为"博山方志第一书"。特别是其《物产》部分的《琉璃》篇,最早记录了中国的琉璃工艺,堪称"中国第一部琉璃工艺学"著作。除此之外,该书内容包罗万象,语言清雅古隽,叙事风格独特,而且在描绘山水方面更显笔力,具有独特的文学价值。

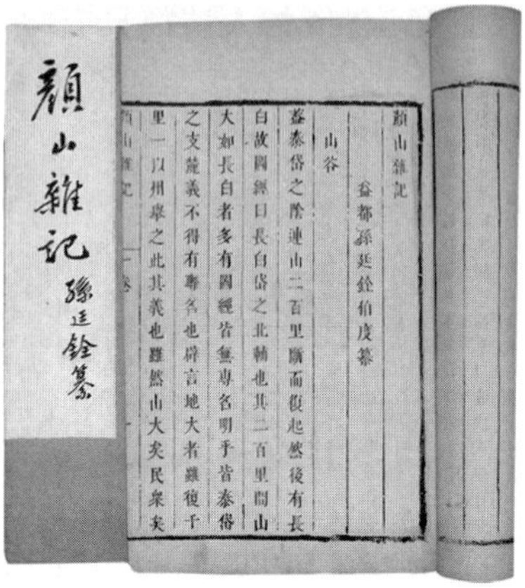

《颜山杂记》书影

除上述作品外,齐地还诞生了许多其他著名作品,如东晋晏谟的历史地理著作《齐地记》、清代王士禛、赵执信等诗人留下的诗文集。这些作品内容丰富,题材各异,极大地丰富了齐文化的内涵,为后人提供了宝贵的精神文化财富。

(杨　洋)

齐国音乐有哪些特点?

二十世纪八十年代,考古工作者在齐国故都(今山东淄博临淄)遗址及周围地区,发掘出土了大量春秋战国时期的乐器,有石磬、编钟、陶埙、镛、铙、铃、鼓等,其上饰纹清晰可辨,声音清脆悦耳。那么,齐国音乐具体有哪些特点呢?笔者认为主要具有以下两个方面:一、无论是正统雅乐还是民间俗乐,皆以庄重、舒缓为主,雅俗共赏;二、音乐在齐地的普及率和大众化程度极高。

说到齐地的正统雅乐,便不能不提及“孔子在齐闻韶”之事。孔子三十五岁那年,由于鲁国内乱来到齐国,其间“与齐太师语乐,闻韶音,学之,三月不知肉味”(《史记·孔子世家》),甚至曰:“不图为乐之至于斯也。”(《论语·述而》)并赞美称:《韶》,尽美矣,又尽善也;《武》,尽美矣,未尽善也。

能让孔子“三月不知肉味”,并称赞其“尽善尽美”的《韶》乐又是什么呢?有一种说法称,《韶》乐为上古舜帝之乐。上古时期,乐与诗歌、舞蹈融于一体,是治理国家的必要文化要素,像庆典、祭典、外交和军事等活动都离不开乐。故而,舜成为首领后,命乐师质创作了《韶》乐。

然而有当今学者考证,“《韶》本东夷之乐”。据《孟子·离娄下》记载:“舜……东夷之人也。”舜的父亲瞽(gǔ)叟是很有名的盲乐师,舜本人也非常精通音乐,相传舜耕历山时,常在田间树下抚琴,以抒发思母之情,作琴曲《思亲操》。《史记·乐书》曾言:“舜弹五弦之琴,歌《南风》之诗而天下治。”所以说,《韶》本东夷之乐。后来,周王朝建立后重新整理创制礼乐,把黄帝时期的《云门》、尧时期的《大咸》、舜时期的《韶》、大禹时期的《大夏》及商汤时期的《大濩(hù)》进行加工整理,加上新创制的《大武》定为最高等级的宫廷乐舞——“六代乐舞”。姜太公作为周王朝的大功臣,自然会在封齐后将《韶》乐再次带入齐地。既有宫廷音乐的气质又兼有东夷地域特色的《韶》乐，在此后的几百年间又焕发出了新的生机——受齐地乐风之影响，再次吸收新的养分，涂抹上齐地的特色。这便是孔子所听之《韶》乐。

孔子为何会发出“不图为乐之至于斯也”的感叹？这源于齐地正统雅乐携山吞海、大气磅礴的乐风。由于《韶》乐本身带有的凤凰来仪、声势浩大的东夷特色，所以周王朝用《韶》乐作为祭祀四望的乐歌。四望，也即四方，或可视为名山大川、日月星辰之类。到了孔子所处的春秋时期，在齐地山海相连的海岱文化影响之下，《韶》乐也变得更加气势恢宏了。其与周王畿的《武》相比，形式上更加大气磅礴、雄伟豪放，具有山河神韵、气象万千之感；思想内容上也更加被孔子认可。尽善尽美的《韶》使孔子感受到了前所未有的审美享受，发出了“不图为乐之至于斯也”的感慨。甚至是屈原也曾发出过“驾八龙之婉婉兮，载云旗之委蛇。抑志而弭节兮，神高驰之邈邈。奏《九歌》而舞《韶》兮，聊假日以偷乐”(《离骚》)的感叹。

与正统雅乐相对的是下里巴人的民间俗乐。齐地民间俗乐的特征可以用八个字来简单概括——简约庄重、雅俗共赏。

所谓民间俗乐即民风。《诗经·国风》现存十一首齐风。这些民歌，内容丰富多彩，具有浓郁的生活气息和齐地特色。有的描写男女婚恋，有的赞美劳动者的勤劳勇敢，有的揭露徭役的繁重，还有的充满了对统治阶级的反抗情绪。

从诗句上看，《齐风》的特点是明快畅达、质朴凝练。《诗经》以“比”“兴”的表现手法享誉千年并垂范后世；《诗经·国风·齐风》不喜“比”“兴”，而是采用平铺直叙的“赋”。《齐风》虽以四言为主，但也兼有五言、六言、七言，句式错综，有散文化的倾向。在韵脚上也多爱“富韵”，例如《齐风·鸡鸣》篇，头两章四句皆用韵，而首句与次句韵脚同在第三字，末尾是语助词“矣”，王力先生称其为“富韵”。从曲调上看，《齐风》的特点是通俗易记、简约庄重。先秦时期，民间俗乐的主流曲风多为同一曲调重复的“回章叠复”式，齐风也多爱使用此类曲调，例如《还》《著》等篇目；像《东方未明》这类反映阶级压迫的诗歌，则是选择在曲调重复结束后加尾声的方式，来表达对统治阶级的反抗情绪；至于《南山》，更是易于记忆和反复吟唱。

我们可以就此得出齐风简约质朴、通俗易懂的特质吗？实则不然。在《左传·襄公二十九年》记载了季札观赏齐风后的赞叹：“美哉！泱泱乎！大风也哉！表东海者，其大公乎！国未可量也。”可以让季札发出如此感叹的齐风，想必不仅仅只有通俗质朴、喜闻乐见之特色，还应当具有大国乐风的特性。

同时，音乐在齐地的普及率和大众化程度极高。《战国策·齐策一》曾记载：“临淄甚富而实，其民无不吹竽、鼓瑟，击筑、弹琴，斗鸡、走犬，六博、蹹踘者。”从中可见音乐在齐地百姓间的普及性、大众性。

滥竽充数、绕梁三日等成语典故就发生于齐地。齐宣王使人吹竽，一定要三百人一起，而不会吹竽的南郭先生混在中间，待到滑王继位，其喜欢听人一个一个地独奏，南郭先生就逃跑了。绕梁三日的典故讲的是一位名叫韩娥的女子来齐国时，随身携带的粮食用尽，便在雍门一带卖唱求食，“既去而余音绕梁欐，三日不绝，左右以其人弗去”（《列子·汤问》）。孟尝君的门客冯谖则通过弹铗抒发怀才不遇的愤懑之情——“食无鱼”“出无车”“无以为家”，从而引起了孟尝君的注意，才华得以施展，更让“孟尝君为相数十年，无纤介之祸”（《战国策·齐策四》）。

可见，在齐地无论是上层统治阶级还是下层普通百姓，都极为好乐，所以才诞生出了像绵驹一般的国家级歌手。《孟子·告子下》中曾记载：“绵驹处于高唐，而齐右善歌。”可见，齐地人民对于绵驹之拥簇、对于音乐之热爱，以至后世将他奉为十二音神之一，称之为“琴音绵驹”。从这些故事中，我们不难察觉，齐地人民好乐，犹如饮食喝水一般，而且使用方式和范围也非常多样化。

齐地音乐因其大气磅礴、简约庄重、雅俗共赏的特质以及大众化的使用方式和应用范围，深深地刻进了齐地人民的骨子里，融入齐地百姓的血液中。时至今日齐地音乐仍然以聊斋俚曲、梆子、五音戏等形式，陪伴在我们身边。

（张晓彤）

先秦齐地都有哪些风俗?

风俗是人们相沿积久、约定成俗的风尚习俗,也是人们在衣食住行、生产活动、婚丧嫁娶、岁时节庆、宗教信仰等方面的行为规范,它是一个国家、民族、地区的社会物质文明和精神文明在日常生活中的反映。夏商以来,齐地受东夷风俗影响较大。姜太公封齐后,采取了“因其俗,简其礼”的治国策略,缓和了当时的民族矛盾,营造了良好的社会秩序。所以齐人既保留了一定程度的东夷风俗,又潜移默化地吸收了周礼的精华,在长期的生产生活实践中,形成了具有地域特色、时代特点的齐地风俗。

一、饮食特色和生产活动

中国传统的谷物种植是北粟南稻。《管子·轻重丁》亦载:“正月之朝,谷始也;日至百日,黍秫之始也;九月敛实,乎麦之始也。”那时齐人的主食以干粮、蒸饭和粥为主。干粮,即炒米,又称“糗、糒(bèi)、糇(hóu)”等。蒸也叫馏,也有说“一蒸曰餴(fēn),二蒸曰馏”。“餴,分也。众粒各分也。”现今山东各地仍把加热食品称为“馏一馏”。所以,蒸饭大约是我们现今所说的米饭。粥也叫糜,有稠稀之分,稠者曰饘(zhān),稀者曰酏(yǐ)。

那时肉类极为短缺,庶人是吃不到肉的。虽然齐人早就能够使用牛棚、猪圈等方法饲养六畜,而且官方禁止征收畜牧税——“荐草虽多,六畜有征,闭货之门也”(《管子·八观》),但《礼记·王制》有规定:“诸侯无故不杀牛,大夫无故不杀羊,士无故不杀犬豕,庶人无故不食珍。”所以在平民的饮食结构中,肉食所占比例较低。只有在重大节庆时,才宰杀牲畜。为了能够长时间保存肉制品,人们将之加工成肉酱,或是浸盐、晾晒,制成干肉。齐地濒海,容易捕鱼,所以在节庆时,齐人喜欢脍(把鱼切成薄片)生鱼片。但是,在祝阿之地(今山东济南西南地区),鱼的烹饪方法则以蒸为主,《风俗通议·佚文·释忌》载:“祝、阿不食生鱼。俗说:祝、阿凡有宾婚吉凶大会,有异馔,饭食自极至蒸鱼也。”

先秦时期,烹制食品的调味品,与今天没有太大差别,还是油、盐、酱、葱、姜等。

煮盐业在齐国十分发达,并且是国家的经济支柱之一。据《管子·轻重甲》记载:“今齐有渠展之盐,请君伐菹薪,煮沸火为盐,正而积之。”“十月始正,至于正月,成盐三万六千种。”“孟春既至,农事且起。大夫无得缮冢墓,理宫室,立台榭,筑墙垣。北海之众无得聚庸而煮盐。”齐国的盐场在济水、渠展之地,每年阴历十月至次年正月,令百姓伐薪煮盐;春季农忙后停止煮盐,以免妨碍农业生产。政府将百姓所煮的盐收归国有,然后统一销售到其他诸侯国。

齐地有一日两餐之俗。用饭程式、座次、摆食法、进食次序等,皆须遵照周礼规定。如食物的摆放,需按《礼记·曲礼上》中“左殽右胾(zì),食居人之左,羹居人之右”的规定。用餐结束后要用酒或浆漱口,并且漱后咽下;若像今人漱而吐之,则被视为不敬。

二、桑蚕纺织和服饰风俗

司马迁曾称赞齐地“冠带衣履天下”(《史记·货殖列传》)。其实,这与齐地桑蚕纺织业发达息息相关。齐国的桑叶采摘不仅限于野桑,而且还出现了人工种植桑树。《管子·山权数》记载:“民之通于蚕桑,使蚕不疾病者,皆置之黄金一斤,直食八石。谨听其言而藏之官,使师旅之事无所与。”统治者不但给予擅长植桑养蚕者物质奖励,免除他们的兵役,并且积极推广他们的生产经验。而后由女工进行纺织,织成成品。直至后来颜师古在《汉书·地理志》中仍注曰:“言天下之人冠带衣履,皆仰齐地。”

齐人的服饰也较为讲究,有“服以旌礼,礼以行事,事有其物,物有其容”(《左传·昭公九年》)的观念。这一观念是说,服饰表示礼仪,礼仪用以行事,而事又有不同的种类,需要相应的仪容来配合。它的核心是“度爵而制服”(《管子·立政》),即根据社会地位的高低来规定服饰的样式。在当时,服饰的等级差别已出现标准化和教条化的法则。如齐人以巨冠、博袍、大裘,视为权威的象征,所以齐景公是“巨冠长衣”(《晏子春秋·内篇谏下》)而听政。君王还要根据季节、场合的不同变换服饰，于春日“服青色”，于夏日“服赤色”等；而劳动人民的服饰多是上身短衣、下着紧身裤，颜色单一。

三、交通运输和舆马制度

齐国的交通运输网络，可分为陆路、水路和海路三类。据有关专家论证，齐地交通可考线路，陆路有十条左右、水路有三条、海路有两条，从而构成了一张以齐都临淄为中心的交通运输网络。例如商人走陆路通道运输货物，沿线有齐国的驿站。据《管子·大匡》记载，齐国三十里置一邮驿，以储备食品供应往来宾客，并设立专门官员主持驿站事务。驿站不仅传递政府公文或紧急事务，同时也接待往来客商，以至“天下之商贾归齐若流水”（《管子·轻重乙》）。除陆路之外，商人也可走水路或海路往来贸易。齐地不仅仅是舟船普遍，而且有固定的水上交通线路。《诗经·邶风·新台》一诗，描述的就是卫宣公为迎娶齐女，在河上建造新码头，齐女乘船到达卫国。另外，据《左传·哀公十年》载，当时齐国发生内乱，吴国的徐承曾率舟师由海上登陆进攻齐国。从中不难发现，当时齐国的交通运输业十分发达，临淄亦成为“居五诸侯之衢，跨街冲之路也”（《盐铁论·通有》）的天下名都。

同时，齐国有严格的舆马制度，孔颖达在《毛诗注疏·干旄》引《王度记》曰：“天子驾六，诸侯与卿同驾四，大夫驾三，士驾二，庶人驾一。”即天子级别的车马规格是六匹马驾一车，诸侯与卿这一级别的是四匹马驾一车，大夫级别的是三匹马驾一车，士级别的是两匹马驾一车，普通百姓是一匹马驾一车。在当时，马还是非常重要的军事物资。一辆战车通常配四匹马，合起来称“一驷”或“一乘”。《论语·季氏》曾载：“齐景公有马千驷。”可见当时齐国的富庶与强大。

四、嫁娶习俗和婚姻形态

齐地有独特的嫁娶礼俗。如聘娶仪礼，周礼规定要经过纳采、问名、纳吉、纳征、请期及亲迎等程序，称为六礼。齐地的婚礼程序大致依周礼，仅在亲迎一礼中略有不同。齐人嫁女不必亲迎。如《诗经·齐风·著》写道：“俟我于著乎而，充耳以素乎而，尚之以琼华乎而。俟我于庭乎而，充耳以青乎而，尚之以琼莹乎而。俟我于堂乎而，充耳以黄乎而，尚之以琼英乎而。”这不但是迎亲之礼的证据，而且还反映出齐国婚俗不亲迎的特点。直到二十世纪，在淄博的一些地区仍然存在着“娶妻不亲迎”的风俗。

实际上，婚姻形式古来有之，“太昊制嫁娶之礼”（《太平御览》卷七八），教人兄妹结婚。后来随着母系氏族社会的瓦解、父权的确立，形成了一夫一妻的婚姻制度。但这一制度仅对女子进行约束，不针对男子，名义上是一夫一妻，实际上是一夫多偶。然而先秦时期，无论是东夷风俗，还是姜姓齐国，抑或是其他诸侯国，如鲁国、曹国、滕国等，都存在着大量母系氏族遗风。男女关系、婚姻形态都很自由，不媒不聘、自由择偶的风气大量存在。例如《诗经·齐风·东方之日》描绘了一对青年男女幽会的情景：“在我室兮，履我即兮”“在我闼兮，履我发兮”，女子大胆而又热情，男子喜爱而不猥琐。随着周礼的普及，这一时期，不媒不聘、自由择偶的氏族遗风与“取妻如之何？必告父母”“取妻如之何？匪媒不得”（《诗经·齐风·南山》）的父母之命、媒妁之言并行存在。其后“父母之命、媒妁之言”逐渐占主导地位，流传至汉代，却形成了父母专断儿女婚姻的风俗。

封建礼教越到后来，便越发严苛地量裁妇女的行为，甚至是仅男子可以休妻，女子却无法出夫。然而在先秦时期，二者皆可。《史记·管晏列传》载：“晏子为齐相，出，其御之妻从门间而窥其夫。其夫为相御，拥大盖，策驷马，意气扬扬，甚自得也。既而归，其妻请去。夫问其故。妻曰：‘晏子长不满六尺，身相齐国，名显诸侯。今者妾观其出，志念深矣，常有以自下者。今子长八尺，乃为人仆御，然子之意自以为足，妾是以求去也。’”从车夫之妻主动提出离婚的举动来看，当时女性在婚姻选择上还拥有一定的自主权。同时，齐国禁止随意休妻和改嫁，《管子·小匡》规定：“士三出妻，逐于境外。”“女出三嫁，入于舂谷。”

在齐国的婚姻形态中，有一个独特的怪俗：“长女不嫁”和“巫儿”。关于其由来，有两种说法，其一是《汉书·地理志》中，“为家主祠，嫁者不利其家”之说；其二是《战国策·齐策四》中，“至老不嫁，以养父母”之说。其实，“长女不嫁”和“巫儿”应是母系氏族社会女子留在本氏族，男子出嫁到外氏族的遗存；是妇女掌管氏族、胞族的权力还没有完全消失的表现。不过此时，巫儿、长女只能“为家主祭”，不能再主持家中全部的事务了。《春秋公羊传·哀公六年》载：“（田）常之母有鱼、菽之祭。”东汉何休注云：“齐俗，妇人首祭。”可见，“长女”“巫儿”是以其身份主持家祭，是一种权力的象征。

长女、巫儿虽然不嫁，但也有婚姻生活，只是为婚姻的另一种形式。据《战国策·齐策四》载，齐人见田骈曰："臣邻人之女，设为不嫁，行年三十，而有七子。"另外齐国流行"赘婿"。淳于髡便做过赘婿。长女和巫儿都可招赘婿入门。《孔子家语·六本》引孔子语曰："昔东夷之子，慕诸夏之礼，有女而寡，为内私婿，终身不嫁。"

五、丧葬礼仪和厚葬之风

关于丧葬礼仪，《周礼·春官·大宗伯》曾载："以凶礼哀邦国之忧，以丧礼哀死亡。"丧礼大致分为初终、小殓、大殓、送葬等几个环节。齐地的丧礼，因为周礼与东夷之俗的融合，逐渐形成独特的风格。而其中一些特点，后来又被推广至全国。

当死者断气后，家人拿着死者的衣服面向祖先发源的方向，拉长声音高呼死者姓名，呼唤死者归来，称为"复"，民间叫"招魂"。当确定该人真的去世后，才开始哭丧。其后设置灵堂，并为逝者"洗尸"。然后将珠、玉、贝等物放入死者口中，即"饭唅"。"饭唅"的起源很早，可追溯到新石器时期，在大汶口、龙山遗址中均发现死者口含"石子"的情况，是东夷人特有的习俗。小殓一般在第二天进行，即给逝者穿上寿衣，周礼规定，天子七日小殓，诸侯五日小殓。小殓结束后，主人、主妇才可在执事人的帮助下奉尸入棺，即大殓的入棺仪式。大殓礼毕，称为"既殡"。所谓殡，即殓而未葬。据《礼记·王制》载："天子七日而殡，七月而葬；诸侯五日而殡，五月而葬；大夫、士、庶人三日而殡，三月而葬。"秦汉以后，往往几天后就会下葬。灵车启动前往墓地又称"出殡"；亲属用绳索牵引棺柩称为"执绋"。从汉代起，执绋者要高唱挽歌。传说，田横自杀后，他的门客为哀悼他而高唱齐地歌谣，汉武帝时宫廷乐师李延年将齐地歌谣一分为二，以《薤露》送别王公贵人，以《蒿里》送别士大夫和庶人。

同时，齐地有厚葬之风，讲究封土"高大其垄"。《韩非子·内储说上》载："齐国好厚葬，布帛尽于衣衾，材木尽于棺椁。"《管子·山国轨》亦载："巨家重葬其亲……小家菲葬其亲。"葬礼虽有厚、薄的差别，但此为社会等级秩序的体现。

上古墓葬"不封不树"(《周易·系辞下》)，齐地却讲究封土的高、大、巨。《晏子春秋·内篇谏下》载："梁丘据死，景公召晏子而告之曰：'据忠且爱我，我欲丰厚其葬，高大其垄。’”梁丘据去世后，齐景公为他厚葬，并把他墓葬的封土建得很高大。

关于齐地厚葬的社会风气，政府曾经予以禁止：“（管仲）下令曰：‘棺椁过度者戮其尸，罪夫当丧者。’”（《韩非子·内储说上》）但是在民间，厚葬之风具有非常深厚的社会基础。

六、岁时节令和祭祀典礼

节日起源于原始崇拜，但又与农业社会的农时、天文等密切相关。据《左传·昭公十七年》记载，二十四节气起源于东夷少昊氏的候鸟纪历法。直到汉朝，中国的传统节日风俗才基本形成，如除夕、元日、元宵、寒食、端午、七夕、重阳等主要节日。例如寒食节，齐地有禁火冷食的风俗，《管子·立政》载：“修火宪，敬山泽林薮积草。”又如端午，是由于五月之后，蛇、蝎、蜈蚣、蜂、蚊、蝇等生物开始频繁活动，且人在劳作过程中受伤的部位也容易感染发炎，所以人们便把五月视为“恶月”，齐国因此有“不举五月子”的风俗。

在古代祭祀是权力的象征，受到统治者的高度重视。齐国的祭祖大典，据《左传·襄公二十八年》载：“十一月乙亥，尝于大公之庙。庆舍莅事……麻婴为尸，庆奊（xié）为上献。”从中可以看出，祭祖大典一般先由国君献牲，之后其他人依次献牲。而此时由于一些特殊原因，才让庆奊做“上献”之人。齐国的宗庙祭典还常与时节相结合，《管子·轻重己》：“以春日至始，数九十二日，谓之夏至，而麦熟。天子祀于太宗，其盛以麦。麦者，谷之始也。宗者，族之始也。同族者人，殊族者处。”是说从春分开始数满九十二日，称为夏至，恰好新麦成熟。此时用器物装满新麦，祭祀太宗。同族者可以进入祭祀，异族者则需止步。

在众多祭祀中，社祭是关乎上层统治者和下层民众的重要祭祀行事。据《礼记·祭法》载：“王为群姓立社曰大社，王自为立社曰王社，诸侯为百姓立社曰国社，诸侯自为立社曰侯社，大夫以下成群立社曰置社。”先秦时期，州有州社，里有里社，从上到下有一套完整的祭祀系统。一般来说，每年春、秋两季都要举行一次大规模的社祭。而齐国的社祭活动，在春秋时期极为著名。《墨子·明鬼下》载：“燕之有祖（通‘沮’），当齐之社稷，宋之有桑林，楚之有云梦也，此男女之所属而观也。”齐人在社祭的时候，有鼓乐、歌舞等娱乐项目，男男女女聚合而观。祭祀仪式上，主持人或者女巫还要进行宗教舞蹈的表演。同时，齐人的社祭经常与政治、军事、外交等活动联系在一起。例如借社祭活动公布国家重大政治活动、检阅军队、接待外宾等。

八神主祭祀典礼是齐地特有的。《史记·封禅书》载："八神将自古而有之，或曰太公以来作之。齐所以为齐，以天齐也。其祀绝莫知起时。"这八神分别是：天主，祠天齐；地主，祠泰山梁父；兵主，祠蚩尤；阴主，祠三山（今山东烟台莱州三山岛）；阳主，祠之罘；月主，祠莱山；日主，祠成山；四时主，祠琅邪（琊）。八神虽然分散在齐国各处，但祭品皆用一"牢"的牺牲品，至于珪币则可有多有少，巫祝根据不同的情况加以损益。虽然八神的祭祀过程已无从可考，但祭祀仪式的隆重、庄严、神圣是毋庸置疑的。

除此之外，齐地还有泰山祭祀大典，它对后世君王产生过重大影响。如秦皇汉武等，皆来泰山封禅。其缘由，据《史记·封禅书》张守节《正义》载："此泰山上筑土为坛以祭天，报天之功，故曰封。此泰山下小山上除地，报地之功，故曰禅。"

齐地风俗众多，并不局限于本文所述。总体来说，先秦齐国风俗是在东夷文化基础上形成的，它继承和保存了东夷文化的基因，同时又与周朝的文化相结合，从而形成了有别于其他地域文化的风俗。不可否认，齐地风俗既是齐文化内涵的体现，还是中华优秀传统文化的展现。

（张晓彤）

蹴鞠为什么诞生在齐都临淄?

蹹踘是中国古代足球运动最早的叫法(汉代时始称“蹴鞠”)。在春秋战国时期的临淄街头,蹴鞠已经发展成为一种成型的文体娱乐活动。临淄人喜爱蹴鞠,擅长蹴鞠并逐渐影响周边地区,使蹴鞠成为延续两千多年的传统体育项目。《战国策》和《史记》保留了中国和世界上关于蹴鞠最早、最明确的记载,《史记·扁鹊仓公列传》留下了“鞠迷”项处为蹴鞠而死的最早记录。

结合整个古文献的记述和中国古代蹴鞠发展历史分析,文献记述的连续性从一个方面反映了蹴鞠流行的情况和在不同地区流行的状况,临淄一带几乎经历了中国古代蹴鞠发展的全过程。不同时代的文献对临淄及周边盛行的蹴鞠活动的描述始终没有间断,这在其他地区是没有的,说明临淄不仅是中国古代蹴鞠的发源地,更是中国古代蹴鞠发展和演变的重要区域。

大凡一种运动、游戏或民俗的兴起无不打着时代的烙印,折射着民俗的元素,透视着文化的本质,涵泳于中国和世界的历史,特别是蹴鞠与足球的发展史。有一个规律让人无法回避,也始终回避不了,那就是无论是中国古代蹴鞠在临淄的滥觞、起源还是现代足球运动在英国的兴起,无不与那个国家和地区的时代文化与精神有着深刻的渊源,换言之,滨海的商业文明形态孕育了蹴鞠和足球的起源与兴盛。

世界文明聚落大致分为沿河的农耕文明,滨海的商业文明,以崇拜为内核的宗教文明和草原上的游牧文明。农耕文明以中国的黄河、长江文明为代表;滨海的商业文明以古希腊和罗马文明为代表;宗教文明以古印度为代表;游牧文明以古代波斯和蒙古文明为代表。宗教文明直接影响人的灵魂,牢固而神秘,很难也不允许改变。游牧文明强悍、高效而短视,所以我们现在较难寻得游牧文明的遗存。在农耕文明中，河水定期涨落，庄稼果蔬会定期成熟，规律性很强，人们春耕、夏耘、秋收、冬藏，只要有一个适宜的地方，就可以男耕女织的生活下去。所以，“两亩地一头牛，老婆孩子热炕头”就成为中国人几千年来的共同梦想。中国几千年来的内忧无非是土地兼并破坏这一模式造成的农民起义，而外患无非也是这一模式受到游牧民族的侵扰遭到破坏的对外征战。在这样的一个文明形态里，人们的生产、生活乃至思维独立、封闭而稳定，风调雨顺的日子人们相信“种瓜得瓜，种豆得豆”，一旦遇到天灾也就认了，于是举家去逃荒。所以中国人动脉里流淌的是儒家思想的血液，积极入世，治国平天下；而静脉里流淌的是道家思想的血液，消极避世，清静无为。这样我们就不难理解中国人“穷则屈原，达则范进”的心理感受，也就不难理解中国足球队为什么“赢了不会踢，输了也不会踢”的怪象。

西汉时期，汉武帝采纳董仲舒的建议，“罢黜百家，独尊儒术”，从此儒家思想长期占据历史和思想舞台中央。儒家思想的核心是“仁”和“礼”，认为“君子有勇而无义为乱”，讲究善良、谦恭、温顺和次序，讲究中庸和不偏不倚，拒绝激烈、个性和探索、竞争。在中国人的审美原则中讲究中轴对称，不偏不倚；处理纠纷讲究各打五十大板。所以中国古代蹴鞠从汉代开始出现表演性的乐舞蹴鞠，到唐宋时期以展现个人技巧为主的“白打”成为主要的蹴鞠形式，其形制越来越淡化竞争与对抗，这正是时代精神的体现，所以一部蹴鞠文化史就是一部民族的思想文化史。

一种文化是依托一定的地理环境，在长期的生产和生活过程中逐渐形成的。地理因素和人们的生产及生活方式在文化的形成过程中起着重要作用。在滨海的文明圈里，人们有着广阔的视野，从大自然中直接收获成果然后去航运、贸易。这样的生产方式需要合作，满载而归和杳无音信是瞬间发生的事情，悲喜是瞬间就可以体味的，因此在交换和贸易过程中不建立平等、自由的概念是无法实现的，这在很大程度上影响着人们的思想意识。所以商业发达的时代和地区，其自由、平等的意识一定是很强的，当这种思想和意识成为时代特征和文化元素也必然会推动这种生产、生活模式的发展。那么，为了获取更多的生产和生活资源，就必须去探索新的领域和世界，就必须去冒险、创造、创新，也就必然会诞生体现这种时代思想和精神的社会现象。

在整个封建时代，中国睡的早，醒得晚，而欧洲睡得晚，醒得早。所以，在研究人与自然的自然科学领域,我们追赶西方,而在讲究人与人关系的人文科学领域,西方难以望我们项背,《论语》《孙子兵法》等永远是人文领域的经典著作。

综上所述,任何事物的诞生与发展都脱离不了时代的人文背景,体现着鲜明的文化元素与精神。蹴鞠在两千年前的临淄诞生和现代足球在英国的兴起、兴盛有着类似或相同的文化背景,或者说,它们都诞生、兴盛于同一种文化类型,是相同或类似的滨海商业文明的产物与见证。

彩绘蹴鞠纹铜镜

蹴鞠诞生的土壤是齐文化。姜太公是齐文化的奠基者和创始人,太公因兴周灭商的首功分封到齐地。太公建齐时考虑到这里“负海舄卤,少五谷而人民寡”(《汉书 · 地理志》)的实际情况,确定了“因其俗,简其礼,通商工之业,便鱼盐之利”的治国方针、治国方略,大力发展工商业,从而奠定了齐文化商业文明的基础。西周末年,周幽王为博美人褒姒一笑,烽火戏诸侯,失信于天下。王室式微,礼崩乐坏。天下趋于无序,诸侯图霸。在图霸的过程中,天下诸侯纷纷变革,这是一个崇尚实力和价值的时代。旧有的生产关系、社会关系受到洗礼,人的价值得到尊重,人文精神上升。齐桓公和管仲认为,要想“霸”天下,就要工盖天下,器盖天下,财盖天下,教盖天下。为此管仲和齐桓公时代以国家的整体意志尊商、重商。如实行“官山海”的盐铁专卖制度,主张“来天下之财,致天下之民”,为此规定“一乘者有食,三乘者有刍菽,五乘者有伍养”,专门建立款待外国商人的客舍,每三十里有一处,形成“天下之商贾归齐若流水”的局面。到了战国时期,齐都临淄已经是一个“市租千金,人众殷富,巨于长安”的东方商业大都市了。所以齐文化无论就地理特征还是生产和生活方式都是滨海商业文明的特质。滨海的商业文明崇尚的是以人为本的人文意识和精神,平等、自由是其独特的基因密码。这就不难理解为什么在这方土地上诞生了中国和世界上最早的官办大学——稷下学宫,开百家争鸣之先河了。试想,没有自由、平等的人文意识和精神怎么会出现百家争鸣的学术现象?没有这种意识和精神即使有百家,能想到“争鸣”吗?可以“争鸣”吗?“争鸣”得下去吗?有商业就有竞争,蹴鞠，这种体现竞争、进取精神的社会现象必然是滨海商业文明的产物，必然诞生在重商的齐文化中。

一部蹴鞠的演进史就是一部华夏民族的传统文化史和精神史，蹴鞠作为一种社会现象，其发展、演进带有鲜明的时代烙印，反映了时代的精神风貌。蹴鞠的诞生反映了奴隶社会末期思想解放、文化多元的时代呼唤，蹴鞠在故都临淄起源是时代和文化的召唤；而其走向发展与繁荣的时候又与中国封建时代的思想与精神相互印证，其暗弱、沉寂也恰恰反映了中国封建社会末期精神衰弱的历史必然。

蹴鞠起源于春秋战国时期人文精神逐步觉醒，文化特别多元的都城临淄，诞生在这个滨海的商业文明聚落。汉代是华夏民族形成和确立的时代，蹴鞠也走向兴盛。唐宋时期是我们国家封建社会的顶峰，也是蹴鞠的繁荣时期，女子蹴鞠普遍盛行，清明蹴鞠成为重要民俗。在宋代，还出现了全国性专门的蹴鞠组织——齐云社和全国性的比赛——山岳正赛，有了蹴鞠行业崇拜——清源妙道真君，商业化程度很高。但是，宋代也是一个重文轻武的羸弱的时代，蹴鞠全面技巧化。中国古代蹴鞠在元、明、清时期停止发展，逐步走向衰弱。晚清时期，内忧外患，蹴鞠也全面走向沉寂。

没有一种社会现象能脱离时代的文化和精神。蹴鞠诞生和发展阶段是激烈的直接冲撞式对抗，是一项重要的军事训练项目，皇帝观蹴鞠也是按照检阅军队的方式和规格进行的。汉唐时期，封建社会处于上升阶段，需要开疆拓土，征服四夷，社会上是文武并重，民间有浓厚的练力尚武风俗。到了宋代，周边敌国不断入侵，宋统治者不仅外惧强敌，而且害怕人民造反，不许人民练武，社会上奋发前进的朝气便日益减退了。“捐身赴国难，视死忽如归”的精神和风骨也消退殆尽，曾与武勇精神紧密相连的蹴鞠开始逐渐衰弱。蹴鞠从对抗走向技巧化正是宋代重文治而轻武功，重修心而轻练力的文化特征的反映。汉唐以来，崇尚武勇侠烈的社会文化被逐渐改变。在汉代，“蹴鞠亦有治国之象”，在唐宋“万人同向青霄望，鼓笛声中度彩球”，而到了明清时期竟然是“腰肢袅袅”“滚滚红尘”的景况！人们在“石榴裙底”“偃月鬓边”看到了“星欲坠”的景象。淄博文学家蒲松龄在小说《聊斋志异》中对汪士秀蹴鞠的描写暗合了中国蹴鞠的发展轨迹：“中有漏光，下射如虹，蚩然疾落；又如经天之彗，直投水中，滚滚作沸泡声而灭。”我国古代的蹴鞠从起源到发展繁荣，曾像一颗耀眼的彗星发出闪亮的光辉,后来只留下一点泡沫,暗落、沉寂了下来,成为蹴鞠演进再生动不过的注脚。

由此我们可以得出结论:最大的强大是文化和精神的强大。二十世纪初期,中国足球曾称霸一时,以球王李惠堂为代表的球队把强体与强国相提并论,即便是“乞讨参赛”,也赢得了全世界的尊重。所以,足球的强大归根结底是内心的强大,是精神的强大,是文化上的强大。

（马国庆）

蹴鞠运动的发展历程是怎样的？

中国的蹴鞠文化在历史长河中绵延了两千多年，对世界足球产生了深远的影响，中国蹴鞠是目前国际足联正式确认的世界足球的起源，切实做好蹴鞠文化有着深远的现实意义和历史意义，它也是中华民族伟大复兴的一部分。

蹴鞠就是踢球。“蹴”，即用脚踢；“鞠”，是皮制的球，“蹴鞠”是中国古代足球运动的名称，蹴鞠最早的说法叫“蹹踘”，出现在刘向的《战国策·齐策一》中，苏秦到齐国游说时对齐宣王说：“临淄甚富而实，其民无不吹竽、鼓瑟，击筑、弹琴，斗鸡、走犬，六博、蹹踘者。”《史记》中也有基本相同的记载。《史记·苏秦列传》：“齐地方二千余里……临菑甚富而实，其民无不吹竽鼓瑟，弹琴击筑，斗鸡走狗，六博蹋鞠者。”这里的“蹋鞠”即蹴鞠之意。这是我国关于蹴鞠活动的最早记录。

蹴鞠产生于民间，在其发展过程中，它无穷的魅力感染了社会各个阶层，从汉代到唐宋，皇帝都参与蹴鞠，它更是贵族聚会游艺活动的首选项目。当然参与蹴鞠活动最多的还是下层民众，汉代的项处就是一位最早有史料记载的、痴迷蹴鞠而不惜牺牲性命的球迷，司马迁的《史记·扁鹊仓公列传》对此有记载。在宋代，《水浒》里的高俅因蹴鞠技艺高超而得封官职，在历史上也确有其事。

蹴鞠在战国时期就诞生了，但战国末期的战争和短命的秦帝国统治，使社会经济发展停滞不前，缺乏了统治者的支持和赖以生存的经济条件，文化娱乐活动凋敝也是必然的。到了汉代，长期的政治稳定和经济繁荣，带来了文化的繁荣。最突出的一点是皇帝对蹴鞠活动的推崇、热爱，汉高祖刘邦为了让他的父亲能够经常蹴鞠游乐，迁建了丰邑称为“新丰”，把这位刘老爷子和原来丰邑的居民全部迁往那里,又开始"斗鸡蹴鞠为欢",太上皇这才心满意足。

《汉书》记载,汉武帝非常喜欢蹴鞠,经常在宫中举行"鸡鞠之会",还让枚皋(西汉著名赋作家枚乘之子)记录当时的情况。

汉哀帝的宠臣董贤家中还专门养了会踢球的"鞠客",在西汉时,不仅皇帝宫廷中经常有蹴鞠活动,大臣们家中也盛行蹴鞠,这也是上行下效的结果,因此汉代蹴鞠活动的社会面更为扩大了。

蹴鞠在汉代还出现了伴以音乐舞蹈的形式。汉画像石多有关于蹴鞠的题材,《乐舞百戏图》中的蹴鞠情景就再现了当时蹴鞠伴有音乐舞蹈的事实。宫廷蹴鞠的出现也是汉代蹴鞠的一个特点。蹴鞠在战国时期还是临淄城中民间的娱乐活动,所谓"穷巷蹴鞠",到汉代已进入宫廷,且在皇宫及其周围还有了专门的蹴鞠城。东汉李元中的《鞠城铭》记载:"圆鞠方墙,仿象阴阳。法月冲对,二六相当。建长立平,其例有常。不以亲疏,不有阿私。端心平意,莫怨其非。鞠政由然,况乎执机。"鞠是圆的,鞠城是方的,因为汉代讲究天圆地方的自然观念;效仿一年十二个月,场上有十二名队员,设有"长"和"平"作为裁判,且要公正执法,不得偏袒任何一方。汉代蹴鞠场的正面设有皇帝登临观蹴鞠的观礼台,类似于我们今天的检阅台。汉皇帝讲究观蹴鞠"亦有治国之象",观礼台上专设皇帝观蹴鞠的御座,有阶梯。整个"鞠城"就像一座小城。

汉画像石蹴鞠图(齐文化博物馆藏)

汉代蹴鞠与军事关系密切。在汉代,人们认识到蹴鞠活动可以增强体力,培养人们勇敢耐劳的精神,是军事训练的一种很好的手段。《汉书》曾记载霍去病北击匈奴时,"其在塞外,卒乏粮,或不能自振,而去病尚穿域蹋鞠也”。蹴鞠曾被霍去病当作训练士兵保持体力和斗志的一种手段。西汉的刘歆在《七略》中说：“蹋鞠，其法律多微意，皆因嬉戏以讲练士，至今军士羽林无事，使得蹋鞠。”这些记载说明，在西汉后期和东汉时期，蹴鞠是一种重要的军事训练项目；说明汉代直接对抗式的蹴鞠运动，正以其强大的生命力活跃在历史舞台上。

蹴鞠最繁荣的时期是在唐、宋。唐、宋两朝虽然在政治、外交方面有较大的不同，但经济文化方面有着很大的共同点，那就是规模空前。蹴鞠发展到唐代，充分体现了繁荣昌盛的大唐气象。蹴鞠作为我国古代体育项目的重要内容，在唐代不仅受到上流社会的宠爱，而且在民间也非常流行。各族之间、中外之间也可以自由地进行蹴鞠活动。唐朝的皇帝大多喜欢蹴鞠，尤其是唐太宗李世民和唐玄宗李隆基。当时皇宫中的蹴鞠活动很多，朝廷的教坊司和皇宫中的内园还有专业的蹴鞠艺人，专门在寒食节和皇帝举行宴会的时候进行表演。

宋代的宫廷中依然盛行蹴鞠，并且宋朝的礼乐制度中还明确规定了蹴鞠为表演项目。宋太祖赵匡胤和宋太宗赵匡义都酷爱蹴鞠，宋代的画家苏汉臣是宋徽宗时画院的待诏，他绘制了一幅《宋太祖蹴鞠图》，描绘了宋太祖赵匡胤、宋太宗赵匡义和近臣赵普、党进、石守信、楚昭辅等蹴鞠的情景。元代的画家钱选临摹了这幅画，该画我们今天还可以看到。

[元]钱选《宋太祖蹴鞠图》（现藏上海博物馆）

到了宋代，蹴鞠门的规格已经定型，“殿前旋立球门，约高三丈许，杂彩结络，留门一尺”。因在中间隔了蹴鞠门，这种形式的蹴鞠，双方没有直接的身体接触。蹴鞠队员分成左军和右军(或左、右朋)分列球门两侧进行对抗,上场人数从原来的六人增加到十二人,并且有了明确的分工,以至更能体现出个人球技的精彩。

明代的蹴鞠规则与宋代不完全一样。比赛时上场人数不定,一般是七人。场上设有裁判,叫“司宾”或“知宾”。场上蹴鞠队员的角色和职责都非常分明:球头的职责是专门把球度过球门网中的“风流眼”,其他队员如正挟、副挟、左竿网、右竿网、着网、骁色、散立等都使出浑身解数为球头创造度球的机会。在球不着地的前提下将球度过球门网中的“风流眼”,“数多者胜”。

宋代产生了市民阶层球迷们的行会组织——齐云社,相当于当时的蹴鞠俱乐部。齐云社由经常参与蹴鞠运动的人组成,他们聚在一起消遣娱乐,切磋技艺。入社人员有以此技为生的专业人员,但主要是达官贵族、士人大夫之类的风流子弟。“齐云社”的含义是蹴鞠时踢得高,“上与云齐”,有吉祥之意,同时象征蹴鞠艺人“青云直上,高与云齐”。“齐云”是对外的正式名称,“圆社”是自己人之间亲切的称呼。当时有“不入圆社会,到老不风流”的说法。从蹴鞠发展的历史来说,齐云社的出现具有划时代的意义。

蹴鞠活动有女子参与的记载是在汉代,河南登封嵩山启母阙石刻《蹴鞠图》中有女子蹴鞠。河南省南阳草店出土的《舞乐百戏》画像石中一女子在樽上手倒立,另一女子表演蹴鞠,足下有一鞠,女子高髻长袖,舞姿婀娜。汉画像石中的蹴鞠图像表明,汉代就有非竞赛性的女子蹴鞠表演。

女子蹴鞠出现于汉代,但此时似乎不够普遍,因为除汉代画像石外,女子蹴鞠这一现象在史料中并不多见。从唐宋时期,随着蹴鞠的社会化,蹴鞠才逐渐成为妇女和儿童的一项重要游戏。唐宋时期留存的很多文物都佐证了这一点。因为唐代出现充气的球,球体变轻,女子蹴鞠开始盛行。

唐宋时期女子蹴鞠的出现和流行,说明这种娱乐性的体育活动在社会上更加普及。但无论是皇宫中的蹴鞠女子,还是勾栏瓦舍、市井江湖的蹴鞠女子,她们的技艺,大多带有很强的表演性质,除了可以自娱自乐之外,只能作为有闲观众的消遣,蹴鞠在普通下层女子中并不普及。

由于蹴鞠活动越来越纯娱乐化的倾向,蹴鞠在明代遭朱元璋严禁,洪武二十六年(1393)曾下旨:“学唱的,割了舌头,下棋打双陆的,断手腕,蹴圆的,卸脚。”严厉禁止军人蹴鞠。据顾起云《客座赘语》卷十《国初榜文》记载:当时的龙江卫指挥伏颙与本卫小旗姚晏保就因犯禁蹴鞠被“卸了右脚”，全家发配云南。遭到如此打击，蹴鞠在宫中、军中已是绝迹。但因传统的惯性和蹴鞠本身的魅力所在，蹴鞠在民间依然流行。

清朝时对蹴鞠实行禁止和改造的政策，顺治时就曾口谕对蹴鞠要“即行严禁”，将冰嬉（滑冰）确定为“国俗”，将蹴鞠改造成“冰上蹴鞠”。乾隆时就明令禁止蹴鞠活动。而到了晚清时期，陷入了无休止的内忧和外患，国无宁日，人们饥寒奔波，因此再难见到蹴鞠者矫健、灵巧的身影了。

清代小说家蒲松龄在《聊斋志异·汪士秀》记述蹴鞠的发展轨迹时曾道：“中有漏光，下射如虹，蚩然疾落；又如经天之彗，直投水中，滚滚作沸泡声而灭。”基本上合乎蹴鞠的发展轨迹。

当时间之河流淌到二十一世纪，在世界足球起源地淄博临淄，蹴鞠再一次热了起来。蹴鞠于2006年被国务院正式批准为国家级首批非物质文化遗产。近几年来，通过旅游纪念品开发、蹴鞠表演、足球运动开展和对外文化输出等产生了重大影响。

（马国庆）

蹴鞠为什么会在元、明、清时期逐渐暗弱?

蹴鞠,是一项影响了中国和世界两千多年的体育运动和娱乐活动,是中国古代发育最完善、影响最广泛、传播最深远的一项民俗活动,是世界足球的起源。它发源于战国时期的齐都临淄,在汉代获得了极大的发展,唐宋时期走向全面繁荣。由于政治、思想、文化和蹴鞠自身的原因,蹴鞠在元、明、清时期逐渐走向暗弱。

蹴鞠起源于战国时期的临淄,西汉建立后开始兴盛,宫廷、民间普遍盛行,还出现了研究蹴鞠的专著《蹴鞬》二十五篇。东汉李元中的《鞠城铭》最早体现了当时的蹴鞠规则,是蹴鞠走向专业化的标志。蹴鞠在南北朝时期已经在江南传播和开展,南朝诗人吴均《边城将》写道:“临淄重蹴鞠,曲城好击刺。”唐宋时期蹴鞠走向成熟,但竞技性减弱,观赏性开始增强,女子蹴鞠普遍盛行,清明时期蹴鞠成为重要民俗。在宋代,出现了全国性专门的蹴鞠组织——齐云社和全国性的比赛——山岳正赛,有了行业崇拜——清源妙道真君,商业化程度很高。受多种因素的影响,蹴鞠在元、明、清时期停止了发展,逐步走向衰弱。晚清时期,内忧外患,蹴鞠也全面走向沉寂。蹴鞠曾深刻地影响了中国人民的生活达两千多年,但没有发展为现代足球,英国完成了这一嬗变,其中原因颇值得思考。

一、蹴鞠走向暗弱与沉寂的思想根源

蹴鞠的历史演进是在中国传统思想的影响下进行的,被深深打上了儒家思想的烙印。儒家思想强调的是“仁”和“礼”,认为“君子有勇而无义为乱”,讲究善良、谦恭、温顺和次序,讲究中庸和不偏不倚,拒绝激烈、个性、探索和竞争,所以中国古代蹴鞠的形制越来越淡化竞争与对抗。

战国秦汉时期的蹴鞠是作为军事训练项目展示在世人面前的。齐桓公和管仲为实现富国强兵，实行军政合一的管理体制，在基层实行“伍”（五人）、“轨”（五家）制，平时耕种，战时出征。闲暇时伍长或轨长率领五人参加蹴鞠，故直到汉代蹴鞠都讲究“二六对陈（阵）”与此有较深的渊源。

到了汉代，蹴鞠出现了激烈的直接冲撞式对抗。蹴鞠是一项重要的军事训练项目，皇帝观蹴鞠也是按照检阅军队的方式和规格进行的。正如何晏在《景福殿赋》中说的，这种蹴鞠形式“僻脱乘便，盖象戎兵”。汉代还出现了最早的足球专著《蹴鞮》二十五篇，并被《汉书·艺文志》列为兵家技巧类，其军事特征也可见一斑。

唐宋时期出现了充气鞠，蹴鞠形制变为单球门间接对抗，对抗性大大减弱。而此时最为盛行的是以踢高、踢出花样为能事的“白打”，竞技性更加衰弱。从足球技术来说，这是一种发展，而从某种意义上讲间接对抗和表扬踢出花样，是足球运动的一种退步。

在过去两千多年的时间里，儒家文化及其价值观已经成为中华民族精神的重要因素，在潜移默化中传布到社会生活的各个角落。受传统儒家思想的影响，蹴鞠不再强调激烈的竞争，逐渐发展为一项温文尔雅的活动，讲究礼仪和修养。齐云社制订的“无仁者不可同行，无义者不可同商，无礼者不可同居，无智者不可同谋，无信者不可同谈”等条文把儒家思想和“仁、义、礼、智、信”的做人准则都融入蹴鞠活动中。蹴鞠的功能也就成了“能令公子精神爽，曾诱王孙礼义加”和“一团和气遍天涯”的娱乐方式。

二、蹴鞠走向暗弱与沉寂的社会根源

社会环境的优劣，影响文化体育项目的兴衰。蹴鞠在汉、唐和宋代之所以能够兴盛，和统治者的提倡政策是分不开的，同样，蹴鞠在元、明、清时期的暗弱与沉寂也与高层的打压分不开。

元代蒙古族对汉族的游戏和体育项目不适应，也不提倡，蹴鞠活动延续了唐宋时期的蹴鞠形式，蹴鞠开始逐渐成为民间的纯娱乐化活动。正因如此，朱元璋称帝后，曾下旨严禁军人蹴鞠：“蹴圆者卸脚。”蹴鞠的社会范围大幅度缩小，蹴鞠艺人的社会地位也远非从前。当时有一名叫王敏的军卒，因擅长蹴鞠而被明宣宗朱瞻基看中,随即被强行阉割,成为随侍左右的内侍,蹴鞠艺人的命运蒙上了浓浓的悲剧色彩,唐宋时期那种“名园欢散后,又向玉阶游”“风流富贵真难比,曾遇宣呼到御前”的风光与荣耀已经不再属于他们。清朝时对蹴鞠实行禁止和改造的政策,顺治时期就曾口谕对蹴鞠要“即行严禁”。将冰嬉(滑冰)确定为“国俗”,将蹴鞠改造成“冰上蹴鞠”。乾隆时期就明令禁止蹴鞠活动,而到了晚清,陷入了无休止的内忧和外患,人们饥寒奔波,再难见到蹴鞠者矫健、灵巧的身影了。

三、蹴鞠走向沉寂的文化根源

儒家文化在整个封建社会中后期居于统治地位,主张以仁爱治天下,重文治而轻武功,重修心而轻练力,汉唐以来崇尚武勇侠烈的社会文化被逐渐改变。

汉唐时期,封建社会处于上升阶段,需要开疆拓土,征服四夷,社会上文武并重,民间有浓厚的练力尚武风俗。到了宋代,周边国家不断侵扰,宋统治者不仅外惧强敌,而且害怕人民造反,不许人民练武,社会上奋发前进的朝气便日益减退了。“捐身赴国难,视死忽如归”的精神和风骨也消退殆尽,曾与武勇精神紧密相连的蹴鞠开始逐渐衰弱。

传统文化压制个性与创造是蹴鞠走向暗弱与沉寂、没有突破性发展的重要原因。中国封建的宗法体制、伦理文化、礼仪禁忌等历史文化传统,给中国人带来了负荷沉重的心理积淀,致使个人的生命冲动几乎在条条框框里窒息。于是人们努力成为温良恭谨、庄重敦厚的谦谦君子,努力恪守中庸,缺乏个体意识和创造,宁愿保持中和的形象。

这样,蹴鞠就以一种“泛体育”的形象存在并延续着,在那种等级森严、尊卑分明的体制影响下,蹴鞠不可能发展为规则统一、公平竞争和推崇个性、以民为尊的竞技体育运动。在这种大的文化环境中,蹴鞠既显现出中国人的睿智,又在传统文化的压制下,形成了一种逆体育内涵的发展趋势。明代翰林修撰钱福曾写《蹴鞠》诗道:

> 蹴鞠当场二月天,仙风吹下两婵娟。汗沾粉面花含露,尘扑蛾眉柳带烟。
>
> 翠袖低垂笼玉笋,红裙斜曳露金莲。几回蹴罢娇无力,恨杀长安美少年。

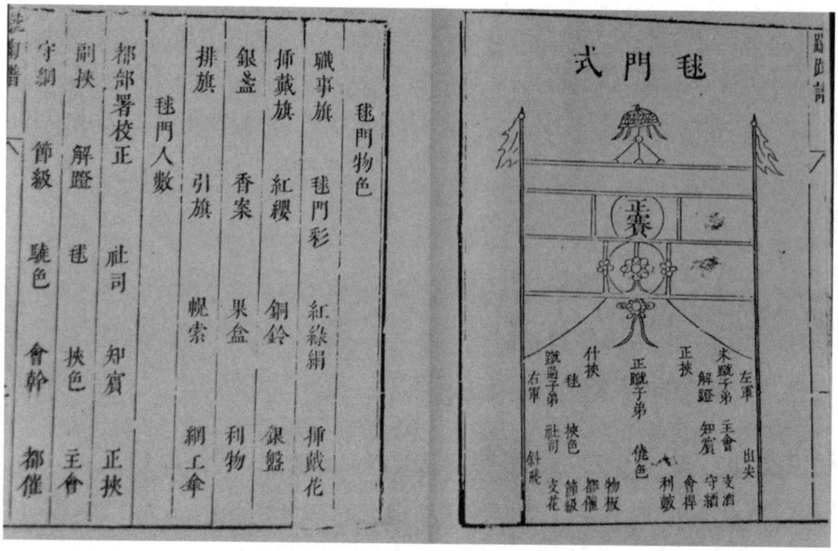

汪云程《蹴鞠图谱》书影

蹴鞠从军事训练的勇力型到技巧型，最后又发展到了观赏型。人们开始关注和欣赏女子“彩楼红扇相当开，美人凌波蹴月来”和“放娇态，微风来，舞裙带”的娇艳之姿，轻薄之气随之而来且越来越甚。明代金陵女子还写了一首《踢球》诗，从中已看不到先前蹴鞠带给人们的精神了：

> 腰肢袅袅力微微，滚滚红尘指羽衣。偃月鬓边星欲坠，石榴裙底凤比飞。

在汉代，“蹴鞠亦有治国之象”，在唐宋“万人同向青霄望，鼓笛声中度彩球”，而到了明清时期竟然是“腰肢袅袅”“滚滚红尘”的景况！人们在“石榴裙底”“偃月鬓边”看到了“星欲坠”的景象，给蹴鞠的衰弱与沉寂写下了生动形象的注脚。

（马国庆）

二十世纪九十年代以来齐地有哪些重大考古发现?

二十世纪以来,齐地的众多考古发现不仅改写了山东的历史,而且改写了中国的历史,具有重大的价值和意义。如1981年,在山东省沂源县土门镇骑子鞍山,考古工作者发现了“沂源猿人”头盖骨化石,其与举世闻名的“北京猿人”同时期,距今约四五十万年,是迄今为止发现最早的山东人。章丘龙山城子崖遗址于1928年发现以来,在遗址内首次发现以磨光黑陶为显著特征的新石器时代遗存,最初称之为“黑陶文化”,后以遗址命名为“龙山文化”。二十世纪九十年代以来,更有一系列考古发现以其重要性而荣登当年全国十大考古新发现之列。因重大考古发现较多,本文简要介绍其中五例,以飨读者。

一、后李遗址考古发现

后李遗址位于淄博市临淄区齐陵街道后李官村西北约五百米处。为配合济青高速公路的建设,自1988年10月至1990年6月,山东省文化厅济青高速公路工程文物工作队对后李遗址进行了四次大规模的考古发掘,共开探方一百七十九个,揭露面积约六千五百平方米,清理小型墓葬一百八十九座,大、中型春秋墓各一座,大型春秋车马坑一座,不同时期的灰坑三千八百余座,另有灰沟、水井、陶窑、房基计四十多处,其中的大型春秋车马坑被列入“1990年度全国十大考古新发现”。在此车马坑基础上修建的中国古车博物馆则成为全国为数不多的以古代车马为特色的博物馆之一。

后李文化是山东地区迄今为止最早的新石器时代的考古学文化和人类遗存,距今八千二百年至七千八百年左右,其年代延续之长,内涵之丰富,实为罕见,堪称海岱地区史前文化的源头。这是淄博地区唯一一处以本市内的地点命名的考古学文化。

临淄后李遗址发掘现场

临淄后李春秋车马坑

后李遗址是我国新石器文化遗址的代表之一。后李文化的出土文物虽然在今天看来简单、制作水平也比较低,但是这里的先民在八千三百年前已经开始制作陶器,在当时的世界上已经是极高的文明。后李遗址的发掘,不仅仅在于其文物所代表的文明程度,还在于它把整个山东地区的文化历史提前了一大步,并最终连成了一个完整的体系。长期以来,由于受资料、实物等诸多条件的限制,考古学家一直把北辛—大汶口文化视为山东地区最早的文化,但是,后李文化遗址的发掘,将山东文化的发源年代向前推进了一千多年,同时,整个海岱地区史前文化的谱系脉络也从此清晰地显现了出来,即后李文化——北辛文化——大汶口文化——龙山文化——岳石文化。

后李文化筒型釜

2000年夏,考古工作者在淄博市张店区房镇彭家村发现了三个古陶窑,考古发掘者称之为“连体灶”。陶窑面积不大,结构简单,窑膛、窑壁有明显的烧炼痕迹。在窑的周围,出土了大量的夹砂褐陶、陶釜、陶片等文物。经考古鉴定,这些文物同样属于后李文化时期,是迄今为止我国发现的最早的一批古陶窑,被专家誉为“中华第一窑。”

二、高青陈庄遗址考古发现

陈庄—唐口遗址位于淄博市高青县花沟镇陈庄村南,总面积约九万平方米,分为东、西两部分。在南水北调东线山东段建设工程中,自2008年10月至2010年1月,山东省文物考古研究所对高青县陈庄遗址进行了大规模的考古勘探和发掘工作,发掘面积近九千平方米。发现西周早中期城址、西周贵族墓葬、祭坛、马坑、车马坑等重要遗迹,出土大量陶器及较多的骨器、铜器、玉器等珍贵文物,在许多方面填补了山东周代考古的空白。西周城址是这次发掘的重要收获,时代属西周早中期,是目前山东地区所确认的最早的西周城址,也是鲁北地区目前发现的第一座西周城址。

陈庄遗址发掘现场

陈庄遗址祭坛

另一重要发现是位于城内中部偏南的夯土台基。由其结构和所处位置,初步判断其与祭祀有关,或为"祭坛"。此为山东周代考古的首次发现,在全国这一时期也十分罕见,为研究周代的祭祀礼仪提供了宝贵的资料。这次发现的一批大中型墓葬,由其墓葬规模和随葬品的情况来看,应属于西周时期的贵族墓葬。其中两座带墓道的"甲"字形大墓,属于西周时期高规格的贵族墓,对解读该城址的地位与属性,可能具有重大意义。墓葬出土铜器上的铭文,也表明其与齐国有直接的关系,尤其是铭文中的"齐公"字样,为金文资料中首次发现,对研究早期齐国的历史具有重要价值。此外,还发现了山东地区首例西周刻辞卜甲。陈庄遗址的考古发掘在许多方面填补了山东周代考古的空白,是半个世纪以来山东周代考古特别是齐国历史考古的突破性进展。

高青陈庄西周城址入选"2009年度全国十大考古新发现",山东省考古研究所所长郑同修认为主要有三点理由:

一是九层堆积的祭坛或为中国最早甚至是唯一的天坛遗址。台基是圆形夯土建筑，台基中心是一个圆圈，圆形台基的周围有正方形的夯土墙相环绕，依次是长方形、圆圈、椭圆形等环环相套，并由多层土色深浅有别的花土夯筑而成。这个环环相套叠、有九层堆积、形制奇特的夯土台基可以名之为环丘，也就是晏婴所说的“先君太公筑营之丘”的营丘。祭天是从周人开始的，所以这个遗址极有可能是我国第一个或唯一一个天坛遗址，其价值不可估量。

二是铜簋上七十多字的铭文传递出周王烹齐哀公这一重要历史事件。如果说这个祭坛是天坛，那么新的疑问随之而来。周代礼制规定：祭天是周天子的特权，诸侯只能祭社稷。那齐国祭天就是僭越行为。郑同修认为，这与西周历史上一个重大历史事件——周王烹齐哀公有关，陈庄新出土的铜簋上的七十多字铭文就透露了与此有关的信息。另外一件青铜器上带有“丰启作厥祖甲齐公”八个字。这是考古界第一次发现有关齐太公的准确记载，也就是齐国第一代国君姜太公的最早文字记载。根据金文通例，凡是“公”前加国名的，都应该是这个国家的第一任国君，“齐公”当然是齐国的第一代国君姜太公。

三是国内首次发掘“直立跪伏”陪葬马匹。

三、沂水纪王崮春秋墓葬考古发现

墓葬位于临沂市沂水县城西北约四十公里处的“纪王崮”山顶，隶属泉庄镇。山东省文物考古研究所等单位分别于2012年2月到7月和2013年9月到10月，对两座春秋墓进行了抢救性发掘。

一号墓为带一条墓道的岩坑竖穴木椁墓，由墓室、墓道及附属的车马坑组成，而墓室与车马坑共凿建于一个长方形岩坑内。外椁位于墓室中部，有内椁、两个器物箱和三个殉人坑。殉人坑皆一棺，内殉一人。内椁设重棺，棺内人骨已朽，其周围铺有厚厚的朱砂。棺椁下象征性的“腰坑”内殉犬一只。墓道东向，位于岩坑东南部，正对内椁室。车马坑位于岩坑北部，残存独辕车四辆，每辆车配两匹马，在二号车内出土有鼎、鬲、敦三件青铜礼器，这种现象非常少见。在棺室、器物箱、车马坑及殉人坑中共出土文物近二百件(组)，主要包括青铜器、玉器等。该墓年代为春秋中晚期。山东大学任相宏教授经研究认为，一号墓极有可能是纪国国君或是其夫人之墓。

二号墓是一座未完工的岩坑竖穴墓，分东、西两部分。西部为东西向坑状遗迹,平面略呈梯形。东部为带明显二层台的坑状遗迹,其北二层台的东部有柱坑五个。

纪王崮春秋墓规模大、规格高、结构特殊,出土遗物丰富,是山东近几年来东周考古最重要的发现之一,对研究该地区的墓葬制度、考古学文化等均具有重要的价值。如此高等级的墓葬位于易守难攻的崮顶,在岩石上开凿墓室,墓室与车马坑共建于一个岩穴中,都罕见和不见于以往的发现,丰富了我们对东周贵族埋葬制度的认识。

相传纪国末代国君率领的遗民和军队逃到此处后,见崮顶地势险要,又有水源,于是,纪国的最后国都在此深山高崮上建立起来。清康熙十一年(1672)、道光七年(1827)的《沂水县志》均记载纪王崮为“纪侯去国居此”。《左传》记载,春秋中期,齐襄公即位后,打着为先祖齐哀公报仇的旗号,不断攻伐纪国。公元前693年,齐国兴兵伐纪,连下郱、鄑、部三城。公元前690年,齐军攻破纪国都城,纪侯将剩下的国土交给弟弟纪季,自己出逃,纪国灭亡。此大型墓发现地传说为纪国败于齐国后迁都所在,但缺乏文献记载证据。这次发掘成果对历史复原、传说印证都是不可多得的重要资料。沂水纪王崮春秋墓葬入选“2013年度全国十大考古新发现”。

四、章丘焦家遗址考古发现

2016年至2017年,山东大学的考古工作者在章丘焦家遗址发现了距今五千多年、内涵丰富的大汶口文化中晚期遗存,揭露出包括夯土城墙、护城壕沟、祭祀坑和大型墓葬在内的诸多高等级设施,出土了大量规格齐全的玉器、白陶、黑陶和彩陶等高端礼仪用具。高等级墓葬棺椁齐全,开启后世棺椁制度的先河。

大墓主人多陪葬象征王权的玉刀和玉钺,并以各种精美陶器和玉饰品显示其占有的财富,陶器和玉器陪葬品的位置都非常固定,而且成套组合陪葬,在埋葬制度上形成了十分稳定的礼仪制度和文明化标志,具有时代早、规模大、制度全等特征。这些前所未有的重要发现昭示了焦家遗址作为鲁北古济水流域具有政治、经济和文化中心意义的大型聚落的重要史实。

济南章丘焦家遗址是目前发现的海岱地区年代最早的城址,填补了鲁中北地区大汶口文化中晚期阶段居住形态研究的空白,入选“2017年度全国十大考古新发现”。

考古发现焦家遗址面积超过一百万平方米，规模超大，是鲁北地区迄今所知面积最大的大汶口文化聚落，证明焦家遗址是距今五千年前后鲁北地区的政治、经济和文化中心。同时，焦家遗址作为该地区大型的中心聚落遗址，也为以城子崖为代表的龙山文化找到了重要源头。这对探讨海岱地区新石器时代晚期的文化内涵、聚落结构、更大范围的区域联系以及文明化进程等问题具有重要意义。

特别引起人们注意的是，被誉为五千年前“山东大汉”的部族首领大墓，男性墓主身高经实测近两米，墓口长近四米，宽二点一米，一棺一椁，内外相套，棺椁之间和人身上放置近二十件陶器、玉器随葬品，其中一件玉钺长达十八厘米，表面有大片的朱砂痕迹，是焦家遗址目前所见最大的玉钺，成为当之无愧的“玉钺之王”。高个子在焦家遗址大墓中尤其多，类似“山东大汉”的大墓还有几处。一直以来，每当提起山东人，很多人会联想到“人高马大”“山东大汉”这样的字眼，但是很难想象，早在距今五千多年前，山东人身高就已如此“伟岸”。

焦家遗址发掘出的“山东大汉”遗骸

五、寿光双王城盐业遗址群考古发现

潍坊寿光市双王城盐业遗址群位于潍坊寿光市北部双王城水库周围，面积达三十平方公里。自 2003 年夏发现制盐遗址后，考古专家曾连续多次对双王城盐业遗址群的规模、分布范围、遗址数量及时代进行考察。从 2008 年 4 月开始,对遗址进行有计划的发掘,发现多处比较完整的商周时期与制盐有关的重要遗迹。通过考古发掘,发现商周时期的盐业古遗迹三十多处,出土了商代至西周时期的两处制盐作坊遗址及数十件制盐工具盔形器物,同时还发掘出土多个卤水坑井、蒸发池、蓄水坑及两个煮盐用的大型灶台。

双王城水库制盐遗址群面积之广、规模之大、数量之多、分布之密集、保存之完好,在全国非常罕见。在这么大范围内发现如此密集的与制盐有关的古代遗址,在我国考古史上尚属首次。同时,双王城遗址发掘发现了商代晚期遗存,说明该地区至少在商代就是重要的制盐地点,这为研究中国古代制盐业提供了非常重要的资料。

齐国煮盐业历史悠久,春秋战国时,齐、燕两国是重要的海盐产地。《史记·货殖列传》说:“山东多鱼、盐”。齐国滨邻渤海、黄海,是春秋战国时期的产盐大国。《管子·地数》记载,齐国将食盐贩运到周边的梁、赵、宋、卫、濮阳等地,得金一万一千余斤,极大地充实了国库,为齐国奠定春秋战国的霸业提供了强大的经济基础。齐国也是实行盐铁官营最早的国家。齐国的盐以民制为主,官制为辅,民制的盐经国家收购,然后运销各地而取得巨利。齐国工商并重的政策,使得齐国迅速富强于其他诸侯国。

双王城盐业遗址群是目前国内发现最早的海盐制作遗址。国家文物局考古专家组专家、中国社会科学院考古研究所研究员徐光冀说:“整个制盐历史过去做得很少,这一片(地区)是用海水来制盐,并且从商代就开始了,从考古史上来讲很重要。”据他介绍,目前在这个遗址群上出土的一处遗迹已经可以确定为制盐作坊,从中可以看到制卤、煮盐的生产过程,“这是迄今国内发现最早的用海水制盐的作坊”。尤其珍贵的是,出土的制盐作坊遗址完整有序。

寿光双王城盐业遗址群是近年来围绕南水北调工程考古调查发现的八十余处古代制盐遗址之一。2008 年对编号 07,014 的两处遗址的发掘,发现了商周时期(有的晚至宋金)与制盐有关的卤水井、卤水沟、储卤坑、盐灶、灰坑等遗迹和大量煮盐用的陶盔形器,其规模大,年代早,内涵丰富,如此完整地揭露整个古代制盐作坊等遗址在全国乃至世界都是首次。寿光双王城盐业遗址群入选“2008 年度全国十大考古新发现”。

(武振伟整理)

中国古代以齐为国号的政权有哪些?

在中国古代史上,国号的确立往往被作为一个朝代新政权开始的历史标志,并不因其统治的地理区域的改变而改变。改朝换代即旧政权灭亡后由新政权取得了统治者的合法地位,故每次朝代更替时会更改国号。“齐”作为地名,出现很早,“齐所以为齐,以天齐也”(《史记·封禅书》)。天齐渊是临淄城南一个由泉水生成的深潭,被齐地人视作天下的中心,如同天之肚脐。可以说,齐是一个有祥瑞意义的国号,那么中国历史上一共有多少个以“齐”为国号的朝代和政权呢?

一、周代齐国

齐国(约前1051—前221),周王朝分封于山东的重要诸侯国。齐国先后经历了两个不同姓氏的政权统治时代。两个齐国以统治者的姓氏——姜姓吕氏和妫姓田氏来区分,通常被称为“姜齐”和“田齐”。“姜齐”的开国君主是吕尚(即姜子牙),享国近七百年。约公元前1051年,周武王姬发分封西周开国功臣吕尚于营丘,齐国由此建立,齐献公时定都临淄,史称“姜齐”。齐国建立政权后,逐渐发展成为东方大国,到齐桓公继位,励精图治,成为春秋五霸之首。姜齐后期,权臣田氏逐渐取得齐国的政权,公元前386年,周安王正式册命田和为齐侯,自此田氏在形式上取得了齐侯的合法地位,史称田氏代齐,跻身战国七雄之列。公元前379年,姜齐最后一任国君齐康公去世,奉邑入于田氏,姜齐从此退出统治齐国的历史舞台。田齐享国一百多年。公元前221年,秦国攻下临淄,历时约八百余年的齐国灭亡。

二、南齐

南齐(479—502),南北朝时期的南朝第二个朝代,开国皇帝萧道成,历七帝,享国二十四年,是南朝四个朝代中历时最短的。公元477年,萧道成杀宋后废帝刘昱,拥立其弟刘准继位。萧道成被封齐王。公元479年,萧道成逼迫宋顺帝刘准退位,自立为帝,建国号“齐”,定都建康,史称“南齐”,南齐建立政权后,萧道成励精图治,巩固南齐统治,后其长子萧赜继位,继承其父遗志,开创“永明之治”,南齐达到鼎盛时期,但后面继位的皇帝皆未能守成,南齐逐渐衰落,公元502年,萧衍逼迫南齐和帝萧宝融退位,历时二十三年的南齐灭亡,南梁建立。

南朝齐的国号来自谶语,《南齐书·崔祖思传》载:“宋朝初议封太祖(萧道成)为梁公,祖思启太祖曰:‘谶书云:“金刀利刃齐刈之。”今宜称齐,实应天命。’(萧道成)从之。”南朝宋政权的统治者姓刘,繁体字作“劉”,为金刀利刃的组合,谶书所言,意即“齐”将取代“宋”,取代刘宋政权的应是国号为齐的政权,所以萧道成建国号为齐。另一种说法是,南朝齐政权虽然国都与版图都与齐地关系不是很紧密,但萧道成是以流寓南兖州的青、徐豪族起家的,其军方奥援无不来自其出镇淮阴、广陵时延纳到手下的青州、徐州等齐地人士,这些人士无不是因为刘宋末年青、齐失陷于北魏而流寓江淮间的。而且萧道成祖籍是东海郡兰陵县,属青、徐两州之齐地南缘,所以,萧道成在行篡代之事前,便以其军方基础青、徐豪族势力所在地为国号,先称齐公、建齐国,最终建立齐朝。

三、北齐

北齐(550—577),南北朝时期的北朝割据政权,开国皇帝高洋,历六帝,享国二十八年。公元550年,东魏权臣高洋废孝静帝元善见,自立为帝,建国号“齐”,定都邺城(今河北临漳),史称“北齐”。北齐建立后,历代皇帝大多纵情酒色,荒淫无道,皇室通奸屡见不鲜,有“禽兽王朝”之称,导致北齐统治黑暗,国力衰弱。只有孝昭帝高演称得上德才兼备,中兴北齐,但只是昙花一现。公元577年,北周武帝宇文邕派兵击溃腐朽的北齐,历时二十八年的北齐灭亡。

由高欢、高澄、高洋父子三人奠基并最终完成称帝篡代建立的北朝齐政权,起初的封号其实是其乡里所在的“渤海”,高欢与高澄都是以“渤海王”的爵位划上人生句号的,由“渤海王”到“齐王”的“升格”是在高洋迅速接棒并稳定东魏局面之后。

四、黄齐

黄齐(880—884),唐朝末年割据政权,农民起义领袖黄巢所建,历二帝,享国五年。公元878年，出身盐商的黄巢趁唐末政局混乱，聚众起义，史称“黄巢起义”。一度攻克大唐多座城池，气焰嚣张，并一举攻占长安，唐僖宗仓皇出逃。公元880年，黄巢正式称帝，建国号“齐”，定都长安，史称“黄齐”，与大唐分庭抗礼。公元884年，形势逐渐扭转，唐将李克用、朱温等人合力击溃齐军，黄巢战死，唐军收复长安。同年秋，黄巢之子黄皓率领残部逃亡，不久被伏击而亡，齐军兵败如山倒，历时五年的黄齐政权灭亡。黄巢之所以称“齐”，与其本人及下属的乡里有一定关系，王仙芝与黄巢均系今山东菏泽一带盐贩，且起义爆发地便在今菏泽附近，其下属亲从应当也以鲁西人士居多，而菏泽地区在战国中后期一度是属齐的。所以，黄巢称齐，或是基于本人及下属乡里地为齐地所致。

五、伪齐

伪齐(1130—1137)，北宋末年在金国扶植下建立的傀儡政权，开国皇帝刘豫，享国八年。北宋末年，发生“靖康之难”，宋徽宗、宋钦宗二帝被金国俘虏，由于金国无力统治广大的中原地区，因此扶植傀儡政权统治中原。公元1130年，原北宋大臣刘豫在金国扶植下，建国号“齐”，定都北京，史称“伪齐”。后建立的南宋王朝并不承认伪齐，派兵攻打，金国增援伪齐，双方互有胜负。后来金国感到伪齐不能成为其统治中原的工具，反而是个累赘。公元1137年，金熙宗废刘豫，历时八年的伪齐政权灭亡。

六、南唐前身

齐(937—939)，五代十国时期南唐前身，开国皇帝徐知诰。公元937年，杨吴国齐王徐知诰自立为帝，建国号“齐”，定都南京。徐知诰之所以称“齐”，与其在杨吴国的封爵有密切关系。徐知诰祖籍彭城，幼年成长地在濠州、泗州，虽然未归属于“齐地”的范围内，却均离齐地不远。所以，徐知诰之称“齐”，很有可能是杨吴政权根据徐知诰乡里封拜的一个稍微有所偏差的“齐王”爵位。公元939年，徐知诰恢复李姓，改名李昪，自称唐宪宗之子建王李恪的四世孙，改国号为“唐”，史称“南唐”，历时两年的南唐前身——齐退出历史舞台。

(武振伟整理)

参 考 文 献

〔战国〕荀况著,王天海校释:《荀子校释(修订本)》,上海古籍出版社2016年版。

〔战国〕左丘明著,〔三国〕韦昭注:《国语》,上海古籍出版社2015年版。

〔战国〕韩非著,陈奇猷校注:《韩非子新校注》,上海古籍出版社2000年版。

〔汉〕司马迁撰:《史记》,中华书局1959年版。

〔汉〕司马迁撰,[日]泷川资言考证,杨海峥整理:《史记会注考证》,上海古籍出版社2015年版。

〔汉〕刘向编订:《战国策》,上海古籍出版社2008年版。

〔汉〕韩婴撰,许维遹校释:《韩诗外传集释》,中华书局1980年版。

〔汉〕刘向编著,石光瑛校释,陈新整理:《新序校释》,中华书局2017年版。

〔汉〕刘向编著,赵仲邑注:《新序详注》,中华书局2017年版。

〔汉〕刘向撰,向宗鲁校证:《说苑校证》,中华书局1987年版。

〔汉〕郑玄注,〔唐〕贾公彦疏:《周礼注疏》,上海古籍出版社2010年版。

〔汉〕许慎撰:《说文解字》,中华书局1963年版。

〔汉〕班固撰:《汉书》,中华书局1962年版。

〔汉〕赵晔著,张觉校注:《吴越春秋校注》,岳麓书社2006年版。

〔汉〕桓谭撰,朱谦之校辑:《新辑本桓谭新论》,中华书局2009年版。

〔汉〕荀悦撰,〔明〕黄省曾注,孙启治校补:《申鉴注校补》,中华书局2012年版。

〔汉〕应劭撰,王利器校注:《风俗通义校注》,中华书局1981年版。

〔魏〕徐幹撰,孙启治解诂:《中论解诂》,中华书局2014年版。

〔晋〕杜预注,〔唐〕孔颖达等正义:《春秋左传正义》,北京大学出版社2000年版。

〔晋〕陈寿撰,〔南朝宋〕裴松之注:《三国志》,中华书局1982年版。

〔晋〕干宝撰,李剑国辑校:《新辑搜神记》,中华书局2007年版。

〔吴〕韦昭注:《国语》,上海古籍出版社2008年版。

〔南朝宋〕范晔撰,〔唐〕李贤等注:《后汉书》,中华书局1965年版。

〔南朝梁〕沈约撰:《宋书》,中华书局1974年版。

〔北魏〕贾思勰著,石声汉校释:《齐民要术今释》,中华书局2009年版。

〔北齐〕魏收撰:《魏书》,中华书局1974年版。

〔唐〕房玄龄等撰:《晋书》,中华书局1974年版。

〔唐〕房玄龄注,〔明〕刘绩补注,刘晓艺校点:《管子》,上海古籍出版社2015年版。

〔唐〕姚思廉等撰:《梁书》,中华书局1973年版。

〔唐〕魏徵、令狐德棻撰:《隋书》,中华书局1973年版。

〔唐〕段成式撰,许逸民校笺:《酉阳杂俎校笺》,中华书局2015年版。

〔唐〕杨倞注,耿芸标校:《荀子》,上海古籍出版社2014年版。

〔后晋〕刘昫等撰:《旧唐书》,中华书局1975年版。

〔宋〕欧阳修、宋祁撰:《新唐书》,中华书局1975年版。

〔宋〕朱熹撰:《四书章句集注》,中华书局1983年版。

〔宋〕乐史撰,王文楚等校点:《太平寰宇记》中华书局2007年版。

〔宋〕郑樵撰:《通志》,中华书局1987年版。

〔宋〕罗泌撰:《路史》,中华书局1985年版。

〔元〕脱脱等撰:《宋史》,中华书局1985年版。

〔明〕冯梦龙改编,〔清〕蔡元放修订,陈先行、李梦生校点:《东周列国志》,上海古籍出版社2012年版。

〔明〕张溥辑:《汉魏六朝百三家集》,吉林出版集团2005年版。

〔清〕孙诒让撰,王文锦、陈玉霞点校:《周礼正义》,中华书局2013年版。

〔清〕朱彬撰,饶钦农点校:《礼记训纂》,中华书局1996年版。

〔清〕顾栋高辑,吴树平、李解民点校:《春秋大事表》,中华书局1993年版。

〔清〕唐晏著,吴东民点校:《两汉三国学案》,中华书局1986年版。

〔清〕叶圭绶撰，王汝涛、唐敏、丁余善点注：《续山东考古录》，山东文艺出版社 1997 年版。

〔清〕张鸣铎主修：《乾隆淄川县志》，凤凰出版社 2004 年版。

〔清〕顾炎武著，陈垣校注：《日知录校注》，安徽大学出版社 2007 年版。

〔清〕彭定求等编：《全唐诗》，上海古籍出版社 1986 年版。

〔清〕严可均校辑：《全上古三代秦汉三国六朝文》，中华书局 1958 年版。

〔清〕王先谦撰，沈啸寰、王点贤点校：《荀子集解》，中华书局 1988 年版。

〔清〕洪亮吉撰，李解民点校：《春秋左传诂》，中华书局 1987 年版。

顾颉刚、刘起釪著：《尚书校释译论》，中华书局 2005 年版。

周振甫译注：《诗经译注》，中华书局 2010 年版。

程俊英译注：《诗经译注》，上海古籍出版社 2016 年版。

陈戍国撰：《礼记校注》，岳麓书社 2004 年版。

杨伯峻编著：《春秋左传注》，中华书局 1990 年版。

郭丹、程小青、李彬源译注：《左传》，中华书局 2018 年版。

杨伯峻译注：《论语译注》，中华书局 1980 年版。

胡奇光、方环海撰：《尔雅译注》，上海古籍出版社 2004 年版。

徐元诰撰，王树民、沈长云点校：《国语集解》，中华书局 2002 年版。

陈桐生译注：《国语》，中华书局 2017 年版。

缪文远、缪伟、罗永莲译注：《战国策》，中华书局 2018 年版。

何建章注释：《战国策注释》，中华书局 1990 年版。

马王堆汉墓帛书整理小组编：《战国纵横家书》，文物出版社 1976 年版。

范祥雍订补：《古本竹书纪年辑校订补》，上海古籍出版社 2011 年版。

黄怀信、张懋镕、田旭东撰：《逸周书汇校集注》，上海古籍出版社 2007 年版。

盛东铃译注：《六韬译注》，河北人民出版社 1992 年版。

唐书文撰：《六韬·三略译注》，上海古籍出版社 2012 年出版。

黎翔凤撰，梁运华整理：《管子校注》，中华书局 2004 年版。

临淄区齐文化研究中心编：《管子通译》，齐鲁书社 2017 年版。

卢守助撰：《晏子春秋译注》，上海古籍出版社 2012 年版。

张纯一著，梁运华点校：《晏子春秋校注》，中华书局 2014 年版。

李新城、陈婷珠译注：《晏子春秋译注》，上海三联书店 2014 年版。

王震撰:《司马法集释》,中华书局2018年版。

田昌五,李兴斌、邵斌译注:《孙子兵法译注　孙膑兵法译注》,齐鲁书社2009年版。

张震泽撰:《孙膑兵法校理》,中华书局2014年版。

景中译注:《列子》,中华书局2007年版。

叶蓓卿译注:《列子》,中华书局2016年版。

许富宏撰:《慎子集校集注》,中华书局2013年版。

杨伯峻译注:《孟子译注》,中华书局2016年版。

高华平、王齐洲、张三夕译注:《韩非子》,中华书局2010年版。

闻人军译注:《考工记译注》,上海古籍出版社2008年版。

张双棣、张万彬、殷国光、陈涛译注:《吕氏春秋》,中华书局2007年版。

许维遹撰,梁运华整理:《吕氏春秋集释》,中华书局2009年。

银雀山汉墓竹简整理小组:《银雀山汉墓竹简壹》,文物出版社1985年版。

李松儒:《清华简〈系年〉集释》,中西书局2015年版。

刘文典撰,殷光熹点校,张文勋审订:《淮南鸿烈集解》,安徽大学出版社、云南大学出版社1998年版。

崔新编:《译注焦氏易林》,中国文联出版社2008年版。

逯钦立辑校:《先秦汉魏晋南北朝诗》,中华书局1983年版。

吴如嵩、王显臣校注:《李卫公问对校注》,中华书局2016年版。

骈宇骞等译注:《武经七书》,中华书局2007年版。

童书业著:《春秋史》,上海古籍出版社2010年版。

杨宽著:《战国史》,上海人民出版社2016年版。

杨宽著:《战国史料编年辑证》,上海人民出版社2016年版。

钱穆著:《史记地名考》,九州出版社2013年版。

钱穆著:《先秦诸子系年》,商务印书馆2001年版。

蒋伯潜著:《诸子通考》,中华书局2016年版。

金德建著:《司马迁所见书考》,上海人民出版社1963年版。

顾颉刚著:《史林杂识初编》,中华书局1963年版。

顾颉刚著:《古史辨自序》,商务印书馆2011年版。

夏鼐著:《中国文明的起源》,文物出版社1985年版。

王献唐著:《山东古国考》,齐鲁书社1983年版。

逄振镐著:《山东古国与姓氏》,山东人民出版社2006年版。

李沣著:《探寻寿光古国》,齐鲁书社2011年版。

中国社会科学院考古研究所编:《殷周金文集成》,中华书局2007年版。

中国社会科学院考古研究所编:《中国考古学·两周卷》,中国社会科学出版社2004年版。

秦永洲著:《山东社会风俗史》,山东人民出版社2011年版。

王阁森、唐致卿主编:《齐国史》,山东人民出版社1992年版。

王志民主编:《齐文化概论》,山东人民出版社1993年版。

宣兆琦、杨宏伟主编:《齐国史话》,兰州大学出版社1997年版。

宣兆琦、李金海主编:《齐文化通论》,新华出版社2000年版。

宣兆琦著:《齐文化发展史》,兰州大学出版社2002年版。

邱文山、张玉书、张杰、于孔宝著:《齐文化与先秦地域文化》,齐鲁书社2003年版。

王京龙著:《齐国威宣盛世》,山东文艺出版社2004年版。

李玉洁著:《齐国史》,新华出版社2007年版。

李玉洁著:《魏国史》,科学出版社2017年版。

张杰、邱文山、张艳丽著:《齐国兴衰论》,中国海洋大学出版社2007年版。

仝晰纲、李梅训:《齐鲁文化通俗读本》,山东人民出版社2011年版。

王志民著:《齐鲁文化与中华文明》,人民出版社2015年版。

陈书仪著:《齐国史料编年考辨》,山东人民出版社2016年版。

于孔宝著:《昨日的辉煌:齐国的历史与文化》,吉林文史出版社2017年版。

中共临淄区委宣传部、临淄区齐文化研究中心编:《泱泱齐风——稷下学堂读本》,内部资料。

战化军、姜颖著:《齐国人物志》,齐鲁书社2004年版。

张茂华等编著:《齐鲁历史文化名人》,山东文艺出版社2004年版。

郭丽著:《简帛文献与〈管子〉研究》,方志出版社2015年版。

孟祥才主编:《齐鲁古代兵家评传》,山东大学出版社1996年版。

李钟琴著:《奇正军神——百人归宿大纪实》,山西人民出版社2001年版。

郭丽著:《齐国成语典故今读》,九州出版社2018年版。

赵蔚芝主编:《稷下学官资料汇编》,山东教育出版社 1989 年版。

刘蔚华、苗润田著:《稷下学史》,中国广播电视出版社 1992 年版。

白奚著:《稷下学研究:中国古代的思想自由与百家争鸣》,生活 · 读书 · 新知三联书店 1998 年版。

吴雁南、秦学颀、李禹阶主编:《中国经学史》,福建人民出版社 2001 年版。

[日]本田成之著,孙俍工译:《中国经学史》,漓江出版社 2013 年版。

钱穆著:《两汉经学今古文平议》,商务印书馆 2005 年版。

张涛、项永琴著:《秦汉齐鲁经学》,山东文艺出版社 2004 年版。

袁世硕、张可礼主编:《中国文学史》,中国人民大学出版社 2006 年版。

李兆禄著:《〈诗经 · 齐风〉研究》,齐鲁书社 2008 年版。

岳长志、马国庆著:《中国蹴鞠》,山东友谊出版社 2013 年版。

崔乐泉著:《中国民族传统体育学》,科学出版社 2018 年版。

张光明著:《齐文化的考古发现与研究》,齐鲁书社 2004 年版。

山东省文物局、山东省文物考古研究所等编著:《齐长城资源调查工作报告》,文物出版社 2017 年版。

岳长志主编:《淄博文化通览》,山东人民出版社 2012 年版。

淄博市文物事业管理局编:《淄博历史文化遗产》,山东友谊出版社 2012 年版。

淄博市临淄区文物管理局编著:《临淄文物志》,文物出版社 2015 年版。

张光明、徐义华主编:《甲骨学暨高青陈庄西周城址重大发现国际学术研讨会论文集》,齐鲁书社 2014 年版。

宝鸡县志编纂委员会:《宝鸡县志》,陕西人民出版社 1996 年版。

谭其骧主编:《中国历史地图集》,中国地图出版社 1982 年版。

何光岳:《纪国的来源和迁徙》,载《吉首大学学报(哲学社会科学版)》1991 年第 4 期。

逄振镐:《纪国史略》,载《淄博师专学报》1996 年第 2 期。

逄振镐:《莱夷与莱国》,载《烟台师范学院学报(哲学社会科学版)》1997 年第 2 期。

丁鼎、程红:《莱夷及莱国史研究综述》,载《齐鲁文化研究》2005 年总第 4 辑。

张烈:《〈六韬〉的成书及其内容》,载《历史研究》1981 年第 3 期。

张林川:《〈六韬〉的作者及其流传考》,载《文献》1998 年第 3 期。

陈青荣:《〈六韬〉书名辨析》,载《齐鲁学刊》1998 年第 3 期。

仝晰纲:《〈六韬〉的成书及其思想蕴涵》,载《学术月刊》2000 年第 7 期。

徐勇、邵鸿:《〈六韬〉综论》,载《济南大学学报(社会科学版)》2001 年第 3 期。

韩立森:《定州西汉中山怀王墓竹简〈六韬〉的整理及其意义》,载《文物》2001 年第 5 期。

解文超:《〈六韬〉的文献著录与版本流传》,载《图书与情报》2005 年第 1 期。

傅国标:《鲍叔牙与管仲》,载《中国电视》1995 年第 3 期。

陈庆照、陈书仪、王京龙、李障天:《管仲生年考》,载《管子学刊》2006 第 2 期。

龚武:《论管仲出生于公元前 723 年》,载《管子学刊》2007 年第 1 期。

王京龙:《"管仲生年考"述评》,载《济南大学学报(社会科学版)》2008 年第 5 期。

李钟琴:《管仲鲍叔牙年龄辨析》,载《山东理工大学学报(社会科学版)》2018 年第 5 期。

刘蔚华、苗润田:《〈管子〉与稷下学》,载《管子学刊》1987 年第 1 期。

袁德金:《〈管子〉军事思想初探》,载《军事历史研究》1988 年第 3 期。

耿振东:《论〈管子〉的结构特征》,载《山东理工大学学报(社会科学版)》2006 年第 2 期。

巩曰国:《从战国秦汉古籍看〈管子〉的早期流传》,载《管子学刊》2009 年第 3 期。

张杰:《论史官与〈管子〉的形成》,载《管子学刊》2012 年第 2 期。

耿振东:《〈管子〉托名管仲的历史意蕴》,载《管子学刊》2018 年第 1 期。

方文:《文姜辨》,载《湖南师范大学社会科学学报》1988 年第 1 期。

杨朝明:《"文姜之乱"异议》,载《管子学刊》1994 年第 1 期。

童教英:《文姜小议》,载《宁波大学学报(人文科学版)》1998 年第 3 期。

吴庆、王蕊:《颜文姜孝妇故事文本叙事结构探析——基于地域文化视角的考察》,载《聊城大学学报(社会科学版)》2017 年第 3 期。

徐传国:《颜文姜与文姜是同一个人吗? ——兼与朱阿丽等学者商榷》,载《稷下学刊》2018 年第 2 期。

刘心明:《博山孝妇故事探源》,载《春秋》2018 年第 5 期。

邵先锋:《试论齐景公》,载《淄博学院学报(人文社会科学版)》1998 年第 4 期。

毛清均:《夹谷会盟古址新考》,载《春秋》2014 年第 4 期。

邵先锋:《论齐景公与晏婴的和谐关系》,载《管子学刊》2001 年第 1 期。

范学新:《试析〈晏子春秋〉中塑造的齐景公形象》,载《吉昌师专学报》2001 年第 3 期。

张传东:《〈晏子春秋〉之齐景公人物形象分析》,载《山东教育学院学报》2004 年第 4 期。

杨治敏:《晏子故事研究》,2005 年四川大学硕士学位论文。

孙清涌、蓝慧敏:《晏婴对齐景公的影响》,载《管子学刊》2006 年第 2 期。

战化军:《晏婴生平事迹考辨》,载《海岱学刊》2015 年第 2 期。

贾海鹏:《"内安其政,外归其义":从〈晏子春秋〉看晏子的外交思想与外交实践》,载《殷都学刊》2017 年第 2 期。

杨善群:《司马穰苴与〈司马法〉考论》,载《管子学刊》1990 年第 2 期。

黄朴民、徐勇:《〈司马法〉考论》,载《管子学刊》1992 年第 4 期。

毛曦、李仙娥:《〈晏子春秋〉的成书时间与思想特征》,载《人文杂志》1997 年第 6 期。

贾海鹏:《刘向与〈晏子春秋〉的成书》,载《求索》2016 年第 7 期。

曾宪通:《试谈银雀山汉墓竹书〈孙子兵法〉》,载《中山大学学报(社会科学版)》1978 年第 5 期。

陈秋祥:《孙武世系论略》,载《上海师范大学学报(哲学社会科学版)》1989 年第 4 期。

于孔宝:《齐国兵学与先秦兵学文化中心》,载《管子学刊》2005 年第 3 期。

刘绍刚、曹晋彰:《银雀山汉简的文字与书法漫谈》,载《中国书法》2018 年第 1 期。

郑杰文:《墨子游鲁齐越宋卫楚考》,载《管子学刊》2006 年第 4 期。

武振伟:《试论墨学在齐国的发展》,载《职大学报》2016 年第 6 期。

赵世超、黄明磊:《春秋时期齐国陈氏事迹考辨》,载《管子学刊》2018 年第 2 期。

马卫东:《清华简〈系年〉项子牛之祸考》,载《华夏文化论坛》2013 年第 1 期。

崔立根:《从"田忌赛马"评战国时期的赛马活动》,载《兰台世界》2014 年第 6 期。

于孔宝:《论稷下之学与战国文化中心》,载《中国史研究》1998 年第 2 期。

任恒:《论作为智库雏形的稷下学宫——兼论其对当代中国特色新型高校智库建设的经验》,载《社会科学论坛》2017 年第 8 期。

陈复:《论齐国学术制度:稷下学官的兴起与没落》,载《稷下学刊》2018 年第 4 期。

邵彬:《荀子于齐“三为祭酒”及生卒考》,载《管子学刊》2011 年第 2 期。

高建文:《驺衍“大九州”神话宇宙观生成考》,载《民俗研究》2016 年第 6 期。

郭人民:《陈涉起义和六国的复国斗争》,载《河南大学学报(社会科学版)》1982 年第 3 期。

高卓:《略论秦汉之际山东六国复国运动》,载《人文天下》2017 年第 8 期。

巴兆成、李民辉:《视死如归的豪侠义士田横》,载《管子学刊》2003 年第 1 期。

姜颖、宋金萍:《田单与田横》,载《管子学刊》2005 年第 2 期。

严可:《战国四公子养士问题研究》,2016 年湘潭大学硕士学位论文。

张艳丽:《论田横人物形象的历史流传与影响》,载《兰台世界》2011 年第 22 期。

蔡凤书:《关于徐福东渡之我见》,载《山东大学学报(哲学社会科学版)》1997 年第 3 期。

郭永:《徐福及其东渡问题研究》,2009 年山东大学硕士学位论文。

李岩:《三神山及徐福东渡传说新探》,载《中央民族大学学报(社会科学版)》2000 年第 3 期。

乔荣涛:《从孔子闻韶说到齐国乐舞》,载《文史知识》1989 年第 3 期。

喻贵珍:《音乐与民俗视域下的〈诗经·国风〉考》,2016 年西南大学硕士学位论文。

魏成敏:《考古发现与齐文化研究》,载《稷下学刊》2018 年第 3 期。

张光明:《齐国腹心地区商周时期古城古国的考古学研究与思考》,载《管子学刊》2018 年第 2 期。

济青公路文物考古队:《山东临淄后李遗址第一、二次发掘简报》,载《考古》1992 年第 11 期。

济青公路文物考古队:《山东临淄后李遗址第三、四次发掘简报》,载《考古》1994 年第 2 期。

魏成敏:《陈庄西周城与齐国早期都城》,载《管子学刊》2010 年第 3 期。

王恩田:《高青陈庄西周遗址与齐都营丘》,载《管子学刊》2010 年第 3 期。

李学勤:《论高青陈庄器铭“文祖甲齐公”》,载《海岱考古》2011 年第 1 期。

李学勤等:《山东高青县陈庄西周遗址笔谈》,载《考古》2011 年第 2 期。

山东省文物考古研究所:《山东高青县陈庄西周遗存发掘简报》,载《考古》2011 年第 2 期。

群力:《临淄齐国故城勘探纪要》,载《文物》1972 年第 5 期。

张学海:《田齐六陵考》,载《文物》1984 年第 9 期。

山东省文物考古研究所:《齐故城五号东周墓及大型殉马坑的发掘》,载《文物》1984 年第 9 期。

吴伟华:《东周齐国殉马葬俗的考古学观察》,载《管子学刊》2018 年第 3 期。

淄博市博物馆:《西汉齐王墓随葬器物坑》,载《考古学报》1985 年第 2 期。

山东省文物考古研究所、淄博市临淄区文物管理局:《山东临淄山王村汉代兵马俑坑发掘简报》,载《文物》2016 年第 6 期。

山东省文物考古研究所、淄博市临淄区文物管理局:《山东临淄齐国故城 10 号建筑遗址发掘简报》,载《文物》2016 年第 8 期。

济南市考古研究所等:《山东章丘市洛庄汉墓陪葬坑的清理》,载《考古》2004 年第 8 期。

山东大学考古学与博物馆学系、济南市章丘区城子崖遗址博物馆:《济南市章丘区焦家新石器时代遗址》,载《考古》2018 年第 7 期。

山东省文物考古研究所、北京大学中国考古学研究中心、寿光市文化局:《山东寿光市双王城盐业遗址 2008 年的发掘》,载《考古》2010 年第 3 期。

任相宏、邱波:《山东沂水天上王城出土芈孟子鼎、鬻君季□盂铭考略》,见《中国文物报》2012 年 8 月 17 日。

郝导华等:《山东沂水纪王崮发现大型春秋墓葬》,见《中国文物报》2012 年 10 月 12 日。

山东省文物考古研究所、临沂市文物考古队、沂水县博物馆:《山东沂水县纪王崮春秋墓》,载《考古》2013 年第 7 期。

武振伟:《滕州大韩墓地考古发现与齐国“迁莱于郳”》,载《联合日报》2018 年 7 月 21 日。

张维华:《齐长城考》,载《禹贡》1937 年第 1—3 合期。

王献唐:《山东周代的齐国长城》,载《社会科学战线》1979 年第 4 期。

任相宏:《齐长城源头建置考》,载《东方考古》2004 年第 1 集。

国光红:《齐长城肇建原因再探》,载《历史研究》2000 年第 1 期。

罗勋章等：《齐长城考略》，载《海岱考古》2011 第 4 辑。

王永波、王云鹏：《齐长城的人字形布局与建制年代》，载《管子学刊》2013 年第 2 期。

张溯、梁洪燕：《清华简〈系年〉与齐长城考》，载《中国国家博物馆馆刊》2017 年第 1 期。

武振伟：《清华简〈系年〉与济水齐长城》，载《联合日报》2018 年 10 月 20 日。

代生：《清华简〈系年〉所见齐国史事初探》，载《烟台大学学报(哲学社会科学版)》2015 年第 1 期。

燕生东：《从盐业考古新发现看〈管子·轻重〉篇》，载《古代文明》2013 年第 9 卷。

杜宇、孙敬明：《考古发现与战国齐兵器研究》，载《管子学刊》1992 年第 2 期。

王焕文：《淄博市博物馆藏鎏金银盘》，载《文物》2016 年第 2 期。

邱文山：《齐文化与汉代经学的今古文之争》，载《管子学刊》2007 年第 1 期。

王允亮：《盛世之音——从齐鲁相较看西汉齐学的兴盛》，载《赣南师范学院学报》2006 年第 2 期。

戴吾三、高宣：《〈考工记〉的文化内涵》，载《清华大学学报(哲学社会科学版)》1997 年第 2 期。

戴吾三：《〈考工记〉——中国最早的技术文献》，载《文史知识》2016 年第 1 期。

徐传武：《左思〈齐都赋〉探微》，载《文献》1998 年第 1 期。

徐传武：《〈左棻墓志〉及其价值》，载《文献》1996 年第 2 期。

王仲荦：《有关〈齐民要术〉的几个问题》，载《文史哲》1961 年第 3 期。

李宁：《孙廷铨与〈颜山杂记〉研究》，2014 年重庆大学硕士学位论文。

李福源：《孝文化：弘扬优秀传统文化的切入点》，载《稷下学刊》2018 年第 3 期。

附录一

吕氏齐国世系表

齐太公吕尚
↓
齐丁公吕伋
↓
齐乙公吕得
↓
齐癸公吕慈母
↓
齐哀公吕不辰（？—前876）→齐胡公吕静（前866—？）→ 齐献公吕山（？—前851）
↓
齐武公吕寿（前850—前825）
↓
齐厉公吕无忌（前824—前816）

↓

齐文公吕赤(前 815—前 804)

↓

齐成公吕脱(前 803—前 795)

↓

齐(前)庄公吕购(前 794—前 731)

↓

齐僖(釐)公吕禄甫(前 730—前 698)

↓

齐襄公吕诸儿(前 697—前 686) → 齐桓公吕小白(前 685—前 643)

↓

齐惠公吕元(前 608—前 599)←齐懿公吕商人(前 612—前 609)←齐昭公吕潘(前 632—前 613)←齐孝公吕昭(前 642—前 633)

↓

齐顷公吕无野(前 598—前 582)

↓

齐灵公吕环(前 581—前 554)

↓

齐(后)庄公吕光(前 553—前 548)→齐景公吕杵臼(前 547—前 490)

↓

晏孺子吕荼（前489）→齐悼公吕阳生（前488—前485）

↓

齐简公吕壬（前484—前481）→齐平公吕骜（前480—前456）

↓

齐宣公吕积（前455—前405）

↓

齐康公吕贷（前404—前379）

附录二

田氏齐国世系表

田完

↓

田稚孟夷

↓

田湣孟庄

↓

田文子须无

↓

田桓子无宇

↓

田武子开→田釐(僖)子田乞

↓

田成子常

↓

田襄子盘

↓

田庄子白

↓

田悼子（前 410—前 405）→ 齐太公田和（前 404—前 386 年列为诸侯—前 385 年）

↓

齐侯田剡(前 384—前 375)→齐桓公田午(前 374—前 357)

↓

齐威王田因齐（前 356—前 320）

↓

齐宣王田辟强（前 319—前 301）

↓

齐湣王田地（前 300—前 284）

↓

齐襄王田法章（前 283—前 265）

↓

齐王田建（前 264—前 221）

附录三

西汉齐国世系表

始封:高祖庶长子齐悼惠王刘肥(前 201—前 189)

↓

齐哀王刘襄(前 188—前 179)　　　　齐孝王刘将闾(前 164—前 154)

↓　　　　　　　　　　　　↗　　　　↓

齐文王刘则(前 178—前 165,无后,国除)齐懿王刘寿(前 153—前 132)

↓

齐厉王刘次昌(前 131—前 127,国除)

↙

前 118 年,汉武帝复置齐国

↓

始封:武帝子齐怀王刘闳(前 117—前 110,无后,国除)

图书在版编目（CIP）数据

齐文化简明读本：齐文化知识100问 / 任传斗主编.
-- 济南 ：齐鲁书社，2019.8
ISBN 978-7-5333-4149-7

Ⅰ.①齐… Ⅱ.①任… Ⅲ.①文化史－山东－问题解答Ⅳ.①K295.2-44

中国版本图书馆CIP数据核字(2019)第158360号

齐文化简明读本——齐文化知识100问
QIWENHUA JIANMING DUBEN

任传斗 主编
武振伟 李钟琴 副主编

主管单位 山东出版传媒股份有限公司
出版发行 齊魯書社
社　　址 济南市英雄山路189号
邮　　编 250002
网　　址 www.qlss.com.cn
电子邮箱 qilupress@126.com
营销中心 （0531）82098521　82098519
印　　刷 山东临沂新华印刷物流集团有限责任公司
开　　本 720mm×1020mm　1/16
印　　张 27
插　　页 10
字　　数 440千
版　　次 2019年8月第1版
印　　次 2019年8月第1次印刷
印　　数 1—8600
标准书号 ISBN 978-7-5333-4149-7
定　　价 128.00元